Andreas Klees

Der Direktleitungsbau im deutschen und europäischen Energie- und Wettbewerbsrecht

Andreas Klees

DER DIREKTLEITUNGSBAU IM DEUTSCHEN UND EUROPÄISCHEN ENERGIE- UND WETTBEWERBSRECHT

ibidem-Verlag
Stuttgart

Die Deutsche Bibliothek - CIP-Einheitsaufnahme:

Ein Titeldatensatz für diese Publikation ist bei
Der Deutschen Bibliothek erhältlich

∞

Gedruckt auf alterungsbeständigem, säurefreien Papier
Printed on acid-free paper

ISBN: 3-89821-104-5

© *ibidem*-Verlag
Stuttgart 2001
Alle Rechte vorbehalten

Printed in Germany

Vorwort

Die vorliegende Arbeit wurde im Wintersemester 2000/2001 vom Fachbereich Rechtswissenschaften der Universität Hannover als Dissertation angenommen. Sie ist vor der Veröffentlichung nochmals durchgesehen und geringfügig überarbeitet worden.

Die Fertigstellung dieser Arbeit wäre ohne das Zutun anderer nicht möglich gewesen, denen ich an dieser Stelle herzlich danken möchte.

So gilt mein besonderer Dank meinem Doktorvater, Herrn Prof. Dr. Dr. Peter Salje, der diese Abhandlung inhaltlich angeregt hat und mir während der gesamten Bearbeitungszeit jederzeit mit Rat und Tat fördernd zur Seite stand. Verbunden bin ich auch Herrn Prof. Dr. Heiko Faber vor allem wegen der sehr zügigen Erstellung des Zweitgutachtens.

Zu danken habe ich des weiteren meinen Eltern, die meine gesamte Ausbildung wie auch die Höhen und Tiefen der Promotion mit Verständnis und größstmöglicher Unterstützung begleitet haben. Gerade in der Schlußphase der Arbeit waren sie mir eine unverzichtbare Hilfe.

Schließlich bin ich Herrn Rechtsreferendar Christian Müller für sein vielfältiges Engagement sowohl in fachlicher als auch in technischer Hinsicht zu besonderem Dank verpflichtet.

Hannover, im Februar 2001   Andreas Klees

Inhaltsverzeichnis

VIII

Abkürzungsverzeichnis

A.	Auflage
a.A.	anderer Ansicht
ABl.	Amtsblatt der Europäischen Gemeinschaft
Abs.	Absatz
AcP	Archiv für die civilistische Praxis
a.F.	alte Fassung
AöR	Archiv des öffentlichen Rechts
Art.	Artikel
AVBEltV	Verordnung über Allgemeine Bedingungen für die Elektrizitätsversorgung von Tarifkunden
BauO	Bauordnung
BauGB	Baugesetzbuch
BB	Der Betriebs-Berater
Bd.	Band
BFStrG	Bundesfernstraßengesetz
BGB	Bürgerliches Gesetzbuch
BGBl.	Bundesgesetzblatt
BGH	Bundesgerichtshof
BGHZ	Entscheidungen des Bundesgerichtshofes in Zivilsachen
BImSchG	Bundesimmissionsschutzgesetz
BImSchV	Verordnung zum Bundesimmissionsschutzgesetz
BKartA	Bundeskartellamt
BMWi	Bundesministerium für Wirtschaft und Technologie
BNatSchG	Bundesnaturschutzgesetz
BR	Bundesrat
BT	Bundestag
BT-Drks.	Bundestags-Drucksache
BVerfG	Bundesverfassungsgericht
BVerfGE	Entscheidungen des Bundesverfassungsgerichts
BVerfGG	Bundesverfassungsgerichtsgesetz
BVerwG	Bundesverwaltungsgericht
BVerwGE	Entscheidungen des Bundesverwaltungsgerichts
bzw.	beziehungsweise
CR	Computer und Recht
DB	Der Betrieb
DDR	Deutsche Demokratische Republik
ders.	derselbe
DÖV	Die Öffentliche Verwaltung
DVBl	Deutsches Verwaltungsblatt
EEA	Einheitliche Europäische Akte
EG	Europäische Gemeinschaft
EGV	Vertrag zur Gründung der Europäischen Gemeinschaft
EnergG	Gesetz zur Förderung der Energiewirtschaft
EnWG	Energiewirtschaftsgesetz

MMR	Zeitschrift für Informations-, Telekommunikations- und Medienrecht
m.w.N.	mit weiteren Nachweisen
NBauO	Niedersächsische Bauordnung
Nds. MBl.	Niedersächsisches Ministerialblatt
Nds.MfWuV	Niedersächsischer Minister für Wirtschaft und Verkehr
NEG	Niedersächsisches Enteignungsgesetz
NGO	Niedersächsische Gemeindeordnung
NJW	Neue Juristische Wochenschrift
NJW- RR	NJW- Rechtsprechungs- Report
NStrG	Niedersächsisches Straßengesetz
NVwZ	Neue Zeitschrift für Verwaltungsrecht
OLG	Oberlandesgericht
PrGS	Sammlung des preußischen Rechts
RabelsZ	Rabels Zeitschrift für ausländisches und internationales Privatrecht
RdE	Recht der Energiewirtschaft
RdErl.	Runderlaß
RGZ	Entscheidungen des Reichsgerichts in Zivilsachen
RIW	Recht der Internationalen Wirtschaft
RL-Elt.	Richtlinie 96/92/ EG betreffend gemeinsame Vorschriften für den Elektrizitätsbinnenmarkt
Rn.	Randnummer
ROG	Raumordnungsgesetz
RoV	Raumordnungsverfahren
RWE	Rheinisch- Westfälische Energie AG
S.	Seite
Slg.	Sammlung der Rechtsprechung des Gerichtshofes der Europäischen Gemeinschaften
sog.	sogenannt(er)
StrG	Straßengesetz
StrWG	Straßen- und Wegegesetz
TKG	Telekommunikationsgesetz
u.a.	und andere
u.U.	unter Umständen
UVP	Umweltvertärglichkeitsprüfung
UVPG	Gesetz über die Umweltverträglichkeitsprüfung
VEnergR	Veröffentlichungen des Instituts für Energierecht an der Universität zu Köln
VerwArch	Verwaltungsarchiv
VEW	Vereinigte Elektrizitätswerke Westfalen
vgl.	vergleiche
VO	Verordnung
VwGO	Verwaltungsgerichtsordnung

WRP	Wettbewerb in Recht und Praxis
WSA	Wirtschafts- und Sozialausschuß
WuW	Wirtschaft und Wettbewerb
WuW/E	Wirtschaft und Wettbewerb, Entscheidungssammlung zum Kartellrecht
z.B.	zum Beispiel
ZEuP	Zeitschrift für Europäisches Privatrecht
ZfE	Zeitschrift für Energiewirtschaft
ZGR	Zeitschrift für Unternehmens- und Gesellschaftsrecht
ZHR	Zeitschrift für das gesamte Handelsrecht und Wirtschaftsrecht
ZIP	Zeitschrift für Wirtschaftsrecht
ZNER	Zeitschrift für neues Energierecht
ZögU	Zeitschrift für öffentliche und gemeinwirtschaftliche Unternehmen
ZRP	Zeitschrift für Rechtspolitik

Der Direktleitungsbau im deutschen und europäischen Energie- und Wettbewerbsrecht

Einleitung:

Die Richtlinie 96/92/EG betreffend gemeinsame Vorschriften für den Elektrizitätsbinnenmarkt vom 19. Dezember 1996[1] und im Anschluß daran die deutsche Energierechtsreform 1998[2] brachten erhebliche Veränderungen für das Recht der Energiewirtschaft mit sich. Die wesentlichste Errungenschaft ist dabei die Abkehr vom monopolistisch organisierten Markt für leitungsgebundene Energieversorgung hin zu wettbewerblich geprägten Marktstrukturen.

Der Schaffung und weiteren Gewährleistung von Wettbewerb im Bereich der Energiewirtschaft sollen seitdem - so sehen es das Energiewirtschaftsgesetz 1998 und grundsätzlich auch die Richtlinie 96/92/EG vor - vor allem zwei Wettbewerbsinstrumente dienen: Zum einen die Durchleitung und zum anderen der Direktleitungsbau. Während sich die Durchleitung bereits seit längerem sowohl in der Literatur als auch in der Rechtsprechung erhöhter Aufmerksamkeit erfreut, wird der Direktleitungsbau als Wettbewerbsinstrument - soweit ersichtlich - allenfalls kursorisch behandelt. Die vorliegende Arbeit soll dazu beitragen, diese Lücke zu schließen.

Dabei soll der Direktleitungsbau vor allem unter zwei Fragestellungen näher untersucht werden: Zum einen gilt es zu klären, ob die sich diesbezüglich aus der Richtlinie 96/92/EG ergebenden verbindlichen Vorgaben vollständig in die deutsche Rechtsordnung transformiert worden sind, zum anderen stellt sich die Frage, inwieweit die bestehenden Vorschriften überhaupt geeignet sind, den Direktleitungsbau zu einem wirksamen Wettbewerbsinstrument zu machen.

Die Rechtsfragen, die sich beim Leitungsbau im allgemeinen und beim Direktleitungsbau im besonderen ergeben, sind allerdings komplex. Im Einzelfall können hierbei bauordnungs- bzw. bauplanungsrechtliche Vorschriften,

---

[1] ABl. EG Nr. L 27/20 vom 30.01.97 (= RL- Elt.).
[2] Der Begriff „Energierecht" wird im folgenden in einem engen, auf das Elektrizitätsrecht beschränkten Sinne verstanden. Weder die Gas- noch etwa die Fernwärmewirtschaft sind somit Gegenstand dieser Arbeit.

naturschutzrechtliche Vorgaben bis hin zu grundstücks- und wegerechtlichen Normen zu beachten sein. Um den Rahmen der Untersuchung nicht zu sprengen, beschränkt sich die vorliegende Arbeit schwerpunktmäßig darauf, die grundstücks- und wegerechtlichen Fragen des zusätzlichen Leitungsbaus zu untersuchen - ein Problemkreis, der für die zu untersuchenden Fragestellungen vor allem deswegen von besonderem Interesse ist, weil sich (zusätzlicher) Leitungsbau ohne die Inanspruchnahme fremder Grundstücke nicht verwirklichen läßt.

Daraus ergibt sich folgender Aufbau der Arbeit:

Zunächst werden in einem Grundlagenteil (Teil A) die für die Untersuchung wesentlichen Begriffe – insbesondere der Begriff „Direktleitung" – definiert, die verschiedenen Direktleitungsarten vorgestellt und die sich daraus ergebenden, für die nachfolgende Untersuchung im Vordergrund stehenden Fallgruppen festgelegt. Im Anschluß daran werden die Gründe für die Einführung des Wettbewerbsinstrumentes „Direktleitungsbau" sowie die Reaktionen in der Literatur darauf beschrieben. Der Teil A schließt mit einem Überblick über das Anlagengenehmigungsrecht, welches bei der Errichtung einer Elektrizitätsleitung im Einzelfall eine Rolle spielen kann.

Im Teil B der Arbeit werden die europarechtlichen Vorschriften bezüglich des Direktleitungsbaus, insbesondere Art. 21 RL- Elt., untersucht. Damit sollen die verbindlichen Vorgaben an den nationalen Gesetzgeber herausgearbeitet werden, um im folgenden feststellen zu können, ob und in welchem Umfang Umsetzungsdefizite bei der Transformation dieser Vorschriften bestehen.

Die weitere Untersuchung differenziert zwischen der Inanspruchnahme öffentlicher Verkehrswege und von Privatgrundstücken zum Zwecke der Leitungsverlegung. Teil C beschränkt sich daher zunächst auf die Leitungsverlegungs- und Wegerechte auf öffentlichen Verkehrswegen. Ausgangspunkt der Untersuchung sind dabei § 8 Abs. 10 BFStrG sowie die entsprechenden landesrechtlichen Vorschriften. Den Kern der Untersuchung wird § 13 Abs. 1 Satz 1 EnWG bilden. Einerseits soll hier die Reichweite des Anwendungsbereiches dieser Vorschrift, andererseits aber auch ihre Vereinbarkeit mit nationalem Verfassungsrecht überprüft werden. Im Anschluß wird die Anwendbarkeit des § 12 EnWG insbesondere im Hinblick auf die Enteignung zum Zwecke des Direktleitungsbaus untersucht. Schließlich wird der Frage nachgegangen, ob sich möglicherweise aus wettbewerbsrechtlichen Vorschriften ein Kontrahierungszwang für die Eigentümer oder Wegeherren öffentlicher Verkehrswege ergibt, der sie auch gegen ihren Willen verpflichtet, ihre Grundstücke zum Zwecke des Direktleitungsbaus zur Verfügung zu stellen. Im **Teil D** wird die Inanspruchnahme von Privatgrundstücken zum Zwecke des Direktleitungsbaus untersucht.

Eine Zusammenfassung der Ergebnisse befindet sich im **Teil E** der Arbeit. Dort wird zu entscheiden sein, ob die vom Gesetzgeber im EnWG 1998 getroffenen Regelungen mit den europarechtlichen Vorgaben zu vereinbaren sind oder ob insoweit Umsetzungsdefizite bestehen. Zugleich wird zu beurteilen sein, inwieweit der Direktleitungsbau derzeit zutreffend als Wettbewerbsinstrument bezeichnet werden kann. Schließlich soll der Versuch unternommen werden, auf Grundlage der aus der Untersuchung gewonnenen Erkenntnisse geeignete Änderungsvorschläge für den Gesetzgeber zu erarbeiten.

Teil A:

Grundlagen

I. Leitungsbegriffe und Leitungsarten:

Den eigentlichen Fragestellungen und damit dem Kern der Untersuchung kann erst dann Aufmerksamkeit gewidmet werden, wenn vorab Inhalt und Reichweite verschiedener Grundbegriffe festgelegt worden sind. Von besonderer Bedeutung für die nachfolgende Untersuchung ist dabei vor allem das Begriffspaar „Direktleitung" und „Leitung für die allgemeine Versorgung". Diese Begriffe sollen im folgenden definiert und voneinander abgegrenzt werden. Darüber hinaus werden die verschiedenen Leitungsarten – unterschieden nach Art der Verlegung einerseits und nach dem jeweiligen Leitungsbegünstigten andererseits – vorgestellt.

1. Leitungsbegriffe:

a) „Direktleitung":

Der Begriff „Direktleitung" war dem bisherigen Energiewirtschaftsrecht fremd. Verwendet wurde er zunächst in der Richtlinie 96/92/EG vom 19. Dezember 1996[3]. Zwar taucht der Begriff „Direktleitung" auch im reformierten Energiewirtschaftsgesetz an keiner Stelle auf, findet sich dafür aber sowohl in der amtlichen Begründung zum EnWG 1998[4] als auch in der seitdem erschienenen energierechtlichen Literatur[5]. Gemeinhin werden darunter alle zusätzlich zum vorhandenen (Verbund-)Netz errichteten Leitungen verstanden.[6] Unter diesen Begriff fallen zunächst die parallel zum Übertragungs- und Verteilungsnetz errichteten Leitungen, die unmittelbar zwischen einem Kraftwerk und der Abnahmestelle (z.B. eines Kunden) errichtet werden; denkbar sind aber auch einzelne Stichleitungen, die als sog. „Ausläufer"[7] vom Netz eines

---

[3] Art. 2 Ziff. 12, Art. 21 Abs. 1 RL- Elt.; siehe dazu ausführlich unten Teil B, III., 2., a).
[4] BT- Drks. 13/ 7274, S. 20.
[5] Vgl. z.B. Schneider, in: Böwing, Energiewirtschaftsgesetz 1998, Art. 1, § 2, 4.2.2.
[6] Die Richtlinie verwendet in Art. 2 Ziff. 12 als Gegenbegriff den Begriff „Verbundnetz". Auch dort ist - entgegen dem sonst üblichen Sprachgebrauch - nicht nur das überregionale Netz, sondern die Summe aller miteinander verbundenen Leitungen gemeint. Vgl. dazu Art. 2 Ziff. 11 RL- Elt.
[7] Vgl. zu diesem Begriff Schneider, in: Böwing, Energiewirtschaftsgesetz 1998, Art. 1, § 2, 4.2.2.

5

(Energieversorgungs-)Unternehmens hin zur Abnahmestelle führen.[8] Wesentliches Merkmal einer Direktleitung ist zum einen, daß sie nur der Versorgung eines oder nur sehr weniger Abnehmer dient, so daß ihr schon deswegen keine „Verbundqualität" zukommen und sie folglich regelmäßig auch keinerlei netzstützende Funktion haben kann.[9] Zum anderen wird - da der Direktleitungsbau ein Wettbewerbsinstrument sein soll - der Abnehmer, der über eine Direktleitung versorgt werden soll, regelmäßig, wenn auch nicht notwendigerweise, bereits über einen Anschluß an das Netz des bisherigen Versorgers verfügen. Der Direktleitungsbau, der als Wettbewerbsinstrument zur Öffnung bestehender Versorgungsgebiete eingesetzt werden soll, setzt also grundsätzlich voraus, daß die Leitung zur Versorgung eines Abnehmers in einem aus Sicht des Versorgungsunternehmens vor der Energierechtsreform „fremden" Versorgungsgebiet zu dienen bestimmt ist. Direktleitungsbau liegt also beispielsweise dann vor, wenn ein Versorgungsunternehmen einen industriellen Abnehmer außerhalb seines bisherigen Versorgungsgebietes über eine eigene Leitung versorgt. Im folgenden wird gelegentlich statt von „Direktleitung" auch von „zusätzlicher" oder „paralleler" Leitung gesprochen.

b) „Leitung für die allgemeine Versorgung":

Als Gegenbegriffe werden im folgenden „Leitung für die allgemeine Versorgung" bzw. „Verbundleitung" verwendet, wobei unter „Verbundnetz" in diesem Zusammenhang nicht lediglich das überregionale Netz der derzeit acht deutschen Verbundunternehmen[10] verstanden wird, sondern die Summe aller miteinander

---

[8] Vgl. Horstmann, Zulassungsverfahren und Wegerecht für Energieversorgungsleitungen sowie der Zugang zu Energieversorgungsnetzen nach dem neuen Energiewirtschaftsgesetz und Wettbewerbsrecht, 9.5; vgl. dazu auch Recknagel, in: Böwing, Energiewirtschaftsgesetz 1998, Art. 1, § 6, 6.2; ferner Beckert, Abgeänderter Richtlinienvorschlag zum Binnenmarkt für Elektrizität, S. 86. Im letzteren Fall gehört eine solche Leitung genau genommen zwar auch zur Summe aller miteinander verbundenen Leitungen und damit an sich (siehe soeben Fn. 6) zum Verbundnetz, doch erscheint es wegen der Ähnlichkeit mit einer Leitung, die unmittelbar vom Kraftwerk aus errichtet wird, als zulässig, sie ebenfalls als „Direktleitung" im oben genannten Sinne einzustufen.

[9] Vgl. zum Verbundnetz und dessen Funktionen: Pfaffenberger, Elektrizitätswirtschaft, S. 53; ferner Horstmann, Zulassungsverfahren und Wegerecht für Energieversorgungsleitungen sowie der Zugang zu Energieversorgungsnetzen nach dem neuen Energiewirtschaftsgesetz und Wettbewerbsrecht, 1.2.3. ff. Zu den Bündelungsvorteilen von Netzen vgl. Knieps, Netzökonomie- Ein disaggregierter Ansatz, in: Zippel, Transeuropäische Netze, S. 11 ff. (12 f.).

[10] Nach der Fusion der Badenwerk AG und der Energieversorgung Schwaben AG sind nur noch acht Verbundunternehmen verblieben, vgl. dazu Horstmann, Zulassungsverfahren und Wegerecht für Energieversorgungsleitungen sowie der Zugang zu Energieversorgungsnetzen nach dem neuen Energiewirtschaftsgesetz und Wettbewerbsrecht, 1.2.3. Es ist allerdings anzunehmen, daß sich diese

verbundenen Leitungen. Ebensowenig wie den Begriff „Direktleitung" verwendet das reformierte EnWG den Begriff „Leitung für die allgemeine Versorgung", spricht allerdings verschiedentlich vom „Netz *für die allgemeine Versorgung*" (vgl. § 2 Abs. 3 EnWG) oder von Energieversorgungsunternehmen, die in Gemeindegebieten „die *allgemeine Versorgung von Letztverbrauchern* durchführen" (vgl. § 10 Abs. 1 EnWG), ohne zu definieren, was unter „allgemeiner Versorgung" zu verstehen ist. Feststehen dürfte insoweit jedenfalls, daß damit das in § 1 EnWG statuierte Ziel „der Versorgung (...) im Interesse der Allgemeinheit" aufgegriffen wird.[11] Um im folgenden auch sprachlich solche Leitungen von den Direktleitungen abgrenzen zu können, die die oben genannten Voraussetzungen für das Vorliegen einer Direktleitung nicht erfüllen, werden die übrigen Leitungen als „Leitungen für die allgemeine Versorgung" bezeichnet. Eine Leitung ist damit also entweder eine Direktleitung oder eine Leitung für die allgemeine Versorgung. Charakteristisch für eine Leitung der allgemeinen Versorgung ist im Gegensatz zu einer Direktleitung, daß sie Bestandteil aller miteinander verbundenen Leitungen ist, deren Errichtung vorrangig der Sicherstellung der Energieversorgung und weniger der Förderung des Wettbewerbs auf dem Markt für leitungsgebundene Energieversorgung dienen soll.

2. Direktleitungsarten:

a) Kabel oder Freileitung:

Die Formulierung Direkt*leitung* erfaßt beide denkbaren Übertragungsmittel für elektrische Energie: oberirdisch verlegte (Frei-)Leitungen einerseits und unterirdisch verlegte Kabel andererseits. Direktleitungen sind grundsätzlich auf jeder Spannungsebene[12] denkbar; häufig wird es sich jedoch in praxi um Hoch- oder u.U. auch Höchstspannungs(frei-)leitungen handeln. Die Leitungen der Hoch- und Höchstspannungsebene sind vor allem deswegen interessant, weil sie ohne weiteres zur - für den Versorger wirtschaftlich besonders attraktiven - Versorgung großer und sehr großer industrieller Abnehmer (wie etwa Aluminiumhütten)[13] eingesetzt werden können.

Zahl durch weitere Fusionen (wie etwa die anstehende Fusion zwischen VEW und RWE, vgl. dazu u.a. F.A.Z. vom 28.06.2000) künftig reduzieren wird.
[11] Vgl. dazu Schneider, in: Böwing, Energiewirtschaftsgesetz 1998, Art. 1 § 2, 4.2.2.
[12] Niederspannung = < 1 kV, Mittelspannung = 10 – 30 kV, Hochspannung = 110 kV, Höchstspannung = 220/ 380 kV.
[13] Vgl. Fischer/ Kießling, Freileitungen, 1.1.

Insbesondere bei längeren Übertragungswegen erscheint die Verwendung höherer Spannungsebenen auch technisch sinnvoller, weil hier die Leitungsverluste im Vergleich zu Leitungen niedriger Spannungsstufen gering gehalten werden können.[14] Mit zunehmender Übertragungslänge gestaltet sich auch die Verkabelung solcher Leitungen schwierig. Zumindest im Höchstspannungsbereich ist das Kabel derzeit noch nicht Stand der Technik.[15] Es wird ausnahmsweise bei innerstädtischen Verbindungen eingesetzt, da hier Freileitungen regelmäßig nicht realisierbar sind.[16] Anders sieht es dagegen im Hochspannungsbereich aus. Hier verdrängt das Kabel zunehmend die (Frei-)Leitung.[17] Das liegt vor allem an den Vorteilen des Kabels im Vergleich zur Freileitung, wie etwa der geringeren Trassenbreite und der größeren Unempfindlichkeit gegen Witterung etc.[18] Mit zunehmender Kabellänge sprechen aber auch hier technisch-ökonomische Bedenken gegen eine Verwendung des Kabels.[19] Im Gegensatz zur Freileitung weist das Kabel eine geringere Überlastbarkeit wegen erschwerter Ableitung der Verlustwärme auf.[20] Auch erschwert die Verkabelung einer Leitung die Fehlerfeststellung und –ortung.[21] Diese – mit dem entsprechenden Aufwand allerdings lösbaren[22] – technischen Probleme und die - immer noch - aufwendigere Verlegetechnik erhöhen die Kosten des Kabels im Vergleich zur (Frei-)Leitung. Aus diesen Gründen

---

[14] Vgl. dazu Hermes, Staatliche Infrastrukturverantwortung, S. 19.

[15] Vgl. dazu Jarass/ Apfelstedt/ Obermair, Hochspannungsleitungen, in: Handbuch der Umweltverträglichkeitsprüfung, 4415, S. 17 f.

[16] Vgl. Wanser, Freileitungen und Kabel in Transport- und Verteilungsnetzen, IZR 1986, S. 437 ff. (438); ferner Kabelhandbuch, VWEW (Hrsg.), S. 254. Zum Verkabelungsgrad der Netze vgl. Fricke, Kabel und Freileitungen im Versorgungsnetz, Möglichkeiten und Grenzen, in: Palic, Kabel und Freileitungen in überregionalen Versorgungsnetzen, S. 39 ff. (41 ff.).

[17] Das ist u.a. auf mittlerweile angewendete kostengünstigeren Legetechniken wie Preß- und Bohrtechniken, die ein Aufgraben der Grundstücke z.T. entbehrlich machen, zurückzuführen, vgl. Kabelhandbuch, VWEW (Hrsg.), S. 254 sowie Horstmann, Zulassungsverfahren und Wegerechte für Energieversorgungsleitungen sowie der Zugang zu Energieversorgungsnetzen nach dem neuen Energiewirtschaftsgesetz und Wettbewerbsrecht, 3.2.1.2.

[18] Vgl. dazu Jarass/ Apfelstedt/ Obermair, Hochspannungsleitungen, in: Handbuch der Umweltverträglichkeitsprüfung, 4415, S. 18.

[19] Vgl. Kabelhandbuch, VWEW (Hrsg.), S. 254.

[20] Vgl. dazu Jarass/ Apfelstedt/ Obermair, Hochspannungsleitungen, in: Handbuch der Umweltverträglichkeitsprüfung, 4415, S. 18.

[21] Vgl. dazu Jarass/ Apfelstedt/ Obermair, Hochspannungsleitungen, in: Handbuch der Umweltverträglichkeitsprüfung, 4415, S. 18. Ein ausführlicherer Vergleich der technischen Eigenschaften von Freileitungen und Kabeln findet sich bei Fricke, Kabel und Freileitungen im Versorgungsnetz, Möglichkeiten und Grenzen, in: Palic, Kabel und Freileitungen in überregionalen Versorgungsnetzen, S. 39 ff. (44 ff.). Vgl. auch Horstmann, Zulassungsverfahren und Wegerechte für Energieversorgungsleitungen sowie der Zugang zu Energieversorgungsnetzen nach dem neuen Energiewirtschaftsgesetz und Wettbewerbsrecht, 2.10.4.2.

[22] Vgl. dazu Jarass/ Apfelstedt/ Obermair, Hochspannungsleitungen, in: Handbuch der Umweltverträglichkeitsprüfung, 4415, S. 19.

wird eine Direktleitung zur Versorgung einzelner, z.B. industrieller Kunden, häufig als Freileitung geplant werden, ohne daß damit aber die Verkabelung einer Direktleitung im Einzelfall ausgeschlossen wäre.

b) Leitungsbegünstigte:

Eine Elektrizitätsleitung - und zwar unabhängig davon, ob eine Direktleitung oder eine Leitung für die allgemeine Versorgung - dient entweder der Fremd- oder der Eigenversorgung. Auch zahlreiche Vorschriften finden nur auf Fremdversorgungsleitungen oder nur auf Eigenversorgungsleitungen Anwendung. Das macht die Definition auch dieser Begriffe hier erforderlich.

aa) „Fremdversorgung":

Gleichbedeutend mit dem Begriff „Fremdversorgung" ist die Formulierung „öffentliche (Energie-)Versorgung", die vielfach in verschiedenen Vorschriften verwendet wird.[23] *Lukes*[24] hat als einzig verwendbares Abgrenzungsmerkmal zwischen Eigen- und Fremdversorgung den Öffentlichkeitsbezug der Versorgung herausgearbeitet: Nur wenn über die Leitung zumindest ein „anderer" i.S.v. § 2 Abs. 2 Satz 1 EnWG a.F. (§ 2 Abs. 3 EnWG) versorgt wird, liegt Fremdversorgung vor. „Anderer" i.S.d. Vorschrift sind alle vom Energielieferer zu unterscheidenden Rechtssubjekte, unabhängig davon, ob es sich dabei um eine juristische oder eine natürliche Person handelt. Die Abgrenzung erfolgt also nicht nach wirtschaftlichen, sondern nach formalrechtlichen Gesichtspunkten.[25] Fremdversorgung ist beispielsweise auch gegeben, wenn innerhalb eines Konzerns von der Obergesellschaft Energie an die – rechtlich selbständigen – Tochtergesellschaften geliefert wird.[26] An diesem Begriffsverständnis hat sich auch durch die Energierechtsreform 1998 nichts geändert.

---

[23] Z.B. § 8 Abs. 10 BFStrG.
[24] Lukes, Die Benutzung öffentlicher Wege zur Fortleitung elektrischer Energie, S. 16 ff. A.A. Biedenkopf/ Kellmann, Die wege- und kartellrechtliche Problematik der Verlegung von Eigenversorgungsleitungen für den Eigenbedarf, S. 20 f.
[25] Vgl. Büdenbender, Energierecht, Rn. 96.

bb) „Eigenversorgung":

Eigenversorgung liegt dementsprechend dann vor, wenn keiner der über die Leitung versorgten Energiebezieher „anderer" im oben genannten Sinne ist, also insbesondere bei der Versorgung von rechtlich unselbständigen Betriebsteilen. In diesem Fall fehlt jeder Öffentlichkeitsbezug der Versorgung, da lediglich der eigene Bedarf gedeckt wird.[27] Dient eine Leitung sowohl der Versorgung „anderer" als auch der Eigenversorgung - wird diese Leitung also doppelfunktionell eingesetzt -, wird sie insgesamt dennoch als Leitung für die Fremdversorgung behandelt, weil es, wie oben dargelegt, insoweit ausreicht, daß (zumindest auch) ein „anderer" über diese Leitung versorgt wird.[28]

II. Fallgruppenbildung:

Der Untersuchungsgegenstand der Arbeit - das Recht der Grundstücksbenutzung zum Zwecke der Leitungsverlegung - stellt sich als recht differenzierte Materie dar.

Das ist zunächst darauf zurückzuführen, daß es eine ganze Reihe unterschiedlicher Grundstücksarten gibt, die von einer Leitungsverlegung betroffen sein können. So gibt es ausschließlich privat (oder auch gewerblich) genutzte Grundstücke, die im Eigentum Privater stehen, wie etwa Haus- bzw. Gartengrundstücke oder Ackerflächen bzw. sonstige landwirtschaftlich genutzte Grundstücke. Im Gegensatz dazu finden sich auch eine Vielzahl von Grundstücken, die dem öffentlichen Verkehr gewidmet sind, also Straßen und Wege, die häufig im Eigentum einer öffentlich- rechtlichen Gebietskörperschaft stehen. Daneben gibt es noch Grundstücke, die zwar zum Eigentum einer Gebietskörperschaft gehören, aber nicht dem öffentlichen Verkehr gewidmet wurden, wie etwa das Betriebsgelände eines gemeindlichen Eigenbetriebes, und umgekehrt Grundstücke, die zwar dem öffentlichen Verkehr gewidmet wurden, aber dennoch nicht im Eigentum einer Gebietskörperschaft stehen, sondern im Eigentum eines Privaten. Wie soeben beschrieben, kann eine Leitung entweder der Eigen- oder der Fremdversorgung dienen, wodurch sich die Anzahl der denkbaren Fallkonstellationen weiter erhöht. Als denkbare Differenzierungskriterien kämen

---

[26] Vgl. Tegethoff, in: Tegethoff/ Büdenbender/ Klinger, Das Recht der öffentlichen Energieversorgung, EnergG, § 2, I 90 f., Rn. 3.
[27] Vgl. dazu Tegethoff, in: Tegethoff/ Büdenbender/ Klinger, Das Recht der öffentlichen Energieversorgung, EnergG, § 2, I 89, Rn. 1.
[28] Vgl. dazu auch Krüger, in: Obernolte/ Danner, Energiewirtschaftsrecht, Wege V A, S. 12.

10

weiterhin noch die Spannungsebene der geplanten Leitung - also, ob eine Nieder-, Mittel-, Hoch- oder Höchstspannungsleitung errichtet werden soll - und damit zusammenhängend die Art der Verlegung (Kabel oder Freileitung) - mit Blick auf die Spürbarkeit der Leitung für den betroffenen Grundstückseigentümer - in Betracht.

Eine Berücksichtigung aller möglicher Differenzierungsgesichtspunkte und sämtlicher denkbaren Fälle kann und soll die vorliegende Arbeit nicht leisten. Da die Entscheidung darüber, welche Spannungsebene eine geplante Leitung aufweisen und welche Verlegungsart gewählt werden soll, regelmäßig von technisch- ökonomischen Gegebenheiten abhängen wird, auf die der Leitungsbauer nur begrenzt Einfluß nehmen kann, werden diese Differenzierungsgesichtspunkte im folgenden außer Acht gelassen. Statt dessen beschränkt sich die nachfolgende Untersuchung auf die Erörterung folgender typischer Fallkonstellationen:

1. Fallgruppe:

Inanspruchnahme eines öffentlichen Verkehrsweges zum Zwecke der Fremdversorgung

Dieser Fall ist dann gegeben, wenn etwa ein Energieversorgungsunternehmen die Errichtung einer Leitung zu einem Kunden - möglicherweise einem industriellen Großabnehmer - plant und hierbei - gemeindliche oder nichtgemeindliche - öffentliche Verkehrswege kreuzen muß (**Fall a**).

2. Fallgruppe:

Inanspruchnahme eines öffentlichen Verkehrsweges zum Zwecke der Eigenversorgung

Dieser Fall liegt beispielsweise vor, wenn ein Eigenerzeuger, dessen Produktionsstätte für Energie an einem gemeindlichen Verkehrsweg liegt, diesen mit einer Leitung queren will, um einen auf der anderen Straßenseite liegenden Betriebsteil mit Strom versorgen zu können (**Fall b**).

3. Fallgruppe:

Inanspruchnahme eines Privatgrundstückes zum Zwecke der Fremdversorgung

Plant etwa ein Energieversorgungsunternehmen die Errichtung einer Leitung zur Versorgung eines industriellen Großkunden, so läßt sich dieses Vorhaben regelmäßig nicht nur durch den Zugriff auf öffentliche Verkehrswege realisieren, sondern wird es häufig auch erforderlich machen, auf privat genutzte Grundstücke, vor allem landwirtschaftlich genutzter Flächen zuzugreifen (**Fall c**).

4. Fallgruppe:

Inanspruchnahme eines Privatgrundstückes zum Zwecke der Eigenversorgung

Dieser Fall ist grundsätzlich ebenso wie Fall b) gelagert, mit dem Unterschied, daß hier nicht ein öffentlicher Verkehrsweg, sondern ein Privatgrundstück überspannt oder verkabelt werden muß, um den Betriebsteil versorgen zu können (**Fall d**).

III. Der Direktleitungsbau in Gesetzgebung und Literatur:

Bis zu der Energierechtsreform 1998 war der Direktleitungsbau im Energiewirtschaftsgesetz nicht vorgesehen. Im folgenden sollen deshalb die Gründe für die Einführung dieses Wettbewerbsinstrumentes und die Reaktionen in der Literatur darauf näher beleuchtet werden.

1. Der Direktleitungsbau im energie- und wettbewerbsrechtlichen Kontext:

Am 29. April 1998 ist das Gesetz zur Neuregelung des Energiewirtschaftsgesetzes in Kraft getreten.[29]

a) Hauptreformziel dieses Neuregelungsgesetzes ist die Eröffnung spartengleichen Wettbewerbs mehrerer Energieversorgungsunternehmen um dieselben Kunden.[30] Der Gesetzgeber verfolgt damit im Gegensatz zu früher heute ein Ziel, welches im Bereich

---

[29] BGBl. I , 730.
[30] Vgl. dazu Büdenbender, Energierecht nach der Energierechtsreform, JZ 1999, S. 62 ff. (65).

12

der Energieversorgung jahrzehntelang nicht nur für wenig sinnvoll, sondern sogar für schädlich gehalten wurde.[31] Bisher war auf den Wettbewerb als Marktregulativ in der Energieversorgung verzichtet worden, weil überwiegend angenommen wurde, daß auf diesem Markt die tatsächlichen Voraussetzungen für die positiven Wirkungen einer Konkurrenz zwischen mehreren Anbietern fehlten oder zumindest stark eingeschränkt seien.[32] Diese Sichtweise beruhte wesentlich auf der Annahme, der Energiesektor sei insgesamt ein „natürliches" Monopol.[33]

Mit diesem - vorrangig aus den Wirtschaftswissenschaften stammenden - Begriff wird ein Unterfall des sogenannten Marktversagens[34] umschrieben, in dem die Nachfrage am kostengünstigsten durch einen Anbieter bedient werden kann.[35] Natürliche Monopole sind also dadurch gekennzeichnet ist, daß ein einziger Unternehmer den relevanten Markt zu niedrigeren kostendeckenden Preisen versorgen kann als dies zwei oder mehr konkurrierenden Unternehmen möglich wäre.[36] Der Grund für die Entstehung eines solchen Monopols liegt häufig in der begrenzten Kapazität bestimmter Ressourcen (Straßen, Schienenwege, etc.).[37] Unter welchen Voraussetzungen ein natürliches Monopol vorliegt, ist in der wirtschaftswissenschaftlichen Literatur umstritten.[38] Als Merkmale eines solchen Monopols werden jedoch regelmäßig die Subadditivität der Kostenfunktion einerseits und hohe versunkene Kosten andererseits genannt.[39] Dabei meint Subadditivität der Kosten, daß die Gesamtkosten für die Produktion von Teilmengen eines Gutes höher sind als bei Produktion der gesamten Menge durch einen

---

[31] Sie hierzu nur die Präambel des EnWG 1935.

[32] Vgl. Tegethoff, in: Tegethoff/ Büdenbender/ Klinger, Das Recht der öffentlichen Energieversorgung, EnergG, Präambel, I 30, Rn. 2.

[33] Vgl. Paulus, Wettbewerb und Konzentration in der leitungsgebundenen Energiewirtschaft in der Europäischen Union, in: Zippel, Transeuropäische Netze, S. 45 ff. (45); vgl. auch Junk, Die Rolle von Versorgungskonzepten auf dem Wärmemarkt, S. 76; Hoster, Auswirkungen des europäischen Binnenmarktes für Energie auf die deutsche Elektrizitätswirtschaft, S. 3; Bräuer/ Egeln/ Werner, Wettbewerb in der Versorgungswirtschaft und seine Auswirkungen auf kommunale Querverbundunternehmen, S. 32.

[34] Vgl. Dehmer, Energieversorgungskonzepte- Vorranggebiete- Kartellrecht, S. 85 mit Verweis auf: Möschel, Recht der Wettbewerbsbeschränkungen, Rn. 954; Gröner, in: Cox/ Jens/ Markert, Handbuch des Wettbewerbs, S. 425.

[35] Vgl. Dehmer, Energieversorgungskonzepte- Vorranggebiete- Kartellrecht, S. 85 f.; ferner: Fritsch/ Wein/ Ewers, Marktversagen und Wirtschaftspolitik, S. 142 ff.

[36] Vgl. dazu Hermes, Staatliche Infrastrukturverantwortung, S. 316 m.w.N. in Fn. 428; Pfaffenberger, Elektrizitätswirtschaft, S. 51.

[37] Vgl. Fritsch/ Wein/ Ewers, Marktversagen und Wirtschaftspolitik, S. 142.

[38] Vgl. Dehmer, Energieversorgungskonzepte– Vorranggebiete- Kartellrecht, S. 86.

[39] Vgl. u.a. Bräuer/ Egeln/ Werner, Wettbewerb in der Versorgungswirtschaft und seine Auswirkungen auf kommunale Querverbundunternehmen, S. 33 ff.; Pfaffenberger, Elektrizitätswirtschaft, S. 51.

Anbieter,[40] während unter versunkenen Kosten irreversible Aufwendungen verstanden werden, die für den Markteintritt erforderlich sind, beim Marktaustritt aber unwiederbringlich abgeschrieben werden müssen und deswegen eine hohe Markteintrittsbarriere für potentielle Wettbewerber darstellen.[41]

Diese Voraussetzungen sah man bislang im gesamten Energiesektor als erfüllt an und zog daraus die Konsequenz, daß es gerade auch mit Blick auf das Preisniveau der Energieversorgung kontraproduktiv sei, auf diesem Markt Wettbewerb zuzulassen, da sich unter den gegebenen wirtschaftlichen Bedingungen nach kurzer Zeit und einem ruinösen Wettbewerb ohnehin nur ein Unternehmen am Markt durchsetzen werde.

b) Diese Auffassung ist inzwischen überholt und hat in mehrfacher Hinsicht eine Wandlung erfahren.

aa) Zunächst hat sich eine differenzierte Betrachtungsweise des Marktes für Elektrizitätsversorgung herausgebildet und schließlich auch durchgesetzt.[42] Danach wird der Energiesektor in die Bereiche Stromerzeugung, Übertragung, Verteilung und Handel unterteilt und in dem jeweiligen Teilbereich geprüft, ob die Voraussetzungen eines natürlichen Monopols vorliegen.[43] Während in den Bereichen Stromerzeugung und – handel ein solches Monopol überwiegend abgelehnt wird,[44] wird im Bereich der Stromverteilung bzw. des Stromtransports auch weiterhin vom Vorliegen eines natürlichen Monopols ausgegangen.[45] Das liegt zum einen daran, daß die gleiche Strommenge mit einer Leitung effizienter als mit zwei Leitungen transportiert werden kann. Zum anderen sind die Transportkosten durch einen im Vergleich zu den variablen

---

[40] Vgl. Fritsch/ Wein/ Ewers, Marktversagen und Wirtschaftspolitik, S. 147.

[41] Vgl. Fritsch/ Wein/ Ewers, Marktversagen und Wirtschaftspolitik, S. 161.

[42] Vgl. etwa Hoster, Auswirkungen des europäischen Binnenmarktes für Energie auf die deutsche Elektrizitätswirtschaft, S. 3.

[43] Vgl. Pfaffenberger, Elektrizitätswirtschaft, S. 52 ff.

[44] Vgl. Bräuer/ Egeln/ Werner, Wettbewerb in der Versorgungswirtschaft und seine Auswirkungen auf kommunale Querverbundunternehmen, S. 47.

[45] Vgl. Bräuer/ Egeln/ Werner, Wettbewerb in der Versorgungswirtschaft und seine Auswirkungen auf kommunale Querverbundunternehmen, S. 48, Fn. 31 m.w.N.; vgl. auch Hoffmann- Riem/ Schneider, Wettbewerbs- und umweltorientierte Re-Regulierung im Großhandels- Strommarkt, in: dies., Umweltpolitische Steuerung in einem liberalisierten Strommarkt, S. 13 ff. (16); Pfaffenberger, Elektrizitätswirtschaft, S. 51 ff.; Klopfer/ Schulz, Märkte für Strom, S. 9.; vgl. ferner Monopolkommission, Hauptgutachten X, S. 341 ff.

Kosten hohen Fixkostenanteil, insbesondere für den Leitungsbau, gekennzeichnet.[46] Das führt hier zu einer starken Irreversibilität der Entscheidungen und damit zu einer hohen Markteintrittsbarriere für potentielle Wettbewerber.[47] Damit gibt es also in der Elektrizitätswirtschaft Bereiche, in denen Wettbewerb – sofern er nicht rechtlich unterbunden wird - möglich ist, während andere auch in diesem Fall zukünftig überwiegend monopolistisch organisiert bleiben werden.[48]

bb) Darüber hinaus hat sich aber auch die Überzeugung vom rechtlichen Umgang mit natürlichen Monopolen gewandelt.[49] Während früher eine mehr oder weniger restriktive Regulierung bevorzugt wurde, gewinnt inzwischen die Erkenntnis an Boden, daß auch auf solchen Märkten potentieller Wettbewerb zugelassen werden sollte.[50]

Gerade im Hinblick auf netzbedingte natürliche Monopole soll Wettbewerb danach sowohl „um das Netz"[51] als auch „in dem Netz"[52] möglich sein.[53] So sollen Wettbewerber zumindest *um den Markt* oder aber – sofern technisch möglich - durch die gemeinsame Nutzung derselben Netzinfrastruktur *in dem Markt* konkurrieren dürfen. Insgesamt tritt damit an die Stelle einer umfassenden staatlichen Regulierung mit dem Ziel, jeglichen Wettbewerb auch rechtlich zu unterbinden, die Selbstregulierung des Marktes durch potentiellen Wettbewerb. Das wird sogleich am Beispiel des Direktleitungsbaus zu zeigen sein. Festzuhalten bleibt hier zunächst, daß sich nach der heute überwiegenden Auffassung natürliche Monopole und die rechtliche Zulassung von Wettbewerb keineswegs mehr a priori ausschließen.

c) Auf diesen Erkenntnissen beruht auch das Gesetz zur Neuregelung der Energiewirtschaft. Es ist in weiten Bereichen Ausdruck eines veränderten Verständnisses bezüglich des rechtlichen Umgangs mit natürlichen Monopolen: Während es früher für

---

[46] Vgl. Bräuer/ Egeln/ Werner, Wettbewerb in der Versorgungswirtschaft und seine Auswirkungen auf kommunale Querverbundunternehmen, S. 48.
[47] Vgl. Bräuer/ Egeln/ Werner, Wettbewerb in der Versorgungswirtschaft und seine Auswirkungen auf kommunale Querverbundunternehmen, S. 48.
[48] Vgl. Drasdo u.a., Konzentration und Wettbewerb in der deutschen Energiewirtschaft, S. 31 ff.
[49] Vgl. hierzu auch Drasdo, Konzentration und Wettbewerb in der deutschen Energiewirtschaft, S. 25.
[50] Vgl. Hermes, Staatliche Infrastrukturverantwortung, S. 322.
[51] Vgl. hierzu Windisch, in: ders. Privatisierung, S. 1 ff. (39 f., 56 ff.); auch Pfaffenberger, Elektrizitätswirtschaft, S. 263.
[52] Vgl. hierzu insbesondere: v. Weizsäcker, Energiewirtschaft und Wettbewerb, in: Energiepolitik für den Wirtschaftsstandort Deutschland, S. 9 ff. (21); ferner Knieps, Wettbewerb in Netzen, S. 1 ff.
[53] Vgl. Hermes, Staatliche Infrastrukturverantwortung, S. 322.

sinnvoll gehalten wurde, bestehende natürliche Monopole im Energiesektor zusätzlich durch rechtliche Regelungen zu flankieren, um Wettbewerb auf diesen Märkten auch rechtlich zu unterbinden, so ist gegenwärtig die gesetzgeberische Grundkonzeption durch die Vorstellung gekennzeichnet, daß auch bei natürlichen Monopolen die Entstehung von Wettbewerb ausschließlich dem Markt überlassen bleiben soll. Gesetzgeberische Intention war es dementsprechend, den vorhandenen Rechtsrahmen so zu ändern, daß auf dem Markt für leitungsgebundene Energien - insbesondere in den Bereichen der Stromerzeugung und des Stromverkaufs, aber auch im Bereich des Leitungsbaus - Wettbewerb entstehen kann. Dafür mußten zunächst einmal die rechtlichen Voraussetzungen für die Abschaffung der bestehenden Monopole in der Gas- und Elektrizitätswirtschaft geschaffen werden.

aa) Ein wesentlicher Schritt dahin ist die Außerkraftsetzung des kartellrechtlichen Freistellungstatbestandes einschließlich seiner Folgeregelungen in §§ 103, 103 a GWB a.F.[54] Damit werden die Energie- und die Gaswirtschaft uneingeschränkt der Geltung des Kartellrechts unterworfen und die künftige Entstehung geschlossener Versorgungsgebiete verhindert. Auf diese Weise soll ein Haupthindernis für die Entstehung von Wettbewerb auf dem Energiemarkt beseitigt werden.

bb) Die Beseitigung des kartellrechtlichen Freistellungstatbestandes allein schafft jedoch unmittelbar im Bereich der Energieversorgung noch keinen Wettbewerb. Das hängt insbesondere mit der Leitungsgebundenheit der Energieversorgung zusammen;[55] Wettbewerb auf den Märkten für leitungsgebundene Energieversorgung setzt nämlich entweder eine eigene Leitung des Konkurrenten bzw. eine vom Kunden selbst errichtete Stichleitung zum EVU- Netz voraus oder zumindest das Recht, bestehende Leitungen mitzubenutzen.[56] Aus diesem Grund mußte der Gesetzgeber zusätzliche rechtliche Instrumente schaffen, um die Entstehung des Wettbewerbs auf dem Energiemarkt zu ermöglichen bzw. zu beschleunigen. Der Gesetzgeber hat sich dabei für die Aufnahme zweier Wettbewerbsinstrumente in das reformierte Energiewirtschaftsrecht entschieden:

---

[54] Vgl. Büdenbender, Energierecht nach der Energierechtsreform, JZ 1999, S. 62 ff. (65); siehe zu dem Freistellungstatbestand u.a. Feuerborn, Der kartellrechtliche Freistellungsbereich für Elektrizitätsversorgungsunternehmen und deren Kontrolle; ferner Emmerich, Kartellrecht, 7. A., § 29.
[55] Siehe dazu und den sonstigen physikalisch- technischen Besonderheiten der Energieversorgung u.a. Büdenbender, Energierecht, Rn. 18 ff.
[56] Vgl. dazu auch Büdenbender, Energierecht nach der Energierechtsreform, JZ 1999, S. 62 ff. (66).

α) Ein Wettbewerbsinstrument soll der Netzzugang auf Vertragsbasis sein, vgl. § 6 EnWG.[57] Mit dem Netzzugang wird Wettbewerbern des Netzbetreibers ein grundsätzlicher Anspruch auf Gestattung der wettbewerbsbegründenden Durchleitung von Energie eingeräumt.[58] Danach hat der Wettbewerber das Recht, gegen Zahlung eines Durchleitungsentgeltes Elektrizität in das Versorgungsnetz des Netzbetreibers zur Versorgung von Letztverbrauchern oder zur Belieferung von Weiterverteilern einzuspeisen. Die Netzbetreiber sind verpflichtet, das Versorgungsnetz zu solchen Bedingungen zur Verfügung zu stellen, die nicht ungünstiger sind, als sie sich selbst in vergleichbaren Fällen oder gegenüber verbundenen oder assoziierten Unternehmen tatsächlich oder kalkulatorisch in Rechnung stellen, § 6 Abs. 1 Satz 1 EnWG. Dieser Durchleitungstatbestand stellt nach unumstrittener Ansicht das Kernstück der Energierechtsreform dar:[59] Wettbewerb soll folglich durch die Öffnung der bestehenden Netze für die Durchleitung entstehen. Trotz der bestehenden natürlichen Monopolstruktur im Netzbereich wird damit künftig zumindest Wettbewerb „im Netz" möglich sein.[60]

β) Ein weiteres Instrument zur Liberalisierung des Strommarktes soll nach der Konzeption des Gesetzgebers auch der freie Leitungsbau, also die Errichtung zusätzlicher Leitungen sein.[61]

---

[57] Dieser sog. verhandelte Netzzugang ist allerdings erst im Laufe des Gesetzgebungsverfahrens in das Energiewirtschaftsgesetz aufgenommen worden, vgl. etwa die Begründung zum Entwurf des EnWG, BT- Drks. 13/ 7274, S. 11. Zunächst war der Gesetzgeber davon ausgegangen, daß die allgemeinen kartellrechtlichen Instrumente gem. §§ 22 Abs. 4 und § 26 Abs. 2 GWB a.F. ausreichen würden. Erst durch vielfache kritische Stellungnahmen in Literatur und von Versorgungsverbänden ist ein spezieller energierechtlicher Durchleitungstatbestand geschaffen worden, vgl. hierzu u.a. Kühne/ Scholtka, Das neue Energiewirtschaftsrecht, NJW 1998, S. 1902 ff. (1905).
[58] Vgl. Kühne/ Scholtka, Das neue Energiewirtschaftsrecht, NJW 1998, S. 1902 ff. (1905) m.w.N.
[59] Vgl. dazu Salje, Das Gesetz zur Neuregelung des Energiewirtschaftsrechts, NVwZ 1998, S. 916 ff. (919); Kühne/ Scholtka, Das neue Energiewirtschaftsrecht, NJW 1998, S. 1902 ff. (1904 f.).
[60] In § 7 EnWG ist ferner das Alleinabnehmersystem als Netzzugangsalternative vorgesehen. Ebenso wie bei dem verhandelten Netzzugang auf Grundlage des § 6 EnWG gibt es hier drei Beteiligte: den Strombezieher, den Netzbetreiber (Alleinabnehmer) und den Drittlieferanten; anders als dort ist bei der Netzzugangsalternative nicht der Drittlieferant, sondern der Alleinabnehmer Versorgungsunternehmen des Stromkunden. Da das Gesetz die Durchleitung gem. § 6 Abs. 1 EnWG als den Regelfall, das Alleinabnehmersystem nur als zeitlich befristete Ausnahme betrachtet (vgl. § 5 EnWG), wird letzteres hier vernachlässigt, vgl. dazu ausführlicher u.a. Danner, in: Obernolte/ Danner, Energiewirtschaftsrecht, § 7, Rn. 4
[61] Vgl. die Begründung des Regierungsentwurfes zum EnWG BT- Drks. 13/ 7274, S. 10 f.

Um zusätzlichen (Direkt-)Leitungsbau zu ermöglichen, mußten weitere Hindernisse, die das EnWG 1935 dem zusätzlichen Leitungsbau in den Weg stellte, beseitigt werden.

αα) Das war vor allem die Investitionskontrolle des § 4 Abs. 2 EnWG a.F., wonach insbesondere auch der Bau weiterer Leitungen am staatlichen Widerspruch scheitern konnte.[62] Im neuen ordnungspolitischen Rahmen wäre die Investitionskontrolle ein Fremdkörper; sie ließe sich mit dem wettbewerblichen Ordnungsrahmen der Energiewirtschaft nicht vereinbaren.[63] Da die staatliche Kontrolle ohnehin nur die fehlende wettbewerbliche Kontrolle ersetzen sollte,[64] gibt es im neuen, wettbewerbsorientierten EnWG keine besondere Investitionsaufsicht mehr. Statt dessen verläßt sich der Gesetzgeber auf die Selbstregulierung des Marktes, in dem er unterstellt, daß nur dort zusätzliche Leitungen gebaut werden, wo sich solche Leitungen auch betriebswirtschaftlich rentieren.[65]

ββ) Weiterhin müssen die wege- und grundstücksrechtlichen Voraussetzungen für zusätzlichen Leitungsbau erfüllt sein. Dabei sah es der Gesetzgeber als besonders wichtig an, hier eine Regelung für die öffentlichen Verkehrswege zu treffen, da nach seiner Auffassung lediglich in wenigen Ausnahmefällen Kunden durch Konkurrenzunternehmen ohne Inanspruchnahme öffentlicher Verkehrswege erreicht werden können.[66] Um die Leitungsverlegung zum Zwecke des Direktleitungsbaus nicht an der fehlenden Einwilligung der Wegeeigentümers scheitern zu lassen, erschien ihm die Schaffung eines gesetzlichen Anspruchs auf Grundstücksbenutzung als sinnvoll. Auf die Herleitung eines solchen Anspruchs aus §§ 19, 20 GWB (22, 26 Abs. 2 GWB a.F.)[67] bzw. der Rechtsprechung zur Belieferungspflicht aus § 826 BGB wollte sich der Gesetzeber offensichtlich nicht verlassen;[68] insbesondere um hier allen Unwägbarkeiten der Rechtsentwicklung aus dem Wege zu gehen, wurde mit § 13 Abs. 1 Satz 1 EnWG

---

[62] Vgl. dazu Tegethoff, in: Tegethoff/ Büdenbender/ Klinger, Das Recht der öffentlichen Energieversorgung, EnergG, § 4, I 154, Rn. 2; ausführlich hierzu auch Ossenbühl, Rechtliche Probleme der Investitionskontrolle gemäß § 4 Energiewirtschaftsgesetz, S. 1 ff.

[63] Vgl. Begründung zum Entwurf des EnWG, BT- Drks., 13/ 7274, S. 13.

[64] Vgl. dazu Büdenbender, Schwerpunkte der Energierechtsreform 1998, Rn. 42.

[65] Vgl. dazu Kühne/ Scholtka, Das neue Energiewirtschaftsrecht, NJW 1998, S. 1902 ff. (1904 f.).

[66] Siehe hierzu die Begründung zum Entwurf des EnWG, BT- Drks. 13/ 7274, S. 12.

[67] Vgl. dazu u.a. Biedenkopf/ Kellmann, Die wege- und kartellrechtliche Problematik der Verlegung von Energieversorgungsleitungen für den Eigenbedarf, 1970, S. 13 ff.; Lukes, Die Benutzung öffentlicher Wege zur Fortleitung elektrischer Energie, S. 53 ff., 77 ff.

[68] Ausführlich zur Herleitung von Wegerechten für Energieleitungen aus kartellrechtlichen und zivilrechtlichen Vorschriften unten Teil C, IV.

ein energierechtlicher Anspruch auf Wegerechtsbestellung begründet.[69] Dieser sieht vor, daß Gemeinden ihre öffentlichen Verkehrswege für die Verlegung und den Betrieb von Leitungen zur unmittelbaren Versorgung von Letztverbrauchern im Gemeindegebiet diskriminierungsfrei durch Vertrag zur Verfügung zu stellen haben. Diese Vorschrift ist im deutschen Energierecht neu und ohne Vorbild.[70] Ihre Schaffung steht in engem Zusammenhang mit der Beseitigung des Schutzes der geschlossenen Versorgungsgebiete, der bisher durch § 103 GWB a.F. sichergestellt wurde, da nach dessen Aufhebung (zumindest theoretisch) künftig jeder Stromanbieter jeden Kunden über eine Direktleitung mit Strom versorgen kann.[71] Um den Gemeinden die Möglichkeit zu nehmen, den Bau zusätzlicher Leitungen zu verhindern, verpflichtete der Gesetzgeber die Gemeinden in § 13 Abs. 1 Satz 1 EnWG, ihre öffentlichen Verkehrswege für die Verlegung von Leitungen zur Verfügung zu stellen. Vor diesem Hintergrund stellt § 13 Abs. 1 Satz 1 EnWG eine zentrale Norm der Neuregelung des Energiewirtschaftsrechts dar. Sie soll aus der Sicht des Gesetzgebers wesentlich dazu beitragen, daß der zusätzliche Leitungsbau ein „unverzichtbares Instrument für die wettbewerbliche Öffnung der Strommärkte" werden kann.[72]

χ) Der Gesetzgeber beabsichtigte, diese beiden Wettbewerbsinstrumente gleichrangig auszugestalten; einen Vorrang der Durchleitung vor dem Direktleitungsbau sollte es nicht geben, weil damit der Leitungsbau als Hebel zur Durchsetzung des Netzzuganges verlorenginge und das nach Überzeugung der Bundesregierung den Wettbewerb erheblich beeinträchtigen würde.[73]

2. Kritik am Wettbewerbsinstrument „Direktleitungsbau":

Die Zulassung des Direktleitungsbaus als Wettbewerbsinstrument wird in der energierechtlichen Literatur zum Teil erheblich kritisiert.[74] Dabei verweisen die Kritiker

---

[69] Vgl. Begründung zum Entwurf des EnWG, BT- Drks. 13/ 7274, S. 20.

[70] Vgl. dazu Salje, Energiewirtschaftsgesetz, § 13, S. 12.

[71] So auch die Begründung zum Entwurf des EnWG, BT- Drks. 13/ 7274, S. 10.

[72] Vgl. dazu die Begründung zum Entwurf des EnWG, BT- Drks. 13/ 7274, S. 10.

[73] Vgl. die Gegenäußerung der Bundesregierung, BT- Drks. 13/ 7274, Anlage 3, S. 36 und S. 38.

[74] Vgl. z.B. Steckert, Kommunale Energieversorgungsunternehmen, Daseinsvorsorge und Wettbewerb in Europa, in: Baur, Energiewirtschaft zwischen Wettbewerb und öffentlichen Aufgaben, VEnergR Bd. 81, S. 51 ff., (60, 71); Hermes, Staatliche Infrastrukturverantwortung, S. 454 ff., 473 ff.; a.A. etwa Böwing, Rechtsfragen bei Netzzugang, Netzbenutzung und Durchleitung, in: Baur, Die Energiewirtschaft im Gemeinsamen Markt, VEnergR Bd. 85, S. 19 ff. (22). Dazu auch Arapostathis,

dieser Neuregelung zumeist darauf, daß der Bau zusätzlicher Leitungen zu kostenintensiv sei und damit im Vergleich zur Inanspruchnahme fremder Leitungen die weniger sinnvolle Variante darstelle; Parallelleitungen könnten danach allenfalls in Ausnahmefällen mit den realen Kosten bestehender Netze mit ihren diversen Verbundvorteilen konkurrieren, denn sie bedeuteten für ihren Betreiber aufgrund ihrer Spezifität erhebliche versunkene Kosten.[75] Ohnehin sei der Direktleitungsbau spätestens seit der Aufnahme eines speziellen Durchleitungstatbestandes in das EnWG sowie der Schaffung des § 19 Abs. 4 Ziff. 4 GWB n.F. bedeutungslos geworden.[76] Außerdem wird eingewendet, der freie Leitungsbau stelle einen im System der Wahrnehmung staatlicher Netzverantwortung kaum integrierbaren Fremdkörper dar.[77] Allenfalls wenn die vorhandenen Leitungen die Strommenge nicht bewältigen können, sollten Parallelleitungen zugelassen werden.[78] Schließlich wird in der Literatur vielfach auch auf die ökologische Problematik eines kapazitär eigentlich unnötigen Leitungsbaus hingewiesen.[79]

Letztlich darf es nach diesen Auffassungen zusätzlichen Leitungsbau grundsätzlich nicht geben; einziges Instrument zur Einführung wettbewerblicher Ordnungssysteme im Bereich der Energiewirtschaft muß danach die Durchleitung sein.[80]

Das griechische Stromversorgungsmonopol und seine Vereinbarkeit mit dem europäischen Recht, S. 27.

[75] Vgl. Schneider, Liberalisierung der Stromwirtschaft durch regulative Marktorganisation, S. 477.

[76] Zur Frage, warum kein „hemmungsloser" Leitungsbau zu erwarten ist, vgl. etwa Böwing, Rechtsfragen bei Netzzugang, Netzbenutzung und Durchleitung, in: Die Energiewirtschaft im gemeinsamen Markt, VEnergR Bd. 85, S. 19 ff. (22); vgl. Becker, Reform der Reform: Zur Struktur des EnWG und zu den Anforderungen an eine Novelle, ZNER 1998, S. 51 ff. (52 ff.).

[77] Vgl. hierzu Hermes, Staatliche Infrastrukturverantwortung, S. 472.

[78] So wohl im Ergebnis Hermes, Staatliche Infrastrukturverantwortung, S. 10, 471 ff.

[79] Vgl. dazu Lindemann/ Köster, Energiewirtschaft auf dem Weg zu mehr Wettbewerb, DVBl. 1997, S. 527 ff. (531 f.); Hermes, Staatliche Infrastrukturverantwortung, S. 471 ff.; Hoffmann- Riem/ Schneider, Wettbewerbs- und umweltorientierte Re-Regulierung im Großhandels- Strommarkt, in: dies., Umweltpolitische Steuerung in einem liberalisierten Strommarkt, S. 1 ff. (56 f.); ebenso Steckert, Kommunale Energieversorgungsunternehmen, Daseinsvorsorge und Wettbewerb in Europa, in: Energiewirtschaft zwischen Wettbewerb und öffentlichen Aufgaben, VEnergR Bd. 81, S. 51 ff. (60); Steinberg/ Britz, Die Bedeutung des Rechts der Europäischen Gemeinschaft für eine umweltorientierte Energiepolitik und Energierechtssetzung – insbesondere für die Dezentralisierung der Energieversorgung, RdE 1996, S. 165 ff. (171); auch Kühne/ Scholtka, Das neue Energiewirtschaftsrecht, NJW 1998, S. 1902 ff. (1904); vgl. auch Bräuer/ Egeln/ Werner, Wettbewerb in der Versorgungswirtschaft und seine Auswirkungen auf kommunale Querverbundunternehmen, S. 51.

3. Stellungnahme:

Keines der bisher gegen den Direktleitungsbau angeführten Argumente vermag im Ergebnis zu überzeugen.

Das gilt in besonderem Maße für die wirtschaftliche Argumentation. Sie stellt einen Versuch dar, auch nach Abschaffung des § 4 Abs. 2 EnWG a.F. eine staatliche Investitionsaufsicht beizubehalten, und ist mit dem ordnungspolitischen Ansatz des Gesetzgebers nicht zu vereinbaren:

Uneingeschränkte Zustimmung verdient in diesem Zusammenhang allein die Aussage, daß die Duplizierung der Netzstrukturen hohe Kosten nach sich ziehe. Damit wird aber weder der Direktleitungsbau insgesamt noch § 13 Abs. 1 Satz 1 EnWG in seinem Kern getroffen; denn auch der Gesetzgeber verfolgte nicht die Absicht, alle bestehende Netzstrukturen zu verdoppeln, sondern nur den Bau einzelner, wirtschaftlich rentabler Leitungen zu ermöglichen. Durch § 13 Abs. 1 Satz 1 EnWG wird die Entstehung einer parallelen Netzstruktur allenfalls mittelbar gefördert.[81] Doch selbst wenn man Gegenteiliges annähme, ändert das im Ergebnis nichts. Lehnt man nämlich mit Hinweis auf die hohen Kosten des Leitungsbaus den Direktleitungsbau als Wettbewerbsinstrument insgesamt ab, so verkennt man den ordnungspolitischen Ansatz des Gesetzgebers bei der Liberalisierung des Elektrizitätsmarktes. Einer der wesentlichen Ansatzpunkte dieser Reform war es gerade, die Entscheidung darüber, ob die Versorgung eines Kunden über eine Direktleitung betriebswirtschaftlich rentabel ist oder nicht, ausschließlich dem Energieversorgungsunternehmen bzw. dem Kunden aufzuerlegen und nicht mehr dem Staat im Rahmen der Investitionskontrolle überlassen. Die Verantwortung für die Wirtschaftlichkeit einer Investition wird damit vom Staat auf die Privatwirtschaft verlagert. Dort ist diese Entscheidung sicherlich schon deswegen besser aufgehoben, weil die wettbewerbliche Umstrukturierung des Energiemarktes bereits zu einem wesentlich erhöhten Preisdruck für die Energieversorgungs-unternehmen geführt hat und auch weiterhin führen wird und deshalb ein Unternehmen künftig selbst die Wirtschaftlichkeit eines Direktleitungsvorhabens sorgfältig prüfen

---

[80] Vgl. Hermes, Staatliche Infrastrukturverantwortung, S. 10, 474.
[81] Vgl. Salje, Energiewirtschaftsgesetz, § 13, S. 37 f., zur Unterscheidung zwischen „Netz" und „Leitung"; ferner zum Netzbegriff auch Knieps, Netzökonomie – Ein disaggregierter Ansatz -, in: Zippel, Transeuropäische Netze, S. 11 ff. (11 f.).

wird. Das erschwert zwar die unternehmerische Entscheidung, wird aber nicht zu einer dauerhaften Fehlallokation von Kapital führen.[82] Mit einer Verteuerung der Stromversorgung durch die Errichtung zusätzlicher Leitungen ist vor diesem Hintergrund nicht zu rechnen. Damit erscheint es durchaus als vertretbar, wenn der Gesetzgeber die Antwort auf die Frage nach der Wirtschaftlichkeit eines Leitungsvorhabens nicht mehr vorgibt bzw. bei parallelem Leitungsbau grundsätzlich verneint, sondern einen Ordnungsrahmen schafft, in dem zusätzlicher Leitungsbau zumindest möglich ist.

Abgesehen davon wird nicht einmal von Kritikern des Direktleitungsbaus vertreten, daß zusätzlicher Leitungsbau ausnahmslos unwirtschaftlich sei.[83] Insbesondere bei der Stromversorgung von Großkunden kann es durchaus wirtschaftlich sinnvoll sein, zumindest streckenweise Direktleitungen zu bauen. Zu denken ist hierbei vor allem an industrielle Kunden, denen wegen ihres immensen Strombedarfes schon nach den herkömmlichen Tarifstrukturen der Energieversorgung im Vergleich zu Tarifkunden deutliche Rabatte von den EVU eingeräumt wurden. Aber auch darüber hinaus sind Fälle denkbar, in denen sich beispielsweise die Bewohner eines Hochhauses, ganzer Häuserblöcke oder sogar Städte und Gemeinden – etwa mit Hilfe eines Strommaklers - als sog. Bündelkunden zu einer Abnehmergemeinschaft zusammenschließen werden.[84] Welche Entwicklungen der Energiemarkt diesbezüglich nehmen wird, ist heute kaum abschätzbar. Unabhängig von dem reinen Kostengesichtspunkt kann sich die Versorgung eines Kunden oder einer Kundengruppe über eine Direktleitung aber auch dann anbieten oder sogar notwendig sein, wenn die Netzstruktur – beispielsweise im Falle einer nur begrenzten Kapazität des vorhandenen Netzes - oder die örtlichen Gegebenheiten einer Inanspruchnahme zum Zwecke der Durchleitung entgegenstehen. Festzuhalten bleibt hier, daß einer allein wirtschaftlichen Argumentation gegen die Zulassung des Direktleitungsbaus als Wettbewerbsinstrument nicht gefolgt werden kann.[85]

---

[82] Vgl. hierzu Bräuer/ Egeln/ Werner, Wettbewerb in der Versorgungswirtschaft und seine Auswirkungen auf kommunale Querverbundunternehmen, S. 51.

[83] Vgl. hierzu Hermes, Staatliche Infrastrukturverantwortung, S. 454.

[84] Vgl. Bräuer/ Egeln/ Werner, Wettbewerb in der Versorgungswirtschaft und seine Auswirkungen auf kommunale Querverbundunternehmen, S. 32. Zu der „Kundenbündelung" und damit zusammmhängenden Rechtsfragen vgl. Herrmann/ Dick, Die Bündelung der Stromnachfrage als kartell- und energierechtliches Problem, VEnergR Bd. 94, S. 15 ff. (16 ff.).

[85] So im Ergebnis auch: Bräuer/ Egeln/ Werner, Wettbewerb in der Versorgungswirtschaft und seine Auswirkungen auf kommunale Querverbundunternehmen, S. 51.

Gleiches gilt im Ergebnis auch für die These, der Staat habe - wohl trotz der Liberalisierung des Strommarktes - eine verstärkte Netzverantwortung, die einem zusätzlichen Leitungsbau grundsätzlich entgegenstünde. Der Frage, ob und in welchem Umfang es eine staatliche Infrastrukturverantwortung gibt, kann hier im einzelnen nicht nachgegangen werden. Davon abgesehen muß aber festgestellt werden, daß der Gesetzgeber dem hinter dieser Argumentation stehenden ordnungspolitischen Ansatz mit dem EnWG 1998 eine Absage erteilt hat. Statt einer - wie auch immer begründeten - Forderung nach mehr Staat Folge zu leisten, stellt das reformierte EnWG einen Versuch dar, den Energiemarkt weitgehend von staatlichen Einflüssen zu befreien. Diese Entscheidung des Gesetzgebers muß – auch vor dem Hintergrund der ihm bei diesen Fragen zustehenden Einschätzungsprärogative – gegenwärtig als gegeben hingenommen werden, ohne daß Teile der Reform wie etwa der Direktleitungsbau mit dem Hinweis auf eine staatliche Netzverantwortung einer Einzelkritik unterzogen werden können.

Nicht haltbar ist auch die Behauptung, der Direktleitungsbau sei neben dem Durchleitungstatbestand gem. § 6 Abs. 1 EnWG und § 19 Abs. 4 Ziff. 4 GWB n.F. überflüssig geworden. Auch hier wird der gesetzgeberischen Intention bei der Zulassung des Direktleitungsbau nicht ausreichend Rechnung getragen: Ein wesentliches Ziel der Ermöglichung des Direktleitungsbaus war es nämlich, unter dem Druck des Rechts zum Bau eigener Leitungen die Nutzung bereits vorhandener Leitungen durch Dritte zu fördern. Der Gesetzgeber hoffte, den Wettbewerb also nicht nur unmittelbar durch die Möglichkeit des Direktleitungsbaus zu fördern, sondern beabsichtigte, dadurch zugleich die Bereitschaft der bereits vorhandenen Energieversorger zu vergrößern, andere im Rahmen von Durchleitungsverträgen in ihren Stromnetzen gegen Entgelt zuzulassen.[86] Weder in § 6 EnWG noch in § 19 Abs. 4 Ziff. 4 GWB n.F. wird die Höhe des Durchleitungsentgeltes festgelegt. Durch beide Vorschriften wird der Netzbetreiber lediglich verpflichtet, die Durchleitung gegen ein angemessenes Entgelt zu gestatten. Sowohl das EnWG als auch das GWB verzichten somit auf Bestimmungen über die Zusammensetzung, Höhe und Preisbildung des Durchleitungsentgeltes.[87] Diese sollten zunächst den Verbändevereinbarungen vorbehalten sein - wenn auch mit der Möglichkeit, gem. § 6 Abs. 2 EnWG eine entsprechende Rechtsverordnung erlassen zu

---

[86] Siehe hierzu die Begründung zum Entwurf des EnWG, BT- Drks. 13/ 7274, S. 11.
[87] Vgl. Recknagel, in: Böwing, Energiewirtschaftsgesetz 1998, Art. 1, § 6, 10.2.

können, falls eine Einigung nicht erzielt werden konnte[88] -, nicht zuletzt, um auch bei dieser Frage eine Überregulierung zu vermeiden. Die Bundesregierung sah in der normativen Erleichterung des parallelen Leitungsbaus ein zentrales Wettbewerbsinstrument, „das den Netzzugangsinteressenten einen wirkungsvollen Hebel an die Hand gibt, um zu freiwilligen Durchleitungen zu kommen".[89] Die grundsätzliche Zulassung des Direktleitungsbaus sollte also auch die Verhandlungen über die Höhe der Durchleitungsentgelte positiv beeinflussen.[90] Nach dem Willen des Gesetzgebers stehen damit bei der Liberalisierung des Strommarktes die Möglichkeit der Stromdurchleitung durch das bisherige Netz und die Möglichkeit des Baus weiterer Leitungen wechselbezüglich nebeneinander.[91]

Ebensowenig kann mit dem Hinweis auf die ökologischen Probleme eines zusätzlichen Leitungsbaus die gesetzliche Neuregelung kritisiert werden. Ob sich ein Leitungsvorhaben mit ökologischen Vorgaben vereinbaren läßt, kann nicht generell, sondern nur einzelfallbezogen beantwortet werden. Daß Leitungsbau nur dort zugelassen werden soll, wo er nicht dem Ziel der Umweltverträglichkeit der Stromversorgung widerspricht, ist selbstverständlich.[92] Das hat auch der Gesetzgeber klargestellt.[93] Ohnehin dürften die Fälle, in denen sich der Direktleitungsbau betriebswirtschaftlich lohnt und realisiert werden soll, nicht derart zahlreich sein, daß eine ernsthafte ökologische Bedrohung auftritt.[94] Sollte das im Einzelfall dennoch der Fall sein, so sind die unterschiedlichen Belange gegeneinander abzuwägen. Insoweit gelten auch für zusätzliche Leitungen die strengen Anforderungen des

---

[88] Vgl. dazu auch Recknagel, in: Böwing, Energiewirtschaftsgesetz 1998, Art. 1, § 6, 15; ferner Kühne/ Scholtka, Das neue Energiewirtschaftsgesetz, NJW 1998, S. 1902 ff. (1906).
[89] Vgl. die Begründung zum Entwurf des EnWG, BT- Drks. 13/ 7274, S. 36 sowie Schneider, Liberalisierung der Stromwirtschaft durch regulative Marktorganisation, S. 477.
[90] Aus der Sicht der EG- Kommission sind die Durchleitungsentgelte im deutschen Energiemarkt immer noch zu hoch, vgl. F.A.Z. vom 12.11.1999. Inzwischen hat das Bundeskartellamt u.a. wegen überhöhter Durchleitungsentgelte ein Mißbrauchsverfahren gegen die Edis Nord AG eingeleitet, vgl. F.A.Z. vom 09.02.2001.
[91] Zu dem Subsidiaritätsverhältnis zwischen Durchleitung und Direktleitung wie es die Elektrizitätsbinnenmarktrichtlinie vorsieht, vgl. unten Teil B, III., 2., e), cc).
[92] Vgl. zu dieser Problematik auch Cronenberg, Liberalisierung des Strommarktes aus der Sicht des BMWi, in: Hoffmann- Riem/ Schneider, Umweltpolitische Steuerung in einem liberalisierten Strommarkt, S. 127 ff. (131).
[93] Vgl. die Begründung zum Entwurf des EnWG, BT- Drks. 13/ 7274, S. 11.
[94] Vgl. Böwing, Rechtsfragen bei Netzzugang, Netzbenutzung und Durchleitung, in: Baur, Die Energiewirtschaft im Gemeinsamen Markt, VEnergR Bd. 85, S. 19 ff. (22).

Naturschutzrechts.[95] Um dem Bau weiterer Leitungen generell eine Absage zu erteilen, taugt diese Argumentation jedenfalls nicht.

Bedenken gegen die Zulassung des Wettbewerbsinstrumentes Direktleitungsbau können sich allerdings im Hinblick auf das in § 1 EnWG festgelegte Ziel einer „möglichst sicheren leitungsgebundenen Energieversorgung" ergeben.[96] Eine möglichst sichere Energieversorgung ist dann verwirklicht, wenn einerseits die technische Sicherheit und andererseits die Versorgungssicherheit erfüllt sind. Der Grundsatz der technischen Sicherheit verlangt dabei, daß alles zu tun ist, um Gefährdungen von Menschen und Sachen bei der Erzeugung und Verteilung von Strom zu vermeiden.[97] Unter Versorgungssicherheit ist die stets ausreichende und ununterbrochene Befriedigung der Nachfrage nach Energie zu verstehen.[98] Ob diese bei einer Direktversorgung eines Kunden in gleicher Weise gewährleistet ist wie bei dem Anschluß an das Verbundnetz, erscheint zweifelhaft. Denn eine Leitung, die einen Produzenten und einen Verbraucher direkt verbindet, ist insoweit weniger sinnvoll, als daß sie nicht die gleiche hohe Flexibilität und Zuverlässigkeit bietet wie das Verbundnetz.[99] Tritt bei einer Direktleitung beispielsweise ein technischer Fehler auf, wird das regelmäßig Stromausfälle bei dem Energiebezieher zur Folge haben, während das Verbundnetz häufig die Möglichkeit einräumt, das defekte Netzstück zu umgehen, um auf diese Weise die Versorgung des Kunden aufrechtzuerhalten. Entsprechendes gilt, wenn das Kraftwerk, welches die Direktversorgung des Verbrauchers übernommen hat, ausfällt. Das Verbundnetz, in das eine Vielzahl von Erzeugern Energie einspeisen, ermöglicht es dagegen häufig, auch in diesen Fällen die Versorgung der Kunden aufrechtzuerhalten. Alles in allem scheint der Direktleitungsbau der Erreichung des Zieles einer möglichst sicheren Energieversorgung damit eher abträglich zu sein. Da die Einführung des Wettbewerbsinstrumentes Direktleitungsbau jedoch zumindest mittelbar dem Ziel einer möglichst preisgünstigen Energieversorgung, welches ebenfalls in § 1 EnWG festgelegt wurde, dienen soll, ergibt sich ein Zielkonflikt innerhalb des Zieldreiecks der Energieversorgung. Fest steht insoweit, daß die Zielvorgaben „sichere", „preisgünstige" und „umweltverträgliche" Energieversorgung gleichrangig sind und keines der Ziele auf

---

[95] Vgl. die Begründung zum Entwurf des EnWG, BT- Drks. 13/ 7274, S. 11; zu den beim Leitungsbau zu beachtenden naturschutzrechtlichen Vorschriften sogleich unten Teil A, IV., 1., b).

[96] Vgl. dazu auch Bräuer/ Egeln/ Werner, Wettbewerb in der Versorgungswirtschaft und seine Auswirkungen auf kommunale Querverbundunternehmen, S. 113 f.

[97] Vgl. Schneider, in: Böwing, Energiewirtschaftsgesetz 1998, 4.2.

[98] Vgl. Büdenbender, Energierecht, Rn. 70.

Kosten der anderen verwirklicht werden darf.[100] Da aber keines der Ziele vollständig verwirklicht werden kann, ohne zumindest ein anderes Ziel wenigstens zu berühren – so kann etwa eine „umweltverträgliche" Energieversorgung die flächendeckende Verkabelung von Leitungen erforderlich machen, die allerdings die Versorgung erheblich verteuern würde – müssen die verschiedenen Ziele im Wege einer „praktischen Konkordanz" zum Ausgleich gebracht werden. Dabei wird man dem Gesetzgeber einen erheblichen Entscheidungsspielraum zuerkennen müssen, so daß die Aufnahme des Wettbewerbsinstrumentes Direktleitungsbau trotz der damit möglicherweise verbundenen negativen Auswirkungen auf die Versorgungssicherheit als noch vertretbar erscheint.

Schließlich bleibt als wesentlicher Grund für den deutschen Gesetzgeber, zusätzlichen Leitungsbau zu ermöglichen, die Tatsache zu nennen, daß auch die Elektrizitätsbinnenmarktrichtlinie 96/92/EG den Direktleitungsbau als Wettbewerbsinstrument vorsieht. Art. 21 RL- Elt. verpflichtet die Mitgliedstaaten grundsätzlich, Maßnahmen zu treffen, um zu ermöglichen, daß alle Elektrizitätserzeuger und Elektrizitätsversorgungsunternehmen, ihre eigenen Betriebsstätten, Tochterunternehmen und zugelassene Kunden über eine Direktleitung versorgen können. Trotz verschiedener in der Richtlinie vorgesehener Ausnahmetatbestände[101] war der deutsche Gesetzgeber damit auch von europäischer Seite gehalten, zusätzlichen Leitungsbau als Wettbewerbsinstrument zuzulassen.

4. Ergebnis:

Es bleibt festzuhalten, daß der Direktleitungsbau – zumindest nach der Konzeption des deutschen und europäischen Gesetzgebers – im liberalisierten Strommarkt ein Wettbewerbsinstrument sein soll, indem er entweder unmittelbar zu mehr Wettbewerb führt, weil Direktleitungen im Einzelfall betriebswirtschaftlich sinnvoll sind, oder zumindest mittelbar, in dem er dazu beträgt, daß sich die Beteiligten im Rahmen der Verbändevereinbarungen auf angemessene Durchleitungsentgelte verständigen.

---

[99] Vgl. KOM (91) 548 endg. vom 21.02.1992, B., 3.3 (S. 18).
[100] Vgl. die Begründung zum Entwurf des EnWG, BT- Drks. 13/ 7274, S. 14; ferner Schneider, in: Böwing, Energiewirtschaftsgesetz 1998, 4.1.

IV. Anlagengenehmigungsrecht für Energieleitungen:

Wie bereits einleitend erwähnt, berührt der Leitungsbau eine Reihe unterschiedlichster Rechtsfragen. Die hier im Vordergrund stehende wege- und grundstücksrechtliche Seite des Leitungsbaus ist nur ein - wenn auch nicht unerheblicher - Ausschnitt daraus. Unter dem Begriff „Anlagengenehmigungsrecht für Energieleitungen" werden im folgenden - ohne Anspruch auf Vollständigkeit - die übrigen öffentlich- rechtlichen Verfahren zusammengefaßt, die im Einzelfall bei der Errichtung einer Energieleitung durchlaufen werden müssen und Einfluß auf die Wettbewerbsintensität des Instrumentes „Direktleitungsbau" haben können.

1. Überblick über die Genehmigungsverfahren:

Auf ein bundeseinheitliches Fachgesetz für die Genehmigung von Energieleitungen wurde - auch im Rahmen der Energierechtsreform 1998 - nicht zuletzt wegen der föderativen Struktur der Bundesrepublik Deutschland verzichtet. Das zunächst vorgesehene Planfeststellungsverfahren für Hochspannungsfreileitungen wurde im Laufe des Gesetzgebungsverfahrens wieder aufgegeben, um eine Zustimmungspflicht des Bundesrates für das Neuregelungsgesetz zu vermeiden.[102] Deshalb besteht das auf Energieleitungen anwendbare Zulassungsrecht aus einer Reihe von Einzelzulassungsverfahren.[103] Im wesentlichen gilt das folgende:[104]

---

[101] Dazu unten Teil B, III., 2., e).

[102] Vgl. Kühne/ Scholtka, Das neue Energiewirtschaftsgesetz, S. 1902 ff. (1904); ferner Büdenbender, Energierecht I, Rn. 1472. Allerdings ist die Einführung eines Planfeststellungs- bzw. Plangenehmigungsverfahrens für Energiefreileitungen mit einer Nennspannung von 110 kV und mehr derzeit an versteckter Stelle in einem Gesetzentwurf der Bundesregierung erneut vorgesehen (vgl. den Entwurf für ein Gesetz zur Umsetzung der UVP- Änderungsrichtlinie, der IVU- Richtlinie und weiterer EG- Richtlinien zum Umweltschutz, BR- Drks. 674/00 vom 10.11.2000).

[103] Vgl. Büdenbender, Energierecht I, Rn. 1472.

[104] Wegen der verschiedenen Leitungsarten (Kabel oder Freileitung) und wegen der unterschiedlichen Spannungsebenen ergeben sich teilweise erhebliche Unterschiede, die durch unterschiedliche landesrechtliche Regelungen noch verstärkt werden. Die folgenden Ausführungen beziehen sich schwerpunktmäßig auf Hoch- bzw. Höchstspannungsfreileitungen. Vgl. dazu auch oben Teil A, I., 2.

a) Raumordnungsrecht:

Zunächst kann - zumindest für größere Leitungsbauprojekte - ein Raumordnungsverfahren erforderlich werden. § 1 Nr. 14 RoV[105] bestimmt, daß u.a. für die Errichtung von Freileitungen mit 110 kV und mehr Nennspannung ein Raumordnungsverfahren durchzuführen ist. Gem. § 17 Abs. 2 ROG ist jedoch auch bei Hochspannungsfreileitungen nur dann ein Raumordnungsverfahren durchzuführen, wenn sie im Einzelfall raumbedeutsam sind und überörtliche Bedeutung haben. Raumbedeutsam und zugleich von überörtlicher Bedeutung sind Leitungsvorhaben vor allem dann, wenn sie eine gewisse räumliche Ausdehnung erreichen - also wenn sie sich über das Gebiet einer Gemeinde hinaus erstrecken - oder wenn von ihnen erhebliche Auswirkungen auf die bestehende oder zukünftige Raumstruktur zu erwarten sind.[106] Daher muß jeweils im Einzelfall die Raumbedeutsamkeit und überörtliche Bedeutung der geplanten Leitungstrasse geprüft werden.[107] Sind diese Voraussetzungen erfüllt, wird das Raumordnungsverfahren - das entweder von Amts wegen oder auf Antrag des Vorhabenträgers eingeleitet wurde[108] - durchgeführt. Zuständig sind je nach Landesrecht und nach der Bedeutung des Projektes unterschiedlich die obersten, höheren oder unteren Landesplanungsbehörden.[109] Nach § 15 Abs. 1 Satz 1 ROG ist es Aufgabe des Raumordnungsverfahrens, raumbedeutsame Planungen und Maßnahmen in einem besonderen Verfahren untereinander und mit den Erfordernissen der Raumordnung abzustimmen.[110] Selbst eine positive Feststellung der Vereinbarkeit mit den Erfordernissen der Raumordnung bedeutet aber nicht, daß damit die Standortauswahl bereits feststünde; ebensowenig wird dadurch ein Anspruch des Vorhabenträgers auf

---

[105] Raumordnungsverordnung vom 13.12.1990, BGBl. I, S. 2766, zuletzt geändert durch Art. 4 des Bau- und Raumordnungsgesetzes 1998 vom 18.08.1997 (BGBl. I, S. 2081).
[106] Vgl. Horstmann, Zulassungsverfahren und Wegerechte für Energieversorgungsleitungen sowie der Zugang zu Energieversorgungsnetzen nach dem neuen Energiewirtschaftsgesetz und Wettbewerbsrecht, 2.11.1.
[107] Vgl. dazu ausführlich: Horstmann, Zulassungsverfahren und Wegerechte für Energieversorgungsleitungen sowie der Zugang zu Energieversorgungsnetzen nach dem neuen Energiewirtschaftsgesetz und Wettbewerbsrecht, 2.11.
[108] Vgl. Horstmann, Zulassungsverfahren und Wegerechte für Energieversorgungsleitungen sowie der Zugang zu Energieversorgungsnetzen nach dem neuen Energiewirtschaftsgesetz und Wettbewerbsrecht, 2.11.
[109] Vgl. etwa § 18 des Niedersächsischen Gesetzes über Raumordnung und Landesplanung. Vgl. auch Büdenbender, Energierecht I, Rn. 1475.
[110] Vgl. Horstmann, Zulassungsverfahren und Wegerechte für Energieversorgungsleitungen sowie der Zugang zu Energieversorgungsnetzen nach dem neuen Energiewirtschaftsgesetz und Wettbewerbsrecht, 2. mit Verweis auf: Begr. zum Bau- und Raumordnungsgesetz 1998, BT- Drks. 13/ 6392, S. 86 f.;

28

Erteilung einer Genehmigung begründet.[111] Ohnehin entfaltet eine solche Entscheidung weder für den Vorhabenträger noch für Drittbetroffene (wie etwa Bürger, landwirtschaftliche Betriebe, etc.) unmittelbare Rechtswirkungen.[112] Mittelbare Rechtswirkungen können die Erfordernisses der Raumordnung allerdings durch Raumordnungsklauseln[113] oder durch unbestimmte Rechtsbegriffe in den Fachgesetzen erlangen.[114]

b) Naturschutzrecht:

Daneben werden bei Leitungsvorhaben häufig auch naturschutzrechtliche Verfahren eine Rolle spielen, weil die Errichtung und der Betrieb von Energieleitungen in vielen Fällen die Ziele des Umweltschutzes, also vor allem die natürliche Umgebung als Lebensgrundlage des Menschen zu schützen, berühren. Sowohl bei Freileitungen als auch bei unterirdischen Versorgungsleitungen sind Eingriffe in die Natur bzw. Landschaft denkbar; nach einer in den meisten Landesnaturschutzgesetzen enthaltenen widerleglichen Vermutung gilt die Errichtung einer Freileitung mit mehr als 110 kV als Eingriff i.S.d. Naturschutzrechtes.[115] Diese Fiktion gilt zum Teil auch beim Verlegen unterirdischer Versorgungsleitungen.[116] Gem. § 8 Abs. 3 BNatSchG können solche Eingriffe untersagt werden, wenn Beeinträchtigungen nicht zu vermeiden oder nicht im erforderlichen Maße auszugleichen sind. Zu beachten ist allerdings, daß gem. § 8 Abs. 2 Satz 2 BNatSchG die Rechtsfolgen der Eingriffsregelung nur dann relevant werden, wenn für das Leitungsvorhaben in anderen Rechtsvorschriften eine behördliche Erlaubnis, Genehmigung, Zustimmung, Planfeststellung, Entscheidung oder wenigstens eine Anzeige an eine Behörde vorgeschrieben ist.[117] Daneben haben aber die Mehrheit

---

[111] Vgl. Büdenbender, Energierecht I, Rn. 1475.
[112] Vgl. Büdenbender, Energierecht I, Rn. 1475. Etwas anderes gilt für das landesplanerische Genehmigungsverfahren für Freileitungen nach § 14 LPlG BW; das Ergebnis dieser Beurteilung ist sowohl für den Vorhabenträger als auch für die beteiligten Behörden verbindlich, vgl. ebenda, Rn. 1476.
[113] Z.B. § 35 Abs. 3 Satz 2 BauGB.
[114] Vgl. dazu ausführlich: Horstmann, Zulassungsverfahren und Wegerechte für Energieversorgungsleitungen sowie der Zugang zu Energieversorgungsnetzen nach dem neuen Energiewirtschaftsgesetz und Wettbewerbsrecht, 2.6.2.
[115] Vgl. z.B. § 6 c BayNatSchG, zitiert nach Büdenbender, Energierecht I, Rn. 1479.
[116] Vgl. etwa § 4 Abs. 2 Ziff. 7 und 8 LandschG NW, § 7 a LNatSchG SH, zitiert nach Büdenbender, Energierecht I, Das Recht der Energieanlagen, Rn. 1479.
[117] Zu diesem „Huckepack- Verfahren" vgl. Horstmann, Zulassungsverfahren und Wegerechte für Energieversorgungsleitungen sowie der Zugang zu Energieversorgungsnetzen nach dem neuen Energiewirtschaftsgesetz und Wettbewerbsrecht, 3.5.1.

der Länder auf Grundlage des § 8 Abs. 9 BNatSchG ein subsidiäres Genehmigungs-oder Anzeigeverfahren vor der Naturschutzbehörde eingerichtet.[118] Danach ist eine Genehmigung durch die zuständige Naturschutzbehörde auch dann erforderlich, wenn keine Genehmigungs- oder Anzeigepflicht nach anderen öffentlich- rechtlichen Vorschriften besteht. Im Falle dieses subsidiären Genehmigungsverfahrens ist eine Genehmigung des Leitungsvorhabens durch die Naturschutzbehörde notwendig.

Allerdings erschöpft sich die Bedeutung des Naturschutzrechts für Leitungen nicht in der Eingriffsregelung des § 8 BNatSchG. Jedenfalls beim Bau von Hochspannungs-leitungen können - etwa wenn gem. § 12 Abs. 1 BNatSchG Teile von Natur und Landschaft zu Natur- oder Landschaftsschutzgebieten etc. erklärt wurden - zusätzlich naturschutzrechtliche Genehmigungen in Form von Ausnahmen und Befreiungen von naturschutzrechtlichen Geboten und Verboten erforderlich werden.[119]

Grundsätzlich nicht erforderlich ist dagegen gegenwärtig eine Umweltverträglichkeitsprüfung nach dem UVPG.[120]

c) Bauordnungs- und Bauplanungsrecht:

Hinzukommen können je nach Landesrecht bauordnungsrechtliche sowie bauplanungsrechtliche Verfahren:

Teilweise werden Energieleitungen allerdings insgesamt oder nur unterirdische Leitungen aus dem Begriff der baulichen Anlage herausgenommen oder klargestellt, daß

---

[118] Nachweise bei: Horstmann, Zulassungsverfahren und Wegerechte für Energieversorgungsleitungen sowie der Zugang zu Energieversorgungsnetzen nach dem neuen Energiewirtschaftsgesetz und Wettbewerbsrecht, 3.5.1.

[119] Vgl. dazu ausführlich: Horstmann, Zulassungsverfahren und Wegerechte für Energieversorgungsleitungen sowie der Zugang zu Energieversorgungsnetzen nach dem neuen Energiewirtschaftsgesetz und Wettbewerbsrecht, 3.4.

[120] Vgl. Horstmann, Zulassungsverfahren und Wegerecht für Energieversorgungsleitungen sowie der Zugang zu Energieversorgungsnetzen nach dem neuen Energiewirtschaftsgesetz und Wettbewerbsrecht, 2.11., Fn. 736. Manche Bundesländer haben jedoch eine sog. qualifizierte raumordnerische Umweltverträglichkeitsprüfung im Rahmen des Raumordnungsverfahrens vorgesehen, vgl. dazu ausführlich: ebenda, 2.3. Zu beachten ist, daß die UVP- Änderungsrichtlinie 97/11/EG des Rates vom 03.03.1997 nunmehr auch den Bau von Hochspannungsfreileitungen für eine Stromstärke von 220 kV oder mehr und mit einer Länge von mehr als 15 km als UVP- pflichtige Vorhaben vorsieht, vgl. dazu Büdenbender, Energierecht II, Rn. 1472. Obwohl die Frist zur Umsetzung dieser Vorgaben bereits 1999 abgelaufen ist, liegt bislang nur ein entsprechender Gesetzentwurf der Bundesregierung vor (vgl. BR- Drks. 674/00 vom 10.11.2000). Danach bestünde künftig auch für Hochspannungsfreileitungen eine Pflicht zur Umweltverträglichkeitsprüfung (vgl. ebenda, S. 113).

etwa für Masten und Freileitungen keine Anzeige- oder Genehmigungspflicht besteht. Ob die Errichtung einer Energieleitung in den übrigen Fällen einer Baugenehmigung bedarf, ist in den Landesbauordnungen unterschiedlich geregelt. Gelegentlich besteht nur eine Anzeigepflicht,[121] oder es werden etwa die Masten für eine Freileitung sogar als anzeigefreie Vorhaben[122] betrachtet. Manche Landesbauordnungen kennen eine Bereichsausnahme für solche Energieanlagen, die der öffentlichen Versorgung dienen.[123] § 3 Abs. 1 Nr. 3 NBauO bestimmt beispielsweise, daß die Landesbauordnung nicht für im Erdboden verlegte Leitungen gilt, die u.a. der öffentlichen Versorgung mit Gas, Wasser, Wärme oder Elektrizität dienen. Eine entsprechende Vorschrift enthält auch das Bauplanungsrecht in § 35 Abs. 1 Nr. 3 BauGB. Danach ist ein Vorhaben im Außenbereich zulässig, wenn ihm öffentliche Belange nicht entgegenstehen, die ausreichende Erschließung gesichert ist und es der öffentlichen Versorgung mit Elektrizität oder Gas dient. Gem. § 29 Abs. 1 1. Alt. BauGB findet das materielle Bauplanungsrecht der §§ 30 bis 37 BauGB auch dann Anwendung, wenn ein landesrechtlich angeordnetes bauordnungsrechtliches Genehmigungs-, Zustimmungs- oder Anzeigeverfahren nicht stattfindet.[124] Damit sind die Zulässigkeitsanforderungen dieser Vorschriften grundsätzlich bei Genehmigungen nach anderen Rechtsvorschriften zu beachten. Im Geltungsbereich von qualifizierten und einfachen Bebauungsplänen i.S.d. § 30 Abs. 1 und 3 BauGB sind zumindest Hoch- und Höchstspannungsleitungen häufig nicht mit den Festsetzungen vereinbar, es sei denn, daß entsprechende Leitungstrassen in den Bebauungsplänen ausgewiesen wurden, so daß dort die Vorhabenträger auf die Gewährung einer Befreiung gem. § 31 Abs. 2 BauGB angewiesen sind.[125] Auch im unbeplanten Innenbereich gem. § 34 BauGB sind Hochspannungsleitungen planungsrechtlich häufig unzulässig, so daß sich diese

---

[121] Vgl. u.a. Art. 63 Abs. 1 Nr. 4c BayBO, § 65 Nr. 10 BauONW, zitiert nach Büdenbender, Energierecht I, Rn. 1490, Fn. 5.

[122] So z.B. in Niedersachsen, § 69 Abs. 1 i.V.m. Anh. 4.1 Nds BauO. Hier bedürfen allerdings Hoch- und Höchstspannungsleitungen nebst deren Masten einer Baugenehmigung, da nur Freileitungen bis 30 kV Nennspannung einschließlich der Masten freigestellt sind.

[123] Vgl. Art. 87 Abs. 1 Nr. 2 BayBO, § 64 Nr. 2 BauONW.

[124] Vgl. Horstmann, Zulassungsverfahren und Wegerecht für Energieversorgungsleitungen sowie der Zugang zu Energieversorgungsnetzen nach dem neuen Energiewirtschaftsgesetz und Wettbewerbsrecht, 3.1.2.

[125] Vgl. Horstmann, Zulassungsverfahren und Wegerecht für Energieversorgungsleitungen sowie der Zugang zu Energieversorgungsnetzen nach dem neuen Energiewirtschaftsgesetz und Wettbewerbsrecht, 3.1.6.

Vorhaben regelmäßig nur im Außenbereich als privilegiertes Vorhaben i.S.d. § 35 Abs. 1 Ziff. 3 BauGB realisieren lassen.[126]

d) Immissionsschutzrecht:

Dagegen ist eine immissionsschutzrechtliche Genehmigung grundsätzlich nicht erforderlich, weil es sich bei Energieleitungen i.d.R. um nicht genehmigungsbedürftige Anlagen i.S.d. § 22 BImSchG handelt.[127] Etwas anderes ergibt sich allenfalls aus der Verordnung über elektromagnetische Felder (26. BImSchV). Das danach – nur für Hoch- und Höchstspannungsleitungen[128] - erforderliche Zulassungsverfahren dient dem Schutz der Allgemeinheit und der Nachbarschaft vor schädlichen Umwelteinwirkungen und zur Vorsorge gegen schädliche Umwelteinwirkungen durch elektromagnetische Felder. Von den in der Verordnung genannten verbindlichen Anforderungen an die Errichtung und den Betrieb von Hoch- und Höchstspannungsleitungen können auf Antrag des Vorhabenträgers gem. § 8 Abs. 1 der 26. BImSchV Ausnahmen erteilt werden.[129]

e) Weitere Verfahren:

Darüber hinaus sind bei der Errichtung und dem Betrieb der Energieleitungen u.a. das Forstrecht, Wasserstraßenrecht, Luftverkehrsrecht, Denkmalschutzrecht oder auch das militärische Schutzbereichsrecht zu beachten.[130]

---

[126] Vgl. Horstmann, Zulassungsverfahren und Wegerecht für Energieversorgungsleitungen sowie der Zugang zu Energieversorgungsnetzen nach dem neuen Energiewirtschaftsgesetz und Wettbewerbsrecht, 3.1.6.
[127] Vgl. Horstmann, Zulassungsverfahren und Wegerecht für Energieversorgungsleitungen sowie der Zugang zu Energieversorgungsnetzen nach dem neuen Energiewirtschaftsgesetz und Wettbewerbsrecht, 3.6.1; ferner Büdenbender, Energierecht I, Rn. 1498. Etwas anderes gilt lediglich für nicht eingehauste Elektroumspannungsanlagen mit einer Oberspannung von 220 kV oder mehr, vgl. ebenda.
[128] Vgl. Büdenbender, Energierecht I, Rn. 1502.
[129] Dazu im einzelnen Horstmann, Zulassungsverfahren und Wegerecht für Energieversorgungsleitungen sowie der Zugang zu Energieversorgungsnetzen nach dem neuen Energiewirtschaftsgesetz und Wettbewerbsrecht, 3.7.1.
[130] Auf eine Einzeldarstellung wird hier verzichtet. Vgl. dazu ausführlich: Büdenbender, Energierecht I, Rn. 1514 ff. sowie Horstmann, Zulassungsverfahren und Wegerecht für Energieversorgungsleitungen

2. Ergebnis:

Bereits diese eher kursorische Betrachtung des Anlagengenehmigungsrechts läßt erahnen, daß der Gesetzgeber - schon wegen der Vielzahl der im Einzelfall für den Leitungsbau erforderlichen Zulassungsverfahren - diesbezüglich Einfluß auf die Wettbewerbsintensität des Instrumentes „Direktleitungsbau" - etwa durch die Einführung eines energierechtlichen Planfeststellungsverfahrens[131] - nehmen muß. Die derzeit bestehenden zahlreichen, zwingenden Vorschriften des Anlagengenehmigungsrechts können im Einzelfall allerdings nicht nur eine erhebliche Verzögerung des Leitungsbaus zur Folge haben, sondern führen darüber hinaus auch dazu, daß hinsichtlich der Trassenführung u.U. nur wenige Möglichkeiten bestehen, eine geplante (Direkt-)leitung zu realisieren. Hinzu kommt noch, daß aus technischer Sicht eine Leitungsführung anzustreben ist, die Winkelpunkte so weit wie möglich vermeidet, da diese einen erheblich größeren Aufwand beim Leitungsbau bedeuten.[132] Sind bei der Leitungsplanung alle insoweit widerstrebenden Interessen zum Ausgleich gebracht worden, läßt sich die Inanspruchnahme einzelner bestimmter Grundstücke oder Straßen regelmäßig nicht vermeiden. Ob das gegenwärtig durch die bestehenden grundstücks- und wegerechtlichen Vorschriften in ausreichendem Maße sichergestellt ist, wird im folgenden zu untersuchen sein.

---

sowie der Zugang zu Energieversorgungsnetzen nach dem neuen Energiewirtschaftsgesetz und Wettbewerbsrecht.
[131] Vgl. dazu ausführlich: Horstmann, Zulassungsverfahren und Wegerecht für Energieversorgungsleitungen sowie der Zugang zu Energieversorgungsnetzen nach dem neuen Energiewirtschaftsgesetz und Wettbewerbsrecht, 6.
[132] Vgl. dazu Fischer/ Kießling, Freileitungen, 2.1.2.2.

Teil B:

Der Direktleitungsbau im europäischen Energierecht:

Den Anstoß für die Einführung des Direktleitungsbaus im neuen Energiewirtschaftsrecht gab Art. 21 der Richtlinie 96/92/EG betreffend gemeinsame Vorschriften für den Elektrizitätsbinnenmarkt, kurz Elektrizitätsbinnenmarktrichtlinie.[133]

Als Richtlinie dient diese naturgemäß der Rechtsangleichung.[134] Aus Art. 249 Abs. 3 EG=189 Abs. 3 EGV i.V.m. Art. 10 EG=Art. 5 EGV[135] folgt für die Mitgliedstaaten eine Verpflichtung zur fristgerechten und korrekten Richtlinienumsetzung.[136] Dementsprechend sind die Mitgliedstaaten verpflichtet, die Elektrizitätsbinnenmarktrichtlinie ordnungsgemäß in nationales Recht zu transformieren. Bei der Überprüfung der Richtlinienkonformität der Umsetzungsakte ist zu beachten, daß gem. Art. 249 Abs. 3 EG=Art. 189 Abs. 3 EGV Richtlinien nur hinsichtlich ihres Zieles Verbindlichkeit[137] haben, nicht jedoch hinsichtlich Form und Mittel der Umsetzung.[138] Der EuGH hat die Wahlfreiheit, die Art. 249 Abs. 3 EG=Art. 189 Abs. 3 EGV den Mitgliedstaaten hinsichtlich der Form und des Mittels der Umsetzung beläßt, allerdings frühzeitig dahingehend präzisiert, daß die Mitgliedstaaten verpflichtet sind, innerhalb der ihnen nach Art. 249 Abs. 3 EG=Art. 189 Abs. 3 EGV belassenen Entscheidungsfreiheit die Form und Mittel zu wählen, die sich zur Gewährleistung der praktischen

---

[133] Richtlinie 96/ 92/ EG des Europäischen Parlaments und des Rates vom 19.12.1996 betreffend gemeinsame Vorschriften für den Elektrizitätsbinnenmarkt, ABl. EG Nr. L 27/ 20 vom 30.01.1997.

[134] Vgl. zur Funktion der Richtlinien u.a. Renke, EG- Richtlinien und verwaltungsgerichtlicher Rechtsschutz, S. 22 f.; ferner Bleckmann, Europarecht, Rn. 415 ff.

[135] Nach a.A ergibt sich die Umsetzungspflicht aus Art. 249 Abs. 3 EG=Art. 189 Abs. 3 EGV und der Richtlinie selbst ohne Rückgriff auf Art. 10 EG=Art. 5 EGV, vgl. Ruffert, in: Callies/ Ruffert, Kommentar zu EU- Vertrag und EG- Vertrag, Art. 249, Rn. 43.

[136] Vgl. Oppermann, Europarecht, Rn. 550.

[137] Diese „Zielverbindlichkeit" der Richtlinie wird in der Gemeinschaftspraxis mittlerweile großzügig verstanden, vgl. Oppermann, Europarecht, Rn. 551.

[138] Unter Ziel i.S.d. Art. 249 EGV wird die Beschreibung eines von den Mitgliedstaaten anzustrebenden rechtlichen, wirtschaftlichen oder sozialen Erfolges verstanden, während unter „Mitteln" Maßnahmen und Gegenstände zu verstehen sind, welche die Mitgliedstaaten zur Erreichung des Zieles ergreifen. „Form" meint entweder die Art und Weise des Zustandekommens oder die äußerliche Gestaltung der Maßnahmen. Zum Abgrenzungsproblem zwischen „Ziel" und „Mittel" siehe Bleckmann, Europarecht, Rn. 420 ff. Vgl. hierzu auch Leonard, Die Rechtsfolgen der Nichtumsetzung von EG- Richtlinien, S. 26 f.

Wirksamkeit (*effet utile*) der Richtlinie unter Berücksichtigung des mit ihr verfolgten Zwecks am besten eignen.[139]

Vor diesem Hintergrund hat die Beantwortung der Frage, ob und gegebenenfalls welche Transformationsdefizite bei der Umsetzung der europäischen Vorgaben bezüglich des Direktleitungsbaus derzeit im reformierten deutschen Energiewirtschaftsrecht bestehen, bei der Untersuchung der diesbezüglichen verbindlichen Zielvorgaben der Elektrizitätsbinnenmarktrichtlinie zu beginnen. Diese zu ermitteln, wird allerdings durch den teilweise nur schwer verständlichen Richtlinienwortlaut erschwert.[140] Um hier die Interpretationsarbeit zu erleichtern und um den Direktleitungsbau in das energiepolitische Konzept des Gemeinschaftsgesetzgebers einordnen zu können, wird einleitend ein Überblick über Entwicklung und Stand der europäischen Energiepolitik und insbesondere über die Entstehungsgeschichte der Elektrizitätsbinnenmarktrichtlinie gegeben.

I. Entwicklung und Stand der Europäischen Energiepolitik:

Die Elektrizitätsbinnenmarktrichtlinie ist elementarer Bestandteil des energiepolitischen Konzepts der Europäischen Gemeinschaft. Sie dient der Verwirklichung des Binnenmarktziels auf dem Energiesektor.[141]

Eingeleitet wurde die Entwicklung hin zum Energiebinnenmarkt durch die Veröffentlichung des Weißbuchs „über die Vollendung des Binnenmarktes" der EG-Kommission im Jahre 1985[142] einerseits und mit der Verabschiedung der Einheitlichen Europäischen Akte (EEA) im Dezember 1985 andererseits.[143] Durch Art. 13 der EEA wurde das Ziel des „Binnenmarktes" in den EWGV eingeführt.[144] Zuvor hatte die Kommission in dem „Weißbuch über die Vollendung des Binnenmarktes" eine Reihe von Harmonisierungsmaßnahmen zur Verwirklichung des Binnenmarktes

---

[139] Vgl. EuGH Slg. I 1976, 497 ff. (517); Ruffert, in: Callies/ Ruffert, Kommentar zu EU- Vertrag und EG- Vertrag, Art. 249, Rn. 46.

[140] Das beklagt unter anderem auch Britz, Öffnung der Europäischen Strommärkte durch die Elektrizitätsbinnenmarktrichtlinie?, RdE 1997, S. 85 ff. (85).

[141] Siehe dazu etwa Erwägungsgrund Nr. 2 der Richtlinie 96/92/EG.

[142] Vgl. KOM (85) 310 endg. vom 14.6.1985; siehe dazu: Hüffer/ Ipsen/ Tettinger, Die Transitrichtlinien für Gas und Elektrizität, S. 35 ff.

[143] Vgl. dazu Hermann, Die Konzeption der EG- Kommission zur Ordnung des europäischen Strommarktes, RdE 1992, S. 96 ff. (96); ferner KOM (91) 548 endg. vom 21.02.1972, A., 1., 1.1 (S. 2).

zusammengestellt.[145] Noch enthielten allerdings weder das Weißbuch noch die Einheitliche Europäische Akte unmittelbar Vorgaben für die Tätigkeit der Gemeinschaft auf dem Energiesektor. Aufbauend auf dem Weißbuch von 1985 legte der Rat der EG 1986 die „Neuen energiepolitischen Ziele der Gemeinschaft" in einer Entschließung fest.[146]

Das Binnenmarktziel wurde durch die EG- Kommission 1988 in dem Arbeitsdokument „Der Binnenmarkt für Energie"[147] speziell für den Energiesektor konkretisiert.[148] In diesem wurden die bestehenden Hindernisse des Binnenmarktes für Energie zusammengestellt und die Möglichkeiten zu deren schrittweisen Abbau aufgezeigt.[149] Ein wesentliches Hindernis, welches aus Sicht der Kommission dem Binnenmarkt für Energie im Wege stand, war die Tatsache, daß die meisten der Mitgliedstaaten ihre Energiewirtschaft monopolistisch organisiert hatten.[150] Der Öffnung der Energiemärkte in Richtung auf einen gemeinschaftlichen Energiebinnenmarkt standen nicht zuletzt auch die ausschließlichen Rechte zum Bau von Leitungen entgegen.[151] Folgende Grundziele sind in dem Arbeitsdokument zum Ausdruck gekommen: Zunächst sollte der freie Verkehr von Gas und Elektrizität innerhalb der Mitgliedstaaten und zwischen den Mitgliedstaaten ermöglicht werden. Mit der dadurch bedingten Öffnung der Gas- und Strommärkte sollte zweitens die Versorgungssicherheit erhöht werden; schließlich wird das Ziel verfolgt, die Wettbewerbsfähigkeit der strom- und gasverbrauchenden Unternehmen zu stärken.[152] Die Umsetzung des Arbeitsdokumentes betreibt die Gemeinschaft seitdem unter dem Schlagwort der „Vollendung des Binnenmarktes für

---

[144] Vgl. Scholz/ Langer, Europäischer Binnenmarkt und Energiepolitik, S. 13.
[145] Vgl. Scholz/ Langer, Europäischer Binnenmarkt und Energiepolitik, S. 13.
[146] Vgl. ABl. EG Nr. C 241 vom 25.09.1986; vgl. Bergmann, Ein Netzzugang Dritter in der Elektrizität und die Grundrechte der Versorgungsunternehmen, S. 16; ferner Hüffer/ Ipsen/ Tettinger, Die Transitrichtlinien für Gas und Elektrizität, S. 36 f.
[147] KOM (88) 238 endg. vom 02.05.1988.
[148] Vgl. Scholz/ Langer, Europäischer Binnenmarkt und Energiepolitik, S. 13.
[149] Vgl. dazu Hermann, Die Konzeption der EG- Kommission zur Ordnung des europäischen Strommarktes, RdE 1992, S. 96 ff. (96).
[150] Vgl. KOM (88) 238 endg. vom 02.05.1988, S. 74
[151] Vgl. v. Bose, Die Richtlinienvorschläge der Kommission betreffend gemeinsame Vorschriften für den Erdgas- Binnenmarkt bzw. für den Elektrizitätsbinnenmarkt, in: Baur, Die Europäische Gemeinschaft und das Recht der leitungsgebundenen Energie, VEnergR Bd. 69, S. 41 ff. (43 f.)
[152] Vgl. KOM (88) 238 endg. vom 02.05.1988, S. 5 f.; ferner v. Bose, Die Richtlinienvorschläge der Kommission betreffend gemeinsame Vorschriften für den Erdgas- Binnenmarkt bzw. für den Elektrizitätsbinnenmarkt, in: Die Europäische Gemeinschaft und das Recht der leitungsgebundenen Energie, VEnergR Bd. 69, S. 41 ff. (43 f.); Jarass, Europäisches Energierecht, S. 30.

Elektrizität und Gas".[153] Die europäische Energiepolitik ist insbesondere durch folgende Grundsätze gekennzeichnet:

1. Nach Auffassung der Kommission waren vor allem die Divergenzen in den jeweiligen nationalen Regelungen bezüglich der Energiewirtschaft hinderlich für eine Rechtsharmonisierung und für die Schaffung eines Energiebinnenmarktes. In jedem Land waren unterschiedliche Systeme gewachsen, die nicht kurzfristig geändert oder harmonisiert werden konnten.[154] Aus diesem Grund sollte die Schaffung des Energiebinnenmarktes schrittweise realisiert werden.[155] Vorgesehen waren dabei folgende Stufen:

a) Die erste Phase zur Schaffung eines Energiebinnenmarktes ist bereits vollendet. Sie bestand aus den Richtlinien über den grenzüberschreitenden Stromtransit vom 30. Oktober 1990[156] und die Stromtransparenz bei industriellen Endverbrauchern vom 29. Juni 1990[157], die den europaweiten Energieaustausch zwischen den Versorgungsunternehmen ermöglichen und die Voraussetzungen für die Vergleichbarkeit der Preisbildung innerhalb von Europa geschaffen haben und somit den ersten Schritt hin zu einem stärker wettbewerbsgeprägten Elektrizitätsmarkt bildeten.[158]

b) Für die zweite Stufe waren ursprünglich zwei Richtlinien vorgesehen; die erste sollte in eigener Gesetzgebungskompetenz der EG- Kommission gem. Art. 86 Abs. 3 EG=Art. 90 Abs. 3 EGV ergehen und die Monopole bei der Stromerzeugung und bei der Errichtung von Leitungen beseitigen, und die zweite durch Rat und Parlament als Gemeinschaftsgesetzgeber die Ordnung auf dem Energiebinnenmarkt regeln.[159] Auf die Verabschiedung einer Richtlinie in eigener Kompetenz hatte die Kommission dann allerdings verzichtet – nicht zuletzt, um einen stärkeren politischen Dialog mit den

---

[153] Vgl. Scholz/ Langer, Europäischer Binnenmarkt und Energiepolitik, S. 14.
[154] Vgl. KOM (88) 238 endg. vom 02.05.1988, S. 4 f.
[155] Vgl. KOM (91) 548 endg. vom 21.02.1992, A., 5.2 (S. 8).
[156] ABl. EG Nr. L 313/30 vom 13.11.1990.
[157] ABl. EG Nr. L 185/16 vom 17.07.1990; dazu: Jarass, Europäisches Energierecht, S. 26.
[158] Vgl. KOM (91) 548 endg. vom 21.02.1992, A., 3.3 (S. 6). Zu diesen Richtlinien: Jarass, Europäisches Energierecht, S. 20; Hüffer/ Ipsen/ Tettinger, Die Transitrichtlinien für Gas und Elektrizität, S. 1 ff.; Scholz/ Langer, Europäischer Binnenmarkt und Energiepolitik, S. 14 f.
[159] Vgl. Hermann, Die Konzeption der EG- Kommission zur Ordnung des europäischen Strommarktes, RdE 1992, S. 96 ff. (96); ferner Jarass, Europäisches Energierecht, S. 31.

Mitgliedstaaten, dem Rat und dem Europäischen Parlament zu suchen -[160], und sich statt dessen in der zweiten Stufe darauf beschränkt, mehrere Vorschläge für eine Elektrizitätsbinnenmarktrichtlinie zu entwerfen. Auf deren Grundlage konnte nach langjährigen Diskussionen 1997 die Elektrizitätsbinnenmarktrichtlinie in Kraft treten.[161]

c) Da sich die Elektrizitätsbinnenmarktrichtlinie zunächst nur auf eine Gruppe von Großverbrauchern[162] bezieht, soll in einem dritten und letzten Schritt der geschaffene Ordnungsrahmen auch auf kleine und mittlere Stromabnehmer erweitert werden.[163] Damit soll dann der Binnenmarkt für Elektrizität vollendet sein. Da sich die Verabschiedung der Elektrizitätsbinnenmarktrichtlinie verzögert hat, läßt diese dritte Stufe gegenwärtig allerdings noch auf sich warten.[164]

2. Neben dem Grundsatz des schrittweisen Vorgehens ist die europäische Energiepolitik auf dem Weg zur Vollendung des Energiebinnenmarktes durch den Grundsatz der Subsidiarität und den Versuch gekennzeichnet, eine exzessive Überregulierung zu vermeiden. So bemüht sich der Gemeinschaftsgesetzgeber, sich auf die Vorgabe eines rechtlichen Rahmens zu beschränken, innerhalb dessen der nationale Gesetzgeber Gelegenheit erhält, Regelungen zu erlassen, die am besten den natürlichen Gegebenheiten, der wirtschaftlichen Lage und der jeweiligen Energiepolitik entsprechen.[165] Das führt – wie sich sogleich an einzelnen Bestimmungen der Elektrizitätsbinnenmarktrichtlinie aufzeigen läßt – häufig zu recht weitmaschigen Vorgaben. Inwieweit dann überhaupt Raum für Transformationsdefizite ist, bedarf sogleich näherer Betrachtung.

---

[160] Vgl. Jarass, Europäisches Energierecht, S. 31.
[161] Dazu sogleich ausführlich unten Teil B, III.
[162] Siehe dazu unten Teil B, III., 2., a).
[163] Vgl. Hermann, Die Konzeption der EG- Kommission zur Ordnung des europäischen Strommarktes, RdE 1992, S. 96 ff. (97).
[164] Die Liberalisierung des Strommarktes soll bis zum Jahr 2005 vollständig abgeschlossen sein, vgl. dazu F.A.Z. vom 16.01.2001.
[165] Vgl. KOM (91) 548 endg. vom 21.02.1992, A. 5.3, 5.4 (S. 9).

II. Die Entstehung der Richtlinie 96/92/EG unter besonderer Berücksichtigung des Direktleitungsbaus:

Als wesentliche Punkte der zweiten Phase nennt die Kommission:[166]

(1.) Die Abschaffung der ausschließlichen Rechte für die Erzeugung von Elektrizität sowie für den Bau von Leitungen durch Schaffung eines transparenten und nichtdiskriminierenden Systems für die Erteilung von Genehmigungen,

(2.) die „Entbündelung" (sog. *unbundling*) von vertikal integrierten Unternehmen, also die Trennung von Management und Rechnungsführung zwischen den Bereichen Produktion, Transport, Speicherung und Verteilung sowie

(3.) die Einführung eines begrenzten Systems zur Ermöglichung des Netzzugangs Dritter (sog. *third party access*), wodurch Leitungsunternehmen verpflichtet werden sollen, gegen angemessene Vergütung dritten Unternehmen den Zugang zu ihrem Netz zu eröffnen, sofern Übertragungs- oder Verteilungskapazität verfügbar ist.

Bevor die Richtlinie 96/92/ EG in ihrer endgültigen Fassung verabschiedet werden konnte, sind von der Kommission zwei Richtlinienvorschläge ausgearbeitet worden.[167] Obwohl diese nie verabschiedet wurden, dienten sie zumindest als Diskussionsgrundlagen für die Ausarbeitung der Elektrizitätsbinnenmarktrichtlinie und sind schon deswegen auch hier von Interesse.

---

[166] Vgl. KOM (91) 548 endg. vom 21.02.1992, A. 6.3 (S. 9 f.). Siehe dazu auch Dietze, Europarecht und nationale Regulierung des deutschen Elektrizitätsmarktes, S. 13; vgl. auch v. Bose, Die Richtlinienvorschläge der Kommission betreffend gemeinsame Vorschriften für den Erdgas-Binnenmarkt bzw. für den Elektrizitäts- Binnenmarkt, in: Baur, Die Europäische Gemeinschaft und das Recht der leitungsgebundenen Energie, VEnergR Bd. 69, S. 41 ff. (45); vgl. auch Baumanns, Die Liberalisierung des Strommarktes aus der Sicht der Europäischen Kommission, in: Hoffmann- Riem/ Schneider, Umweltpolitische Steuerung in einem liberalisierten Strommarkt, S. 95 ff. (95 f.); vgl. auch Scholz/ Langer, Europäischer Binnenmarkt und Energiepolitik, S. 15; ferner Leipertz, Die zweite Stufe des EG- Binnenmarktes und deren Umsetzung auf bundesdeutscher Ebene, S. 14 ff.
[167] Einen Überblick über die Entstehungsgeschichte gibt u.a. Michaelis, Der Weg zu einem europäischen Binnenmarkt für Energie, et 1996, S. 214 ff.

40

1. Der erste Richtlinienvorschlag der Kommission:

Am 22. Januar 1992 legte die Kommission der Europäischen Gemeinschaft nach jahrelangen Vorarbeiten einen (ersten) Vorschlag für eine Richtlinie des Rates der Europäischen Gemeinschaft bezüglich gemeinsamer Vorschriften für den Elektrizitätsbinnenmarkt vor.[168]

a) Bereits hier waren als Wettbewerbsinstrumente sowohl der Zugang Dritter zu den vorhandenen Netzen (Art. 7, 14) – allerdings noch in der Form des sog. geregelten Netzzugangs[169] – als auch der Direktleitungsbau (Art. 5, 6) vorgesehen.

Für die Aufnahme des Direktleitungsbaus in den Richtlinienvorschlag sprachen aus Sicht der Kommission folgende Gründe: Trotz der technischen Besonderheiten der Elektrizitätsversorgung wie etwa der Leitungsgebundenheit und der Nichtspeicherbarkeit bei jederzeitiger Verfügbarkeit, ist es nach ihrer Auffassung nicht erforderlich, daß der Bau von Leitungen und auch die Vermarktung der Elektrizität von einem einzigen oder nur von einer kleinen Anzahl von Unternehmen durchgeführt wird.[170] Deshalb sollten das Recht zur Errichtung weiterer Leitungen private wie auch öffentliche Betreiber erhalten und zwar, um entweder Kunden direkt in einer anderen Region bzw. einem anderen Mitgliedstaat zu versorgen oder um sich selbst an das Verbundnetz anschließen zu können.[171] Die Kommission hielt die Einführung des Direktleitungsbaus trotz der mit dem fehlenden Anschluß an das Verbundnetz verbundenen Probleme wie etwa der mangelnden Zuverlässigkeit und der mangelnden Flexibilität für notwendig.[172] Sie erkannte insoweit an, daß sich Direktleitungen zumindest über kürzere Entfernungen auch als wirtschaftlich sinnvoll erweisen

---

[168] KOM (91) 548 endg. vom 21.02.1992, ABl. EG Nr. C 65/ 4 ff. vom 14.03.1992 = BR- Drks. 160/ 92 vom 06.03.1992; vgl. auch Notthoff, Novellierungsversuche des Energiewirtschaftsrechts vor dem Hintergrund grundrechtlicher Normen, S. 209; Baur, Die Elektrizitätsbinnenmarktrichtlinie: Gestaltungsmöglichkeiten von Mitgliedstaaten; Auswirkungen auf die Elektrizitätsunternehmen, in: Baur/ Friauf, Energierechtsreform zwischen Europarecht und kommunaler Selbstverwaltung, VEnergR Bd. 84, S. 13 ff. (15).

[169] Vgl. dazu: Britz, Öffnung der Europäischen Strommärkte durch die Elektrizitätsbinnenmarktrichtlinie?, RdE 1997, S. 85 ff. (85), Fn. 11, bei dem den zugelassenen Kunden der Netzzugang ohne weitere Verhandlungen zu einem festgelegten und veröffentlichten Tarif zu gewähren war, vgl. ebenda, S. 89.

[170] Vgl. KOM (91) 548 endg. vom 21.02.1992, B. (S. 14).

[171] Vgl. KOM (91) 548 endg. vom 21.02.1992, B., 3. (S. 17).

[172] Vgl. KOM (91) 548 endg. vom 21.02.1992, B., 3.3 (S. 18).

können.[173] Um hierbei eine Marktöffnung zu erreichen, schlägt die Kommission den Mitgliedstaaten vor, „ein System für die Vergabe von Lizenzen für den Bau und den Betrieb von elektrischen Leitungen zu schaffen, um die Bedingungen für Investitionen zu harmonisieren".[174]

b) Demnach sollten zur Liberalisierung des Leitungsbaus gemeinsame Vorschriften für die Erteilung von Genehmigungen u.a. zum Bau von Übertragungs- und Verteilungsleitungen durch die Mitgliedstaaten erlassen werden.[175] Dieser allgemeine Programmsatz wurde im Kapitel II (Zugang zum Markt) in den Artikeln 5 und 6 dieses Vorschlages näher konkretisiert.

Nach Art. 6 Abs. 1 dieses Richtlinienvorschlages sollte es Stromproduzenten und – versorgern, die auf dem Hoheitsgebiet des jeweiligen Mitgliedstaates ansässig sind, vorbehaltlich des Art. 5 Abs. 1 dieses Vorschlages ermöglicht werden, ihre eigenen Betriebsstätten, unter- und nebengeordnete Unternehmen sowie Kunden durch direkte Leitungen zu versorgen. Ferner hatten die Mitgliedstaaten gem. Art. 6 Abs. 2 dieses Vorschlages dafür Sorge zu tragen, daß es Kunden, die auf ihrem Hoheitsgebiet ansässig sind, möglich ist, von Produzenten und Versorgern Elektrizität zu erwerben und durch direkte Leitungen beliefert zu werden. Die konkreten Vorgaben hinsichtlich des Leitungsbaus sind Art. 5 Abs. 1 des Vorschlages zu entnehmen, der wiederum auf die Absätze 2 bis 8 des Art. 5 weiterverweist und selbst unmittelbar nur den Bau allgemein genutzter Leitungen regeln sollte.

Kennzeichnend war für dieses Konzept insbesondere, daß der Bau zusätzlicher Leitungen an die Genehmigungen der Mitgliedstaaten geknüpft werden sollte (Art. 5 Abs. 1), wobei die von dem Unternehmen, welches einen Antrag auf Genehmigung für den Bau einer Übertragungs- oder Verteilungsleitung gestellt hat, zu erfüllenden Voraussetzungen (u.a. hinsichtlich der Nutzung öffentlichen Grund und Bodens) von den Mitgliedstaaten objektiv und diskriminierungsfrei geregelt werden sollten (Art. 5 Abs. 2). Festzulegen waren danach außerdem die Verfahren, die bei einem Antrag auf Genehmigung für den Bau von Leitungen zu befolgen sind (Art. 5 Abs. 4). Insbesondere sollten die Mitgliedstaaten auch die Beschaffung der erforderlichen privaten

---

[173] Vgl. KOM (91) 548 endg. vom 21.02.1992, B., 3.3 (S. 18).
[174] Vgl. KOM (91) 548 endg. vom 21.02.1992, B., 3. (S.17).
[175] Vgl. KOM (91) 548 endg. vom 21.02.1992, S. 31.

42

Grundstücke durch Enteignungen vorsehen sowie das Recht zur Benutzung öffentlichen Grund und Bodens auf nichtdiskriminierende Weise gewähren (Art. 5 Abs. 6). Insgesamt enthielt damit dieser Richtlinienvorschlag konkrete Hinweise, wie die wege– und grundstücksrechtlichen Probleme des (Direkt-)Leitungsbaus geregelt werden sollten. Erwähnenswert ist in diesem Zusammenhang allerdings, daß die Mitgliedstaaten ermächtigt wurden, den Bau weiterer Leitungen abzulehnen, wenn der entsprechende Bedarf an Übertragungs- und Verteilungskapazität durch die im Verbundnetz vorhandenen Kapazitäten zu einem angemessenen und gerechten Preis abgedeckt werden konnte (Art. 5 Abs. 3). Zusätzlichen Leitungsbau hätte es damit nach diesem Konzept grundsätzlich nur dann gegeben, wenn die Kapazität des Verbundnetzes nicht ausgereicht hätte oder dieses nur zu überhöhten Preisen zur Verfügung gestellt worden wäre.

Festzuhalten bleibt hier jedenfalls, daß die Kommission bereits frühzeitig für eine umfassende Liberalisierung des Leitungsbaus sorgen wollte. Profitieren sollten davon in gleicher Weise sowohl Leitungen, die innerhalb des Verbundnetzes errichtet werden sollten, als auch zusätzliche Direktleitungen.

c) Dieser Richtlinienvorschlag wurde auf politischer Ebene in zahlreichen Konsultationen mit den für Energie zuständigen Ministern, in Ministerien, im Ministerrat sowie im Europäischen Parlament erörtert.[176] Der Entwurf fand im Grundsatz überwiegend Zustimmung[177]; dennoch wurden eine Reihe von Einwendungen erhoben.[178]

aa) In der durch den Entwurf entbrannten Diskussion nahm u.a. der Wirtschafts- und Sozialausschuß Stellung.[179] Während er an dem von der Kommission ursprünglich vorgeschlagenen Konzept zum Netzzugang Dritter verstärkt Kritik übte, stimmte er der Liberalisierung des Baus von Elektrizitätsleitungen grundsätzlich zu, machte aber auch

[176] Vgl. Jarass, Europäisches Energierecht, S. 32.

[177] Vgl. BR- Drks. 160/ 92 vom 06.03.1992, S. 1.

[178] Ablehnend z.B. Kuhnt, Die Versorgung Europas mit sicherer und preisgünstiger Elektrizität, RdE 1994, 41 ff. (44 f.). Vgl. dazu Jarass, Europäisches Energierecht, S. 32.

[179] ABl. EG Nr. C 73/31 vom 15.03.1993, CES (93) 77 vom 27.01.1993. Vgl. dazu u.a. v. Bose, Die Richtlinienvorschläge der Kommission betreffend gemeinsame Vorschriften für den Erdgas-Binnenmarkt bzw. für den Elektrizitäts- Binnenmarkt, in: Baur, Die Europäische Gemeinschaft und das Recht der leitungsgebundenen Energie, VEnergR Bd. 69, S. 41 ff. (46 f.).

hier Veränderungsvorschläge.[180] Kritisiert wurde vor allem die durch Art. 5 Abs. 3 des Entwurfes eröffnete Möglichkeit, daß die Genehmigungen zum Bau weiterer Leitungen - und insbesondere auch der Bau zusätzlicher Direktleitungen - verweigert werden können, wenn die Versorgung über das Verbundnetz für ausreichend erachtet wird.[181] In seiner Stellungnahme vertrat der Wirtschafts- und Sozialausschuß ferner die Ansicht, daß die Genehmigungen für die Versorgung über Direktleitungen an einfachere Voraussetzungen geknüpft werden sollten als der Bau allgemein genutzter Leitungen.[182] Dadurch sollte der Bau zusätzlicher Direktleitungen, insbesondere bei der Versorgung eigener Anlagen oder von Tochtergesellschaften, erheblich erleichtert werden.[183]

bb) Der Ministerrat erörterte den Richtlinienentwurf im Mai und November 1992[184] sowie im Juni 1993.[185] Die generelle Ausrichtung des Rates war, daß die Elektrizitätsmärkte offener, transparenter, effizienter und stärker wettbewerbsorientiert werden müssen.[186] Uneinigkeit bestand aber über die Frage, wie diese Ziel erreicht werden soll. Insbesondere die Einführung der Entbündelung und der Netzzugang Dritter waren im Ministerrat umstritten. Dafür zeichnete sich bald bei der hier im Vordergrund stehenden Frage der Abschaffung der Ausschließlichkeitsrechte eine Einigung ab.[187]

---

[180] Vgl. Baumanns, Liberalisierung des Strommarktes aus der Sicht der Europäischen Kommission, in: Hoffmann- Riem/ Schneider, Umweltpolitische Steuerung in einem liberalisierten Strommarkt, S. 95 ff. (96).
[181] Vgl. CES (93) 77 vom 27.01.1993, 2.5.3.3. Bemängelt wurde hierbei insbesondere die damit verbundene Ermessensfreiheit für die einzelstaatlichen Behörden bei der Beurteilung der Frage, wann „der entsprechende Bedarf an Übertragungs- und Verteilungskapazität durch die im Verbundnetz vorhandenen Übertragungs- und Verteilungskapazitäten zu einem angemessenen und gerechten Preis gedeckt werden kann" (Art. 5 Abs. 3 des ersten Richtlinienvorschlages).
[182] Vgl. CES (93) 77, 2.5.3.4.
[183] Vgl. CES (93) 77, 2.5.3.4.
[184] Vgl. Jarass, Europäisches Energierecht, S. 32.
[185] Vgl. Baumanns, Liberalisierung des Strommarktes aus der Sicht der Europäischen Kommission, in: Hoffmann- Riem/ Schneider, Umweltpolitische Steuerung in einem liberalisierten Strommarkt, S. 95 ff. (96); v. Bose, Die Richtlinienvorschläge der Kommission betreffend gemeinsame Vorschriften für den Erdgas- Binnenmarkt bzw. für den Elektrizitäts- Binnenmarkt, in: Baur, Die Europäische Gemeinschaft und des Recht der leitungsgebundenen Energie, VEnergR Bd. 69, S. 41 ff. (46)
[186] Vgl. Baumanns, Liberalisierung des Strommarktes aus der Sicht der Europäischen Kommission, in: Hoffmann- Riem/ Schneider, Umweltpolitische Steuerung in einem liberalisierten Strommarkt, S. 95 ff. (96).
[187] V. Bose, Die Richtlinienvorschläge der Kommission betreffend gemeinsame Vorschriften für den Erdgas- Binnenmarkt bzw. für den Elektrizitäts- Binnenmarkt, in: Baur, Die Europäische Gemeinschaft und das Recht der leitungsgebundenen Energie, S. 41 ff. (46).

cc) Vom Europäischen Parlament wurde am 17. November 1993 eine Stellungnahme mit einer Reihe von Änderungsanträgen vorgelegt.[188] Anders als die Kommission bemühte sich das Parlament, den Status Quo auf dem Energiesektor beizubehalten, verbunden mit einer weitreichenden staatlichen Kontrolle, um unangemessene Monopolgewinne zu vermeiden.[189] Eine dem Art. 6 des ersten Richtlinienvorschlages entsprechende Regelung war in dem energiepolitischen Konzept des Europäischen Parlamentes dementsprechend gar nicht enthalten. Danach sollte der Direktleitungsbau als Mittel zur Schaffung von Wettbewerb entfallen.[190]

2. Der zweite Richtlinienvorschlag der Kommission:

a) Die Diskussion um den ersten Richtlinienvorschlag führte dazu, daß die Kommission am 07. Dezember 1993 einen abgeänderten Vorschlag für eine „Richtlinie des europäischen Parlaments und des Rates betreffend gemeinsame Vorschriften für den Elektrizitätsbinnenmarkt" vorlegte.[191] In ihrer Neufassung sollte die Richtlinie im Mitentscheidungsverfahren zwischen Europäischem Parlament und Rat nach Art. 251 EG=Art. 189 b EGV ergehen.[192] In vielfacher Hinsicht stellt der abgeänderte Vorschlag einen Kompromiß zwischen den verschiedenen Positionen dar; berücksichtigt wurde - soweit die Kommission es für vertretbar hielt - sowohl die Meinung des Parlamentes als auch die Stellungnahme des Ministerrates.[193] Die Kommission blieb im wesentlichen bei ihrer Grundposition. Neu war hier im Vergleich zum ersten Richtlinienvorschlag insbesondere die stärkere Betonung der öffentlichen Dienstleistungspflichten, das

---

[188] Vgl. ABl. EG Nr. C 329/ 28 vom 06.12.1993; vgl. Baumanns, Liberalisierung des Strommarktes aus der Sicht der Europäischen Kommission, in: Hoffmann- Riem/ Schneider, Umweltpolitische Steuerung in einem liberalisierten Strommarkt, S. 95 ff. (97). Dazu auch KOM (93) 642 endg. vom 07.12.1993, A. 6. (S. 3 f.).

[189] Vgl. Baumanns, Liberalisierung des Strommarktes aus der Sicht der Europäischen Kommission, in: Hoffmann- Riem/ Schneider, Umweltpolitische Steuerung in einem liberalisierten Strommarkt, S. 95 ff. (97).

[190] Vgl. ABl. EG Nr. C 329/ 164, 165 vom 06.12.1993.

[191] KOM (93) 643 endg. vom 07.12.1993, ABl. EG 1994 Nr. C 123/ 1 ff. Dazu ausführlich: Beckert, Abgeänderter Richtlinienvorschlag zum Binnenmarkt für Elektrizität.

[192] Vgl. Jarass, Europäisches Energierecht, S. 33, auch mit Hinweis auf Wetzel/ Weyand, Das Verfahren der Mitentscheidung, RdE 1994, 56 ff.; vgl. auch Baumanns, Liberalisierung des Strommarktes aus der Sicht der Europäischen Kommission, in: Hoffmann- Riem/ Schneider, Umweltpolitische Steuerung in einem liberalisierten Strommarkt, S. 95 ff. (98).

[193] Vgl. KOM (93) 643 endg. vom 07.12.1993, D. (S. 9); ferner Baumanns, Liberalisierung des Strommarktes aus der Sicht der Europäischen Kommission, in: Hoffmann- Riem/ Schneider, Umweltpolitische Steuerung in einem liberalisierten Strommarkt, S. 95 ff. (100). Insoweit kann auch

Wahlrecht für die Mitgliedstaaten zwischen einem Genehmigungsverfahren oder einem Ausschreibungsverfahren für neue Stromerzeugungs- und Übertragungskapazitäten sowie die Aufnahme des sog. verhandelten Netzzugangs (Art. 21 dieses abgeänderten Vorschlages).[194] Beibehalten wurde dafür die grundsätzliche Zulassung von Direktleitungen als Wettbewerbsinstrument:[195]

Eine Regelung diesbezüglich war nun im Kapitel VI (Zugang zum Netz) enthalten. Nach Art. 22 Abs. 1 des abgeänderten Vorschlages sollten die Mitgliedstaaten dafür sorgen, daß es allen Stromproduzenten und – versorgern, die auf ihrem Hoheitsgebiet ansässig sind, möglich ist, vorbehaltlich des Artikels 7 durch eine direkte Leitung ihre eigenen Betriebsstätten, unter- und nebengeordnete Unternehmen sowie Kunden zu versorgen. Umgekehrt sollten die Mitgliedstaaten nach Art. 22 Abs. 2 des zweiten Richtlinienvorschlages dafür Sorge tragen, daß es allen Kunden, die auf ihrem Hoheitsgebiet ansässig sind, möglich ist, Elektrizität von Produzenten zu erwerben und durch eine direkte Leitung beliefert zu werden.

Beibehalten wurde das noch vom ersten Richtlinienvorschlag bekannte Genehmigungssystem bezüglich des Leitungsbaus (vgl. Art. 5 Abs. 1 des ersten Vorschlages). Die Voraussetzungen, unter denen gem. Art. 7 die Erteilung einer Genehmigung für die Errichtung von Produktions- und Übertragungskapazitäten verweigert werden konnte, sollte über Art. 22 entsprechend auch für den Direktleitungsbau gelten.[196] Die Genehmigung zum Bau von Direktleitungen hätte somit von den in Art. 7 genannten Kriterien abhängig gemacht werden können, nämlich der Sicherheit und Sicherung der Anlagen und der verbundenen Ausrüstungen, die Flächennutzung und Standortwahl, der Gebrauch öffentlichen Grund und Bodens, die technischen und finanziellen Kapazitäten der Unternehmen und der Umweltschutz. Damit hätte der Bau von Direktleitungen beispielsweise dann verweigert werden können, wenn dem Umweltbelange entgegengestanden hätten. Die Gründe für die

---

von einem „abgeschwächten" Vorschlag gesprochen werden, vgl. Schneider, Liberalisierung der Stromwirtschaft durch regulative Marktorganisation, S. 416.

[194] Vgl. dazu Schneider, Liberalisierung der Stromwirtschaft durch regulative Marktorganisation, S. 416. Zu dem sog. verhandelten Netzzugang siehe KOM (93) 643 endg. vom 07.12.1993, A. 9. (S. 5), zu der verstärkten Bezugnahme auf die öffentlichen Dienstleistungspflichten siehe KOM (93) 643 endg. vom 07.12.1993, B. 11. (S. 7).

[195] Vgl. Baumanns, Liberalisierung des Strommarktes aus der Sicht der Europäischen Kommission, in: Hoffmann- Riem/ Schneider, Umweltpolitische Steuerung in einem liberalisierten Strommarkt, S. 95 ff. (99).

Verweigerung einer Genehmigung mußten jedoch objektiv und nicht diskriminierend sein, vgl. Art. 7 des abgeänderten Vorschlages a. E.

Verzichtet wurde auf den Vorbehalt des Art. 5 Abs. 3 des ursprünglichen Entwurfes, wonach der Bau weiterer Leitungen verweigert werden konnte, falls sich der Bedarf durch die vorhandenen Kapazitäten zu einem angemessenen Preis decken ließ.[197] Auf Grundlage des abgeänderten Entwurfes wäre es damit nicht möglich gewesen, den Bau einer Direktleitung mit dem Verweis auf bestehende Durchleitungskapazitäten zu verweigern.

b) Zu diesem geänderten Vorschlag nahm am 28. April 1994 wiederum der Wirtschafts- und Sozialausschuß Stellung und begrüßte darin im wesentlichen die Ansätze der Kommission, ohne die Regelungen des Direktleitungsbaus näher zu betrachten.[198] Im Ministerrat gab es noch eine Reihe von Vorbehalten, die u.a. am 25. Mai 1994 diskutiert wurden.[199] Zentrale Fragen waren hier u.a. die Entflechtung der Rechnungslegung sowie der Netzzugang.

c) Während mehrerer Ratspräsidentschaften wurde im Rat schließlich die endgültige Richtlinie ausgehandelt.[200] Am 20. Juni 1996 gab es im Ministerrat die entscheidende Einigung, die in einem Gemeinsamen Standpunkt des Europäischen Parlamentes und des Rates vom 25. Juli 1996 zusammengefaßt wurde.[201] Die Richtlinie wurde in ihrer jetzigen Form – trotz einiger Bedenken - von der Kommission unterstützt und fand auch die gem. Art. 251 EG=Art. 189 b EGV erforderliche Zustimmung des

---

[196] Vgl. dazu Jarass, Europäisches Energierecht, S. 48 f.

[197] Dazu auch Jarass, Europäisches Energierecht, S. 48.

[198] CES (94) 577 vom 28.04.1994; Vgl. ferner Baumanns, Liberalisierung des Strommarktes aus der Sicht der Europäischen Kommission, in: Hoffmann- Riem/ Schneider, Umweltpolitische Steuerung in einem liberalisierten Strommarkt, S. 95 ff. (100).

[199] Vgl. Jarass, Europäisches Energierecht, S. 33.

[200] Vgl. Baur, Die Elektrizitätsbinnenmarktrichtlinie: Gestaltungsmöglichkeiten von Mitgliedstaaten; Auswirkungen auf die Elektrizitätsunternehmen, in: Baur/ Friauf, Energierechtsreform zwischen Europarecht und kommunaler Selbstverwaltung, VEnergR Bd. 84, S. 13 ff. (16).

[201] Vgl. Baur, Die politische Einigung über die Elektrizitäts- Binnenmarkt- Richtlinie, et 1996, S. 474 ff. (474); Börner, Der Energiemarkt und die geschlossenen Versorgungsgebiete der Strom- und Gaswirtschaft im Übergang zum Wettbewerb, Beiheft 20 zur ZögU 1996, S. 41; Araposthathis, Das griechische Stromversorgungsmonopol und seine Vereinbarkeit mit dem europäischen Recht, S. 14.

Europäischen Parlamentes.[202] Daraufhin konnte die Elektrizitätsbinnenmarktrichtlinie 96/92/EG in ihrer endgültigen Fassung am 19.Februar 1997 in Kraft treten.[203]

III. Die Richtlinie 96/92/EG sowie die darin enthaltenen Vorgaben für die nationalen Gesetzgeber bezüglich des Direktleitungsbaus:

Das Ziel der Elektrizitätsbinnenmarktrichtlinie ist es, ebenso wie schon bei den beiden Richtlinienentwürfen, einen Beitrag zur Verwirklichung eines wettbewerbsorientierten Elektrizitätsbinnenmarktes zu leisten. Davon verspricht sich der Gemeinschaftsgesetzgeber zum einen unter Wahrung des Umweltschutzes Effizienzsteigerungen im Bereich der Energieerzeugung und – verteilung, zum anderen eine Erhöhung der Versorgungssicherheit und Wettbewerbsfähigkeit der europäischen Wirtschaft.[204]

Als Wettbewerbsinstrument und zugleich als Mittel zur Erreichung des Energiebinnenmarktes sieht die Richtlinie weiterhin grundsätzlich den Bau von Direktleitungen vor. Das ergibt sich schon aus den Erwägungsgründen; dort heißt es unter Nr. 35.: *„Es sollte vorgesehen werden, daß der Bau und der Betrieb von Direktleitungen genehmigt werden kann."* Näheres läßt sich dazu Art. 21 RL- Elt. entnehmen:

Nach Art. 21 Abs. 1 RL- Elt. haben die Mitgliedstaaten Maßnahmen zu treffen, die es ermöglichen, daß alle Erzeuger und zugelassenen EVU, die ihren Sitz im Hoheitsgebiet des Mitgliedstaates haben, ihre eigenen Betriebsstätten, Tochterunternehmen und zugelassene Kunden über eine Direktleitung versorgen können bzw. umgekehrt jeder zugelassene Kunde, der in dem Hoheitsgebiet ansässig ist, über eine Direktleitung versorgt werden kann. Weiterhin haben nach Abs. 2 des Art. 21 RL- Elt. die Mitgliedstaaten objektive und diskriminierungsfreie Kriterien für die Erteilung von Genehmigungen für den Bau von Direktleitungen in ihrem Hoheitsgebiet festzulegen. Zugleich enthält die Richtlinie eine Reihe von Einschränkungen und Ausnahmen dieser Gebote: Zunächst können die Mitgliedstaaten gem. Art. 21 Abs. 4 RL- Elt. die Erteilung

---

[202] Vgl. Araposthathis, Das griechische Stromversorgungsmonopol und seine Vereinbarkeit mit dem europäischen Recht, S. 13; vgl. ferner die Mitteilung der Kommission an das EP vom 26.07.96 SEK (96) 1409 endg.

[203] Baur, Die Elektrizitätsbinnenmarktrichtlinie: Gestaltungsmöglichkeiten von Mitgliedstaaten; Auswirkungen auf die Elektrizitätsunternehmen, in: Baur/ Friauf, Energierechtsreform zwischen Europarecht und kommunaler Selbstverwaltung, VEnergR Bd. 84, S. 13 ff. (15).

der Genehmigung von der Verweigerung des Netzzuganges auf der Grundlage des Art. 17 Abs. 5 oder des Art. 18 Abs. 4 RL- Elt. oder von der Einleitung eines Streitbeilegungsverfahrens gem. Art. 20 RL- Elt. abhängig machen. Gem. Abs. 5 kann die Genehmigung darüber hinaus auch dann verweigert werden, wenn der Direktleitungsbau den Bestimmungen des Art. 3 zuwiderlaufen würde. Schließlich kann unter den in Art. 3 Abs. 3 RL- Elt. genannten Voraussetzungen insgesamt auf die Umsetzung des Art. 21 RL- Elt. verzichtet werden.

Bereits bei einer ersten Betrachtung des Art. 21 RL- Elt. fällt somit auf, daß - trotz der auf europäischer Ebene grundsätzlich positiven Einstellung zum Direktleitungsbau als Wettbewerbsinstrument - dieser nur sehr zurückhaltend eingeführt wurde. Welche verbindlichen Vorgaben Art. 21 RL- Elt. überhaupt noch für die Mitgliedstaaten enthält und welchen Inhalt sie gegebenenfalls haben, ist in Anbetracht der weitreichenden Einschränkungen zumindest fraglich. Die Beantwortung der soeben aufgeworfenen Fragen hat mit der Auslegung der einschlägigen Richtlinienvorschrift zu beginnen.

1. Zur Methodik der Auslegung des sekundären Europäischen Gemeinschaftsrechts:

a) Zunächst gilt es zu klären, nach welcher Methodik EG- Richtlinien auszulegen sind. In Betracht käme einerseits, die Richtlinie als sekundäres Gemeinschaftsrecht nach den gleichen Regeln und Aspekten wie eine nationale Norm auszulegen, oder andererseits, sie der völkerrechtlichen Auslegungsmethodik[205] zuzuordnen.[206] Das ist deswegen zweifelhaft, weil das Europäische Gemeinschaftsrecht zwischen Völkerrecht und staatlichem Recht steht[207] und auch die Richtlinie Teil einer supranationalen Rechtsordnung ist.[208] Methodische Regeln aber sind immer zumindest auch durch das materielle Recht, dessen Auslegung sie dienen, sowie durch die institutionellen Rahmenbedingungen, innerhalb derer sie angewendet werden, beeinflußt.[209] Auslegung

---

[204] Siehe hierzu u.a. Erwägungsgrund Nr. 4 der Richtlinie 96/92/EG.

[205] Dieser Ansatz wurde vor allem im älteren Schrifttum vertreten, vgl. Hüffer/ Ipsen/ Tettinger, Die Transitrichtlinien für Gas und Elektrizität, Bochumer Beiträge zum Berg- und Energierecht, Bd. 14, S. 69 (dort allerdings vor allem bezogen auf die Auslegung des primären Gemeinschaftsrechts).

[206] Vgl. Lutter, Die Auslegung angeglichenen Rechts, JZ 1992, S. 593 ff. (598).

[207] Vgl. Oppermann, Europarecht, Rn. 680.

[208] Vgl. Lutter, Die Auslegung angeglichenen Rechts, JZ 1992, S. 593 ff. (598).

[209] Vgl. Schmidt, EU- Richtlinien und nationale Auslegungsmethoden, RabelsZ 59 (1995), S. 569 ff. (572).

ist also eng verknüpft mit dem geschichtlichen und geistigen Hintergrund einer Rechtsordnung.[210] Für die Auslegung rechtsangleichender Richtlinien bedeutet dies, daß sie vor dem Hintergrund der materiellrechtlichen und institutionellen Besonderheiten des Gemeinschaftsrechts zu interpretieren sind.[211]

b) Insbesondere der EuGH, der gem. Art. 220 EG=Art. 164 EGV das Gemeinschaftsrecht verbindlich auslegt, bedient sich der aus den Mitgliedstaaten bekannten Auslegungsmethoden, die er allerdings durch EG- spezifische Kriterien anreichert.[212] Daraus hat sich mittlerweile im Zusammenspiel völkerrechtlicher und verfassungsrechtlicher Auslegungsmaxime eine eigene gemeinschaftsrechtliche Interpretation entwickelt. Sie knüpft an die bekannten Auslegungsarten an, gewichtet sie jedoch in einer spezifisch gemeinschaftsrechtlichen Weise.[213]

aa) So ist bei der wörtlichen Auslegung einer Richtlinie dem Umstand Rechnung zu tragen, daß die Vorschriften des Gemeinschaftsrechts grundsätzlich in allen Gemeinschaftssprachen gleichermaßen verbindlich sind.[214] Daher muß die wörtliche Auslegung einer Richtlinie - anders als im nationalen Recht - mit der Feststellung des genauen Richtlinienwortlautes beginnen.[215] Erst dann kann der Wortsinn ermittelt werden. Eine weitere Besonderheit des Wortlautkriteriums ist die, daß sich in der EG zunehmend eine eigene Rechtssprache entwickelt, die mit entsprechenden Rechtsbegriffen der verschiedenen nationalen Rechten nicht unbedingt inhaltlich

---

[210] Vgl. Lutter, Die Auslegung angeglichenen Rechts, JZ 1992, S. 593 ff. (598).

[211] Vgl. Schmidt, EU-Richtlinien und nationale Auslegungsmethoden, RabelsZ 59 (1995), S. 569 ff. (573).

[212] Vgl. Lutter, Die Auslegung angeglichenen Rechts, S. 593 ff. (598), Fn. 65 m.w.N.; Borchardt, in: Lenz, EG –Vertrag Kommentar, Art. 220, Rn. 13 ff.; Bleckmann, Teleologie und dynamische Auslegung des europäischen Gemeinschaftsrechts, EuR 1979, S. 239 ff.; ders., Zu den Auslegungsmethoden des Europäischen Gemeinschaftsrechts, NJW 1982, S. 1177 ff. (1178); Baldus/ Becker, Haustürgeschäfte und richtlinienkonforme Auslegung, ZEuP 1997, S. 874 ff. (880 f.); Bach, Direkte Wirkung von EG- Richtlinien, JZ 1990, S. 1108 ff. (1112).

[213] Vgl. Oppermann, Europarecht, Rn. 681; Meyer, Die Grundsätze der Auslegung im Europäischen Gemeinschaftsrecht, Jura 1994, S. 455 ff. (456 f.).

[214] Vgl. Bleckmann, Probleme der Auslegung europäischer Richtlinien, ZGR 1992, S. 364 ff. (366); Schmidt, EU- Richtlinien und nationale Auslegungsmethoden, RabelsZ 59 (1995), S. 569 ff. (574), Fn. 28 mit Verweis auf die Verordnung Nr. 1 des Rates zur Regelung der Sprachenfrage für die Europäische Wirtschaftsgemeinschaft vom 15.04.1958, ABl. EG Nr. 17 vom 06.10.1958, S. 385, mit den erfolgten Änderungen abgdr. bei Beutler/ Bieber/ Pipkorn/ Streil, Das Recht der Europäischen Gemeinschaft, unter II. 1.5.

[215] Vgl. Lutter, Die Auslegung angeglichenen Rechts, JZ 1992, S. 593 ff. (599).

übereinstimmen muß.[216] Insoweit ist Gemeinschaftsrecht also autonom auszulegen,[217] d.h., es muß vorrangig nach einer gemeinschaftsrechtlichen Wortbedeutung geforscht werden. Diese ist zwar vor dem Hintergrund der mitgliedstaatlichen Vorstellungsbilder zu sehen, denen sie entstammen, die aber letztlich zu einem eigenständigen gemeinsamen Wortsinn verschmolzen werden müssen, um die Einheit des EG- Rechts zu wahren.[218] Soweit sich noch kein spezieller EG- rechtlicher Wortsinn herausgebildet hat, versucht der EuGH auf einen gemeinschaftsweiten Wortsinn abzustellen.[219]

bb) Die systematische Auslegung einer Richtlinie ist darauf gerichtet, die Richtlinie in ihr normatives Umfeld einzuordnen und widerspruchsfrei zu interpretieren.[220] Dieses Umfeld besteht aus der Richtlinie selbst, benachbarten Richtlinien sowie den allgemeinen Grundsätzen des Gemeinschaftsrechts.[221] Im Rahmen der systematischen Auslegung bedient sich der EuGH auch der Rechtsvergleichung im Sinne einer Überprüfung der anderen nationalen Rechtsordnungen und ihrer Positionen im Verständnis der Richtlinie.[222]

cc) Während die historische Auslegung schon wegen der Besonderheiten des EG-Rechtsetzungsverfahrens bei Richtlinien vom EuGH eher am Rande herangezogen wird,[223] spielt die teleologische Auslegung im Gemeinschaftsrecht die mit Abstand

---

[216] Vgl. Schmidt, EU- Richtlinien und nationale Auslegungsmethoden, RabelsZ 59 (1995), S. 569 ff. (576), Fn. 39 m.w.N.; auch Lutter, Die Auslegung angeglichenen Rechts, JZ 1992, S. 593 ff. (599). Eine weitere Besonderheit ist die, daß der EuGH unter bestimmten Umständen auch bereit ist, einen nach allen sprachlichen Fassungen eindeutigen Wortlaut berichtigend im Sinne der Vertragsziele auszulegen, vgl. ebenda.

[217] Vgl. Schmidt, EU- Richtlinien und nationale Auslegungsmethoden, RabelsZ 59 (1995), S. 569 ff. (576); Bleckmann, Europarecht, Rn. 552 ff. m.w.N. in Fn. 13; ders., Probleme bei der Auslegung europäischer Richtlinien, ZGR 1992, S. 364 ff. (365).

[218] Vgl. Oppermann, Europarecht, Rn. 682.

[219] Vgl. EuGH Slg. I 1982, S. 3415 ff. (3430); Bleckmann, Europarecht, Rz. 552 ff.; Lutter, Die Auslegung angeglichenen Rechts, JZ 1992, S. 593 ff. (599).

[220] Vgl. Zuleeg, Die Auslegung des europäischen Gemeinschaftsrechts, EuR 1969, S. 97 ff. (102 f.); Schmidt, EU- Richtlinien und nationale Auslegungsmethoden, RabelsZ 59 (1995), S. 569 ff. (577 f.).

[221] Vgl. Schmidt, EU- Richtlinien und nationale Auslegungsmethoden, RabelsZ 59 (1995), S. 569 ff. (577).

[222] Hierzu ausführlicher: Lutter, Die Auslegung angeglichenen Rechts, JZ 1992, S. 593 ff. (604); auch Oppermann, Europarecht, Rn. 684.

[223] Vgl. hierzu auch Borchardt, in: Lenz, EG- Vertrag Kommentar, Art. 220, Rn. 15; ferner Lutter, Die Auslegung angeglichenen Rechts, JZ 1992, S. 593 ff. (599) mit Verweis auf EuGH Slg. I 1976, S. 153 ff. (160); EuGH Slg. I 1979, S. 2693 ff. (2701); EuGH Slg. I 1977, S. 2059 ff. (2071), wonach die historische Auslegung eher als Auslegungshilfe zur Begründung des teleologisch gefundenen Ergebnisses herangezogen wird.

wichtigste Rolle.[224] Sollten die durch wörtliche oder systematische Erwägungen gefundenen Ergebnisse nicht mit der Zielsetzung des Gemeinschaftsrechts übereinstimmen, entscheidet sich der EuGH in der Regel für eine vertragszielkonforme Auslegung.[225] So muß etwa bei der Auslegung einer auf Art. 94 EG=Art. 100 EGV gestützten Richtlinie darauf geachtet werden, daß sie der Verwirklichung des Gemeinsamen Marktes weitgehend dienen kann.[226] Ein wichtiges Hilfsmittel, um die Richtlinie in den teleologischen Gesamtzusammenhang des Gemeinschaftsrechts einzuordnen, stellen dabei die den Richtlinien gem. Art. 253 EG=Art. 190 EGV vorangestellten Erwägungsgründe dar.[227] Anders als bei der Auslegung des primären Gemeinschaftsrechts ist aber bei der Auslegung des Sekundärrechts nach dem „wirklichen Willen des Urhebers" zu suchen.[228]

c) Diese, nur grundrißartig dargestellten spezifischen Besonderheiten der Auslegungsmethodik[229] sind auch bei der Auslegung des Art. 21 RL- Elt. zu berücksichtigen.

2. Die Auslegung des Art. 21 RL- Elt.:

Schon wegen seiner exponierten Stellung scheint Art. 21 Abs. 1 RL- Elt. den Regelungsschwerpunkt hinsichtlich des Direktleitungsbaus zu enthalten. Danach werden die Mitgliedstaaten verpflichtet, im Rahmen der in den Art. 17 und Art. 18 genannten Verfahren und Rechte Maßnahmen zu treffen, damit alle zugelassenen, in ihrem Hoheitsgebiet ansässigen Elektrizitätsversorgungsunternehmen und alle Elektrizitätserzeuger ihre eigenen Betriebsstätten, Tochterunternehmen und zugelassene

---

[224] Vgl. Lutter, Die Auslegung angeglichenen Rechts, S. 593 ff. (599, 602); vgl. auch Schmidt, EU-Richtlinien und nationale Auslegungsmethoden, RabelsZ 59 (1995), S. 569 ff. (579); Bleckmann, Probleme bei der Auslegung europäischer Richtlinien, ZGR 1992, S. 364 ff. (365); vgl. auch Oppermann, Europarecht, Rn. 687; EuGH Slg. I 1977, S. 1999 ff. (2010). Auf diese Weise erreicht der EuGH eine Dynamik in der Auslegung primären und sekundären Gemeinschaftsrechts, vgl. dazu Hüffer/ Ipsen/ Tettinger, Die Transitrichtlinien für Gas und Elektrizität, S. 75.

[225] Vgl. Schmidt, EU- Richtlinien und nationale Auslegungsmethoden, S. 569 ff. (579).

[226] Vgl. Lutter, Die Auslegung angeglichenen Rechts, JZ 1992, S. 593 ff. (603).

[227] Vgl. Schmidt, EU- Richtlinien und nationale Auslegungsmethoden, RabelsZ 59 (1995), S. 569 ff. (579).

[228] Vgl. hierzu Bleckmann, Europarecht, Rn. 554; Hüffer/ Ipsen/ Tettinger, Die Transitrichtlinien für Gas und Elektrizität, S. 73 f. Der EuGH folgt damit bei der Auslegung des sekundären Gemeinschaftsrechts dem „subjektiven" Ansatz, wonach das Hauptziel der Auslegung die Ermittlung des subjektiven Parteiwillens, wie er zur Zeit der Schaffung des Rechtsaktes vorgelegen hat, ist.

[229] Siehe zu weiteren Besonderheiten: Oppermann, Europarecht, Rn. 688.

Kunden über eine Direktleitung i.S.d. § 2 Ziff. 12 RL- Elt. versorgen können. Umgekehrt sollen Maßnahmen getroffen werden, daß jeder zugelassene Kunde, der im Hoheitsgebiet ansässig ist, von solchen Unternehmen versorgt werden kann. Ergänzt wird dieser Auftrag an die Mitgliedstaaten durch Abs. 2, wonach die Mitgliedstaaten objektive und diskriminierungsfreie Kriterien für die Erteilung von Genehmigung für den Direktleitungsbau festzulegen haben.

a) Sachlicher und persönlicher Anwendungsbereich des Art. 21 RL- Elt.:

aa) Die Elektrizitätsbinnenmarktrichtlinie versteht gem. Art. 2 Ziff. 12 unter „Direktleitung" jede „zusätzlich zum Verbundnetz errichtete Leitung". Wie bereits oben angedeutet[230], meint Verbundnetz in diesem Zusammenhang nicht lediglich überregionale Fernleitungen oder etwa nur das europäische Verbundnetz, sondern die Gesamtheit aller miteinander verbundenen Leitungen (vgl. auch Art. 2 Ziff. 11 RL- Elt.).

bb) Art. 21 Abs. 1 RL- Elt. zählt zu dem Kreis derer, zwischen denen eine Direktleitung errichtet und betrieben werden können muß, Elektrizitätserzeuger und zugelassene Elektrizitätsversorgungsunternehmen einerseits sowie eigene Betriebsstätten, Tochterunternehmen und zugelassene Kunden andererseits.

Bei der Auslegung dieser Begriffe helfen die Definitionen des Art. 2 RL- Elt. Nach Ziff. 2 dieser Vorschrift ist „Erzeuger" i.S.d. Richtlinie jede natürliche oder juristische Person, die Elektrizität erzeugt. Darunter fallen somit auch alle Eigenerzeuger, die nicht auch zugleich in der Elektrizitätsversorgung tätig sind. Den Begriff des Energieversorgungsunternehmens definiert die Richtlinie nicht unmittelbar; nach Ziff. 16 ist unter „Versorgung" allerdings die Lieferung und/ oder der Verkauf von Elektrizität an Kunden zu verstehen. Energieversorger ist demnach ein Unternehmen, welches Elektrizität (zumindest auch) an Kunden liefert bzw. verkauft. „Kunden" wiederum sind gem. Ziff. 7 des Art. 2 RL- Elt. Großhändler, Endverbraucher sowie Verteilerunternehmen. Als Begünstigte des Art. 21 RL- Elt. kommen aber nur diejenigen Unternehmen in Betracht, die von dem jeweiligen Mitgliedstaat zugelassen wurden. Welche Energieversorgungsunternehmen das sind, wird von der Richtlinie offen gelassen. Mit dieser Regelung nimmt der Gemeinschaftsgesetzgeber folglich Bezug auf

---

[230] Siehe oben Teil A, I., 1., a) mit dem Hinweis auf Scholz/ Langer, Europäisches Energierecht, S. 180 (zur Parallelproblematik bei der Gasbinnenmarktrichtlinie).

die nationalen Vorschriften für die Zulassung als Energieversorgungsunternehmen, vgl. § 3 EnWG.[231]

Unter eigenen Betriebsstätten sind räumlich ausgegliederte, aber rechtlich unselbständige Unternehmensteile der Elektrizitätserzeuger und zugelassenen Elektrizitätsversorgungsunternehmen zu verstehen. Im Gegensatz dazu fallen unter Tochterunternehmen i.S.d. Art. 21 RL- Elt. solche Unternehmen, die zwar rechtlich selbständig sind, aber unter dem beherrschenden Einfluß eines Elektrizitätsunternehmens stehen. In Anlehnung an § 17 AktG wird man auch hier verlangen, aber auch ausreichen lassen müssen, daß das Mutterunternehmen die *Möglichkeit* hat, beherrschenden Einfluß auf das Tochterunternehmen zu nehmen. Ebenso wie im Recht der verbundenen Unternehmen muß allerdings auch hier diese Einflußmöglichkeit gesellschaftsrechtlich vermittelt sein, so daß eine rein wirtschaftliche oder tatsächliche Abhängigkeit – etwa aufgrund von Liefer- oder Kreditbeziehungen - nicht ausreicht.[232]

Welche Kunden (vgl. Art. 2 Ziff. 7 RL- Elt.) „zugelassen" sind, ergibt sich aus Art. 19 RL- Elt. und dem Ziel der europäischen Kommission, den Strommarkt schrittweise und zunächst nur für Großkunden zu öffnen.[233] Danach wird der Zugang der Kunden zu den Netzen eröffnet nach Maßgabe einer Gemeinschaftsquote, auf deren Grundlage sich die nationale Marktquote berechnet. In der ersten Stufe wird die Gemeinschaftsquote gebildet aus dem Gesamtverbrauch der in der Gemeinschaft ansässigen Verbraucher mit einem Jahresverbrauch von mehr als 40 Gigawattstunden GWh (je Verbrauchsstätte einschließlich Eigenerzeugung). In der zweiten Stufe ist der Schwellenwert auf 20 GWh und in der dritten Stufe auf 9 GWh herabgesetzt.[234] Anders als Endverbraucher mit

---

[231] Siehe auch Baur, Die politische Einigung über die Elektrizitäts- Binnenmarktrichtlinie, et 1996, S. 474 ff. (474).
[232] Siehe zu § 17 AktG ausführlich: Emmerich/ Sonnenschein, Konzernrecht, § 3, S. 42 ff.
[233] Siehe dazu bereits oben Teil B, I., 1.
[234] Vgl. Baur, Die Elektrizitätsbinnenmarktrichtlinie: Gestaltungsmöglichkeiten von Mitgliedstaaten; Auswirkungen auf die Elektrizitätsunternehmen, in: Baur/ Friauf, Energierechtsreform zwischen Europarecht und kommunaler Selbstverwaltung, VEnergR Bd. 84, S. 18 f.; Löwer, Wegerechte in einem liberalisierten Strommarkt, et 1997, S. 304 ff. (307); Börner, Der Energiemarkt und die geschlossenen Versorgungsgebiete der Strom- und Gaswirtschaft im Übergang zum Wettbewerb, Beiheft 20 zur ZögU, S. 47.

einem Jahresverbrauch mit mehr als 100 GWh sind Verteilerunternehmen nicht zwingend zuzulassen.[235]

cc) Nach der Konzeption der Gemeinschaftsgesetzgebers sollen als Antragsteller bzw. Anspruchsbegünstigte in den nach Art. 21 Abs. 2 RL- Elt. erforderlichen Verfahren zunächst alle Elektrizitätserzeuger und alle zugelassenen, in dem Hoheitsgebiet des jeweiligen Mitgliedstaates niedergelassene Versorgungsunternehmen auftreten dürfen. Daneben muß aber gewährleistet sein, daß auch zugelassene Kunden, die in dem Hoheitsgebiet niedergelassen sind, von einem Erzeuger oder zugelassenen EVU versorgt werden können. Auf den ersten Blick scheint die Richtlinie damit denselben Fall doppelt anzusprechen; denn bereits in der ersten Alternative des Art. 21 RL- Elt. wird der Direktleitungsbau zwischen Erzeugern bzw. Versorgern und Kunden geregelt. Beschränkt man diesen Teil der Vorschrift lediglich auf den innerstaatlichen Bereich, so ist das auch richtig: Bezüglich der Versorgung zugelassener Kunden im rein innerstaatlichen Bereich – also wenn Kunde und Versorger im gleichen Mitgliedstaat niedergelassen sind – regeln beide Varianten das gleiche. Der einzige Unterschied besteht in diesem Fall dann darin, daß hier die zugelassenen Kunden selbst als Anspruchsberechtigte auftreten dürfen, also das Recht auf Errichtung und Betrieb einer Direktleitung sowohl vom Stromerzeuger und -versorger als auch vom Kunden geltend gemacht werden kann.[236]

Bei genauerer Betrachtung fällt allerdings auf, daß Art. 21 Abs. 1 RL- Elt. weniger die Fälle im Auge hat, in denen Versorger und Kunde beide im gleichen Mitgliedstaat ansässig sind, als vielmehr den grenzüberschreitenden Direktleitungsbau: Während die erste Alternative des Art. 21 Abs. 1 RL- Elt. entscheidend darauf abstellt, daß der Erzeuger bzw. Versorger seinen Sitz im Hoheitsgebiet des betreffenden Mitgliedstaates hat, ist es nach dem zweiten Spiegelstrich des Abs. 1 erforderlich, daß der versorgte Kunde seinen Sitz im Hoheitsgebiet des betreffenden Mitgliedstaates hat. Damit soll vor allem der grenzüberschreitende Direktleitungsbau geregelt werden.[237] Da die

---

[235] Zur Kritik an dieser Regelung siehe Britz, Öffnung der Strommärkte durch die Elektrizitätsbinnenmarktrichtlinie?, RdE 1997, S. 85 ff. (90) m.w.N. in Fn. 41.
[236] Vgl. Jarass, Europäisches Energierecht, S. 48.
[237] Vgl. diesbezüglich auch KOM (91) 548 endg. vom 21.02.1992, B. 3. (S. 17). Das liegt schon deswegen nahe, weil die Elektrizitäts*binnenmarkt*richtlinie dazu beitragen sollte, die bestehenden Hemmnisse für den grenzüberschreitenden Handel mit Elektrizität zu beseitigen, vgl. bereits KOM (91) 548 endg. vom 21.02.1992, A. 1.2 (S.3) sowie u.a. Erwägungsgrund Nr. 1 der RL 96/92/EG. Dazu auch: Faross, Die Entwicklung eines europäischen Energierechts, in: Baur, Aktuelle Probleme des

Mitgliedstaaten naturgemäß den Direktleitungsbau nur in ihrem eigenen Hoheitsgebiet regeln können, ist die Aufteilung des Art. 21 Abs. 1 RL- Elt. in zwei Alternativen für eine umfassende Ermöglichung des grenzüberschreitenden Direktleitungsbaus notwendig gewesen.

dd) Art. 21 RL- Elt. begünstigt nach alledem grundsätzlich jede Direktleitung, die zwischen den Begünstigten errichtet werden soll, und zwar unabhängig davon, ob sie der Fremd- oder der Eigenversorgung dienen soll. Zu betonen ist hier insbesondere, daß damit gerade auch rein innerbetriebliche Leitungen (sog. Werksleitungen) durch den Gemeinschaftsgesetzgeber im Rahmen des Art. 21 RL- Elt. berücksichtigt wurden.[238] Der Bau und der Betrieb einer Direktleitung zum Zwecke der Eigenversorgung muß also in gleichem Maße diskriminierungsfrei und objektiv möglich sein wie zum Zwecke der Fremdversorgung. Rechtliche Ungleichbehandlungen zwischen diesen Direktleitungsarten wären mit der Richtlinie nicht zu vereinbaren.

b) Maßnahmen zur Ermöglichung des Direktleitungsbaus gem. Art. 21 Abs. 1 RL- Elt.:

aa) Aus Abs. 1 wird ersichtlich, daß der Gemeinschaftsgesetzgeber von den Mitgliedstaaten die Änderung der nationalen Rechtsordnungen dahingehend erwartet, daß alle Erzeuger bzw. zugelassenen Elektrizitätsversorger ihre Betriebsstätten, Tochterunternehmen und zugelassene Kunden via Direktleitung versorgen können. Grundsätzlich müssen die an einem Direktleitungsvorhaben Beteiligten im oben genannten Sinne also die Möglichkeit erhalten, eine außerhalb des Verbundnetzes liegende Leitung zum Zwecke der Energieversorgung zu errichten. Diese Zielvorgabe ist allerdings recht allgemein gehalten. In erster Linie dürfte es dabei um die Untersagung und damit um die Abschaffung bestehender Ausschließlichkeitsrechte für die Errichtung von Elektrizitätsleitungen gehen. *Ermöglicht* ist der Direktleitungsbau nämlich vor allem dann, wenn die Rechtsordnungen der Mitgliedstaaten die Errichtung einer Direktleitung nicht allein schon deswegen untersagen, weil es sich um eine zusätzlich zum Verbundnetz errichtete Leitung handelt, die der Versorgung einer oder weniger

---

Energierechts, VEnergR Bd. 75, S. 51 ff. (58). Von Art. 21 RL- Elt. nicht mehr erfaßt wird allerdings die Errichtung einer Direktleitung unter Überschreitung zweier innergemeinschaftlicher Grenzen, vgl. bereits Beckert, Abgeänderter Richtlinienvorschlag zum Binnenmarkt für Elektrizität, S. 87.
[238] Das folgt daraus, daß auch Eigenerzeuger von Art. 21 Abs. 1 RL- Elt. erfaßt werden, die ihre eigenen Betriebsstätten versorgen, vgl. oben Teil B, III., 2., a).

Abnahmestellen in einem (ehemals) „fremden" Versorgungsgebiet dient. Entsprechend der wiederholt zum Ausdruck gekommenen Bemühung des Gemeinschaftsgesetzgebers, bestehende Ausschließlichkeitsrechte für die Errichtung oder den Betrieb von Leitungen beseitigen zu wollen, werden die Mitgliedstaaten durch Abs. 1 dazu verpflichtet, sämtliche vertraglichen oder gesetzlichen Ausschließlichkeitsrechte und die damit verbundenen Monopolstrukturen aufzuheben.[239] Dadurch soll gleichsam die Grundvoraussetzung für die Errichtung zusätzlicher Direktleitungen geschaffen werden. Nähere Einzelheiten bezüglich der Zulassung des Direktleitungsbaus und der rechtlichen Ausgestaltung der erforderlichen Verfahren enthält Abs. 1 nicht.

bb) Der Begriff „Maßnahme" i.S.d. Art. 21 Abs. 1 RL- Elt. ist denkbar weit zu verstehen; unter ihn fällt jede gesetzgeberische Handlung der nationalen Gesetzgeber, die auf die Beseitigung der bestehenden Monopolstrukturen gerichtet ist. Art, Umfang und Intensität der zu treffenden gesetzgeberischen Maßnahmen hängen maßgeblich von der bereits bestehenden Rechtslage, insbesondere der Ausprägung der Ausschließlichkeitsrechte in dem jeweiligen Mitgliedstaat ab.

c) Festlegung objektiver und diskriminierungsfreier Kriterien für die Erteilung von Genehmigungen für den Bau von Direktleitungen gem. Art. 21 Abs. 2 RL- Elt.:

Ergänzt wird diese Vorgabe durch Art. 21 Abs. 2 RL- Elt. Danach haben die Mitgliedstaaten „Kriterien für die Erteilung von Genehmigungen für den Bau von Direktleitungen" festzulegen. Während Abs. 1 primär die generelle Zulässigkeit des Direktleitungsbaus im Auge hat, bezieht sich Abs. 2 auf die Ausgestaltung des dabei im Einzelfall zu berücksichtigenden Verfahrens. Die Reichweite der sich aus Art. 21 Abs. 2 RL- Elt. ergebenden Verpflichtungen ist allerdings unklar.

aa) Diese Unklarheit bezieht sich bereits auf die Frage, ob die Mitgliedstaaten durch Art. 21 Abs. 2 RL- Elt. verpflichtet werden sollten, den Direktleitungsbau umfassend neu zu regeln und diesen von anderen, möglicherweise erleichterten Voraussetzungen abhängig zu machen als die Errichtung allgemein genutzter Leitungen. Denn anders als die verabschiedete Richtlinie enthielt der erste Vorschlag der Kommission in Art. 6 Abs. 1

---

[239] So im Ergebnis auch Baur, Die politische Einigung über die Elektrizitäts- Binnenmarkt- Richtlinie, et 1996, S. 474 ff. (475).

noch eine ausdrückliche Gleichstellung der Genehmigungsverfahren für allgemeine Leitungen und für Direktleitungen.[240] Für die Einführung eines speziellen Genehmigungsverfahrens für Direktleitungen ließe sich auch die seinerzeit vom Wirtschafts- und Sozialausschuß erhobene Forderung anführen, den Bau zusätzlicher Direktleitungen im Vergleich zur Errichtung allgemein genutzter Leitungen zu erleichtern.[241]

Ob Art. 21 Abs. 2 RL- Elt. in seiner derzeitigen Fassung aber dieser Forderung entsprechen wollte, ist zweifelhaft. Zwar sollen die Mitgliedstaaten nunmehr Kriterien für den Bau von *Direkt*leitungen festlegen, doch schließt das nicht aus, daß hierbei auf die bereits beim Bau allgemein genutzter Leitungen zu beachtenden Voraussetzungen und Verfahren zurückgegriffen werden darf. Dem Gemeinschaftsgesetzgeber ging es anscheinend weniger um einen verfahrensrechtlich völlig neu strukturierten und vereinfachten Direktleitungsbau, als vielmehr darum, den Direktleitungsbau einer objektiven und diskriminierungsfreien Systematik zu unterstellen, unabhängig davon, ob diese nun zugleich auch auf allgemein genutzte Leitungen angewendet wird oder nicht.

Besondere Genehmigungsverfahren für den Bau von Direktleitungen müssen damit von den Mitgliedstaaten nicht eingeführt werden, solange die bestehenden Verfahren objektiv und diskriminierungsfrei i.S.d. Art. 21 Abs. 2 RL- Elt. sind oder entsprechend umgestaltet werden.

bb) Eine weitere Schwierigkeit stellt die Reichweite des in Art. 21 Abs. 2 RL- Elt. verwendeten Genehmigungsbegriffes dar.

Je weiter dieser Begriff nämlich zu verstehen ist, desto mehr Gewicht erhält die Forderung, daß die für die Erteilung dieser Genehmigungen aufgestellten Kriterien objektiv und diskriminierungsfrei sein müssen. Die Richtlinie selbst erläutert den Genehmigungsbegriff nicht näher. Zumindest auf den ersten Blick scheint sich diese Vorgabe dann auch darauf zu beschränken, die Mitgliedstaaten zur Aufstellung entsprechender Kriterien für die Erteilung behördlicher, also öffentlich- rechtlicher

---

[240] Siehe dazu oben Teil B, II., 1., b).
[241] Siehe dazu bereits oben Teil B, II., 1., c), aa). Zwar sind die Stellungnahmen des WSA weder für den Rat noch für die Kommission verbindlich; dennoch kommt ihnen – schon wegen der repräsentativen Besetzung des WSA (vgl. dazu Art. 257 Abs. 2 EG=Art. 193 Abs. 2 EGV) – erhebliche faktische Bedeutung zu, vgl. Oppermann, Europarecht, Rn. 445.

Genehmigungen - möglicherweise sogar begrenzt auf Baugenehmigungen - zu verpflichten. Damit wäre aber nur ein Teil der für die Errichtung einer Leitung erforderlichen Verfahren angesprochen. Das träfe insbesondere auf Deutschland zu, zumal hier - wie oben dargelegt - die bei der Errichtung einer Elektrizitätsleitung eine ganze Reihe von Verfahren zu durchlaufen sind und darüber hinaus - wie sogleich noch ausführlich zu behandeln sein wird - ein wesentlicher Teil dieser Verfahren nicht öffentlich- rechtlich, sondern privatrechtlich ausgestaltet ist.

α) Ausgangspunkt muß auch hier die grammatikalische Auslegung sein.

αα) Zur Ermittlung des möglichen Wortsinns ist zunächst nach dem verbindlichen Richtlinienwortlaut zu forschen. Da - wie gezeigt[242] - jede Richtlinienfassung ihrerseits verbindlichen Charakter hat, kann der tatsächliche und bei der Auslegung der Richtlinie zugrunde zu legende Wortlaut nur unter Zuhilfenahme der übrigen Richtlinienfassungen ermittelt werden. Grundlage für die grammatikalische Auslegung darf der in der deutschen Fassung verwendete Genehmigungsbegriff also nur dann sein, wenn dieser entsprechend auch in den anderen Richtlinienfassungen verwendet wird. Daß dem so ist, läßt sich beispielhaft an der englischen und französischen Richtlinienfassung zeigen: während die englische Fassung der Richtlinie die Formulierung *„the grant of authorizations for the construction of direct lines"* verwendet, spricht der französischen Richtlinientext von *„autorisations de construction"*. Folglich gehen die verschiedenen Richtlinienfassungen übereinstimmend von der Erteilung von Genehmigungen für den Direktleitungsbau aus.

ββ) Damit besteht allerdings bisher nur Klarheit über den verbindlichen Richtlinienwortlaut, nicht aber über den Wortsinn dieser Formulierungen. Fraglich ist demnach, welches Begriffsverständnis bei der Auslegung des Genehmigungsbegriffes in Art. 21 RL- Elt. heranzuziehen ist.

In der deutschen Rechtsordnung taucht der Begriff der „Genehmigung" in verschiedenen Rechtsgebieten auf. Dabei handelt es sich einerseits um einen Begriff aus der zivilrechtlichen Rechtsgeschäftslehre; gem. § 184 Abs. 1 BGB ist die Genehmigung die nachträgliche Zustimmung zu dem von einem anderen vorgenommenen

---

[242] Siehe oben Teil B, III., 1., b), aa).

Rechtsgeschäft.[243] Andererseits ist der Begriff im öffentlichen Recht beheimatet. Dort ist mit Genehmigung regelmäßig ein begünstigender Verwaltungsakt entweder als staatliche Kontrollerlaubnis („präventives Verbot mit Erlaubnisvorbehalt") oder als Ausnahmebewilligung („repressives Verbot mit Befreiungsvorbehalt") gemeint.[244] Da der zivilrechtliche Genehmigungsbegriff im Zusammenhang mit dem Direktleitungsbau augenscheinlich keinen Sinn machen würde, liegt es nahe, Genehmigung i.S.d. Art. 21 Abs. 2 RL- Elt. als öffentlich- rechtliche Gestattung zu interpretieren. Untermauert wird dieses Ergebnis übrigens auch durch die französische Fassung der Elektrizitätsbinnenmarktrichtlinie, da der dort verwendete Begriff *„autorisations de construction"* aus dem französischen Verwaltungsrecht, genauer aus dem Baurecht, stammt.

Somit spricht viel dafür, daß der Gemeinschaftsgesetzgeber die Mitgliedstaaten verpflichtet hat, Kriterien für die öffentlich-rechtliche Genehmigung von Leitungen zu entwickeln. Zumindest der Wortlaut ließe darüber hinaus sogar eine Beschränkung auf Baugenehmigungen zu. Unter Genehmigung i.S.d. Art. 21 Abs. 1 RL- Elt. wären damit jedenfalls nur behördliche, öffentlich- rechtliche (Bau-) Genehmigungen zu verstehen.

β) Eine lediglich am nationalen Begriffsverständnis ausgerichtete Auslegung führt - wie oben dargelegt[245] - bei der Richtlinieninterpretation aber ohnehin regelmäßig nicht zu verwertbaren Ergebnissen. Vielmehr ist nach einem gemeinschaftsrechtlichen Wortsinn zu suchen, wobei insbesondere auch systematische Auslegungsaspekte zu berücksichtigen sind. Dabei fällt auf, daß die Elektrizitätsbinnenmarktrichtlinie den Begriff Genehmigung neben Art. 21 noch in Art. 1 sowie in Art. 4 f. verwendet. Während Art. 1 RL- Elt. lediglich allgemein den Geltungsbereich der Elektrizitätsbinnenmarktrichtlinie festlegt (u.a. die Vergabe von Genehmigungen), wird diese allgemeine Beschreibung des Geltungsbereiches sodann sowohl durch Art. 4 f. RL- Elt. als auch durch Art. 21 RL- Elt. ausgefüllt. Nach Art. 4 RL- Elt. erteilen die Mitgliedstaaten Genehmigungen für den Bau neuer Energieerzeugungsanlagen. Da hier wiederum die französische Richtlinienfassung den Begriff *„systeme d`autorisation"* gebraucht, spricht auch hier viel für eine öffentlich- rechtliche Lizenz. Offensichtlich

---

[243] Der Sprachgebrauch wird im Bürgerlichen Recht allerdings nicht einheitlich durchgehalten. Z.T. wird Genehmigung auch als Oberbegriff für die vorherige und nachträgliche Zustimmung verstanden, vgl. Heinrichs, in: Palandt, Bürgerliches Gesetzbuch, Einf. v. § 182, Rn. 1.
[244] Vgl. dazu ausführlicher Maurer, Allgemeines Verwaltungsrecht, § 9, Rn. 51 ff.
[245] Siehe Teil B, III., 1., b), aa).

wollte der Gemeinschaftsgesetzgeber hier ein Genehmigungsverfahren zugrundegelegt wissen. Das aber dürfte auch nach gemeinschaftsrechtlichem Verständnis auf die Erteilung öffentlich- rechtlicher Genehmigungen gerichtet sein. Wegen der vergleichbaren Ausgangslage liegt es nahe, den Genehmigungsbegriff in Art. 4 und in Art. 21 RL- Elt. übereinstimmend als öffentlich- rechtliche Genehmigung auszulegen.

χ) Eine enge, auf öffentlich- rechtliche Genehmigungen begrenzte Interpretation des Art. 21 Abs. 2 RL- Elt ist allerdings mit der Regelungsintention des Gemeinschaftsgesetzgebers nicht zu vereinbaren. Schon gar nicht kann sich Abs. 2 auf Baugenehmigungen i.e.S. beschränken. Denn an einer objektiven und diskriminierungsfreien Teilregelung der komplexen Leitungsbauproblematik kann der Gemeinschaftsgesetzgeber kein Interesse gehabt haben. Allein die diskriminierungsfreie Erteilung von Baugenehmigungen macht keinen Sinn, wenn der Leitungsbau an anderen, ebenfalls erforderlichen, aber nicht objektiven oder diskriminierungsfreien - z.B. grundstücksrechtlichen - Vorgaben scheitern muß. Ein solches Verständnis stünde im klaren Gegensatz zu dem wiederholt zum Ausdruck gekommenen Willen, den Direktleitungsbau insgesamt diskriminierungsfrei zu ermöglichen. Daraus wird zugleich ersichtlich, daß auch ein öffentlich- rechtlicher Genehmigungsbegriff hier nicht zugrundegelegt werden darf. Vielmehr war es das Ziel des Gemeinschaftsgesetzgebers, die Mitgliedstaaten anzuhalten, sämtliche Verfahrensabschnitte, welche zur Errichtung einer Direktleitung erforderlich sind, so umzugestalten, daß sie den Ansprüchen des Abs. 2, also insbesondere der Objektivität und der Diskriminierungsfreiheit, genügen. Daß damit in besonderem Maße auch die grundstücks- und wegerechtlichen Fragen angesprochen sind, läßt sich schon der Allgemeinen Begründung zu dem ersten Richtlinienvorschlag entnehmen. Darin hat die Kommission deutlich gemacht, daß insbesondere die Benutzung öffentlichen Grund und Bodens für die Leitungsverlegung in nicht - diskriminierender Weise möglich sein muß.[246] Art. 21 Abs. 2 RL- Elt. verpflichtet dementsprechend die Mitgliedstaaten auch die Grundstücksbenutzung diskriminierungsfrei und objektiv auszugestalten, und zwar auch dann, wenn hierfür aufgrund einzelstaatlicher Regelungen privatrechtliche Verträge geschlossen werden. Daß in Art. 21 Abs. 2 RL- Elt. eine eher öffentlich- rechtliche Terminologie gewählt wurde, ist vor dem Hintergrund der gesetzgeberischen Intention unbeachtlich. Unter Genehmigung ist damit jede für die Realisierung eines Leitungsvorhabens erforderliche

---

[246] Siehe dazu oben Teil B, II., 1., b).

Gestattung zu verstehen, und zwar unabhängig davon, ob es sich dabei nach nationalem Recht um eine öffentlich- rechtliche oder privatrechtliche Zustimmung handelt. An dem Maßstab des Art. 21 Abs. 2 RL- Elt. muß sich im Ergebnis also die gesamte nationale Regelungssystematik messen lassen, die im Einzelfall für die Realisierung eines Direktleitungsvorhabens Bedeutung erlangen kann.

dd) Daneben beinhaltet Art. 21 Abs. 2 RL- Elt. aber noch eine weitere, für die nationalen Rechtsordnungen bemerkenswerte Aussage: Trotz der grundsätzlichen Pflicht des Abs. 1 des Art. 21 RL- Elt., den Direktleitungsbau zu ermöglichen, folgt aus Art. 21 Abs. 2 RL- Elt. nämlich zugleich auch, daß es künftig weiterhin rechtliche Hindernisse für die Durchführung eines Direktleitungsvorhabens geben kann. Daraus, daß der Direktleitungsbau von der Erfüllung objektiver und diskriminierungsfreier Kriterien abhängig gemacht werden soll, folgt im Umkehrschluß, daß ein Vorhaben, welches die Kriterien für die Erteilung der Genehmigung nicht erfüllt, nicht genehmigt werden muß und damit scheitert. Grundsätzlich verbietet also auch die Elektrizitätsbinnenmarkt- richtlinie die Aufstellung von rechtlichen Hindernissen bei der Verwirklichung eines Direktleitungsvorhabens nicht, soweit kein generelles Verbot, Direktleitungen zu errichten und zu betreiben, besteht. Dementsprechend wird auch in Zukunft nicht jede tatsächlich mögliche Direktleitung realisierbar sein; einen in diesem Sinne vollständig „freien" Leitungsbau wird es also auch aufgrund dieser Richtlinie nicht geben.[247]

ee) Festzuhalten bleibt also, daß das gesamte, für die Realisierung eines Direktleitungsvorhabens erforderliche Verfahren objektiv und diskriminierungsfrei sein muß. Die bloße Abschaffung bestehender Ausschließlichkeitsrechte genügt für die Umsetzung des Art. 21 RL- Elt. nicht. Vielmehr sind die Mitgliedstaaten gehalten, u.U. sämtliche für den Leitungsbau erforderlichen Verfahren i.S.d. Abs. 2 umzustrukturieren, um hier eine diskriminierungsfreie Realisierung zukünftiger Direktleitungsvorhaben zu ermöglichen.

---

[247] Aus diesem Grund sollte auf diese Formulierung, die sowohl vom Gesetzgeber (vgl. BT- Drks. 13/7274, S. 11) als auch in der Literatur (vgl. z.B. Schneider, Liberalisierung der Stromwirtschaft durch regulative Marktorganisation, S. 477) häufig verwendet wird, verzichtet werden.

d) Diskriminierungsfreiheit und Objektivität i.S.d. Art. 21 Abs. 2 RL- Elt.:

Damit rücken die Begriffe „objektiv" und „nichtdiskriminierend" in das Zentrum der verbindlichen Vorgaben des Art. 21 RL- Elt.; sie sind deswegen zugleich für die Suche nach möglichen Transformationsdefiziten bei dessen Umsetzung von besonderem Interesse. Ihre Verwendung im Rahmen einer Richtlinienbestimmung ist keineswegs die Ausnahme: Diese Begriffe werden nicht nur in der Elektrizitätsbinnenmarktrichtlinie neben Art. 21 Abs. 2 RL- Elt. noch an zahlreichen anderen Stellen (vgl. u.a. Art. 4 Abs. 2; Art. 5 Abs. 3; Art. 6 Abs. 6; Art. 16 RL- Elt.), sondern auch in anderen Richtlinien[248] regelmäßig verwendet.

aa) Mit dem Merkmal der Diskriminierungsfreiheit nimmt der Gemeinschaftsgesetzgeber inhaltlich Bezug auf die aus den primären EG- Recht bekannten Diskriminierungsverbote.[249] So befinden sich in dem primären Gemeinschaftsrecht eine Reihe spezieller Diskriminierungsverbote, die letztlich Ausdruck eines allgemeinen Diskriminierungsverbotes sind.[250] Dieses ist darauf ausgerichtet, eine sachlich nicht gerechtfertigte Ungleichbehandlung zu verhindern. Ebenso wie der allgemeine Gleichheitssatz im deutschen Verfassungsrecht fordert aber auch die Diskriminierungsfreiheit nicht eine völlige Gleichbehandlung, sondern nur eine Gleichbehandlung im wesentlichen gleicher Sachverhalte. Ungleichbehandlungen sind damit zumindest dann erlaubt, wenn sachliche Gründe für eine Differenzierung sprechen. Zu prüfen ist im Einzelfall aber, ob die Kriterien, an die die Ungleichbehandlung geknüpft werden soll, nicht unter besondere bzw. absolute Differenzierungsverbote fallen und schon deswegen als Anknüpfungspunkte für Ungleichbehandlungen ausscheiden müssen.[251] Nachdem der Gemeinschaftsgesetzgeber die Mitgliedstaaten gem. Abs. 1 verpflichtet hat, den Direktleitungsbau grundsätzlich zu ermöglichen, darf - wie bereits oben dargelegt - eine Leitung nicht allein deswegen untersagt werden, weil sie außerhalb des Verbundnetzes liegt und der Versorgung

---

[248] Vgl. etwa: Richtlinie 90/ 387/ EWG vom 28.06.1990, ABl. EG Nr. L 192 vom 24.07.1990, Art. 3.
[249] Vgl. zu den Diskriminierungsverboten im primären Gemeinschaftsrecht, Borchardt, in: Lenz, Kommentar zum EGV, Art. 220, Rn. 40.
[250] Vgl. EuGH Slg. I 1980, S. 3005 ff. (3019); ferner Zuleeg, Betrachtungen zum Gleichheitssatz im Europäischen Gemeinschaftsrecht, in: Festschrift für Bodo Börner, Europarecht- Energierecht- Wirtschaftsrecht, S. 473 ff. (474).
[251] Kritisch zu absoluten Differenzierungsverboten im primären und sekundären Gemeinschaftsrecht: Zuleeg, Betrachtungen zum Gleichheitssatz im Europäischen Gemeinschaftsrecht, in: Festschrift für

einzelner Kunden dient. Aus Art. 21 Abs. 1 RL- Elt. folgt insoweit ein absolutes Differenzierungsverbot. Entsprechendes gilt nach oben Gesagtem auch für die Behandlung von Eigen- und Fremdversorgungsleitungen. Ungleichbehandlungen, die insoweit an die Funktion der Leitung anknüpfen, sind ebenfalls nicht gestattet.

Darüber hinaus genügt es den Anforderungen des Art. 21 Abs. 2 RL- Elt. aber auch nicht, wenn nur die materiellen Kriterien vom Gesetzgeber diskriminierungsfrei festgelegt werden. Zwar ließe der Wortlaut des Art. 21 Abs. 2 RL- Elt. (wonach sich die Merkmale „objektiv" und „diskriminierungsfrei" nur auf die festzulegenden Kriterien beziehen) diese Interpretation durchaus zu, doch wäre sie - wie schon eine enge Auslegung des Genehmigungsbegriffes in Art. 21 Abs. 2 RL- Elt. - nicht mit dem Willen des Gemeinschaftsgesetzgebers zu vereinbaren. Die Festlegung diskriminierungsfreier und objektiver materieller Kriterien wäre sinnlos, wenn nicht zugleich auch die Ausgestaltung der im Einzelfall erforderlichen Verfahren den gleichen Ansprüchen gerecht werden müßte. Eine Diskriminierung läge auch dann vor, wenn aufgrund der verfahrensrechtlichen Ausgestaltung der nationalen Rechtsordnung bestimmte Direktleitungsvorhaben problemlos durchzuführen wären, während andere ohne sachlich gerechtfertigten Grund erheblich verzögert oder sogar unmöglich gemacht würden.

bb) Durch die Verwendung des Begriffes „objektiv" stellt der Gemeinschaftsgesetzgeber klar, daß die Entscheidung über die Durchführbarkeit oder das Scheitern eines Leitungsvorhabens nur an nachvollziehbare und grundsätzlich auch erfüllbare Voraussetzungen geknüpft werden darf und umgekehrt keine subjektiven bzw. willkürlichen Entscheidungen den Direktleitungsbau im Einzelfall verhindern dürfen. Zugleich bedeutet das wiederum, daß die Kriterien, an die die Mitgliedstaaten die Erteilung von Genehmigungen zum Direktleitungsbau knüpfen können, nur sachliche, den sonstigen Zielen der Elektrizitätsbinnenmarktrichtlinie dienende Anforderungen stellen dürfen. Insoweit besteht ein enger Zusammenhang zwischen dem Merkmal der Diskriminierungsfreiheit und dem der Objektivität. Gemeint sein dürfte in diesem Zusammenhang aber auch, daß die Kriterien grundsätzlich offen und für jeden einsehbar ausgestaltet sein müssen. Damit ist zwar eher die Transparenz der Regelungen angesprochen, obwohl Art. 21 RL- Elt. diesen Punkt hier nicht ausdrücklich aufführt.

Bodo Börner, Europarecht- Energierecht – Wirtschaftsrecht, S. 473 ff. (481 f.). Siehe zum Streitstand: von Bogdany, in: Grabitz/ Hilf, Das Recht der Europäischen Union, Art. 6 EGV, Rn. 22- 26.

Das ist insofern überraschend, als daß der nationale Gesetzgeber sonst regelmäßig für eine diskriminierungsfreie, objektive *und* transparente Regelung zu sorgen hat.[252] Aus dem Fehlen des Gebotes der Transparenz darf aber nicht geschlossen werden, daß der europäische Gesetzgeber von den sonst zu erfüllenden Umsetzungsanforderungen abweichen wollte; es handelt sich vielmehr um ein Redaktionsversehen. In Art. 21 Abs. 2 RL- Elt. geht das Gebot der Transparenz in dem Gebot der Objektivität der Regelung auf.

cc) Nach alledem bedeuten diese Begriffe also, daß die Möglichkeit zur Errichtung einer Direktleitung grundsätzlich jedem durch Art. 21 Abs. 1 RL- Elt. Begünstigten eröffnet werden muß und daß es keine für einen potentiellen Wettbewerber unerfüllbaren Hindernisse geben darf, die nicht auf einen zulässigen sachlichen Differenzierungsgrund zurückzuführen wären.[253] Von diesen Geboten ist - wie gezeigt - die materielle wie formelle Ausgestaltung der nationalen Anforderungen an den Direktleitungsbau gleichermaßen betroffen.

Was das konkret bedeutet, läßt sich wegen der Vielfältigkeit zulässiger Verweigerungsgründe nicht abschließend beantworten. Beispielsweise wäre mit Art. 21 RL- Elt. eine naturschutzrechtliche Bestimmung vereinbar, die in einem Gebiet die Errichtung jeglicher Elektrizitätsleitungen untersagt. In diesem Fall kann selbstverständlich auch der Bau einer Direktleitung wirksam verweigert werden. Andererseits verbietet Art. 21 Abs. 2 RL- Elt. jede willkürliche Entscheidung eines Berechtigten über die Durchführbarkeit eines geplanten Direktleitungsvorhabens. Das gilt in besonderem Maße auch für die Wege- und Grundstücksbenutzung. Aufgrund der Angewiesenheit auf die Benutzung fremden Bodens für die Leitungsverlegung wäre eine Rechtslage mit Art. 21 RL- Elt nicht zu vereinbaren, in dem der Zugriff auf fremde Grundstücke ohne Zustimmung des Grundstückseigentümers oder Wegeherrn gar nicht realisierbar ist, und zwar unabhängig davon, ob es sich um ein öffentlich genutztes Grundstücke oder ein Privatgrundstück handelt. Denn möglich i.S.d. Richtlinie ist der Leitungsbau nur dann, wenn der Zugriff auf Grundstücke aller Art gesichert ist. Das bedeutet, daß die Entscheidung über die Inanspruchnahme eines Grundstückes für den Direktleitungsbau nicht ausschließlich beim Wegeherrn bzw. Grundstückseigentümer liegen darf. Der entgegenstehende Wille dieser Personen muß überwunden werden

---

[252] Vgl. etwa Art. 4 Satz 2 RL- Elt.
[253] Vgl. dazu Salje, Energiewirtschaftsgesetz, § 13, S. 47 ff.

können, da andernfalls zu befürchten wäre, daß geplante und mit den sonstigen Voraussetzungen übereinstimmende Direktleitungen wegen des Widerspruchs eines einzigen Eigentümers nicht ausgeführt werden könnten. Eine solche Rechtslage wäre mit Art. 21 Abs. 2 i.V.m. Abs. 1 RL- Elt. nicht zu vereinbaren.

e) Durch die Elektrizitätsbinnenmarktrichtlinie eingeräumte Möglichkeiten, von der Zulassung des Direktleitungsbaus ganz oder teilweise abzusehen:

Nicht zu übersehen ist, daß die Richtlinie selbst die verbindlichen Vorgaben bezüglich des Direktleitungsbau entkräftet und unter eine Reihe von Vorbehalten stellt. Darauf deutet bereits die Formulierung in dem Erwägungsgrund Nr. 35. hin, wonach nur vorgesehen werden *soll*, daß der Bau von Direktleitungen genehmigt werden kann. Vergleicht man den Erwägungsgrund Nr. 35. beispielsweise mit dem Erwägungsgrund Nr. 33., in dem es heißt: „ *Es ist vorzusehen, daß* ...", so fällt auf, daß der Gemeinschaftsgesetzgeber die Einführung des Direktleitungsbaus als Wettbewerbsinstrument jedenfalls nicht mit Nachdruck verfolgte.[254] So sieht die Richtlinie dann auch die Möglichkeit vor, von der Marktöffnungspflicht durch die Zulassung des Direktleitungsbaus ganz oder teilweise abzusehen.[255]

aa) Dementsprechend können die Mitgliedstaaten gem. Art. 3 Abs. 3 RL- Elt., der hauptsächlich auf die Initiative des Europäischen Parlamentes zurückzuführen ist,[256] beschließen, auf die Umsetzung des Art. 21 RL- Elt. ganz zu verzichten, wenn seine Anwendung die Erfüllung der den Elektrizitätsversorgungsunternehmen übertragenen gemeinwirtschaftlichen Verpflichtungen verhindern würde, allerdings nur, soweit dadurch nicht die Entwicklung des Handelsverkehrs in einem Ausmaß beeinträchtigen würde, das den Interessen der Gemeinschaft zuwiderlaufen würde. Dabei gehört zu den Interessen der Gemeinschaft insbesondere der Wettbewerb um zugelassene Kunden. Daß dem Gesetzgeber hierbei allerdings kein freies Ermessen zustehen kann, folgt schon daraus, daß gem. Art. 3 Abs. 3 RL- Elt. nicht nur von der Umsetzung des Art. 21 RL- Elt., sondern auch von der Umsetzung der Art. 17 und 18 RL- Elt. abgesehen

---

[254] Gleiches gilt auch für die englische Richtlinienfassung. Dort heißt es in Nr. 33.: „*Whereas it is also necessary to provide ....*"; Nr. 35.: „*Whereas provision should be made for authorizing the construction and use of direct lines.*"

[255] Vgl. Britz, Öffnung der Europäischen Strommärkte durch die Elektrizitätsbinnenmarktrichtlinie?, RdE 1997, S. 85 ff. (90).

[256] Vgl. Schneider, Liberalisierung der Stromwirtschaft durch regulative Marktorganisation, S. 418.

werden kann. Damit stehen sämtliche Marktöffnungskonzepte unter dem Vorbehalt des Art. 3 Abs. 3 RL- Elt. Um hier die diesbezüglichen verbindlichen Vorgaben der Elektrizitätsbinnenmarktrichtlinie nicht völlig leer laufen zu lassen, bedarf Art. 3 Abs. 3 RL- Elt. einer restriktiven Handhabung.[257] Letztendlich kann nur der EuGH darüber entscheiden, ob die Voraussetzungen für diesen Ausnahmetatbestand in dem jeweiligen Mitgliedstaat erfüllt sind.[258]

α) Das Absehen von der Umsetzung des Art. 21 RL- Elt. auf Grundlage des Art. 3 Abs. 3 RL- Elt. ist damit nur unter folgenden Voraussetzungen möglich: Zunächst müssen den Elektrizitätsversorgungsunternehmen gemeinwirtschaftliche Verpflichtungen übertragen worden sein. Nach Art. 3 Abs. 2 RL- Elt. können die Mitgliedstaaten unter Beachtung insbesondere des Art. 86 EG=Art. 90 EGV den Elektrizitätsunternehmen gemeinwirtschaftliche Verpflichtungen im Allgemeininteresse auferlegen, die sich auf die Sicherheit, einschließlich der Versorgungssicherheit, der Regelmäßigkeit, die Qualität und den Preis der Lieferungen sowie auf den Naturschutz beziehen dürfen. Umstritten ist hierbei vor allem, ob bei der Prüfung der Frage, in welchem Umfang den Unternehmen von den Mitgliedstaaten derartige Verpflichtungen übertragen wurden, der gleiche – strenge - Maßstab wie bei Art. 86 Abs. 2 EG=Art. 90 Abs. 2 EGV[259] anzulegen ist. Teilweise wird das mit dem Hinweis auf den unterschiedlichen Wortlaut beider Vorschriften verneint.[260] Anders als Art. 86 Abs. 2=Art. 90 Abs. 2 EGV spricht nämlich Art. 3 Abs. 3 RL- Elt. lediglich von „übertragen" und nicht von „betrauen". Damit soll es für die Anwendbarkeit des Art. 3 Abs. 3 RL- Elt. genügen, wenn den Elektrizitätsversorgungsunternehmen derartige Verpflichtungen auferlegt wurden. Ein „Betrauen" soll dagegen nicht erforderlich sein. Diese Ansicht wirft dann allerdings die Frage auf, ob Art. 3 Abs. 3 RL- Elt. dann überhaupt EG- vertragskonform wäre.[261] Zu

---

[257] Ebenso auch Säcker/ Busche, Umsetzung der Elektrizitäts- Binnenmarktrichtlinie, et 1998, S. 18 ff. (23). Zustimmend Schneider, Liberalisierung der Stromwirtschaft durch regulative Marktorganisation, S. 419.

[258] Vgl. Britz, Öffnung der Europäischen Strommärkte durch die Elektrizitätsbinnenmarktrichtlinie?, RdE 1997, S. 85 ff. (90 f.).

[259] Vgl. dazu Hochbaum, in: von der Groeben/ Thiesing/ Ehlermann, Kommentar zum EWGV, Art. 90, Rn. 49 ff.

[260] Vgl. Britz, Öffnung der Europäischen Strommärkte durch die Elektrizirzitätsbinnenmarktrichtlinie?, RdE 1997, S. 85 ff. (91 f.); vgl. auch Baur, Die Elektrizitätsbinnenmarktrichtlinie: Gestaltungsmöglichkeiten von Mitgliedstaaten, Auswirkungen auf die Elektrizitätsunternehmen, in: Baur/ Friauf, Energierechtsreform zwischen Europarecht und kommunaler Selbstverwaltung, VEnergR Bd. 84, S. 13 ff. (26 f.).

[261] So auch Britz, Öffnung der Europäischen Strommärkte durch die Elektrizitätsbinnenmarktrichtlinie?, RdE 1997, S. 85 ff. (92).

Recht legt deswegen die überwiegende Ansicht Art. 3 Abs. 3 RL- Elt. und Art. 86 Abs. 2 EG=Art. 90 Abs. 2 EGV entsprechend aus.[262] Damit ist auch Art. 3 Abs. 3 RL- Elt. nur dann anwendbar, wenn die Elektrizitätsunternehmen mit den gemeinwirtschaftlichen Verpflichtungen i.S.d. Art. 86 Abs. 2=Art. 90 Abs. 2 EGV. betraut wurden. Dafür ist aber nach Ansicht des EuGH ein öffentlich- rechtlicher Hoheitsakt erforderlich.[263] Nach zutreffender Auffassung reicht es dafür ferner nicht aus, wenn derartige Verpflichtungen allen Unternehmen auferlegt werden, da die Identifizierung des betrauten Unternehmens möglich sein muß.[264]

β) Das Vorliegen eines solchen Betrauungsaktes ist gerade für die deutschen Energieversorgungsunternehmen äußerst zweifelhaft[265] und wird überwiegend zu Recht verneint.[266]

αα) An dieser Rechtslage hat sich auch durch die Reform des Energiewirtschaftsgesetzes 1998 nichts geändert.[267] Nach wie vor kann aus der allgemeinen Anschluß- und Versorgungspflicht gem. § 10 EnWG nicht auf eine Betrauung i.S.d. Art. 86 Abs. 2 EG=Art. 90 Abs. 2 EGV geschlossen werden, da damit nur eine sich ohnehin schon aus GWB oder § 826 BGB ergebende Verpflichtung

---

[262] Vgl. Baumanns, Liberalisierung des Strommarktes aus der Sicht der Europäischen Kommission, in: Hoffmann- Riem/ Schneider, Umweltpolitische Steuerung in einem liberalisierten Strommarkt, S. 95 ff. (98); Faross, Die Entwicklung eines europäischen Energierechts, in: Baur, Aktuelle Probleme des Energierechts, VEnergR Bd. 75, S. 51 ff. (57); Krebs, Rechtliche Grundlagen und Grenzen kommunaler Elektrizitätsversorgung, S. 310; Säcker/ Busche, Umsetzung der Elektrizitätsbinnenmarkt-Richtlinie, et 1998, S. 18 ff. (22). Vgl. auch Jarass, Europäisches Energierecht, S. 35.
[263] Vgl. EuGH Slg. I 1974, S. 313 ff. (318); EuGH Slg. I 1981, S. 2021 ff. (2030).
[264] Vgl. EuGH Slg. I 1984, S. 483 ff. (504 ff.) Dietze, Europarecht und nationale Regulierung des deutschen Elektrizitätsmarktes, S. 94; Säcker/ Busche, Umsetzung der Elektrizitäts-Binnenmarktrichtlinie, et 1998, S. 18 ff. (23); Britz, Örtliche Energieversorgung, S. 188 f.; Hochbaum, in: von der Groeben/ Thiesing/ Ehlermann, Kommentar zum EWG- Vertrag, Art. 90, Rn. 87; a.A. Baur, Energieversorgungsmonopole unter dem Recht des Vertrages über die Europäische Gemeinschaft (EGV), in: ders., Aktuelle Probleme des Energierechts, VEnergR Bd. 75, S. 77 ff. (90).
[265] Vgl. Britz, Öffnung der Europäischen Strommärkte durch die Elektrizitätsbinnenmarktrichtlinie?, RdE 1997, S. 85 ff. (92); dies., Örtliche Energieversorgung nach nationalem und europäischem Recht, S. 184 ff., 195 ff.
[266] So beispielsweise das Bundeskartellamt, Beschluß vom 28.02.1996, RdE 1996, S. 160 ff. (162 f.); siehe auch Dietze, Europarecht und nationale Regulierung des deutschen Elektrizitätsmarktes, S. 91 ff.; Britz, Örtliche Energieversorgung nach nationalem und europäischem Recht, S. 203; a. A. Baur, Der Vertrag über die europäische Gemeinschaft und die ausschließliche Zuständigkeit von Unternehmen zur Versorgung mit Energie, in: Festschrift für Everling, Bd. I, S. 69 ff. (76 ff.); Rapp- Jung, Zur Tragweite von Art. 90 Abs. 2 EGV für die Energiewirtschaft, RdE 1994, S. 165 ff. (168 f.).
[267] Siehe hierzu Säcker/ Busche, Umsetzung der Elektrizitätsbinnenmarktrichtlinie, et 1998, S. 18 ff. (22 f.).

konkretisiert wird.[268] Auch die übrigen energierechtlichen Vorschriften reichen nicht aus, um daraus ein „Betrauen" i.S.d. Art. 86 Abs. 2 EG=Art. 90 Abs. 2 EGV ableiten zu können. Damit konnte der deutsche Gesetzgeber von dem Ausnahmetatbestand des Art. 3 Abs. 3 RL- Elt. keinen Gebrauch machen. Insgesamt bleibt festzuhalten, daß Art. 3 Abs. 3 RL- Elt. den deutschen Gesetzgeber nicht dazu ermächtigt, von der Umsetzung des Art. 21 RL- Elt. abzusehen. Zumindest für den deutschen Gesetzgeber ist Art. 21 RL- Elt. keine „Kann"- Vorschrift, über deren Umsetzung er nach freiem Ermessen entscheiden konnte.[269]

ββ) Aber auch wenn man das anders sieht, kann gem. Art. 3 Abs. 3 RL- Elt nur dann von der Transformation abgesehen werden, wenn die Erfüllung der übertragenen gemeinwirtschaftlichen Verpflichtungen durch die Umsetzung des Art. 21 RL- Elt. verhindert werden würde. Eine bloße Erschwerung dieser Aufgaben reicht hierfür nicht aus. Dafür gibt es aber keine Anhaltspunkte, wovon offensichtlich auch der Gesetzgeber ausgegangen ist, wie sich der Umsetzung des Art. 21 RL- Elt. im Ergebnis entnehmen läßt.[270]

bb) Darüber hinaus können die Mitgliedstaaten gem. Art. 21 Abs. 5 RL- Elt. die Genehmigung einer Direktleitung auch dann verweigern, wenn die Erteilung der Genehmigung den Bestimmungen des Art. 3 RL- Elt. zuwiderlaufen würde. Anders als Art. 3 Abs. 3 RL- Elt. stellt diese Vorschrift keine Möglichkeit dar, generell von der Einführung des Direktleitungsbaus abzusehen, sondern gestattet den Mitgliedstaaten, trotz der grundsätzlichen Zulassung des Direktleitungsbaus als Wettbewerbsinstrument, im Einzelfall von der Genehmigung abzusehen.

Dafür muß allerdings die Errichtung dieser Direktleitung den Bestimmungen des Art. 3 zuwiderlaufen. Was darunter zu verstehen ist, ist fraglich; in Art. 3 Abs. 1 RL- Elt. werden die Mitgliedstaaten dazu angehalten, dafür Sorge zu tragen, daß die

---

[268] Vgl. zu § 6 EnWG a.F.: Dietze, Europarecht und nationale Regulierung des deutschen Elektrizitätsmarktes, S. 93; ferner: Hochbaum, in: Groeben/ Thiesing/ Ehlermann, Kommentar zum EWGV, Art. 90, Rn. 86, 397; im Ergebnis ebenso: Britz, Örtliche Energieversorgung, S. 197 ff., die im Anschluß an Niederleithinger, Strommarktpolitik nach deutschem und europäischem Wettbewerbsrecht, in: Lukes, Ein EWG- Binnenmarkt für Elektrizität- Realität oder Utopie, S. 63 ff. (77), § 6 EnWG a.F. als „die Konkretisierung eines Mindeststandards sozialverträglichen Verhaltens monopolistischer Versorgungsunternehmen" ansieht.
[269] So aber die Bundesregierung in der Gegenäußerung, BT- Drks. 13/ 7274, S. 36.

Elektrizitätsunternehmen nach den in der Richtlinie bestimmten Grundsätzen und im Hinblick auf die Errichtung eines wettbewerbsorientierten Elektrizitätsmarktes betrieben werden. Darüber hinaus sollen die in Art. 17 und 18 genannten Netzzugangskonzepte zu gleichwertigen wirtschaftlichen Ergebnissen und zu einer vergleichbaren Marktöffnung führen. Die Genehmigung und Errichtung einer Direktleitung kann dem nicht entgegenstehen. Damit kann sich Art. 21 Abs. 5 RL- Elt. lediglich auf die Absätze 2 und 3 des Art. 3 RL- Elt. beziehen. Abs. 3 gestattet - wie oben dargelegt - den Mitgliedstaaten, ganz von der Umsetzung des Art. 21 RL- Elt. abzusehen, wenn die im Einklang mit Abs. 2 auferlegten gemeinwirtschaftlichen Verpflichtungen dies erfordern. Der Verweis in Art. 21 Abs. 5 RL- Elt. macht daneben nur dann Sinn, wenn die den Energieversorgern auferlegten gemeinwirtschaftlichen Verpflichtungen dem Direktleitungsbau nicht insgesamt, sondern nur im Einzelfall mit einem konkreten Direktleitungsvorhaben unvereinbar wären. Verweigert ein Mitgliedstaat in diesem Fall die entsprechende Genehmigung, so ist das entsprechend zu begründen. Ebenso wie der Ausnahmetatbestand des Art. 3 Abs. 3 RL- Elt. kann von der Regelung des Art. 21 Abs. 5 RL. Elt. aber ohnehin nur dann Gebrauch gemacht werden, wenn der jeweilige Mitgliedstaat gem. Art. 3 Abs. 2 RL- Elt. den Elektrizitätsunternehmen gemeinwirtschaftliche Verpflichtungen im Allgemeininteresse auferlegt i.S.d. Art. 86 Abs. 2 EG=Art. 90 Abs. 2 EGV hat. Wie bereits beschrieben, ist das bei den deutschen Elektrizitätsunternehmen nicht der Fall. Damit kann auch nicht im Einzelfall unter Hinweis auf Art. 21 Abs. 5 RL- Elt. der Bau einer Direktleitung verweigert werden.

cc) Aus Art. 21 Abs. 4 RL- Elt. folgt weiterhin, daß der Direktleitungsbau im Verhältnis zum Netzzugang gem. Art. 17 f. RL- Elt. subsidiär ausgestaltet werden darf.[270] Den Mitgliedstaaten wird nämlich die Möglichkeit gegeben, den Direktleitungsbau von der Verweigerung des Netzzugangs auf Grundlage des Art. 17 Abs. 5 bzw. 18 Abs. 4 RL- Elt. oder von der Einleitung eines Streitbeilegungsverfahrens gem. Art. 20 RL- Elt. abhängig zu machen. Nach Art. 17 Abs. 5 RL- Elt. kann der Netzbetreiber den Zugang Dritter zum Netz verweigern, wenn er nicht über die erforderliche freie Netzkapazität verfügt. Die Verweigerung ist zu begründen, vgl. Art. 17 Abs. 5 Satz 2 RL- Elt. Entsprechendes regelt Art. 18 Abs. 4 RL- Elt. für den Fall, daß sich der Mitgliedstaat für

---

[270] So im Ergebnis auch Säcker/ Busche, Umsetzung der Elektrizitätsbinnenmarktrichtlinie, et 1998, S. 18 ff. (23).
[271] Vgl. Britz, Öffnung der Europäischen Strommärkte durch die Elektrizitätsbinnenmarktrichtlinie?, RdE 1997, S. 85 ff. (90); Schneider, Liberalisierung der Stromwirtschaft durch regulative Marktorganisation, S. 431.

die Einführung des Alleinabnehmersystems entschieden hat. Das nach Art. 20 Abs. 3 RL- Elt. vorgesehene Streitbeilegungsverfahren hat die Aufgabe, Streitigkeiten im Zusammenhang mit Verträgen und Verhandlungen sowie mit einer Zugangs- oder Abnahmeverweigerung beizulegen.

Dieses Subsidiaritätsverhältnis ergibt sich jedoch nicht unmittelbar und zwingend aus der Richtlinie selbst; diese gestattet den Mitgliedstaaten lediglich, dieses Rangverhältnis zwischen Netzzugang und Direktleitungsbau einzuführen. Das bedeutet, daß es den Mitgliedstaaten überlassen bleibt, ob sie den Direktleitungsbau zu einem subsidiären Wettbewerbsinstrument machen. Nur insoweit hat der deutsche Gesetzgeber ein freies Ermessen bei der Umsetzung des Art. 21 RL- Elt.

dd) Damit werden die Vorgaben der Elektrizitätsbinnenmarktrichtlinie für den Direktleitungsbau zumindest für den deutschen Elektrizitätsmarkt nur unwesentlich eingeschränkt. Es wird im folgenden zu prüfen sein, inwieweit sich der deutsche Gesetzgeber bei Erlaß des EnWG 1998 an die zwingenden, z.T. aber recht weitmaschigen Vorgaben[272] des Art. 21 RL- Elt. gehalten hat. Vorausgesetzt ist allerdings, daß die Elektrizitätsbinnenmarktrichtlinie ihrerseits einen tauglichen Prüfungsmaßstab darstellt.

IV. Die Bindungswirkung der Elektrizitätsbinnenmarktrichtlinie vor dem Hintergrund der energierechtlichen Kompetenzen der Europäischen Gemeinschaft:

Zulässiger Prüfungsmaßstab wäre die Elektrizitätsbinnenmarktrichtlinie für die vorliegende Untersuchung zunächst jedenfalls dann, wenn die Europäische Gemeinschaft hinsichtlich des Energierechts tätig werden durfte, die Europäischen Gemeinschaft also über hinreichende energierechtliche Kompetenzen für den Erlaß der Elektrizitätsbinnenmarktrichtlinie verfügt.

---

[272] Vgl. Cronenberg, Veränderungen des Energierechtsrahmens – Elektrizitätsbinnenmarktrichtlinie und Energierechtsgesetz, in: Baur, Energiewirtschaft zwischen Wettbewerb und öffentlichen Aufgaben, VEnergR Bd. 81, S. 19 ff. (24).

1. Energierechtliche Kompetenzen der Europäischen Gemeinschaft:

Über die Kompetenzfrage bezüglich der Schaffung eines Energiebinnenmarktes ist bereits vor der endgültigen Verabschiedung der Elektrizitätsbinnenmarktrichtlinie heftig gestritten worden. Das lag nicht zuletzt daran, daß die Europäische Gemeinschaft keine Kompetenz- Kompetenz[273] hat, sondern das Prinzip der begrenzten Einzelermächtigung[274] gilt, welches durch das Subsidiaritätsprinzip[275] ergänzt wird.[276] Die EG können damit nur insoweit Rechtsakte setzen, als sie im primären Recht, insbesondere dem EG- Vertrag konkret ermächtigt wurden.[277] Daß der EG- Vertrag, abgesehen von den Vorschriften des Art. 154 ff. EG=Art. 129 b-d EGV über Transeuropäische Netze, keine ausdrücklichen Kompetenzvorschriften für Maßnahmen auf dem Gebiet der Energiepolitik hat, ist hinlänglich bekannt.[278] Unumstritten ist ebenfalls, daß sich aus der Aufgabenzuweisungsnorm des Art. 3 lit. u EG=Art. 3 lit. t EGV keine Regelungskompetenz ergibt.[279] Daraus darf aber nicht auf die Unzuständigkeit der EG auf dem Energiesektor geschlossen werden.[280] Die Kompetenzzuordnung in der Gemeinschaft erfolgt nämlich nicht sachgebietsbezogen, sondern funktional, ist also auf einen bestimmten Zweck gerichtet.[281] Deswegen stützte die Kommission die Elektrizitätsbinnenmarktrichtlinie selbst im wesentlichen auf die Kompetenz zur Angleichung der Rechts- und Verwaltungsvorschriften gem. Art. 47 Abs. 2 EG=Art. 57 Abs. 2 EGV , Art. 55 EG=Art. 66 EGV und Art. 95 Abs. 1 EG=Art. 100 a Abs. 1 EGV. Art. 95 Abs. 1 EG=Art. 100 a Abs. 1 EGV stellt dabei das Kernstück der institutionellen Grundlage der Elektrizitätsbinnenmarktrichtlinie dar.[282]

---

[273] Vgl. Bleckmann, Europarecht, Rn. 87.
[274] Vgl. Art. 5 EG=Art. 3 b Abs. 1 EGV; vgl. dazu Hüffer/ Ipsen/ Tetting, Die Transitrichtlinien für Gas und Elektrizität, S. 77 ff.
[275] Vgl. Art. 5 Abs. 2 EG=Art. 3 b Abs. 2 EGV.
[276] Vgl. Wieland/ Hellermann, Das Verbot ausschließlicher Konzessionsverträge und die kommunale Selbstverwaltung, DVBl. 1996, S. 401 ff. (402).
[277] Vgl. Jarass, Europäisches Energierecht, S. 63.
[278] Vgl. Säcker/ Busche, Umsetzung der Elektrizitätsbinnenmarktrichtlinie, et 1998, S. 18 ff. (19); auch Jarass, Europäisches Energierecht, S. 14.
[279] Vgl. Jarass, Europäisches Energierecht, S. 81.
[280] Vgl. auch Scholz/ Langer, Europäischer Binnenmarkt und Energiepolitik, S. 210.
[281] Vgl. dazu u.a. Schröder, Kompetenz- und eigentumsrechtliche Fragen bei der Verwirklichung des Elektrizitätsbinnenmarktes, VEnergR Bd. 70, S. 34.
[282] Vgl. Schröder, Kompetenz- und eigentumsrechtliche Fragen bei der Verwirklichung des Elektrizitätsbinnenmarktes, VEnergR Bd. 70, S. 28. Ursprünglich hatte die Kommission ihre Richtlinienvorschläge hier ebenso wie im Bereich der Telekommunikation auf Art. 86 Abs. 3 EG=Art. 90 Abs. 3 EGV stützen wollen, davon später aber wieder Abstand genommen. Siehe hierzu Hermes, Staatliche Infrastrukturverantwortung, S. 501 unter Bezugnahme auf: Ehlermann, EG- Binnenmarkt

a) So stellt sich die Frage, ob Art. 95 EG=Art. 100 a EGV möglichwerweise schon deswegen nicht einschlägig ist, weil dieser durch die spezielleren Ermächtigungsgrundlagen Art. 83 EG=Art. 87 EGV, Art. 86 Abs. 3 EG=Art. 90 Abs. 3 EGV oder durch Art. 175 EG=Art.130 s EGV verdrängt wird.[283] Das dem nicht so ist, wurde zuletzt unter anderem von *Jarass*[284] überzeugend nachgewiesen. Die Elektrizitätsbinnenmarktrichtlinie beschränkt sich nämlich keineswegs auf Regelungen im Bereich monopolartiger Unternehmen i.S.d. Art. 86 EG=Art. 90 EGV und im Bereich des Umweltschutzes i.S.d. Art. 175 EG=Art. 130 s EGV. Durch Art. 83 EG=Art. 87 EGV konnte Art. 95 EG=Art.100 a EGV schon deswegen nicht verdrängt werden, weil – auch wenn die Voraussetzungen des Art. 83 EG=Art. 87 EGV erfüllt wären – diese Normen nebeneinander angewendet werden können und demnach den EG- Organen insoweit ein Wahlrecht zukommt.[285]

b) Vielfach wird vertreten[286], daß die EG für Energiepolitik nicht zuständig sei, zumal auch die Versuche, im Rahmen der Vertragsverhandlungen zum Vertrag von

---

für die Energiewirtschaft, EuZW 1992, S. 689 ff. (690); Eckert, Die Vorschläge der EG- Kommission zu „Third Party Access" in der Gaswirtschaft, RdE 1992, S. 56 ff. (57). Wegen der ähnlichen Regelungstendenz ist hier eine Unterscheidung zwischen Art. 47 Abs. 2 EG=Art. 57 Abs. 2 EGV, Art. 55 EG=Art. 66 EGV und Art. 95 EG=100 a EGV nicht erforderlich, vgl. dazu auch Scholz/ Langer, Europäischer Binnenmarkt und Energiepolitik, S. 212 m.w.N. in Fn. 25.

[283] Vgl. dazu u. a. Baur, Die Elektrizitätsbinnenmarktrichtlinie: Gestaltungsmöglichkeiten von Mitgliedstaaten; Auswirkungen auf die Elektrizitätsunternehmen, in: Baur/ Friauf, Energierechtsreform zwischen Europarecht und kommunaler Selbstverwaltung, VEnergR Bd. 84, S. 1 ff. (36 f.); Kühne, Regulierung, Kartellaufsicht, Subsidiaritätsprinzip, in: Baur, Die Europäische Gemeinschaft und das Recht der leitungsgebundenen Energie, VEnergR Bd. 69, S. 105 ff. (117 ff.); Schröder, Kompetenz- und eigentumsrechtliche Fragen bei der Verwirklichung des Elektrizitätsbinnenmarktes, VEnergR Bd. 70, S. 30 m.w.N. in Fn. 82..

[284] Siehe Jarass, Europäisches Energierecht, S. 70 ff., unter Bezugnahme auf: Schütte, Richtlinienvorschlag für Elektrizität im Rahmen des EWG- Vertrages, et 1992, S. 258 ff. (260); Steinberg/ Britz, Die Energiepolitik im Spannungsfeld nationaler und europäischer Regelungskompetenzen, DÖV 1993, S. 313 ff. (313).

[285] Ebenso auch Schröder, Kompetenz- und eigentumsrechtliche Fragen bei der Verwirklichung des Elektrizitätsbinnenmarktes, VEnergR Bd. 70, S. 33.

[286] U.a. Wieland/ Hellermann, Der Schutz des Selbstverwaltungsrechts der Kommunen, S. 148 ff.; dies., Das Verbot ausschließlicher Konzessionsverträge und die kommunale Selbstverwaltung, DVBl. 1996, S. 401 ff. (402); Scholz/ Langer, Europäischer Binnenmarkt und Energiepolitik, S. 212 ff.; Steinberg/ Britz, Die Energiepolitik im Spannungsfeld nationaler und europäischer Regelungskompetenzen, DÖV 1993, S. 313 ff.; Hüffer/ Ipsen/ Tettinger, Die Transitrichtlinien für Gas und Elektrizität, S. 61 ff., 83 ff., 195 ff.; Recknagel, Energierecht der Bundesrepublik Deutschland und der EG- Zuständigkeiten zwischen Brüssel und Bonn, in: Baur, Die Europäische Gemeinschaft und das Recht der leitungsgebundenen Energie, VEnergR Bd. 69, S. 57 ff.; Kühne, Regulierung, Kartellaufsicht, Subsidiaritätsprinzip, in: Baur, Die europäische Gemeinschaft und das Recht der leitungsgebundenen Energie, S. 105 ff.; v. Burchard, Third Party Access and European Law, EuZW 1992, S. 693 ff. (693); ders., Die Kompetenzen der EG- Kommission nach Art. 90 Abs. 3 EWGV, EuZW 1991, S. 339 ff.

Maastricht in den EGV ein eigenständiges Kapitel „Energie" als Bereichskompetenz einzufügen, gescheitert sind.[287] Damit sei die Kompetenz für die Energiepolitik bei den Mitgliedstaaten geblieben. Weder die wettbewerbsrechtlichen Kompetenzen rechtfertigten einen so weitgehenden Eingriff in die nationale Energiepolitik, noch die Befugnisse der Kommission zur Koordinierung von Rechts- und Verwaltungsvorschriften der Mitgliedstaaten nach Art. 55 i.V.m. 47 Abs. 2 EG=Art. 66 i.V.m. Art 57 Abs. 2 EGV und Art. 95 EG=Art. 100 a EGV.[288] Denn die Rechtsangleichung setze einen vorhandenen Bestand an Regelungen voraus, die harmonisiert werden können. Gerade was den Netzzugang (aber auch die Frage des Direktleitungsbaus[289]) angehe, seien keine Vorschriften vorhanden, die durch die Europäische Gemeinschaft angeglichen werden könnten.[290] Die Einführung eines eigenständigen europäischen Marktmodells sei aber durch Art. 95 EG=Art. 100 a EGV nicht gedeckt.[291]

c)   Herrschend ist dagegen die Ansicht, die annimmt, daß das Mandat zur Verwirklichung des Gemeinsamen Marktes auch für den Bereich der Energie gilt.[292]

(340 ff.), zitiert nach Hermes, Staatliche Infrastrukturverantwortung, S. 501 f.; vgl. ferner Steckert, Kommunale Energieversorgungsunternehmen, Daseinsvorsorge und Wettbewerb in Europa, in: Baur, Energiewirtschaft zwischen Wettbewerb und öffentlichen Aufgaben, VEnergR Bd. 81, S. 51 ff. (53).

[287] Vgl. Baur, Die Elektrizitätsbinnenmarktrichtlinie: Gestaltungsmöglichkeiten von Mitgliedstaaten, Auswirkungen auf die Elektrizitätsunternehmen, in: Baur/ Friauf, Energierechtsreform zwischen Europarecht und kommunaler Selbstverwaltung, VEnergR Bd. 84, S. 1 ff. (30) m.w.w.N.; ferner Steckert, Kommunale Energieversorgungsunternehmen, Daseinsvorsorge und Wettbewerb in Europa, in: Baur, Energiewirtschaft zwischen Wettbewerb und öffentlichen Aufgaben, VEnergR Bd. 81, S. 51 ff. (54); Ehlermann, EG- Binnenmarkt für die Energiewirtschaft, EuZW 1992, S. 689 ff. (689).

[288] Vgl. Steckert, Kommunale Energieversorgungsunternehmen, Daseinsvorsorge und Wettbewerb in Europa, in: Baur, Energiewirtschaft zwischen Wettbewerb und öffentlichen Aufgaben, VEnergR Bd. 81, S. 51 ff. (54).

[289] Vgl. dazu: Hermes, Staatliche Infrastrukturverantwortung, S. 471, der die gegen die Zuständigkeit der EG vorgetragenen Bedenken jedenfalls in Bezug auf Art. 21 RL- Elt. für berechtigt hält.

[290] Vgl. Hermes, Staatliche Infrastrukturverantwortung, S. 502.

[291] Vgl. Hermes, Staatliche Infrastrukturverantwortung, S. 471 u.a. unter Bezugnahme auf: Eckert, Die Vorschläge der EG- Kommission zu „Third Party Access" in der Gaswirtschaft, RdE 1992, S. 56 ff. (60 f.); Hüffer/ Ipsen/ Tettinger, Die Transitrichtlinien für Gas und Elektrizität, S. 94 ff.

[292] Vgl. dazu (teilweise in Bezug auf die Transitrichtlinien): Notthoff, Novellierungsversuche des Energiewirtschaftsgesetzes vor dem Hintergrund grundgesetzlicher Normen, S. 210 ff.; Lukes, Aktivitäten der EG auf dem Strom – und Gassektor, DB 1989, S. 2057 ff. (2059, 2061); v. Bose, Die Richtlinienvorschläge der Kommission, in: Baur, Die Europäische Gemeinschaft und das Recht der leitungsgebundenen Energie, VEnergR Bd. 69, S. 41 ff. (43); vgl. auch Dietze, Europarecht und nationale Regulierung des deutschen Elektrizitätsmarktes, S. 48 m.w.N.; Hoffmann-Riem/Schneider, Umweltpolitische Steuerung in einem liberalisierten Strommarkt, S. 13, 39 ff.; Stewing, Die Richtlinienvorschläge der EG- Kommission zur Einführung eines Third Party Access für Elektrizität, EuR 1993, S. 41 ff. (52 ff.); Schröder, Kompetenz- und eigentumsrechtliche Fragen bei der Verwirklichung des Elektrizitätsbinnenmarktes, VEnergR Bd. 70, S. 28 ff., 34; Rapp, Die

74

Dabei wird zu Recht der Begriff der „Rechtsangleichung" weit ausgelegt: Rechtsangleichung umfaßt auch die Schaffung neuer Lösungen für eine möglichst optimale Funktionsfähigkeit des Gemeinsamen Marktes; Unterschiede in den nationalen Regelungen sind keine zwingende Voraussetzung für die Rechtsangleichung. Der Begriff der Rechtsangleichung ist demnach in einem weiten Sinn zu verstehen.[293] In keinem Fall setzt Rechtsangleichung voraus, daß jede geplante Vorschrift des Gemeinschaftsrechts ein Pendant im nationalen Recht besitzt;[294] im Gegenteil: Im Bereich der Rechtsangleichung kann die EG schöpferisch neue Regelungskonzepte entwickeln.[295] Da die energierechtlichen Regelungen durch die Elektrizitätsbinnenmarktrichtlinie angepaßt werden sollen, ist die Regelungskompetenz der Gemeinschaft also selbst dann gegeben, wenn im Einzelfall nicht nur die Beseitigung mitgliedstaatlicher Normengegensätze vorgenommen werden würden.[296] Erforderlich ist für die Anwendung des Art. 95 EG=Art. 100 a EGV nur, daß die Rechtsangleichung das Entstehen und Funktionieren des Binnenmarktes betrifft. Bereits aus den Erwägungsgründen wird ersichtlich, daß die Elektrizitätsbinnenmarktrichtlinie dieses Ziel mit der Öffnung der Energiemärkte verfolgt.[297] Das allein würde jedoch für die Anwendung des Art. 95 EG=Art. 100 a EGV nicht genügen: Art. 95 Abs. 1 EG=Art. 100 a Abs. 1 Satz 1 EGV verweist auf Art. 14 EG=Art. 7 a EGV, die ihrerseits die Verwirklichung des Binnenmarktes auf Maßnahmen beschränkt, die für die Errichtung und das Funktionieren des Binnenmarktes *erforderlich* sind.[298] Bei der Beurteilung der Erforderlichkeit einer Maßnahme steht dem Rat und dem Europäischen Parlament allerdings ein weiter Beurteilungsspielraum zu.[299] In Anbetracht der überragenden Bedeutung des Elektrizitätssektors für jede wirtschaftliche Tätigkeit und damit letztlich auch für den Binnenmarkt, hat der Rat den ihm eingeräumten Ermessensspielraum nicht

---

gemeinschaftliche Verwirklichung von Wettbewerb in der leitungsgebundenen Energiewirtschaft, S. 177 ff.; Arndt, „Common Carrier" bei Strom und Gas, RIW- Beilage 7/ 1989, S. 1 ff. (22).

[293] Vgl. dazu Notthoff, Novellierungsversuche des Energiewirtschaftsrechts vor dem Hintergrund grundrechtlicher Normen, S. 211 m.w.N. in Fn. 612.

[294] Vgl. Jarass, Europäisches Energierecht, S. 66.

[295] Vgl. Jarass, Europäisches Energierecht, S. 66 unter Bezugnahme auf: Streinz, Europarecht, Rn. 959; Reich, Binnenmarkt als Rechtsbegriff, EuZW 1991, S. 203 ff. (207). Vgl. ferner auch Notthoff, Novellierungsversuche des Energiewirtschaftsrechts vor dem Hintergrund grundrechtlicher Normen, S. 212.

[296] Vgl. Notthoff, Novellierungsversuche des Energiewirtschaftsrechts vor dem Hintergrund grundrechtlicher Normen, S. 212.

[297] Vgl. auch Hermes, Staatliche Infrastrukturverantwortung, S. 503.

[298] Vgl. Jarass, Europäisches Energierecht, S. 73.

[299] Vgl. Badenhewer/ Pipkorn, in: von der Groeben/ Thiesing/ Ehlermann, Kommentar zum EWG-Vertrag, Art. 100 a, Rn. 9.

überschritten. Da die Mitgliedstaaten im Regelungsbereich der Elektrizitätsbinnenmarktrichtlinie kaum zu einer wirksamen Regelung in der Lage wären und ihr Ziel – also die Beseitigung von Hindernissen im grenzüberschreitenden Wirtschaftsverkehr – auf Gemeinschaftsebene besser verwirklicht werden kann, wird die Elektrizitätsbinnenmarktrichtlinie schließlich auch dem Grundsatz der Subsidiarität gerecht.[300] Damit kann sie insgesamt auf Art. 95 EG=Art. 100 a EGV gestützt werden.[301]

d) Die Kompetenz der Gemeinschaft aus Art. 95 EG=Art.100 a EGV umfaßt auch die Vorschriften der Elektrizitätsbinnenmarktrichtlinie bezüglich des Direktleitungsbaus. Die insbesondere von *Hermes*[302] vertretene Auffassung, wonach die EG diesbezüglich gem. Art. 154 ff. EG=Art. 129 b ff. EGV auf die Förderung, Koordinierung und Standardisierung beschränkt sei und der Gemeinschaft deswegen für eine Regelung wie Art. 21 RL- Elt. die Rechtsetzungskompetenz fehlen würde, kann nicht überzeugen. Denn es geht bei Art. 21 RL- Elt. um den Bau zusätzlicher Direkt*leitungen* - also solcher Leitungen, die gerade nicht Bestandteil des Verbundnetzes sind - und nicht um den Verbund[303] oder die Interoperabilität[304] der einzelstaatlichen Netze zur Errichtung transeuropäischer Netze sowie dem Zugang zu den einzelstaatlichen Netzen[305], wie von Art. 154 EG=Art. 129 b Abs. 2 EGV vorausgesetzt.[306] Art. 154 ff. EG=Art. 129 b ff. EGV sind damit schon tatbestandlich nicht einschlägig und können deswegen auch der Anwendung des Art. 95 EG=Art. 100 a EGV nicht entgegenstehen.

e) Damit ist die Europäische Gemeinschaft befugt, Richtlinien für den Bereich eines Energiebinnenmarktes einschließlich des Art. 21 RL- Elt. zu erlassen. Aber selbst wenn man das anders sehen sollte, würde sich die Frage nach der Richtlinienkonformität der

---

[300] Vgl. dazu ausführlich: Jarass, Europäisches Energierecht, S. 81 ff.

[301] Vgl. hierzu auch Hermann, Die Konzeption der EG- Kommission zur Ordnung des europäischen Strommarktes, RdE 1992, S. 96 ff. (104).

[302] Vgl. Hermes, Staatliche Infrastrukturverantwortung, S. 472, 362 ff.

[303] Also die Schließung von Lücken zwischen den einzelstaatlichen Verbundnetzen, vgl. Ukrow, in: Callies/ Ruffert, Kommentar zu EU- Vertrag und EG- Vertrag, Art. 154, Rn. 12.

[304] Das Ziel der Interoperabilität der Netze dient dazu, bestehende technische und organisatorische Unterschiede zwischen den einzelstaatlichen Netzen abzubauen, vgl. Ukrow, in: Callies/ Ruffert, Kommentar zu EU- Vertrag und EG- Vertrag, Art. 154, Rn. 13.

[305] Unter Förderung des Zugang zu den einzelstaatlichen Netzen ist der Anschluß an das Verbundnetz zu sehen, vgl. Scholz/ Langer, Europäischer Binnenmarkt und Energiepolitik, S. 234.

[306] Siehe zu den Art. 154 ff. EG=Art. 129 b ff. EGV und dem Begriff der transeuropäischen Netze: Schulze, Die Rolle der Europäischen Union beim Aufbau transeuropäischer Netze, in: Zippel, Transeuropäische Netze, S. 29 ff. Vgl. ferner Witte, Transeuropäische Verkehrsnetze, ebenda, S. 63 ff.

nationalen Umsetzungsakte stellen, wenn und soweit auch von einer kompetenzwidrig erlassenen EG- Richtlinie Bindungswirkung für die Mitgliedstaaten ausginge.

2. Bindungswirkung einer kompetenzwidrig erlassenen EG- Richtlinie:

Die Bindungswirkung auch einer kompetenzwidrig erlassenen Richtlinie wird gelegentlich verneint,[307] ganz überwiegend jedoch bejaht.[308]

a) Gegen die Bindungswirkung einer Richtlinie in diesen Fällen wird eingewendet, daß eine Rechtmäßigkeitsvermutung nur solchen Gesetzgebungsmaßnahmen zukommen könne, die von unmittelbar demokratisch legitimierten Gesetzgebungsorganen stammen.[309] Dies sei bei einer Richtlinie, die vom Rat auf Vorschlag der Kommission und nach Anhörung des EG- Parlamentes erlassen werde, nicht in ausreichendem Maße der Fall. Ursachen dafür sind nach dieser Auffassung letztlich die „Gewaltenteilungskrise" und das „Demokratiedefizit" der Europäischen Gemeinschaft.[310] Ohnehin könne es eine Rechtmäßigkeitsvermutung nur für legislative Akte eines Staates geben. Die EG aber stelle sich nur als Staatengemeinschaft[311], nicht als Staat dar und könne deswegen keine Rechtmäßigkeitsvermutung für ihre gesetzgeberischen Akte in Anspruch nehmen.[312]

b) Diese Argumentation steht in bewußtem und deutlichem Gegensatz zu der Auffassung des EuGH[313] und der herrschenden Meinung in der Literatur.[314]

---

[307] Vgl. Recknagel, Energierecht der Bundesrepublik Deutschland und der Europäischen Gemeinschaften, in: Baur, Die Europäische Gemeinschaft und das Recht der leitungsgebundenen Energie, VEnergR Bd. 69, S. 57 ff. (69 f.).
[308] Vgl. etwa: Borchardt, in: Lenz, Kommentar zum EG- Vertrag, Art. 230, Rn. 7; Krück, in: von der Groeben/ Thiesing/ Ehlermann, Kommentar zum EU- /EG- Vertrag, Art. 173 Rn. 3 mit Verweis auf: EuGH Slg. I 1987, S. 1005 ff. (1036); EuGH Slg. I 1988, S. 3611 ff (3624).
[309] Vgl. Recknagel, Energierecht der Bundesrepublik Deutschland und der Europäischen Gemeinschaften, in: Baur, Die Europäische Gemeinschaft und das Recht der leitungsgebundenen Energie, VEnergR Bd. 69, S. 57 ff. (69).
[310] Vgl. Recknagel, Energierecht der Bundesrepublik Deutschland und der Europäischen Gemeinschaften, in: Baur, Die Europäische Gemeinschaft und das Recht der leitungsgebundenen Energie, VEnergR Bd. 69, S. 57 ff. (69).
[311] Zur Rechtsnatur der EG vgl. u.a. Bleckmann, Europarecht, Rn. 139 ff.; ferner Wichard, in: Callies/ Ruffert, Kommentar zum EU- Vertrag und EG- Vertrag, Art. 1 EG- Vertrag, Rn. 2.
[312] Vgl. Recknagel, Energierecht der Bundesrepublik Deutschland und der Europäischen Gemeinschaften, in: Baur, Die Europäische Gemeinschaft und das Recht der leitungsgebundenen Energie, VEnergR Bd. 69, S. 57 ff. (69).
[313] Vgl. u.a. EuGH Slg. I 1979, S. 623 ff. (636).

Übereinstimmend wird davon ausgegangen, daß auch eine kompetenzlos ergangene Richtlinie solange Bindungswirkung für die Mitgliedstaaten hat, bis sie von dem EuGH gem. Art. 231 EG=Art. 174 EGV und Art. 234 EG=Art. 177 EGV für ungültig erklärt wurde. Grundsätzlich besteht nach herrschender Ansicht für sämtliche Rechtsakte der Gemeinschaftsorgane eine Rechtmäßigkeitsvermutung. Etwas anderes soll nur bei offensichtlichen und schweren Fehlern gelten. Abgesehen von diesem Ausnahmefall haben alle nationalen Stellen eine Richtlinie bis zu einer Entscheidung des EuGH auch dann anzuwenden, wenn sie sie für unwirksam halten und die betreffende nationale Stelle selbst keine Möglichkeit hatte, die Richtlinie vor dem EuGH überprüfen zu lassen.

c) Zustimmung verdient allein die herrschende Meinung. Das folgt allerdings nicht unmittelbar aus Art. 241 EG=Art. 184 EGV, da diese Vorschrift unmittelbar nur für Verordnungen gilt und sich demnach die aus ihr ableitbare Rechtmäßigkeitsvermutung ebenfalls nur auf Verordnungen erstrecken kann.[315] Art. 241 EG=Art. 184 EGV wird allerdings über seinen Wortlaut hinaus auf alle Rechtshandlungen erstreckt, die eine gleichartige Wirkung wie eine Verordnung haben, also insbesondere auch auf Richtlinien, sofern sie unmittelbare Wirkung entfalten.[316] Ob das vorliegend der Fall ist, kann zunächst offenbleiben; denn der Grundsatz, daß auch für Richtlinien grundsätzlich eine Rechtmäßigkeitsvermutung bestehen muß, läßt sich bereits Art. 230 EG=Art. 173 EGV entnehmen. Die darin geregelte Nichtigkeitsklage eröffnet die Möglichkeit einer objektiven Kontrolle der Handlungen der Gemeinschaftsorganen durch den EuGH.[317] Mit diese Klage können alle Hoheitsakte der Gemeinschaft, die Außenwirkung haben, - also auch Richtlinien - überprüft werden.[318] Dabei nennt Art. 230 EG=Art. 173 EGV als Nichtigkeitsgrund insbesondere die Unzuständigkeit der Gemeinschaftsorgane. Der Rat oder die Kommission verwirklichen diesen Tatbestand dann, wenn sie eine Befugnis an sich ziehen, die ihnen durch das Gemeinschaftsrecht nicht verliehen wurde. Erfaßt werden hiervon neben der sachlichen oder räumlichen Unzuständigkeit vor allem auch

---

[314] Vgl. etwa: Borchardt, in: Lenz, Kommentar zum EG- Vertrag, Art. 230, Rn. 7; ebenda, Art. 231, Rn. 2; Krück, in: von der Groeben/ Thiesing/ Ehlermann, Kommentar zum EU- /EG- Vertrag, Art. 173, Rn. 3; EuGH, Slg. I 1979, S. 623 ff. (636).

[315] Vgl. Borchardt, in: Lenz, Kommentar zum EGV, Art. 241, Rn. 4.

[316] Vgl. Jarass, Europäisches Energierecht, S. 63, Fn. 1; ebenso Borchardt, in: Lenz, Kommentar zum EG- Vertrag, Art. 241, Rn. 4, ebenda, Art. 230, Rn. 8; Krück, in: von der Groeben/ Thiesing/ Ehlermann, Kommentar zum EU-/EG- Vertrag, Art. 184, Rn. 14.

[317] Vgl. Borchardt, in: Lenz, Kommentar zum EG- Vertrag, Art. 230, Rn. 1.

[318] Vgl. Oppermann, Europarecht, Rn. 742.

die relative und die absolute Unzuständigkeit eines Gemeinschaftsorgans.[319] Letztere liegt dann vor, wenn eine Handlung von den Gemeinschaftsorganen im Kompetenzbereich der Mitgliedstaaten ergangen ist und damit jeder Rechtsgrundlage in der Gemeinschaftsrechtsordnung entbehrt, während von einer lediglich relativen Unzuständigkeit gesprochen werden kann, wenn ein Gemeinschaftsorgan in den Kompetenzbereich eines anderen Gemeinschaftsorganes übergreift.[320] Da bei Verabschiedung der Elektrizitätsbinnenmarktrichtlinie die innergemeinschaftliche Kompetenzverteilung berücksichtigt wurde, käme hier nur ein Fall der absoluten Unzuständigkeit in Betracht.

aa) Die Aufnahme des Tatbestandsmerkmales „Unzuständigkeit" in den Art. 230 EG=Art. 173 EGV macht nur dann Sinn, wenn aus der Unzuständigkeit der handelnden Organe nicht unmittelbar die Unwirksamkeit folgt. Bei der Nichtigkeitsklage handelt es sich nämlich nicht um eine Feststellungsklage, sondern um eine Gestaltungsklage[321], so daß die Unwirksamkeit eines kompetenzlosen Aktes erst mit dem Urteil - dann allerdings mit ex- tunc - Wirkung eintritt. Rechtsverbindliche Akte der Gemeinschaftsorgane werden damit erst durch ein entsprechendes Urteil des EuGH (rückwirkend) unwirksam. Lediglich in den Fällen der „Nichtexistenz" eines gemeinschaftlichen Rechtsaktes entwickelt dieser auch ohne Nichtigkeitsklage keine Rechtswirkungen. Davon kann in Anbetracht des Art. 230 EG=Art. 173 EGV nur dann gesprochen werden, wenn die vorgegebene Kompetenzzuordnung klar und offensichtlich überschritten wird. Das wird auch in den Fällen der absoluten Unzuständigkeit nur selten der Fall sein, weil die Frage, in wessen Kompetenzbereich eine rechtliche Regelung fällt, häufig nicht eindeutig zu beantworten ist. In Anbetracht der - bereits oben beleuchteten - Diskussionen um die Zuständigkeit der EG auf dem Bereich der Energiepolitik, kann von einer offensichtlichen Überschreiten der Kompetenzordnung nicht gesprochen werden. Damit ist die Elektrizitätsbinnen-marktrichtlinie für die Mitgliedstaaten auch bei einem möglichen Kompetenzverstoß bindend und somit auch fristgemäß umzusetzen gewesen. Die Gegenauffassung ist mit geltendem primären EG- Recht nicht zu vereinbaren und deswegen abzulehnen.

---

[319] Vgl. dazu Wenig, in: Grabitz/ Hilf, Das Recht der Europäischen Union, Art. 173, Rn. 22.
[320] Vgl. EuGH Slg. I 1969, S. 523 ff. (539 f.); EuGH Slg. I 1987, S. 3203 ff. (3252 f.).
[321] Vgl. dazu: Krück, in: von der Groeben/ Thiesing/ Ehlermann, Kommentar zum EU- /EG-Vertrag, Art. 173, Rn. 3.

bb) Gegen dieses Ergebnis sprechen auch nicht die oben genannten rechtstheoretischen Bedenken; denn auch in der deutschen Rechtsordnung kommt längst nicht nur den rechtlichen Handlungen unmittelbar demokratisch legitimierter Organe eine Rechtmäßigkeitsvermutung zu. Gerade aus dem Verwaltungsrecht ist geläufig, daß Verwaltungsakte solange als wirksam anzusehen sind, bis sie angefochten und dann verwaltungsgerichtlich aufgehoben werden, es sei denn, daß sie ausnahmsweise nichtig sind. Das ist aber auch bei einem Verstoß gegen die sachliche Zuständigkeit nicht zwingend der Fall.[322] Die deutsche Rechtsordnung kennt damit keinen allgemeinen Grundsatz, daß nur für Rechtshandlungen unmittelbar demokratisch legitimierter Organe eine Rechtmäßigkeitsvermutung spricht. Richtig ist allerdings, daß zumindest auf nationaler Ebene der Grundsatz gilt, daß eine rechtswidriges Gesetz nicht nur rechtswidrig, sondern zugleich auch nichtig ist.[323] Dieser Grundsatz ist jedoch auf gemeinschaftsrechtlicher Ebene - wie aus Art. 230 EG=Art. 173 EGV folgt- nicht übernommen worden. Mit ihm wäre eine erhebliche Rechtsunsicherheit bei der Umsetzung gemeinschaftsrechtlicher Normen verbunden gewesen, die die Bereitschaft der Mitgliedstaaten, unwillkommene Richtlinien in der vorgesehenen Frist umzusetzen, nicht gefördert hätte. Letztlich spricht für die getroffene Regelung damit auch der Gedanke des „effet utile". Sind die Mitgliedstaaten der Auffassung, eine Richtlinie überschreite die Kompetenzverteilung der Gemeinschaftsrechtsordnung zu ihren Lasten, müssen sie innerhalb der Zweimonatsfrist des Art. 230 EG=Art. 173 EGV Klage vor dem EuGH erheben. Dadurch wird der Zeitraum, in dem Unsicherheit über die Wirksamkeit einer Richtlinie besteht, auch nicht übermäßig verlängert.

d) Im Ergebnis waren die Mitgliedstaaten damit unabhängig davon, ob sich die EG-Kompetenzen auch auf das Energierecht beziehen, verpflichtet, die Elektrizitätsbinnenmarktrichtlinie frist- und ordnungsgemäß umzusetzen.

V. Gesamtergebnis zu Teil B:

Die Elektrizitätsbinnenmarktrichtlinie wäre bis zum 19. Februar 1999 vom Gesetzgeber entsprechend umzusetzen gewesen. Ob das insbesondere mit Blick auf Art. 21 der RL-Elt. tatsächlich ausreichend geschehen ist, wird im folgenden zu prüfen sein.

---

[322] Vgl. Sachs, in: Stelkens/ Bonk/ Sachs, Verwaltungsverfahrensgesetz, § 44, Rn. 163.
[323] Vgl. Maurer, Allgemeines Verwaltungsrecht, § 10, Rn. 20; Faber, Verwaltungsrecht, § 13 III.

Teil C:

Der Direktleitungsbau unter Benutzung von öffentlichen Verkehrswegen:

I. Die straßenrechtlichen Grundlagen:

Die öffentlichen Verkehrswege sind für die Versorgung der Bevölkerung mit Energie gerade wegen des weit verzweigten Straßennetzes von entscheidender Bedeutung.[324] Für die Energieversorger, die Leitungen verlegen wollen, stellt sich demnach vorrangig die Frage, wie sie die öffentlichen Verkehrswege für die Leitungsverlegung nutzen können. Diese Frage beinhaltet deswegen eine besondere Problematik, weil die öffentlichen Verkehrswege zu den öffentlichen Sachen gehören und damit einen Rechtsstatus haben, der nicht nur von der Privatrechtsordnung, sondern auch von der verwaltungsrechtlichen Sonderrechtsordnung geprägt ist:[325] Aufgrund der Widmung für einen öffentlichen Zweck wird über die Sache eine besondere öffentlich-rechtliche Sachherrschaft verliehen.[326] Durch diese „janusköpfige"[327] Rechtskonstruktion öffentlicher Sachen kann die Gestattung der Leitungsverlegung entweder auf öffentlich-rechtlicher oder privatrechtlicher Grundlage erfolgen. Die Straßen- und Wegegesetze des Bundes und der Länder haben sich - jedenfalls hinsichtlich der Errichtung von Fremdversorgungsleitungen - überwiegend für eine privatrechtliche Gestattung entschieden. Die dem zugrundeliegende Systematik bedarf einer näheren Betrachtung:

1. § 8 Abs. 10 BFStrG:

Für die wegerechtliche Inanspruchnahme öffentlicher Verkehrswege zum Zwecke der Leitungsverlegung ist vor allem § 8 Abs. 10 BFStrG von Bedeutung.[328] Diese Vorschrift regelt grundlegend die Straßenbenutzung für die Leitungsverlegung und ist Teil einer differenzierten rechtlichen Benutzungsregelung für öffentliche Straßen.[329] Danach richtet

---

[324] Darauf weist u.a. Morell, Handbuch der Leitungs- und Wegerechte, 0110, S. 1, hin. Vgl. auch die Begründung zum Entwurf des EnWG, BT- Drks. 13/ 7274, S. 12.
[325] Vgl. Papier, Recht der öffentlichen Sachen, S. 1, 17.
[326] Vgl. Papier, Recht der öffentlichen Sachen, S. 1, 3.
[327] Vgl. Stern, Die öffentliche Sache, in: VVDStRL (Bd. 21), Föderalismus als nationales und internationales Ordnungsprinzip, S. 183 ff. (187 f.) m.w.N.
[328] Zu den entsprechenden landesrechtlichen Vorschriften siehe unten Teil C, I., 2.
[329] Vgl. dazu Grote, in: Kodal/ Krämer, Straßenrecht, Kap. 24, Rn. 1, S. 569.

sich die Einräumung von Rechten zur Benutzung des Eigentums der Bundesfernstraßen nach Bürgerlichem Recht, wenn sie den Gemeingebrauch nicht beeinträchtigt, wobei eine Beeinträchtigung von nur kurzer Dauer für die Zwecke der öffentlichen Versorgung außer Betracht bleibt.

a) Voraussetzungen des § 8 Abs. 10 BFStrG:

aa) „Öffentliche Versorgung":

Unter § 8 Abs. 10 BFStrG fallen u.a. alle Leitungsanlagen, die der Versorgung der Allgemeinheit mit elektrischer Energie, Gas, Wasser und Fernwärme dienen.[330] Damit wird von § 8 Abs. 10 BFStrG insbesondere auch die Straßenbenutzung durch Stromleitungen erfaßt.[331] Mit der Formulierung „öffentliche Versorgung" greift das BFStrG die Formulierung aus § 2 Abs. 2 EnWG 1935 auf, wonach der erforderliche Öffentlichkeitsbezug dann hergestellt ist, wenn „andere" mit Energie versorgt werden.[332] Zwar kennt das EnWG 1998 den Begriff der öffentlichen Versorgung nicht mehr, sondern spricht lediglich von Energieversorgung.[333] Dennoch ist mit dieser begrifflichen Änderung keine Inhaltsänderung verbunden.[334] Erforderlich ist auch in Zukunft, daß über die Versorgungsleitung zumindest ein *anderer*, also ein vom Stromlieferanten zu unterscheidendes Rechtssubjekt, versorgt wird. Abgebender und Aufnehmender müssen grundsätzlich unterschiedliche Rechtsträger sein,[335] so daß insbesondere industrielle Eigenerzeuger von § 8 Abs. 10 BFStrG nicht begünstigt werden.[336] Damit fallen aus dem Anwendungsbereich dieser Vorschrift alle Leitungen zur Eigenversorgung heraus, sofern die Verlegung den Gemeingebrauch in irgendeiner Weise beeinträchtigt.[337] Nur wenn über diese innerbetrieblichen Leitungen zumindest auch ein „anderer" versorgt wird, fallen diese Leitungen unter § 8 Abs. 10 BFStrG.[338] Diese Grundsätze gelten in Zukunft

---

[330] Vgl. Krüger, in: Obernolte/ Danner, Energiewirtschaftsrecht, Wege V A, 11.

[331] Vgl. Grupp, in: Marschall/ Schroeter/ Kastner, Bundesfernstraßengesetz, § 8, Rn. 48.

[332] Dazu auch Bauer, in: Kodal/ Krämer, Straßenrecht, Kap. 27, Rn. 19.1, S. 732.

[333] Vielfach wird von allgemeiner Versorgung gesprochen, vgl. etwa § 2 Abs. 3 und Abs. 5 EnWG, ohne daß die Begriffe „öffentliche" Versorgung und „allgemeine" Versorgung deckungsgleich wären. Vgl. zur Definition des insoweit weiteren Begriffes „allgemeine Versorgung" unten Teil D, I., 1., c), bb).

[334] Vgl. dazu auch Bauer, in: Kodal/ Krämer, Straßenrecht, S. 732, Kap. 27, Rn. 19 m.w.N.

[335] Vgl. Krüger, in: Obernolte/ Danner, Energiewirtschaftsrecht, Wege V A, S. 12; Bauer, in: Kodal/ Krämer, Straßenrecht, Kap. 27, Rn. 19.1, S. 732.

[336] Vgl. Krüger, in: Obernolte/ Danner, Energiewirtschaftsrecht, Wege V A, S. 11.

[337] Vgl. Grupp, in: Marschall/ Schroeter/ Kastner, Bundesfernstraßengesetz, § 8, Rn. 48.

[338] Vgl. Krüger, in: Obernolte/ Danner, Energiewirtschaftsrecht, Wege V A, S. 12.

uneingeschränkt auch für Direktleitungen: Auf Direktleitungen ist daher § 8 Abs. 10 BFStrG nur dann anwendbar, wenn über diese zusätzlichen Leitungen wenigstens ein Kunde versorgt wird. Für alle anderen Direktleitungen gilt § 8 Abs. 1 BFStrG mit der Folge, daß sie einer öffentlich-rechtlichen Sondernutzungserlaubnis bedürfen, sofern der Gemeingebrauch durch ihre Verlegung beeinträchtigt wird.[339]

bb) Beeinträchtigung des Gemeingebrauchs von nur „kurzer Dauer":

§ 8 Abs. 10 BFStrG findet entweder dann Anwendung, wenn der Gemeingebrauch gar nicht beeinträchtigt wird oder die Beeinträchtigung für die Zwecke der öffentlichen Versorgung von nur kurzer Dauer ist.

α) Die Straßen- und Wegegesetze definieren den Gemeingebrauch - mit Ausnahme des BayStrWG - übereinstimmend als den jedermann gestatteten Gebrauch der Straße im Rahmen der Widmung und im Rahmen der Verkehrsvorschriften.[340] Der Gegenbegriff zum Gemeingebrauch ist die Sondernutzung.[341] Grundsätzlich stehen Gemeingebrauch und Sondernutzung in einem Alternativverhältnis, d.h. Sondergebrauch läßt sich definieren als die Benutzung der Straße außerhalb des Gemeingebrauchs.[342] Diese Unterscheidung zwischen Gemeingebrauch und Sondernutzung ist deshalb wichtig, weil der Gemeingebrauch an allen öffentlichen Straßen nach geltendem Recht regelmäßig gestattungs- und gebührenfrei ist.[343] Im Gegensatz dazu ist die Sondernutzung (öffentlichen Rechts) grundsätzlich der Erlaubnispflicht unterworfen und häufig mit der Zahlung einer Sondernutzungsgebühr verbunden. Die Abgrenzung von Gemeingebrauch und Sondernutzung erfolgt nach der sog. „Subtraktionsmethode":

---

[339] Vgl. Krüger, in: Obernolte/ Danner, Energiewirtschaftsrecht, Wege V A, S. 12.
[340] Vgl. Grote, in: Kodal/ Krämer, Straßenrecht, Kap. 24, Rn. 9, S. 572 f.; Axer, Die Widmung als Schlüsselbegriff des Rechts der öffentlichen Sachen, S. 123 ff.
[341] Dabei finden sich weitere Unterteilungen wie der schlichte bzw. der gesteigerte Gemeingebrauch (auch Anliegergebrauch genannt) oder die Sondernutzung öffentlichen Rechts bzw. auf außerwegerechtlicher Grundlage (z.T. auch „Sondernutzung bürgerlichen Rechts", vgl. Grote, in: Kodal/ Krämer, Straßenrecht, Kap. 26, Rn. 2, S. 693, oder „sonstige Nutzung" genannt, vgl. z.B. Nutzungsrichtlinien, ARS 12/ 1975 des BMW, VkBl. 75, 529, zuletzt geändert durch ARS 41/ 1996, VkBl. 97, 41, abgedruckt bei: Marschall/ Schroeter/ Kastner, Bundesfernstraßengesetz, B 2), vgl. die Übersicht bei Krämer, in: Kodal/ Krämer, Straßenrecht, Kap. 1, Rn. 12.7 ff., S. 16 f.
[342] Vgl. Grote, in: Kodal/ Krämer, Straßenrecht, Kap. 24, Rn. 1.1, S. 569 f.
[343] Wobei fraglich ist, ob die Gebührenfreiheit ein Wesensmerkmal des Gemeingebrauchs ist, vgl. dazu Grote, in: Kodal/ Krämer, Straßenrecht, Kap. 24, Rn. 23, S. 588 m.w.N.

Jede Nutzung, die über den Gemeingebrauch hinausgeht, ist grundsätzlich Sondernutzung.[344] Insoweit erweist sich Gemeingebrauch als ein wesentliches Rechtsinstitut des Straßenrechts und steht zentral zwischen der Widmung und der Straßenbaulast: er ist Folge der Widmung und seine Gewährleistung ist die Hauptaufgabe bei der Erfüllung der Straßenbaulast.[345] Die Widmung ist also nicht nur Voraussetzung für den Gemeingebrauch, sondern begrenzt den Gemeingebrauch gleichzeitig inhaltlich.[346] Die inhaltliche Reichweite der Widmung ist bei den verschiedenen Straßen unterschiedlich ausgeprägt und bezieht sich bei den außerörtlichen Straßen wie den Bundesfernstraßen vorwiegend auf die Fortbewegung von Personen und Gütern (also den Verkehr i. e. S.)[347]. Bei innerörtlichen Straßen ist regelmäßig ein weiterer Verkehrsbegriff als etwa bei Bundesstraßen anzulegen. Neben der reinen Transportfunktion dient die Straße zunehmend auch dem kommunikativen und geschäftlichen Verkehr (sog. Verkehr i. w. S.). Gemeingebrauch i.S.d. § 7 BFStrG umfaßt insbesondere die Transportfunktion, so daß nach der oben beschriebenen Subtraktionsmethode Sondergebrauch grundsätzlich dann vorliegt, wenn diese Transportfunktion durch eine Nutzung über das verkehrsübliche Maß hinaus eingeschränkt wird. Daraus folgt aber zugleich, daß nur die übliche und zulässige Benutzung unter den Gemeingebrauch fällt.[348] Die nähere Konkretisierung, was im Einzelfall zu dem Gemeingebrauch gehört, ergibt sich somit aus dem Straßenverkehrsrecht.

β) Entscheidend für die Anwendbarkeit des § 8 Abs. 10 BFStrG ist weiterhin, unter welchen Voraussetzungen eine Beeinträchtigung des Gemeingebrauchs vorliegt. Da der Gemeingebrauch im wesentlichen in einer Teilnahme am Verkehr im Sinne des Straßenverkehrsrechts besteht, liegt es nahe, die Sicherheit und Leichtigkeit des Verkehrs als Maßstäbe heranzuziehen.[349] Diesbezüglich ist keine konkrete Gefahr erforderlich, vielmehr wird es genügen, wenn die Sicherheit oder Leichtigkeit des Verkehrs abstrakt gefährdet ist, also diese Gebrauchsart als solche grundsätzlich geeignet ist, den Verkehr

---

[344] Axer, Die Widmung als Schlüsselbegriff des Rechts der öffentlichen Sachen, S. 122 f.; vgl. auch die Legaldefinition in § 7 BFStrG.
[345] Vgl. Grote, in: Kodal/ Krämer, Straßenrecht, Kap. 24, Rn. 2, S. 570.
[346] Vgl. Axer, Die Widmung als Schlüsselbegriff des Rechts der öffentlichen Sachen, S. 124 m.w.N.
[347] Vgl. dazu Grote, in: Kodal/ Krämer, Straßenrecht, Kap. 24, Rn. 21, S. 580.
[348] Vgl. Grote, in: Kodal/ Krämer, Straßenrecht, Kap. 24, Rn. 21.2, S. 580.
[349] Vgl. Grote, in: Kodal/ Krämer, Straßenrecht, Kap. 26, Rn. 10, S. 696. Das gilt auch dann, wenn zu dem Gemeingebrauch der Verkehr im weiteren Sinne hinzukommt, da bei einem diesen gesteigerten

---

zu beeinträchtigen.[350] Insbesondere bei elektrischen Leitungen und deren Zubehör auf öffentlichen Verkehrswegen wird eine Beeinträchtigung in diesem Sinne regelmäßig vorliegen.[351] Denn allein schon mit der erstmaligen Verlegung, aber auch mit Instandsetzungsarbeiten ist regelmäßig eine Beeinträchtigung des Gemeingebrauchs (also bei den Bundesfernstraßen eine Beeinträchtigung der Transportfunktion) verbunden.[352] Damit wird auch bei der Durchführung eines geplanten Direktleitungsvorhabens die erste Variante des § 8 Abs. 10 BFStrG (keine Beeinträchtigung des Gemeingebrauchs) regelmäßig keine Bedeutung erlangen.

χ) Für Leitungen der öffentlichen Versorgung ist weiter zu prüfen, ob die Beeinträchtigung nur „von kurzer Dauer" ist. Die Formulierung von kurzer Dauer ist ein unbestimmter Rechtsbegriff, der sich nicht durch feste Zeitmaße konkretisieren läßt. Letztlich kann darüber nur im Einzelfall entschieden werden.[353] Vor allem in dem älteren Schrifttum findet sich teilweise der Versuch, immer dann, wenn eine Straße in größerer Länge genutzt wird, eine Beeinträchtigung des Gemeingebrauchs zu unterstellen, mit der Folge, daß die Straßenbenutzung für Zwecke des Leitungsbaus der Genehmigung der Straßenbaubehörde bedurft hätte.[354] Dieser einschränkenden Auslegung ist die Rechtsprechung allerdings zu Recht ebensowenig gefolgt wie dem Vorschlag, zwischen Längsverlegung und Straßenkreuzung zu differenzieren und die durch eine Längsleitungsverlegung verursachten Störungen regelmäßig als nicht nur kurze Beeinträchtigung aufzufassen.[355] Ratio legis ist es, das Straßenbenutzungsverhältnis umfassend dem bürgerlichen Recht zu überantworten.[356] Die Beeinträchtigung muß sich demnach nur in zeitlich vertretbaren Grenzen halten.[357] Insoweit kann man aber unterstellen, daß die technischen Fortschritte bei der Leitungsverlegung dafür sprechen,

---

Gemeingebrauch beeinträchtigenden Sondergebrauch regelmäßig auch die Sicherheit und Leichtigkeit des Verkehrs in Mitleidenschaft gezogen wird, vgl. ebenda.

[350] Vgl. Grote, in: Kodal/ Krämer, Straßenrecht, Kap. 26, Rn. 10, S. 697.

[351] Vgl. auch Wieland, Die Konzessionsabgaben, S. 382.

[352] Vgl. Grote, in: Kodal/ Krämer, Straßenrecht, Kap. 24, Rn. 20.1, S. 580.

[353] Vgl. BVerwGE 29, S. 248 ff. (253) = DVBl. 1969, S. 312 ff. (312); Danner, in: Obernolte/ Danner, Energiewirtschaftsrecht, § 11 EnWG, Anm. 7; ferner Ronellenfitsch, Straße und Energieversorgung im Konflikt, S. 36; Grupp, in: Marschall/ Schroeter/ Kastner, Bundesfernstraßengesetz, § 8, Rn. 48.

[354] Vgl. hierzu Evers, Das Recht der Energieversorgung, S. 181 mit Hinweis auf Schack, Das rechtliche Wesen der straßenrechtlichen Sondernutzung nach altem und neuen Recht, VerwArch 54 (1963), S. 42 ff. (57 ff.) und Scholz, Gemeindliche Gebietsreform und regionale Energieversorgung, S. 13 f., 65 in Fn. 210.

[355] Vgl. BVerwGE 29, S. 248 ff. (253); Evers, Das Recht der Energieversorgung, S. 181 m.w.N.

[356] Vgl. Ronellenfitsch, Straße und Energieversorgung im Konflikt, S. 36 m.w.N. in Fn. 106.

[357] Vgl. BVerwGE 29, S. 248 ff. (251).

daß die Verlegung von Versorgungsleitungen den fließenden Verkehr nur kurze Zeit beeinträchtigt.[358] Dementsprechend sollen aus Sicht des Gesetzgebers alle gewöhnlichen Belästigungen, die mit der Anbringung und Unterhaltung von Energieleitungen verbunden sind und die im Vergleich zu der Nutzungsdauer der Straße nur eine kurzfristige Bedeutung haben, als nur vorübergehend gelten.[359] Gelegentlich wird darüber hinaus vorgeschlagen, nicht die lange dauernde Beeinträchtigung aus dem Anwendungsbereich des § 8 Abs. 10 BFStrG herauszunehmen, sondern nur eine dauerhafte (also andauernde) Sondernutzung durch Versorgungsleitungen.[360] Jedenfalls ist § 8 Abs. 10 BFStrG sowohl auf Längs- als auch auf Querleitungen anwendbar.[361] Das gilt unabhängig davon, ob das Energieversorgungsunternehmen eine Freileitung errichten will oder sich für eine Leitungsverlegung im Boden entschieden hat.[362] Nicht privatrechtlich gestattet werden können lediglich solche Anlagen, die den Gemeingebrauch dauerhaft beeinträchtigen, wie etwa die Errichtung von Masten oder Transformatorenstationen im Verkehrsraum.[363] Nur in diesen Fällen ist bei Leitungen für die öffentliche Versorgung in dem oben genannten Sinne eine öffentlich-rechtliche Sondernutzungserlaubnis erforderlich.

b) Rechtsfolge des § 8 Abs. 10 BFStrG:

aa) Sind die Voraussetzungen des § 8 Abs. 10 BFStrG erfüllt, so bedarf das Vorhaben der privatrechtlichen Gestattung des Wegeeigentümers[364]. Die Zuordnung zum Privatrecht hat zur Folge, daß die Benutzung der Straßen durch Verträge zu regeln ist.[365] Die Benutzung öffentlicher Verkehrswege für die Leitungsverlegung zugunsten der öffentlichen Versorgung erfolgt auf Grundlage privatrechtlicher[366] Verträge zwischen Energieversorgungsunternehmen und Wegeeigentümer. Für die Klärung von

---

[358] So schon das BVerwGE 29, S. 248 ff (253).
[359] Vgl. Büdenbender, Energierecht, Rn. 498.
[360] Vgl. Ronellenfitsch, Straße und Energieversorgung im Konflikt, S. 36 mit Hinweis auf Sieder/ Zeitler, Bayerisches Straßen- und Wegegesetz, Art. 22, Rn.11.
[361] Vgl. auch Morell, Handbuch der Leitungs- und Wegerechte, 0110, S. 1; Grupp, in: Marschall/ Schroeter/ Kastner, Bundesfernstraßengesetz, § 8, Rn. 48.
[362] Vgl. Danner, in: Obernolte/ Danner, Energiewirtschaftsrecht, § 11 EnWG, Anm. 7; Hermes, Staatliche Infrastrukturverantwortung, S. 447; Wieland, Die Konzessionsangaben, S. 40.
[363] Vgl. Evers, Das Recht der Energieversorgung, S. 182.
[364] Siehe dazu ausführlich unten Teil C, II., 4., a), cc).
[365] Vgl. Morell, Handbuch der Leitungs- und Wegerechte, 0110, S. 2.
[366] Vgl. nur Evers, Recht der Energieversorgung, S. 182.

Streitfragen bei der Benutzung von Straßen durch Einrichtungen der öffentlichen Versorgung sind daher regelmäßig die Zivilgerichte zuständig.[367]

bb) Aus der Zuordnung zum Privatrecht folgt zugleich, daß grundsätzlich kein Anspruch auf die Gestattung der Leitungsverlegung besteht. Insoweit gilt auch im Recht der Wegebenutzungsgestattung Privatautonomie.[368] Insbesondere die von der Privatautonomie umfaßte negative Abschlußfreiheit[369], also die Freiheit, einen angebotenen Vertrag nicht abschließen zu müssen, kann zusätzlichen Leitungsbau verhindern, da von ihr grundsätzlich nach freiem Ermessen und ohne Bindung an ein Willkürverbot Gebrauch gemacht werden kann.[370] Anders als etwa im Telekommunikationsrecht (vgl. § 50 TKG) besteht für die EVU kein generelles gesetzliches Benutzungsrecht für öffentliche Verkehrswege.[371] Ohne vertragliches Benutzungsrecht können damit auch öffentliche Verkehrswege in der Regel nicht für die Leitungsverlegung genutzt werden. Etwas anderes ergibt sich auch nicht aus § 905 S.2 BGB oder § 917 BGB:

α) § 905 S.2 BGB:

Nach dieser Vorschrift kann der Eigentümer eines Grundstücks solche Einwirkungen nicht verbieten, die in solcher Höhe oder Tiefe vorgenommen werden, daß er an der Ausschließung kein Interesse hat. Denkbar wäre folglich eine Anwendung dieser Vorschrift sowohl auf Freileitungen als auch im Boden verlegte elektrische Leitungen.

---

[367] Vgl. dazu BGH NJW 1955, S. 104 ff. (104); ferner Morell, Handbuch der Leitungs- und Wegerechte, 0110, S. 1.

[368] Vgl. Morell, Handbuch der Leitungs- und Wegerechte, 0110, S. 2, der allerdings einen Anspruch des Straßenbaulastträger und Versorgungsunternehmens dahingehend anerkennen will, daß deren „berechtigten Interessen" berücksichtigt werden; Bauer, in: Kodal/ Krämer, Straßenrecht, Kap. 27, Rn. 42, S. 748.

[369] Vgl. etwa Bork, in: Staudinger, BGB, Vorbem. zu §§ 145 ff., Rn. 14.

[370] Vgl. dazu auch Bork, in: Staudinger, BGB, Vorbem. zu §§ 145 ff., Rn. 15.

[371] Lediglich in den neuen Bundesländern bleibt die Grundstücksbenutzung durch die Versorgungsunternehmen auf der Basis einiger bis zum 31.12.2010 fortgeltender Bestimmungen der Energieverordnung der DDR (VO vom 01.06.1988, GBl. I Nr. 10, S. 89, zuletzt geändert durch ÄndVO vom 25.07.1990 (GBl. I Nr. 46, S. 812) sowie Anpassungsvorschriften vom 27.08.1990 (GBl. I Nr. 58, S. 1423), §§ 29, 30, 31, 48, 69) langfristig gesetzlich geregelt. Da dies aber nur für Nutzungsrechte gilt, die bereits vor Inkrafttreten des Einigungsvertrages bestanden, können neue Rechte auf dieser Basis nicht mehr begründet werden, vgl. Danner, in: Obernolte/ Danner, Energiewirtschaftsrecht (Stand: Januar 1999, 35. EL.), EnWG, § 12, Rn. 1; ferner dazu: Schmidt-Räntsch, Energieleitungsrechte in den neuen Bundesländern, RdE 1994, S. 214 ff. Für den Bau zusätzlicher Direktleitungen spielen diese Bestimmungen deswegen keine Rolle.

Dennoch wendet die Rechtsprechung § 905 S. 2 BGB regelmäßig auf elektrische Leitungen gleich welcher Art nicht an. Die Rechtsprechung hat frühzeitig das schutzwürdige Interesse des Eigentümers an der Verbietung eines Leitungsvorhabens weit ausgelegt und eine ganze Reihe von Belangen als schutzwürdige Interessen des Eigentümers anerkannt.[372] Schon gar nicht ergibt sich daraus ein generelles Benutzungsrecht fremder Grundstücke.[373] Bisher wurden nur in bestimmten Sonderfällen die Überspannung von öffentlichen Straßen über § 905 S. 2 BGB ermöglicht.[374] Diese ältere Rechtsprechung wurde im wesentlichen durch neuere Entscheidungen bestätigt,[375] wenn auch in vereinzelten Entscheidungen die Rechtsprechung neuerdings eine Eingrenzung der Eigentümerinteressen zu befürworten scheint.[376] Auch in der Literatur herrscht im wesentlichen Einigkeit darüber, daß § 905 S. 2 BGB weit auszulegen ist und deswegen bei der rechtlichen Absicherung von energiewirtschaftlichen Projekten grundsätzlich nicht weiter hilft.[377] Der Versuch, § 905 S. 2 BGB verfassungskonform i.S.d. Art. 14 Abs. 2 GG dahingehend auszulegen, daß sich über die Vorschrift auch regelmäßig Leitungsvorhaben verwirklichen lassen, ist wieder verworfen worden.[378] Das vor allem deshalb, weil Art. 14 Abs. 2 GG nicht gebietet, das Ausschließungsinteresse des Eigentümers nur im Falle des Überwiegens gegenüber den Belangen der Allgemeinheit als schutzwürdig anzusehen.[379] Zwar ist der Gesetzgeber aufgrund des Art. 14 Abs. 2 GG dazu berechtigt, Eigentumsbeschränkungen bis zu der Grenze der Enteignung vorzusehen, nicht aber

---

[372] Vgl. Büdenbender, in: Tegethoff/ Büdenbender/ Klinger, Das Recht der öffentlichen Energieversorgung, EnergG, § 11, Rn. 4; ferner Büdenbender, Energierecht, Rn. 443. Beispielsweise wurden als ausreichend erachtet: der ungestörte Blick zum Himmel oder die bloße Verärgerung über das Vorhandensein der Leitung. Nach Ludwig/ Odenthal, Das Recht der Elektrizitäts-, Gas- und Wasserversorgung, § 8 AVBEltV, Rn. 41 soll lediglich das bloße Affektionsinteresse des Eigentümers unberücksichtigt bleiben.
[373] Vgl. Roth, in: Staudinger, BGB, § 905, Rn. 17.
[374] Vgl. dazu Bauer, in: Kodal/ Krämer, Straßenrecht, Kap. 27, Rn. 6.6, S. 727; ferner Büdenbender, in: Tegethoff/ Büdenbender/ Klinger, Das Recht der öffentlichen Energieversorgung, EnergG, § 11, Rn. 6, Fn. 15.
[375] Vgl. Büdenbender, in: Tegethoff/ Büdenbender/ Klinger, Das Recht der öffentlichen Energieversorgung, § 11 EnergG, Rn. 8 mit Hinweis auf: BGH NJW 1976, S. 416 f. (416 f.).
[376] Vgl. die Nachweise bei Ludwig/ Odenthal, Recht der Elektrizitäts-, Gas- und Wasserversorgung, § 8 AVBEltV, Rn. 41.
[377] Vgl. Büdenbender, in: Tegethoff/ Büdenbender/ Klinger, Das Recht der öffentlichen Energieversorgung, EnergG, § 11, Rn. 11.
[378] Vgl. Büdenbender, in: Tegethoff/ Büdenbender/ Klinger, Das Recht der öffentlichen Energieversorgung, EnergG, § 11, Rn. 7 ff.; ders., Energierecht, Rn. 444.
[379] Vgl. Büdenbender, in: Tegethoff/ Büdenbender/ Klinger, Das Recht der öffentlichen Energieversorgung, EnergG, § 11, Rn. 9.

dazu verpflichtet.[380] Sofern er hinter den durch Art. 14 Abs. 2 GG eingeräumten Möglichkeiten zurückgeblieben ist, darf diese Entscheidung nicht durch eine verfassungskonforme Auslegung korrigiert werden.[381]

Festzuhalten bliebt hier, daß § 905 S. 2 BGB den EVU kein generelles Recht einräumt, auf fremden Grundstücken Leitungen zu verlegen.[382] Sie spielt deswegen auch in der Praxis keine Rolle.[383]

β) § 917 BGB:

§ 917 BGB räumt unter bestimmten Voraussetzungen ein Notwegerecht ein. Danach kann der Eigentümer eines Grundstückes von dem Nachbarn die Duldung der Verbindung mit einem öffentlichen Weg verlangen, sofern seinem Grundstück eine solche Verbindung fehlt und sie zur ordnungsgemäßen Nutzung erforderlich ist.

Grundsätzlich gilt das Notwegerecht auch für Versorgungsleitungen unmittelbar (und nicht nur analog)[384], weil die Verbindung zum öffentlichen Weg nicht selbst ein Weg sein muß.[385] Dennoch hat diese Vorschrift nur einen begrenzten Anwendungsbereich. Das liegt insbesondere daran, daß sie lediglich im Nachbarrecht Wirkungen entfaltet und schon deswegen bei einer über eine gewisse Entfernung verlegte Leitung unanwendbar ist.[386] Unmittelbar hilft § 917 BGB also nur dann weiter, wenn das EVU selbst Eigentümer des angrenzenden Grundstücks ist.[387] Außerdem bestehen mit den

---

[380] Vgl. Büdenbender, Energierecht, Rn. 444.

[381] Vgl. Büdenbender, in: Tegethoff/ Büdenbender/ Klinger, Das Recht der öffentlichen Energieversorgung, EnergG, § 11, Rn. 9 mit Hinweis auf BVerfG NJW 1981, S. 1257 ff. (1257).

[382] Ebenso auch: Säcker, in: Münchener Kommentar, BGB, § 905, Rn. 4 m.w.N. und Danner, in: Obernolte/ Danner, Energiewirtschaftsrecht (Stand: Januar 1999, 35. EL.), EnWG, § 12, Rn. 2.

[383] Vgl. Büdenbender, Energierecht, Rn. 444; ferner Bauer, in Kodal/ Krämer, Straßenrecht, Kap. 27, 6.6, S. 727.

[384] Vgl. Roth, in: Staudinger, BGB, § 917, Rn. 4; a.A. BGH NJW 1991, S. 176 ff. (177).

[385] Vgl. OLG Hamm, NJW – RR 1992, S. 723 f. (723); Roth, in: Staudinger, BGB, § 917, Rn. 4; vgl. Büdenbender, in: Tegethoff/ Büdenbender/ Klinger, Das Recht der öffentlichen Energieversorgung, EnergG, § 11, Rn. 4 m.w.N.

[386] Vgl. Büdenbender, in: Tegethoff/ Büdenbender/ Klinger, Das Recht der öffentlichen Energieversorgung, EnergG, § 11, Rn. 4.

[387] Vgl. Büdenbender, in: Tegethoff/ Büdenbender/ Klinger, Das Recht der öffentlichen Energieversorgung, EnergG, § 11, Rn. 4. Aus demselben Grund scheitern auch die in einzelnen Nachbarrechtsgesetzen der Länder vorgesehenen Verpflichtungen der Grundstückseigentümer, zugunsten der Nachbarn die Anbringung von Versorgungsleitungen zu dulden, vgl. Büdenbender, Energierecht, Rn. 440. Während die Nachbarrechtsgesetze von Baden- Württemberg, Hessen,

Allgemeinen Versorgungsbedingungen speziellere Regelungen (vgl. z.B. § 8 AVBEltV[388]), die § 917 BGB regelmäßig vorgehen. Aus § 917 BGB ergibt sich somit nur in äußerst seltenen Fällen ein Wegerecht zugunsten des EVU.[389] Für Direktleitungen, die zusätzlich zu einer bereits bestehenden Leitung errichtet werden sollen, stellt sich darüber hinaus die Frage, ob § 917 BGB überhaupt angewendet werden kann; denn daß eine zusätzliche Leitung für die „ordnungsgemäße Benutzung" des Grundstückes notwendig ist, läßt sich wohl kaum behaupten, da in diesen Fällen eine sinnvolle Nutzung auch ohne zusätzliche Direktleitung möglich ist. Damit dürfte sich der ohnehin schon geringe Anwendungsbereich des § 917 BGB bei Direktleitungen weiter erheblich verkleinern.

c) Kritik an der Regelung des § 8 Abs. 10 BFStrG:

aa) Diese privatrechtliche Ausgestaltung der Straßenbenutzung zum Zwecke der Leitungsverlegung ist in der Rechtslehre vielfach auf Ablehnung gestoßen. Während eine Literaturmeinung die dem § 8 Abs. 10 BFStrG zugrundeliegende Theorie des modifizierten Privateigentums insgesamt für „unhaltbar"[390] oder mit der „staatlichen Infrastrukturverantwortung" für unvereinbar hält,[391] richtet sich die Kritik anderer Autoren unmittelbar gegen den Teil des § 8 Abs. 10 BFStrG, der die Beeinträchtigung des Gemeingebrauchs zum Zwecke der öffentlichen Versorgung dem Bereich der öffentlich-rechtlichen Sondernutzungserlaubnis entzieht und dem Privatrecht unterstellt. Nach dieser Auffassung ist diese Vorschrift jedenfalls rechtssystematisch verfehlt und auch in ihrer praktischen Handhabung unbefriedigend.[392] Anstatt als Träger der

---

Rheinland- Pfalz, dem Saarland etc. solche Vorschriften enthalten, verzichtet z.B. Niedersachsen ganz auf eine solche Regelung, vgl. dazu Dehner, Nachbarrecht, B § 27, S. 39 (dort auch zu der Kollision dieser Regelungen mit § 917 BGB); dazu ferner Roth, in: Staudinger, BGB, § 917, Rn. 7).

[388] Zur Frage, ob diese Vorschrift allerdings auf Direktleitungen anwendbar ist, vgl. unten Teil D, I., 1.

[389] Vgl. Büdenbender, Energierecht, Rn. 440. So im Ergebnis auch Danner, in: Obernolte/ Danner, Energiewirtschaftsrecht (Stand: Januar 1999, 35. EL.), EnWG, § 12, Rn. 2.

[390] So bereits Bartlsperger, Straßenrecht zwischen Bewahrung und Technizität, DVBl. 1979, 1 ff. (13); ders., Straßenhoheit und Energiewirtschaft, DVBl. 1980, S. 249 ff. (255). Der Widerspruch richtete sich dabei gegen die Beibehaltung des bürgerlich-rechtlichen Eigentums als Zuordnungskategorie für die öffentlichen Straßen und die sich daraus ergebende Folgerung der Zulassung gemeingebrauchsverträglicher Sondernutzungen auf eigentumsrechtlicher Grundlage. Statt dessen wird im Anschluß an die von Otto Mayer begründete Lehre vom „öffentlichen Eigentum" eine vollständige Publizierung der Rechtsverhältnisse der öffentlichen Straßen gefordert, vgl. dazu Krämer, in: Kodal/ Krämer, Straßenrecht, Kap. 5, Rn. 49 f., S. 175 ff.

[391] So heute Hermes, Staatliche Infrastrukturverantwortung, S. 383 f., 451.

[392] Zum folgenden vgl. insbesondere Wieland, Die Konzessionsabgaben, S. 381 ff.; ders., Die Zukunft der Konzessionsabgaben, ZNER 1999, S. 2 ff. (2 f.); ferner: Bartlsperger, Straßenhoheit und

Straßenhoheit Anordnungen und Entscheidungen zu treffen, werde er auf das bürgerlich-rechtliche Prinzip der Gleichordnung verwiesen und müsse zivilgerichtliche Hilfe in Anspruch nehmen. Der gegenwärtigen Gesetzeslage liege die fehlerhafte Vorstellung zugrunde, daß die Erlaubnis, den Straßenraum für Versorgungsleitungen zu nutzen, ihre Grundlage im Wegeeigentum und nicht in der Wegehoheit[393] der Kommunen finde.[394] Diese Auffassung lasse sich mit der allgemeinen Dogmatik des Straßenrechts nicht vereinbaren, die durch Widmung, Gemeingebrauch und Sondernutzung geprägt werde: Straßen und Wege werden mit der Widmung zu einer öffentlichen Sache, über die im Rahmen der Wegehoheit verfügt werde, soweit der Widmungszweck betroffen sei. Die Benutzung der öffentlichen Wege im Rahmen der Widmung zu Zwecken des Verkehrs sei jedermann als Gemeingebrauch gestattet, die Benutzung über den Gemeingebrauch hinaus stelle eine erlaubnispflichtige Sondernutzung dar. Nur eine Nutzung, die weder Gemeingebrauch sei noch den Gemeingebrauch beeinträchtige, falle nicht in den Rahmen der Widmung und lasse deshalb die Wegehoheit unberührt; über sie sei allein aufgrund des Eigentums an Weg oder Straße zu entscheiden. Versorgungsleitungen könnten aber i.d.R. nur unter Beeinträchtigung des Gemeingebrauchs verlegt werden. Dementsprechend sei es konsequent, für die Nutzung des Straßenraums zu Versorgungszwecken, die den Widmungszweck berührt, wie für andere Sondernutzungen auch eine öffentlich-rechtlich zu qualifizierende Erlaubnis des Inhabers der Wegehoheit zu verlangen. Diesen dogmatisch richtigen Weg hätten die Straßengesetze mit ihrer „Flucht in das Privatrecht" allerdings versperrt. Überwiegend wird dementsprechend vorgeschlagen, die Wegebenutzungsverträge als öffentlich-rechtliche Verträge zu qualifizieren.[395]

bb) Insbesondere *Wieland*[396] möchte aus der (vermeintlichen) Systemwidrigkeit des § 8 Abs. 10 BFStrG zugleich dessen Verfassungswidrigkeit wegen Verstoßes gegen Art. 3

Energiewirtschaft, DVBl. 1980, S. 249 ff. (252 ff.); Nedden, Straßenrecht und Versorgungsleitungen, DVBl. 1980, S. 1042 ff (1043); auch Hermes, Staatliche Infrastrukturverantwortung, S. 465, der die Vergabe von Leitungsverlegungsrechten als „infrastrukturelle Gemeinwohlaufgabe" verstanden wissen will; a.A. z.B. Ronellenfitsch, Straße und Energieversorgung im Konflikt, S. 36, der in § 8 Abs. 10 BFStrG eine gesetzessystematisch korrekte Vorschrift sieht.
[393] Kritisch zum Begriff der Wegehoheit in diesem Zusammenhang: Tettinger, Kommunales Wegeeigentum und Energieversorgungsanlagen, RdE 1992, S. 2 ff.
[394] Vgl. zum folgenden: Wieland, Die Konzessionsabgaben, S. 382 f. Siehe auch ders., Zukunft der Konzessionsabgabe, ZNER 1999, S. 2 ff. (3).
[395] So schon Bartlsperger, Straßenhoheit und Energiewirtschaft, DVBl. 1980, S. 249 ff. (257) m.w.N.; Hermes, Staatliche Infrastrukturverantwortung, S. 453; Wieland, Die Konzessionsabgaben, S. 384.
[396] Vgl. Wieland, Die Konzessionsabgaben, S. 383 f..

Abs. 1 GG ableiten. Grundlage hierfür soll das verfassungsrechtlich verankerte und auch vom Bundesverfassungsgericht anerkannte Gebot der Systemgerechtigkeit sein.[397] Bei diesem Gebot handele es sich um einen Ausfluß des allgemeinen Gleichheitssatzes, der verlange, daß sich eine vom Gesetz vorgenommene unterschiedliche Behandlung auf einen vernünftigen oder sonst einleuchtenden Grund zurückführen ließe. Gerade an einem solchen sachlichen Grund fehle es bei § 8 Abs. 10 BFStrG, da diese Regelung allein auf den Wunsch der Versorgungswirtschaft zurückzuführen sei, die ihre Vereinbarungen mit den Kommunen den strengen Bindungen des öffentlichen Rechts entziehen wollten.[398] § 8 Abs. 10 BFStrG weise keinerlei Bezug zum Straßenrecht auf und verstoße deswegen gegen Art. 3 Abs. 1 GG.

d) Stellungnahme:

Ob dieser Argumentation gefolgt werden kann, ist aus mehreren Gründen fraglich.

aa) Die rechtstheoretischen Bedenken gegen die Entscheidung des Gesetzgebers, die Theorie des modifizierten Privateigentums dem Recht der öffentlichen Sachen und insbesondere auch der straßenrechtlichen Konstruktion des Bundesfernstraßengesetzes zugrunde zu legen, mögen teilweise ihre Berechtigung haben,[399] greifen aber im Ergebnis dennoch nicht durch.[400] Daß sich der Gesetzgeber bei der Verabschiedung des Bundesfernstraßengesetzes gegen die Schaffung eines „öffentlichen Eigentums" und für die Theorie des modifizierten Privateigentums entschieden hat, geschah keineswegs willkürlich: Zum einen wurde damit – gerade was die Leitungsverlegungsrechte auf privatrechtlicher Grundlage angeht – nämlich eine schon längst bestehende Tradition

---

[397] So Wieland, Die Konzessionsabgaben, S. 383 mit Verweis auf BVerfGE 34, S. 103 ff. (115); 59, S. 36 ff. (49); 66, S. 214 ff. (223f.); 67, S. 70 ff. (84 f.) sowie auf Peine, Systemgerechtigkeit, S. 180 ff. und 287 ff., ohne jedoch darauf hinzuweisen, daß das BVerfG in seiner jüngeren Rechtsprechung eine deutliche Zurückhaltung gegenüber dem Gebot der Systemgerechtigkeit erkennen läßt, vgl. Schuppert, Verfassungsrechtlicher Prüfungsmaßstab bei der verfassungsgerichtlichen Überprüfung von Steuergesetzen, in: FS für Zeidler, S. 691 ff. (714) unter Bezugnahme auf: BVerfGE 60, S. 16 ff. (42 f.) und BVerfGE 61, S. 138 ff. (148), und daß *Peine* dem Gedanken der Systemgerechtigkeit selbst eher kritisch gegenüber steht und ihn schon gar nicht als Verfassungspostulat verstanden wissen will, vgl. Peine, Systemgerechtigkeit, u.a. S. 313 f. Kritisch zur Systemgerechtigkeit ferner: Rüfner, in: Bonner Kommentar zum Grundgesetz, Art. 3 Abs. 1, Rn. 38 f.; Herzog, in: Maunz/Dürig, Grundgesetz, Art. 3 Anh., Rn. 31.
[398] Vgl. Wieland, Die Konzessionsabgaben, S. 383 m.w.N.
[399] So auch Krämer, in: Kodal/Krämer, Straßenrecht, Kap. 5, Rn. 50, S. 176.
[400] So im Ergebnis auch Axer, Die Widmung als Schlüsselbegriff des Rechts der öffentlichen Sachen, S. 49 ff.

fortgeführt, die sich in der Praxis bewährt hatte.[401] Der rechtshistorische Grund dafür, daß bereits die ersten Wegebenutzungsverträge zwischen Gemeinden und EVU auf privatrechtlicher Grundlage abgeschlossen wurden, war der, daß auf diese Weise die konstruktive Basis geschaffen wurde, Haftungsfragen dem Zivilrecht zuzuordnen und dadurch - mangels einer ausgeprägten Verwaltungsrechtspflege - die Justiziabilität sicherzustellen.[402] Zum anderen handelte es sich dabei um eine Zweckmäßigkeitsentscheidung, die es erlaubt, auf die Normen des Privatrechts zurückzugreifen und es überflüssig macht, öffentlich-rechtliche Regeln aufzustellen.[403] Schließlich ermöglicht es diese Konstruktion, auch die Fälle, in denen Straßenhoheit und Eigentum auseinanderfallen, angemessen zu lösen.[404] Vor diesem Hintergrund erweist sich die Behauptung, § 8 Abs. 10 BFStrG sei „systemfremd", als wenig überzeugend. Das hängt zunächst mit der inhaltlichen Unbestimmtheit der Begriffe „Systemgerechtigkteit" und „Systemwidrigkeit" zusammen, mit denen die Verfassungswidrigkeit des § 8 Abs. 10 BFStrG begründet werden soll.[405] Beide Begriffe leiden an einer erheblichen Unschärfe, die eine präzise juristische Subsumtion kaum zuläßt.[406] Auch der Hinweis auf die Rechtsprechung des Bundesverfassungsgerichts hilft nicht unmittelbar weiter, da das Bundesverfassungsgericht weder die Voraussetzungen für eine Systemwidrigkeit einer Vorschrift prüfbar erläutert,[407] noch etwa aus der einmal festgestellten Systemwidrigkeit einer Norm selbst Konsequenzen zieht.[408] Aber auch in der Literatur ist der Gedanke der Systemgerechtigkeit bisher wenig beleuchtet.[409]

---

[401] Vgl. hierzu auch BVerwGE 29, S. 248 ff. (251).

[402] Siehe hierzu: Papier, Recht der öffentlichen Sachen, S. 10 unter Bezugnahme auf Bartlsperger, Verkehrssicherungspflicht und öffentliche Sache, S. 62 f.

[403] Vgl. Krämer, in: Kodal/Krämer, Straßenrecht, Kap. 5, Rn. 52, S. 178.

[404] Vgl. Papier, Recht der öffentlichen Sachen, S. 11.

[405] Grundlegend zur Systemgerechtigkeit u.a.: Peine, Systemgerechtigkeit; Maurer, in: Isensee/ Kirchhof, Handbuch des Staatsrechts, Bd. III, Handeln des Staates, § 60, Rn. 62; Schmidt- Bleibtreu, in: Schmidt- Bleibtreu/ Klein, Kommentar zum Grundgesetz, Art. 3, Rn. 16 a; Gubelt, in: v. Münch, Grundgesetz- Kommentar, Art. 3, Rn. 30; Degenhart, Systemgerechtigkeit und Selbstbindung des Gesetzgebers als Verfassungspostulat, jeweils m.w.N.

[406] So im Ergebnis auch Peine, Systemgerechtigtkeit, S. 313. Zu der Vielschichtigkeit der Begriffe auch Pieroth, Rückwirkung und Übergangsrecht, S. 158.

[407] Soweit ersichtlich definiert das BVerfG diese Begriffe nicht einmal, vgl. Peine, Systemgerechtigtkeit, S. 27. Nach *Peine* kann unter Systemgerechtigkeit das „Passen" einer Vorschrift in ein Rechtssystem verstanden werden, vgl. ebenda.

[408] Vgl. dazu Schmidt/ Bleibtreu, Kommentar zum Grundgesetz, Art. 3, Rn. 16 a; ferner Rüfner, in: Bonner Kommentar zum Grundgesetz, Art. 3 Abs. 1, Rn. 38.

[409] Vgl. Maurer, in: Isensee/ Kirchhof, Handbuch des Staatsrechts, Bd. III, Handeln des Staates, § 60, Rn. 62. Danach ist noch nicht einmal klar, ob die materiellrechtliche Grundlage des der Systemgerechtigkeit zugrundeliegenden Konsequenzgedankens nun der Gleichheitssatz oder die aus dem Rechtsstaatsprinzip ableitbaren Grundsätze der Rechtssicherheit und des Vertrauensschutzes sein sollen.

Überwiegend wird er allenfalls als Hilfsgesichtspunkt im Rahmen des Art. 3 Abs. 1 GG verstanden, ohne daß dadurch die allgemeinen Grundsätze tangiert würden.[410] Insoweit kommt der Systemgerechtigkeit nur geringe Bedeutung zu.[411] Schon deswegen ist der Versuch, aus der behaupteten Systemwidrigkeit des § 8 Abs. 10 BFStrG Konsequenzen hinsichtlich seiner materiellrechtlichen Wirksamkeit zu ziehen, wenig erfolgversprechend. Davon abgesehen ist § 8 Abs. 10 BFStrG ohnehin Ausdruck des gesetzgeberischen Bekenntnisses zu der Theorie des modifizierten Privateigentums. Konsequenterweise ordnet der Gesetzgeber dann auch die Straßensondernutzung dualistisch[412], und verlangt entweder die privatrechtliche Gestattung des Eigentümers oder die öffentlich-rechtliche Erlaubnis des Straßenbaulastträgers für die Zulässigkeit eines Sondergebrauchs.[413] Das Bundesfernstraßengesetz unterscheidet damit in seiner gegenwärtigen Systematik zwischen zwei Formen der Sondernutzung: Zum einen findet sich die öffentlich-rechtliche Sondernutzung, also die Beanspruchung der öffentlichen Straße über den Gemeingebrauch hinaus, die den Gemeingebrauch anderer beeinträchtigt. Für diese Art der Sondernutzung ist nach der gesetzlichen Konzeption eine öffentlich-rechtliche Sondernutzungserlaubnis erforderlich, vgl. § 8 Abs. 1 BFStrG. Zum anderen gibt es gem. § 8 Abs. 10 BFStrG auch Sondernutzungen, die zwar den Gemeingebrauch überschreiten, diesen jedoch nicht beeinträchtigen. In diesen Fällen ist statt der öffentlich-rechtlichen Sondernutzungserlaubnis die privatrechtliche Gestattung des Wegeeigentümers erforderlich. Daneben ordnet das geltende Straßenrecht in § 8 Abs. 10 BFStrG im Hinblick auf öffentliche Versorgungsleitungen an, daß bestimmte

---

[410] Vgl. Rüfner, in: Bonner Kommentar zum Grundgesetz, Art. 3 Abs. 1, Rn. 38 auch mit Hinweis auf die neuere Rechtsprechung des BVerfG: z.B. BVerfGE 78, S. 104 ff. (123); 81, S. 156 ff. (207).

[411] Vgl. Rüfner, in: Bonner Kommentar zum Grundgesetz, Art. 3 Abs. 1, Rn. 38 unter Bezugnahme auf Schuppert, Verfassungsrechtlicher Prüfungsmaßstab bei der verfassungsgerichtlichen Überprüfung von Steuergesetzen, in: FS für Zeidler, Bd. I, S. 691 ff. (713 ff.).

[412] Die „dualistische Konstruktion" der Straßengesetze auf Grundlage der Lehre vom modifizierten Privateigentum (vgl. Papier, Recht der öffentlichen Sachen, S. 9) ist zu unterscheiden von der sog. „dualistischen Auffassung", nach der neben der privatrechtlichen Gestattung des Wegeeigentümers eine öffentlich-rechtliche Erlaubnis erforderlich ist (vgl. Zippilius, Grundfragen des öffentlichen Sachenrechts und das Bayrische Straßen- und Wegerecht, DÖV 1958, S. 838 ff. (846 f.); ders. Sondernutzungen an Straßen, in: Bartlsperger, Ein Vierteljahrhundert Straßenrechtsgesetzgebung, S. 141 ff. (143); Salzwedel, Straßen- und Verkehrsrecht, in: Schmidt- Aßmann, Besonderes Verwaltungsrecht, Rn. 37; dazu auch Ziegler, Das Eigentum am „Straßenwerk" sowie zur Sondernutzung und sonstigen Benutzung, DVBl. 1976, S. 89 ff. (90) sowie Grote, in: Kodal/ Krämer, Straßenrecht, Kap. 226, Rn. 7, S. 695. Dem ist mit der heute ganz herrschender Meinung nicht zu folgen: Unter den Voraussetzungen des § 8 Abs. 10 BFStrG ist eine privatrechtliche Gestattung ausreichend und eine öffentlich rechtliche Erlaubnis daneben gerade nicht erforderlich, vgl. u.a. Büdenbender, Energierecht, Rn. 498.

[413] Vgl. Grote, in: Kodal/ Krämer, Straßenrecht, Kapitel 26, Rn. 8, S. 696.

Formen der Sondernutzung nicht als Sondernutzung zu behandeln sind.[414] Diese Konstruktion war ebenso wie § 8 Abs. 10 BFStrG bereits in der Ursprungsfassung des Bundesfernstraßengesetzes aus dem Jahre 1953 enthalten und ist nicht etwa nachträglich eingefügt worden, so daß schon deswegen und angesichts der Tatsache, daß die oben genannte Gründe durchaus die gesetzgeberische Entscheidung für die gemischtrechtliche Konstruktion der öffentlichen Straßen durchaus zu rechtfertigen vermögen, viel dafür spricht, daß diese Vorschrift selbst Bestandteil der straßenrechtlichen Systematik geworden ist, und schon aus diesem Grund nicht „systemfremd" sein kann.[415]

bb) Doch auch wenn man das anders sehen wollte, wird man aus der Systemwidrigkeit einer Vorschrift richtigerweise lediglich eine Indizwirkung für einen Verstoß gegen Art. 3 Abs. 1 GG ableiten können.[416] Erst wenn für die durch die Systemwidrigkeit bedingte Ungleichbehandlung kein sachlich gerechtfertigter Grund besteht, liegt ein Verstoß gegen Art. 3 Abs. 1 GG vor. Bei näherer Betrachtung dieser Fragestellung erweist sich aber auch die von *Wieland*[417] vertretene These, es gebe keinen ausreichenden Grund für die Sonderregelung des § 8 Abs. 10 BFStrG, als falsch.

α) Bei der Prüfung, ob ein Verstoß gegen Art. 3 Abs. 1 GG vorliegt, greift das BVerfG in ständiger Rechtsprechung alternativ auf zwei Formeln zurück:[418] Nach der „Willkürformel", die vor allem in der älteren Rechtsprechung des BVerfG angewendet wurde, ist es dem Gesetzgeber untersagt, wesentlich Gleiches willkürlich ungleich und wesentlich Ungleiches willkürlich gleich zu behandeln.[419] Nach der sog. „neuen Formel" liegt ein Verstoß gegen Art. 3 Abs. 1 GG dann vor, „wenn eine Gruppe von Normadressaten im Vergleich zu anderen Normadressaten anders behandelt wird, obwohl zwischen beiden Gruppen keine Unterschiede von solcher Art und solchem Gewicht bestehen, daß sie eine Ungleichbehandlung rechtfertigen könnten."[420]

---

[414] Vgl. Ronellenfitsch, Straße und Energieversorgung im Konflikt, S. 36.
[415] Ohnehin hatte das BVerfG selbst bisher keinerlei Bedenken gegen die bestehende dualistische Konstruktion der Straßengesetze, vgl. BVerfGE 42, S. 20 ff. (34).; vgl. Krämer, in: Kodal/ Krämer, Straßenrecht, Kap. 5, Rn. 51, S. 177; ebenso auch Axer, Die Widmung als Schlüsselbegriff des Rechts der öffentlichen Sachen, S. 50.
[416] Vgl. Gubelt, in: v. Münch/ Kunig, Grundgesetz- Kommentar, Art. 3, Rn. 30; ferner Herzog, in: Maunz/ Dürig, Grundgesetz, Art. 3, Rn. 31 Anh.
[417] Vgl. Wieland, Die Konzessionsabgaben, S. 383.
[418] Vgl. dazu statt vieler: Gubelt, in: v. Münch/ Kunig, Grundgesetz- Kommentar, Art. 3, Rn. 11 ff.
[419] Vgl. etwa BVerfGE 4, S. 144 ff. (155); 60, S. 16 ff. (42).
[420] Vgl. BVerfGE 55, S. 42 ff. (88); 92, S. 365 ff. (407).

β) Die bundesfernstraßenrechtlichen Sondernutzungsregelungen bieten in zweifacher Hinsicht Anlaß für eine Prüfung am Maßstab des Art. 3 Abs. 1 GG. Da der Gesetzgeber mit § 8 Abs. 10 BFStrG nur die (kurze) Beeinträchtigung des Gemeingebrauchs zum Zwecke der öffentlichen Versorgung von dem Erfordernis einer öffentlich-rechtlichen Sondernutzungserlaubnis freistellt, kann dem zunächst als Vergleichspaar die Beeinträchtigung des Gemeingebrauchs zu allen denkbaren sonstigen Zwecken, die nicht in der öffentlichen Versorgung liegen, gegenübergestellt werden. Innerhalb der Gruppe der „sonstigen Zwecke" nimmt allerdings die Beeinträchtigung des Gemeingebrauchs zum Zwecke der Stromeigenversorgung eine Sonderstellung ein, da auch hier die Beeinträchtigung des Gemeingebrauchs immerhin zum Zwecke der Versorgung erfolgt und sich deswegen verstärkt die Frage aufdrängt, ob die Differenzierung zwischen Fremd- und Eigenversorgung auf hinreichende sachliche Rechtfertigungsgründe gestützt werden kann:

αα) Das Differenzierungskriterium für die Ungleichbehandlung ist die „öffentliche Versorgung" i.S.d. § 8 Abs. 10 BFStrG. Ziel dieser Regelung soll die Förderung und Ermöglichung einer umfassenden und gleichmäßigen Stromversorgung der Allgemeinheit sein. Anders als etwa der Verkauf von Waren an bzw. auf der Straße oder das Aufstellen eines Bauschuttcontainers stellt die öffentliche Energieversorgung nach allgemeiner Auffassung eine Aufgabe von größter Bedeutung dar[421], was als Anknüpfungspunkt für eine Ungleichbehandlung - insbesondere vor dem insoweit bestehenden weiten Ermessensspielraum des Gesetzgebers -[422] unter verfassungsrechtlichen Gesichtspunkten sicherlich genügen dürfte. Damit wird aber auch zugleich deutlich, daß die Ungleichbehandlung von Eigen- und Fremdversorgung sachlich gerechtfertigt ist: Nur Leitungen, die der Versorgung anderer dienen, fördern die Interessen der Allgemeinheit unmittelbar, während innerbetriebliche Leitungen allgemeine Interessen allenfalls mittelbar fördern können. Dieser Unterschied genügt im Rahmen des Art. 3 Abs. 1 GG für die Rechtfertigung unterschiedlicher rechtlicher Regelungen, so daß der Gesetzgeber jedenfalls berechtigt – wenn auch nicht unbedingt verpflichtet – war, die Beeinträchtigung des Gemeingebrauchs zum Zwecke der öffentlichen Versorgung im Vergleich zu allen übrigen Beeinträchtigungen zu privilegieren.

---

[421] Vgl. dazu BVerfGE 66, S. 248 ff. (258); ferner BVerwGE 29, S. 248 ff. (251).
[422] Vgl. Pieroth/ Schlink, Grundrechte, Rn. 486 a mit Hinweis auf BVerfGE 66, S. 84 ff. (95) und BVerfGE 64, S. 158 ff. (168 f.).

ββ) Daran hat sich auch durch die Energierechtsreform 1998 grundsätzlich nichts geändert. Zwar wurde der Anwendungsbereich des § 8 Abs. 10 BFStrG dadurch erweitert, daß dieser Ausnahmetatbestand in Zukunft auch für Direktleitungen gilt, sofern über diese Leitung ein anderer versorgt wird. Das ist wiederum dadurch gerechtfertigt, daß auch bei diesen Leitungen der erforderliche Öffentlichkeitsbezug der Stromversorgung - wenn auch regelmäßig in geringerem Ausmaß als bei einer allgemein genutzten Leitung - gewahrt ist. Damit kommt es also nicht entscheidend auf die Zahl der über eine Leitung versorgten Kunden an; ausschlaggebend und als Anknüpfungspunkt für eine andere rechtliche Behandlung im Vergleich zu den Eigenversorgern ausreichend ist damit ein – wie auch immer ausgeprägter - unmittelbarer Öffentlichkeitsbezug der Versorgungsleitungen.

χχ) § 8 Abs. 10 BFStrG verstößt nach alledem nicht gegen Art. 3 Abs. 1 GG. Eine andere Frage ist dagegen, ob die durch § 8 Abs. 10 BFStrG bedingte Ungleichbehandlung zwischen Eigen- und Fremdversorgung angesichts der Elektrizitätsbinnenmarktrichtlinie und der gesetzgeberischen Grundkonzeption bei der Reform des Energiewirtschaftsgesetzes weiterhin als sinnvoll und zwingend als sachgerecht erachtet werden kann. Für eine Gleichstellung dieser beiden Leitungsarten spräche insbesondere, daß von Direktleitungen zum Zwecke der Versorgung eines einzelnen Kunden und zum Zwecke der Eigenversorgung jeweils nur ein sehr begrenzter Personenkreis unmittelbar profitiert: bei der Fremdversorgung via Direktleitung nur der jeweilige Energieversorger bzw. der über diese Leitung versorgte Kunde, bei der innerbetrieblichen Leitung nur der Eigenversorger. Der verfassungsrechtlich zulässige Anknüpfungspunkt für eine Ungleichbehandlung bleibt zwar - wie gezeigt - auch in diesem Fall der fehlende Öffentlichkeitsbezug einer innerbetrieblichen Leitung. Doch schon aus Art. 21 Abs. 1 RL- Elt wird deutlich, daß zumindest der Gemeinschaftsgesetzgeber nicht zwischen der Fremd- und Eigenversorgung differenzieren wollte. Dafür spricht auch das Gebot der Objektivität und Diskriminierungsfreiheit des Abs. 2 der RL- Elt. Für eine insgesamt privatrechtliche Ausgestaltung der Straßenbenutzung ließe sich ferner anführen, daß die Straßenbenutzung für die Leitungsverlegung eine Fülle von Fragen aufwirft, die sich in der Form privatrechtlicher Verträge verhältnismäßig einfach regeln lassen und die

Besonderheiten des Einzelfalls besser erfassen können als eine behördliche Erlaubnis.[423] Darauf ist später noch ausführlicher einzugehen.[424]

δδ) Hilfsweise sei hier noch erwähnt, daß - vorausgesetzt das Bundesverfassungsgericht müßte sich je mit § 8 Abs. 10 BFStrG befassen - Verstöße gegen Art. 3 Abs. 1 GG regelmäßig ohnehin nicht zur Nichtigerklärung der Norm führen.[425] Allein die Kassation gleichheitswidriger Begünstigung oder Belastung wird das Problem nicht lösen, da bei Gleichheitsverstößen immer mehrere Möglichkeiten zur Herstellung der Gleichbehandlung in Betracht kommen.[426] Um bei gesetzgeberischen Verstößen gegen den Gleichheitssatz den Gestaltungsspielraum des Gesetzgebers zu wahren, hat sich die Unvereinbarkeits- Tenorierung entwickelt, wonach sich das Bundesverfassungsgericht darauf beschränkt, die Unvereinbarkeit einer Norm mit dem Grundgesetz festzustellen;[427] eine für unvereinbar erklärte Norm wird ausnahmsweise aber auch dann weiterhin angewendet, wenn ohne diese Norm ein Zustand entstünde, der von der verfassungsmäßigen Ordnung noch weiter entfernt wäre als der bisherige.[428] Das aber wäre in Anbetracht der bundesweit[429] und seit je her privatrechtlich geregelten Wegebenutzungsverträgen zwischen Gebietskörperschaften und Energieversorgungsunternehmen zu befürchten.

εε) Hinzugefügt werden soll schließlich noch, daß auch jenseits des Art. 3 Abs. 1 GG kein grundgesetzliches Gebot zur ausschließlich öffentlich-rechtlichen Regelung der Rechtsverhältnisse an öffentlichen Sachen besteht.[430] So kann weder aus dem Rechtsstaats- noch etwa aus dem Sozialstaatsgebot abgeleitet werden, daß das Straßenrecht als das Recht öffentlicher Sachen verfassungskonform ausschließlich öffentlich-rechtlich geregelt werden müßte.[431]

---

[423] Vgl. BVerwGE 29, S. 248 ff. (251 f.).
[424] Siehe dazu unten Teil E, III.
[425] So auch Wieland, Die Konzessionsabgaben, S. 384.
[426] Vgl. Stuth, in: Umbach/ Clemens, Bundesverfassungsgerichtsgesetz, § 78, Rn. 17.
[427] Vgl. u.a. BVerfGE 93, S. 165 ff. (178); Zuck, in: Lechner/ Zuck, BVerfGG, § 78, Rn. 8; ferner Stuth, in: Umbach/ Clemens, Bundesverfassungsgerichtsgesetz, § 78, Rn. 17 ff.
[428] Vgl. BVerfGE 61, S. 319 ff. (356); 92, S. 53 ff. (73); 93, S. 121 ff. (148), zitiert nach Zuck, in: Lechner/ Zuck, BVerfGG, § 78, Rn. 9.
[429] Zu den Ausnahmen sogleich unten Teil C, I., 2.
[430] Vgl. Krämer, in: Kodal/ Krämer, Straßenrecht, Kap. 5, Rn. 51, S. 177.
[431] Vgl. Krämer, in: Kodal/ Krämer, Straßenrecht, Kap. 5, Rn. 51, S. 177.

cc) Damit bleibt festzuhalten, daß die geäußerten verfassungsrechtlichen Bedenken gegen die Lehre vom modifizierten Privateigentum sowie gegen § 8 Abs. 10 BFStrG weder inhaltlich noch in ihrer praktischen Durchsetzbarkeit überzeugen. Damit ist diese Vorschrift weiterhin als geltendes Recht anzuwenden; sie stellt auch in Zukunft für die Leitungsverlegung auf öffentlichen Verkehrswegen eine zentrale und insbesondere auch bei der Frage der korrekten Umsetzung des Art. 21 RL- Elt. zu beachtende Norm dar.

2. Die landesrechtlichen Regelungen:

§ 8 Abs. 10 BFStrG gilt unmittelbar nur für Straßen, die in den sachlichen Anwendungsbereich des Bundesfernstraßengesetzes fallen, also sämtliche Bundesstraßen des Fernverkehrs, vgl. § 1 BFStrG. Alle anderen öffentlichen Straßen werden von dieser Vorschrift nicht erfaßt. Zumindest die Flächenbundesländer haben sich aber ebenso wie der Bundesgesetzgeber für ein gemischt privatrechtlich- öffentlich-rechtliches System entschieden und die Gestattung der Leitungsverlegung für die öffentliche Versorgung der privatrechtlichen Gestattung unterstellt.[432] Es finden sich hier gelegentlich einige sprachliche Abweichungen (so etwa „kurzfristig" in § 45 Abs. 1 LStrG RP, oder „vorübergehend" in § 23 Abs. 1 NStrG)[433], die jedoch keine inhaltlichen Änderungen nach sich ziehen. Z.T. wird in den landesrechtlichen Regelungen aber auch ganz auf das zeitliche Kriterium verzichtet, vgl. § 21 BW StrWG.[434] Wesentliche Unterschiede ergeben sich nur in Berlin[435] und Hamburg[436]; während das Berliner StrG nebeneinander die öffentlich-rechtliche Erlaubnis und die Einwilligung des Eigentümers verlangt, unterwirft das HambWG die Rechtsverhältnisses der öffentlichen Straßen ausschließlich dem öffentlichen Recht, und folgt damit der Lehre vom „öffentlichen Eigentum".[437] Diese beiden Stadtstaaten kennen dementsprechend keine ausschließlich bürgerlich-rechtliche Sondernutzung.[438] Insgesamt entspricht damit die Rechtslage in den Ländern (abgesehen von diesen Ausnahmen) weitgehend der auf der Bundesebene.

---

[432] § 23 NStrG, § 23 StrG NW, § 21 StrG BW, Art. 22 Abs. 1 Bay. StrWG, § 19 Brem. LStrG, § 20 Abs. 1 Hess. StrG, § 45 LStrG RP, § 22 Saarl. StrG, § 28 Abs. 1 StrWG SH etc.
[433] Vgl. Bauer, in: Kodal/ Krämer, Straßenrecht, Kap. 27, Rn. 18, S. 730.
[434] Vgl. Hermes, Staatliche Infrastrukturverantwortung, S. 447, Fn. 1. Wegen der weiten Auslegung der Formulierung „von nur kurzer Dauer" ergeben sich aber auch hier keine wesentlichen Unterschiede zu § 8 Abs. 10 BFStrG.
[435] §§ 12, 11 Abs. 1 und Abs. 7 BerlStrG.
[436] § 19 Abs. 1 und Abs. 6 HambWG.
[437] Vgl. Grote, in: Kodal/ Krämer, Straßenrecht, § 26, Rn. 8, S. 696; vgl. auch Papier, Recht der öffentlichen Sachen, S. 6.
[438] Vgl. Krüger, in: Obernolte/ Danner, Energiewirtschaftsrecht (Stand: März 1998, 34. EL.), V A, S. 8.

3. Das Recht der Wegebenutzungsverträge:

Nach mittlerweile ganz herrschender Meinung handelt es sich bei allen Wegebenutzungsverträgen - schon wegen § 8 Abs. 10 BFStrG bzw. den entsprechenden landesrechtlichen Regelungen - um privatrechtliche Verträge.[439] Für Streitigkeiten über die Rechte und Pflichten, die sich aus einem Gestattungsvertrag ergeben, sind damit die ordentlichen Gerichte zuständig.[440]

In der Praxis haben sich im wesentlichen zwei verschiedene Arten von Wegebenutzungsverträgen entwickelt.

a) Gestattungsverträge für Bundes- und Landesstraßen:

Die Gestattungsverträge beschränken sich darauf, die Benutzung des Straßengrundstücks oder des –körpers einzuräumen und die Bedingungen hierfür festzulegen.[441] Ihr Anwendungsbereich sind vornehmlich die Straßen des Bundes, der Länder und überwiegend auch der Kreise, sofern für diese keine Konzessionsverträge abgeschlossen wurden.[442] Zu einem Gestattungsvertrag kommt es regelmäßig dann, wenn ein Versorgungsunternehmen mit seiner Leitung eine bestehenden Straße kreuzen oder die Leitung in Längsrichtung verlegen will.[443] Nach heutigem Recht werden für den Abschluß der Gestattungsverträge regelmäßig keine Entgelte erhoben, d.h. die Benutzung von nicht kommunalen Verkehrswegen zum Zwecke der Leitungsverlegung erfolgt unentgeltlich.[444] Wegen der im allgemeinen gleichbleibenden Problematik der Verträge über die Benutzung von Straßen für Leitungen - insbesondere die der Folgepflicht und der Folgekostenpflicht - wurde eine Vereinheitlichung der

---

[439] Vgl. Büdenbender, Energierecht, Rn. 498 ff.; Evers, Recht der Energieversorgung, S. 178 ff.; ders., Die „Wegekonzession" für die Verlegung von Versorgungsleitungen, S. 181 ff. (189); vgl. auch Tettinger, Grundlinien des Konzessionsvertragsrechts, DVBl. 1991, S. 780 ff. (787). Nach a.A. handelt es sich gemischte Verträge, die sowohl privatrechlichen als auch öffentlich-rechtlichen Charakter haben, vgl. Hoppe, Erdgasversorgung durch gemeindliche Unternehmen, DVBl. 1965, S. 581 ff.; Stern, Zur Problematik des energiewirtschaftlichen Konzessionsvertrages, AöR 84, S. 273 ff. (323 ff.); Bauer, in: Kodal/ Krämer, Straßenrecht, Kap. 27, Rn. 73, 76, S. 762 f.

[440] Vgl. BGH NJW 1955, S. 104 f. (104); Bauer, in: Kodal/ Krämer, Straßenrecht, Kap. 27, Rn. 76, S. 763.

[441] Vgl. Bauer, in: Kodal/ Krämer, Straßenrecht, Kap. 27, Rn. 27, S. 735.

[442] Vgl. Bauer, in: Kodal/ Krämer, Straßenrecht, Kap. 27, Rn. 27, S. 735.

[443] Vgl. Bauer, in: Kodal/ Krämer, Straßenrecht, Kap. 27, Rn. 28, S. 735.

[444] Vgl. Bauer, in: Kodal/ Krämer, Straßenrecht, Kap. 27, Rn. 41, S. 747 f.

Gestattungsverträge angestrebt.[445] Zu diesem Zweck hat der Bundesminister für Verkehr für die Benutzung der Bundes-, Landes- und Kreisstraßen durch Versorgungsleitungen folgende Vertragsmuster eingeführt: den Rahmenvertrag von 1974[446], den Bundesmustervertrag 1987 (aus Grundlage des Bundesmustervertrages von 1968) und den Gegenvertrag 1987.[447]

b) Konzessionsverträge für kommunale Straßen:

Konzessionsverträge sind nach bisherigem Verständnis Verträge, mit denen Gemeinden oder Gemeindeverbände zur Sicherstellung der Versorgung ihres Gebietes mit Energie oder Wasser einem Versorgungsunternehmen das Recht zur Benutzung der in ihrem Eigentum stehenden Verkehrswege zur Verlegung von Leitungen einräumen in Verbindung mit der Verpflichtung des Unternehmers zur ordnungsgemäßen Belieferung und der Zusicherung des Rechts der Ausschließlichkeit der Wegebenutzung.[448] Diese Definition hat sich durch den Wegfall der Freistellung ausschließlicher Wegerechte gem. Art. 2 des Gesetzes vom 24. April 1998 gewandelt, so daß die Ausschließlichkeit in Zukunft kein Bestandteil eines Konzessionsvertrages mehr sein kann.[449]

Von den Gestattungsverträgen unterscheiden sich die Konzessionsverträge vor allem dadurch, daß sie alle Berührungen von Leitungen mit gemeindlichen Straßen in dem von dem Konzessionsvertrag erfaßten Gebiet regeln.[450] Für Konzessionsverträge bestehen ebenfalls Musterverträge, die von den kommunalen Spitzenverbänden mit den größten Energieversorgungsunternehmen ausgehandelt wurden und ebenfalls in der Praxis grundsätzlich Anwendung finden.[451] Für die Einräumung diese umfassenden Benutzungsrechtes werden - anders als bei den Gestattungsverträgen - als Entgelte die sog. Konzessionsabgaben bezahlt, deren Höhe sich nach der Konzessionsabgabenverordnung richtet.

---

[445] Vgl. Bauer, in: Kodal/ Krämer, Straßenrecht, Kap. 27, Rn. 45, S. 751.

[446] Vgl. hierzu auch Studentkowski, 25 Jahre Rahmenvertrag zur Regelung der Mitbenutzung von Bundes- und Landstraßen durch Versorgungsleitungen, EW 1999, S. 28 ff. Zu den Musterverträgen ausführlich: Grupp, in: Marschall/ Schroeter/ Kastner, Bundesfernstraßengesetz, § 8, Rn. 49 ff.

[447] Vgl. dazu ausführlich: Morell, Handbuch der Leitungs- und Wegerechte, 0110, S. 3 ff.

[448] Vgl. Bauer, in: Kodal/ Krämer, Straßenrecht, Kap. 27, Rn. 73, S. 762.

[449] Vgl. Morell, Handbuch der Leitungs- und Wegerechte, 0110, S. 20.

[450] Vgl. Morell, Handbuch der Leitungs- und Wegerechte, 0110, S. 20.

[451] Vgl. Morell, Handbuch der Leitungs- und Wegerechte, 0110, S. 2.

II. Leitungsverlegungsrechte gem. § 13 Abs. 1 EnWG:

Mit § 13 Abs. 1 EnWG ist durch die Energierechtsreform 1998 eine Vorschrift hinzugekommen, die die wegerechtliche Seite des Leitungsbaus zum Gegenstand hat. Sie lautet:

„Die Gemeinden haben ihre öffentlichen Verkehrswege für die Verlegung und den Betrieb von Leitungen, einschließlich Fernwirkleitungen zur Netzsteuerung und Zubehör, zur unmittelbaren Versorgung von Letztverbrauchern im Gemeindegebiet diskriminierungsfrei durch Vertrag zur Verfügung zu stellen. § 6 Abs. 3 gilt für Elektrizitätsversorgungsleitungen bis zum Ablauf der Frist gem. § 8 entsprechend. Unbeschadet ihrer Verpflichtungen nach Satz 1 können die Gemeinden den Abschluß von Verträgen ablehnen, solange das Elektrizitätsversorgungsunternehmen die Zahlung von Konzessionsabgaben in Höhe der Höchstsätze nach § 14 Abs. 2 verweigert und eine Einigung über die Höhe der Konzessionsabgaben noch nicht erzielt ist.“

Mit dieser Vorschrift scheint der Gesetzgeber die durch § 8 Abs. 10 BFStrG und die entsprechenden landesrechtlichen Regelungen für die Leitungsverlegungsrechte auf öffentlichen Verkehrswegen eröffnete Privatautonomie auf den ersten Blick in wesentlichen Bereichen und in wesentlichem Umfang wieder aufzuheben. Inwieweit das tatsächlich der Fall ist, gilt es im folgenden zu untersuchen. Bevor allerdings die Voraussetzungen und Rechtsfolgen des § 13 Abs. 1 EnWG im einzelnen näher beleuchtet werden, soll ein kurzer Überblick über die Entstehungsgeschichte des Energiewirtschaftsgesetzes gegeben werden, auf die im Rahmen der Auslegung des § 13 Abs. 1 EnWG zurückzukommen sein wird.

1. Die neuere Entstehungsgeschichte des EnWG 1998 unter besonderer Berücksichtigung des § 13 Abs. 1 EnWG:

Die Reformierung des Energiewirtschaftsgesetzes nahm auch auf nationaler Ebene einen längeren Zeitraum in Anspruch.[452] Die Bestrebungen, das EnWG 1935 zu ändern und

---

[452] Vgl. Danner, in: Obernolte/ Danner, Energiewirtschaftsrecht, Einführung (Stand: März 1998, 34. EL.), S. 4 ff. u.a. mit Hinweis auf das neuere Schrifttum in Fn. 3: Böke/ Heller, Reform des Energiewirtschaftsgesetzes aus industrieller Sicht, ZfE 1991, S. 267 ff.; Klinger, Das Energiewirtschaftsgesetz vor einer Reform?, et 1991, S. 262 ff. (263 ff).

zu reformieren, reichen bis in das Jahr 1945 zurück.[453] Auch in den folgenden Nachkriegsjahren wurden wiederholt Versuche unternommen, das geltende EnWG 1935 zu erneuern, allerdings ohne daß einer der Vorschläge in Gesetzesform gegossen worden wäre.[454]

Belebt wurde die Diskussion Anfang der neunziger Jahre vor allem durch den Zweiten Bericht der Deregulierungskommission vom Mai 1991: Darin wurde u.a. angeregt, die §§ 103, 103 a GWB aufzuheben, wettbewerbsbeschränkende Abreden zu unterbinden, Durchleitungspflichten für Energie festzulegen sowie die Konzessionsabgaben schrittweise abzuschaffen.[455] Am 11. Dezember 1991 legte die Bundesregierung ihr energiepolitisches Gesamtkonzept vor, welches insbesondere auf eine stärkere Deregulierung des Energiemarktes hinzielte.[456] Wiederholt wurde angekündigt, das EnWG 1935 noch im Laufe der 12. Legislaturperiode zu reformieren.[457] Unter dem Druck der von der EG- Kommission 1992 vorgelegten Vorschläge für die Schaffung eines Elektrizitätsbinnenmarktes[458] führte das bestehende Konzept zu mehreren Entwürfen. Von besonderem Interesse sind hier vor allem folgende:[459]

---

[453] Vgl. Ludwig/ Odenthal, Recht der Elektrizitäts-, Gas-, und Wasserversorgung, EnergG, Einführung, S. 10, Rn. 5; zu der älteren Entstehungsgeschichte u.a. Danner, in: Obernolte/ Danner, Energiewirtschaftsrecht, Einführung, S. 4 ff..

[454] Zu der Reformdiskussion siehe: Büdenbender, Energierecht, Rn. 1359 ff.; Evers, Das Recht der Energieversorgung, S. 31 ff.; Ludwig/ Odenthal, Recht der Elektrizitäts-, Gas-, und Wasserversorgung, EnergG, Einführung, S. 10, Rn. 5; Tegethoff/ Büdenbender/ Klinger, Das Recht der öffentlichen Energieversorgung, Einleitung EnWG, S. 13 ff.

[455] Vgl. Zweiter Bericht der Deregulierungskommission, Marktöffnung und Wettbewerb, Stuttgart 1991; dazu Ludwig/ Odenthal, Recht der Elektrizitäts-, Gas- und Wasserversorgung, EnergG, Einführung, S. 10, Rn. 6; auch Danner, in: Obernolte/ Danner, Energiewirtschaftsrecht, Einführung, S. 6 m.w.N.

[456] Das energiepolitische Gesamtkonzept der Bundesregierung, Energiepolitik für das vereinte Deutschland, BT- Drks. 12/ 1799 vom 11.12.1991, abgedruckt auch bei Obernolte/ Danner, Energiewirtschaftsrecht, EnWG I F, Anhang 1.

[457] Vgl. Danner, in: Obernolte/ Danner, Energiewirtschaftsrecht, Einführung, S. 8. Siehe dazu auch die Jahreswirtschaftsberichte 1994 (BT- Drks. 12/ 6676, Rn. 107) und 1995 (BT- Drks. 13/ 370, Rn. 86).

[458] Siehe zu den Richtlinienentwürfen oben Teil B, II.

[459] Zu den hier nicht besprochenen Gesetzentwürfen der SPD- Fraktion sowie des Bündnis 90/ Die Grünen etc. vgl. Danner, in: Obernolte/ Danner, Energiewirtschaftsrecht, Einführung, S. 9 f. sowie Tegethoff/ Büdenbender/ Klinger, Das Recht der öffentlichen Energieversorgung, Einleitung EnWG, S. 23. Hierzu auch Notthoff, Novellierungsversuche des Energiewirtschaftsgesetzes vor dem Hintergrund grundrechtlicher Normen, S. 91 ff.

a) Referentenentwurf 1994:

aa) Ende 1993 verdichteten sich die Novellierungsbemühungen zu einem Referentenentwurf des Bundesministers für Wirtschaft zur Neuregelung des Energiewirtschaftsgesetzes, der am 15. Februar 1994 vorgelegt wurde.[460] Dieser Entwurf enthielt einerseits Neuregelungen für die Elektrizitäts- und Gasversorgung und andererseits grundlegende Änderungen der energierechtlichen Bestimmungen des GWB. Er brach dabei insbesondere mit der bis dahin vorherrschenden Vorstellung, wonach brancheninterner Wettbewerb bei der leitungsgebundenen Energieversorgung mit den Zielen der Versorgungssicherheit und Kostengünstigkeit unvereinbar sei.[461] Gerade wegen dieser wettbewerblichen Öffnung wurde der Referentenentwurf dann auch durch die Monopolkommission unterstützt.[462] Im einzelnen sah der Entwurf u.a. vor, die Investitionskontrolle abzuschaffen, den Schutz geschlossener Versorgungsgebiete aufzuheben, Durchleitungsrechte zu erweitern und den Umweltschutz in den Zielkatalog des EnWG einzubeziehen.[463]

bb) In weiten Bereichen deckte sich der Referentenentwurf bereits mit den Richtlinienentwürfen der Kommission aus dem Jahre 1992. Ebenso wie die Richtlinienvorschläge sah auch der Referentenentwurf ein Nebeneinander von Durchleitung und Leitungsbau vor. Dazu sollte vor allem der durch die §§ 103 ff. GWB gewährleistete Gebietsschutz entfallen und § 103 Abs. 1 GWB zu einem wirksamen Durchleitungstatbestand umgestaltet werden. Darüber hinaus hieß es in § 8 Abs. 1 des Referentenentwurfes zum EnWG von 1994:

„Die Gebietskörperschaften haben ihre öffentlichen Verkehrswege für die Verlegung und für den Betrieb von Leitungen zur Fortleitung und Abgabe von Energie diskriminierungsfrei zur Verfügung zu stellen."

---

[460] Vgl. Ludwig/ Odenthal, Recht der Elektrizitäts-, Gas-, und Wasserversorgung, EnergG, Einführung, S. 11, Rn. 7. Der Referentenentwurf 1994 ist abgedruckt bei Hoffmann- Riem/ Schneider, Umweltpolitische Steuerung in einem liberalisierten Strommarkt, Anhang.

[461] Vgl. Danner, in: Obernolte/ Danner, Energiewirtschaftsrecht, Einführung, S. 10. Diese Vorstellung fand sich wenig später auch in dem Jahreswirtschaftsbericht 1995 der Bundesregierung, vgl. BT- Drks. 13/ 370, Rn. 86.

[462] Hauptgutachten X (1992/1993), Mehr Wettbewerb auf allen Märkten, 185, 863, BT- Drks. 12/ 8323 vom 22.07.1994; siehe hierzu auch Danner, in: Obernolte/ Danner, Energiewirtschaftsrecht, Einführung, S. 10, Fn. 1

[463] Vgl. Tegethoff/ Büdenbender/ Klinger, Das Recht der öffentlichen Energieversorgung, Einleitung EnWG, S. 22.

Bereits bei einem ersten Vergleich mit § 13 Abs. 1 EnWG fällt auf, daß durch diese Vorschrift sämtliche Gebietskörperschaften - also Bund, Länder, Kreise und Gemeinden - zur Überlassung ihrer Verkehrswege für die Leitungsverlegung verpflichtet werden sollten.[464] Bemerkenswert ist weiterhin, daß die Wegebenutzung ohne unmittelbare Ankoppelung an das Konzessionsabgabenrecht umfassend gestattet werden mußte. Das ist wohl letztlich darauf zurückzuführen, daß der Referentenentwurf seinerseits auf den Empfehlungen der Deregulierungskommission[465] beruhte, die einen schrittweisen Abbau der Konzessionsabgaben vorsahen.[466] Dieser - politisch kaum durchsetzbaren - Forderung hatte die Bundesregierung aber schon frühzeitig eine Absage erteilt: Ihre Bereitschaft, die Konzessionsabgaben wegen ihrer Bedeutung für die kommunalen Haushalte möglichst in voller Höhe aufrechtzuerhalten, war bereits im energiepolitischen Gesamtkonzept von 1991 zum Ausdruck gekommen.[467]

cc) So war dann der Referentenentwurf, als er im Februar 1994 erörtert wurde, schon aus diesem Grund im Kabinett nicht mehrheitsfähig. Darüber hinaus gab es gegen den Referentenentwurf des Bundeswirtschaftsministers auch aus der Versorgungswirtschaft – insbesondere von kommunaler Seite – nachhaltigen Widerstand.[468] Ansatzpunkt für Kritik war vor allem, daß aus der Sicht der Versorgungswirtschaft ein Ungleichgewicht entstünde, wenn den Energieversorgern einerseits weitgehende Pflichten (wie die Anschluß- und Versorgungspflicht, Preisaufsicht sowie Durchleitungspflichten) auferlegt würden, andererseits aber der Gebietsschutz abgeschafft werden sollte.[469] Der Versuch jedenfalls, das EnWG 1935 noch in der 12. Legislaturperiode zu reformieren, war gescheitert.

---

[464] Insoweit falsch ist die Kommentierung in Tegethoff/ Büdenbender/ Klinger, Das Recht der öffentlichen Energieversorgung, Einleitung EnWG, S. 22, wonach schon der Referentenentwurf die Wegebenutzungsrechte für Versorgungsleitungen auf gemeindliche Wege beschränkt hätte. Nicht unmittelbar aus dem Wortlaut des § 8 Abs. 1 Ref-E., aber doch aus dem Regelungsinhalt des Entwurfes insgesamt, läßt sich entnehmen, daß davon ausschließlich Leitungen betroffen sein sollten, die der Versorgung anderer dienen, also der öffentlichen Energieversorgung, vgl. § 2 i.V.m. § 1 Ref-E.
[465] Zweiter Bericht der Deregulierungskommission, Marktöffnung und Wettbewerb, vgl. auch oben Fn. 455.
[466] Vgl. oben Teil C, II., 1.
[467] Vgl. Das energiepolitische Gesamtkonzept der Bundesregierung für das vereinte Deutschland, BT-Drks. 12/ 1799 vom 11.12.1991. Dazu siehe auch oben Fn. 456.
[468] Vgl. Danner, in: Obernolte/ Danner, Energiewirtschaftsrecht, Einführung, S. 9.
[469] Vgl. Ludwig/ Odenthal, Recht der Elektrizitäts-, Gas- und Wasserversorgung, EnergG, Einführung, Rn. 7.

b) Entwurf zur Neuregelung des Energiewirtschaftsgesetzes:

aa) Im Jahreswirtschaftsbericht 1995 kündigte die Bundesregierung den Entwurf eines Artikelgesetzes zur Neuregelung des Energiewirtschaftsrechts an,[470] den sie dem Bundesrat am 08. November 1996 gem. Art. 76 Abs. 2 GG – also noch bevor auf europäischer Ebene die Elektrizitätsbinnenmarktrichtlinie verabschiedet worden war[471] – zur Verfügung stellte und daraufhin am 23. März 1997 im Bundestag einbrachte.[472] In seiner Zielsetzung deckte sich dieser Entwurf im wesentlichen mit der des Referentenentwurfes.[473] So war auch hier etwa die Streichung der Ausnahmetatbestände der §§ 103, 103 a GWB a.F. für die leitungsgebundene Energieversorgung vorgesehen.[474]

bb) Ebenfalls sollte eine die Wegebenutzungsverträge betreffende Vorschrift in das reformierte Energiewirtschaftsrecht aufgenommen werden. Dennoch wies der Regierungsentwurf diesbezüglich im Vergleich zum Referentenentwurf 1994 einige erhebliche Änderungen auf. § 8 Abs. 1 des Regierungsentwurfes vom 23. März 1997 lautete:

„Gemeinden haben ihre öffentlichen Verkehrswege für die Verlegung und den Betrieb von Leitungen, einschließlich Fernwirkleitungen zur Netzsteuerung und Zubehör, zur unmittelbaren Versorgung von Letztverbrauchern im Gemeindegebiet diskriminierungsfrei zur Verfügung zu stellen. "

Es fällt zunächst auf, daß von dieser Vorschrift ausschließlich nur noch Gemeinden, also nicht mehr *alle* Gebietskörperschaften betroffen sein sollten. Diese Formulierungsänderung im Vergleich zu § 8 Abs. 1 des Referentenentwurfes zum EnWG ist mit der abweichenden Regelungsintention der Bundesregierung zu erklären: Durch die Aufnahme des Tatbestandsmerkmals „zur unmittelbaren Versorgung von Letztverbrauchern im Gemeindegebiet", welches insoweit der Definition der Konzessionsabgabe in § 9 des Regierungsentwurfes (jetzt § 14 EnWG) entsprach, stellte

---

[470] Vgl. BT- Drks. 13/ 370, Rz. 86, zitiert nach: Danner, in: Obernolte/ Danner, Energiewirtschaftsrecht, Einführung, S. 11.

[471] Vgl. dazu die Stellungnahme des Bundesrates, BT- Drks. 13/ 7274, Anlage 2, S. 27.

[472] BT- Drks. 13/ 7274 vom 23.03.97. Dazu auch Tegethoff/ Büdenbender/ Klinger, Das Recht der öffentlichen Energieversorgung, Einleitung EnWG, S. 23.

[473] Vgl. Tegethoff/ Büdenbender/ Klinger, Das Recht der öffentlichen Energieversorgung, Einleitung EnWG, S. 23; Danner, in: Obernolte/ Danner, Energiewirtschaftsrecht, Einführung, S. 11.

[474] Art. 2 des Regierungsentwurfes vom 23.03.97, sowie die Begründung zum Entwurf des EnWG, BT- Drks. 13/ 7274, S. 11.

die Bundesregierung ausdrücklich klar, daß zusätzliche Leitungen nur dann durch § 8 Abs. 1 des Regierungsentwurfes privilegiert sein sollten, wenn die Gemeinden für diese Leitungen im Gegenzug auch Konzessionsabgaben erhalten können. In der Begründung zu § 8 des Regierungsentwurfes heißt es dann auch: „Diese Vorschrift ist neu und in engem Zusammenhang mit dem Recht der Gemeinden zur Erhebung von Konzessionsabgaben gem. § 9 zu sehen."[475] Mit § 8 Abs. 1 des Regierungsentwurfes sollte also ein Ausgleich dafür geschaffen werden, daß durch den Wegfall der Ausschließlichkeit weniger Konzessionsabgaben für Wegerechte zu erwarten sind.[476] Unter diesem Gesichtspunkt versteht sich § 8 i.V.m. § 9 des Regierungsentwurfes zum EnWG dann auch als „Schutznorm" für den Erhalt der Konzessionsabgaben in einem liberalisierten Strommarkt.

c) Überblick über die parlamentarische Diskussion um den Regierungsentwurf zum EnWG:

Der Regierungsentwurf war keineswegs unumstritten. So gestaltete sich auch das Gesetzgebungsverfahren - insbesondere wegen des Widerstandes des Bundesrates - als schwierig.[477]

aa) Der Bundesrat wandte sich in einer Stellungnahme gegen den Entwurf.[478] Kritik übte er u.a. an dem Versuch der Bundesregierung, die Elektrizitätsbinnenmarktrichtlinie umzusetzen, bevor die Richtlinie selbst verabschiedet worden war.[479] Weiterhin kritisierte der Bundesrat den Gesetzentwurf der Bundesregierung als wettbewerbs- und umweltpolitisch unzulänglich.[480] Im Hinblick auf den Wegfall der ausschließlichen Wegerechte bemängelte der Bundesrat insbesondere das nachhaltige Sinken der Konzessionsabgaben und die dadurch bedingte Gefährdung der kommunalen Finanzen.[481] Bezüglich des Verhältnisses von konkurrierendem Direktleitungsbau und Durchleitung forderte er eine Regelung, die die Durchleitung zum primären

---

[475] Vgl. die Begründung zum Entwurf des EnWG, BT- Drks. 13/ 7274, S. 20.
[476] Vgl. hierzu auch die 707. Sitzung des BR vom 19.12.1996 (S. 693 f.) sowie die Begründung zum Entwurf des EnWG, BT- Drks. 13/ 7274, S. 21.
[477] Zu Einzelheiten des Gesetzgebungsverfahrens vgl. Tegethoff/ Büdenbender/ Klinger, Das Recht der öffentlichen Energieversorgung, Einleitung EnWG, S. 23 ff.
[478] BT- Drks. 13/ 7274 vom 23.03.1997, Anlage 2, S. 27 ff.
[479] Vgl. die Stellungnahme des Bundesrates, BT- Drks. 13/ 7274, S. 27, I, 1., vgl. hierzu auch die 707. Sitzung des BR vom 19.12.1996 (S. 691).
[480] Vgl. die Stellungnahme des Bundesrates, BT- Drks. 13/ 7274, S 27, II, 1.

Wettbewerbsinstrument machen und den Leitungsbau lediglich subsidiär in Erscheinung treten lassen sollte.[482]

bb) Diese Kritik wies die Bundesregierung als im wesentlichen ungerechtfertigt zurück. Sie betonte im Rahmen einer Gegenäußerung auf die Bedenken des Bundesrates[483] die besondere Bedeutung des Baus zusätzlicher Leitungen als zentrales Wettbewerbsinstrument neben der Durchleitung durch vorhandene Netze.[484] Die Befürchtung, es könnten in Zukunft keine oder nur geringere Konzessionsabgaben mehr durchgesetzt werden, sei unberechtigt, insbesondere weil in dem Gesetzentwurf ausdrücklich klargestellt sei, daß die Konzessionsabgaben sowohl bei Direktleitungen als auch bei Durchleitungen zu zahlen seien.[485] Allerdings reagierte die Bundesregierung auf die Bedenken des Bundesrates und der Kommunen, indem in § 8 des Regierungsentwurfes zum EnWG einerseits die Worte „durch Vertrag" und andererseits ein weiterer Verweigerungsgrund für die Gemeinden als Satz 3 eingefügt wurden, der es den Gemeinden ermöglichen sollte, den Abschluß von Wegebenutzungsverträgen abzulehnen, wenn die EVU die Zahlung der Höchstsätze der Konzessionsabgaben verweigern und eine Einigung über die Höhe der Konzessionsabgaben noch nicht erfolgt ist. Durch diese Änderungen sollte das Ziel der Bundesregierung, die Konzessionsabgaben in voller Höhe zu erhalten, untermauert werden.[486] Dabei unterstellt die Bundesregierung, daß die Gemeinden sowohl im Rahmen der Direktleitungsversorgung als auch im Falle der allgemeinen Versorgung grundsätzlich zu Recht die Höchstsätze der Konzessionsabgaben durchsetzen können.[487] Bezüglich des Verhältnisses zwischen Durchleitung und Leitungsbau nimmt die Bundesregierung für sich in Anspruch, bereits den Vorgaben der Richtlinie entsprochen zu haben: Auf die Bestimmung des Vorranges der Durchleitung vor dem Leitungsbau - wie ihn die Richtlinie grundsätzlich zuließe[488] - habe die Bundesregierung bewußt verzichtet, weil dadurch der Leitungsbau als Hebel zur Durchsetzung des Netzzuganges im wesentlichen verlorenginge.[489]

---

[481] Vgl. die Stellungnahme des Bundesrates, BT- Drks. 13/ 7274, S. 28, II, 5., 1.
[482] Vgl. die Stellungnahme des Bundesrates, BT- Drks. 13/ 7274, S. 28, II, 6.
[483] BT- Drks. 13/ 7274 vom 23.03.1997, Anlage 3, S. 30 ff.
[484] Vgl. die Gegenäußerung der Bundesregierung, BT- Drks. 13/ 7274, zu Abschnitt III, 5., S. 36.
[485] Vgl. die Gegenäußerung der Bundesregierung, BT- Drks. 13/ 7274, zu Abschnitt II, S. 32
[486] Vgl. die Gegenäußerung der Bundesregierung, BT- Drks. 13/ 7274, zu Abschnitt II, S. 32 f.
[487] Vgl. die Gegenäußerung der Bundesregierung, BT- Drks. 13/ 7274, zu Abschnitt II, S. 33.
[488] Vgl. Art. 21 Abs. 4 RL- Elt. Dazu oben Teil B, III., e), cc).
[489] Vgl. die Gegenäußerung der Bundesregierung, BT- Drks. 13/ 7274, zu Abschnitt III, 5., S. 36..

cc) Da inzwischen die Elektrizitätsbinnenmarktrichtlinie verabschiedet worden war, stellte die Bundesregierung im Rahmen ihrer Stellungnahme auf die Gegenäußerung der Bundesrates die Änderungen zusammen, die sie für eine vollständige Umsetzung der Richtlinie für erforderlich hielt.[490] Bezüglich des Leitungsbaus ergaben sich insoweit keine Änderungen mehr, so daß die §§ 8 und 9 Reg.- Ent. zum EnWG - abgesehen von den unter bb) aufgeführten Ergänzungen - unverändert das Gesetzgebungsverfahren durchlaufen haben. Jedoch rechnete die Bundesregierung weiterhin mit dem Widerstand der Länder und nahm deswegen die zustimmungspflichtigen Teile des Gesetzentwurfes heraus, wie etwa die Einführung eines einheitlichen Planfeststellungsverfahrens bei dem Bau von Höchstspannungsfreileitungen und die Organisation und Zuständigkeit der Energieaufsichtsbehörden. Obwohl dieses Vorgehen von dem Bundesrat heftig kritisiert wurde und er mehrheitlich der Auffassung war, daß das Gesetz auch trotz dieser Änderungen immer noch gem. Art. 84 Abs. 1 GG zustimmungspflichtig sei,[491] wurde auf das Einlegen eines Einspruchs verzichtet,[492] so daß das EnWG 1998 gem. Art. 78 GG zustandegekommen und gem. Art. 5 des Neuregelungsgesetzes am Tag nach seiner Verkündung im Bundesgesetzblatt[493] am 29. April 1998 in Kraft getreten ist.

2. Verfassungsmäßigkeit des § 13 Abs. 1 EnWG:

Derzeit sind beim Bundesverfassungsgericht zwei Verfahren gegen das EnWG 1998 anhängig, und zwar zum einen eine Kommunalverfassungsbeschwerde[494] verschiedener Gemeinden, zum anderen eine abstrakte Normenkontrolle[495] der saarländischen, hessischen und hamburgischen Landesregierung sowie der SPD- Bundestagsfraktion.[496] Die Verfahren beruhen insbesondere darauf, daß die Beschwerdeführer bzw. Antragsteller die befürchteten Eingriffe des Bundes in die kommunalen Haushalte

---

[490] Vgl. die Gegenäußerung der Bundesregierung, BT- Drks. 13/ 7274, zu Abschnitt II, 2., S. 33.

[491] Vgl. das Protokoll der 720. Bundesratssitzung vom 19.12.1997, S. 602. Zur Zustimmungspflichtigkeit des EnWG sogleich auch unten Teil C, II., 2., a), cc).

[492] Vgl. Tegethoff/ Büdenbender/ Klinger, Das Recht der öffentlichen Energieversorgung, Einleitung EnWG, S. 25.

[493] BGBl. I vom 28.04.1998, S. 730.

[494] Die 1. Kammer des Zweiten Senats des BVerfG hat insoweit den Erlaß einstweiliger Anordnungen abgelehnt, vgl. BVerfG, 2 BvR 1646/ 98 vom 09.09.1999, RdE 2000, S. 24 ff; vgl. auch Scholtka, Die Entwicklung des Energierechts in den Jahren 1998 und 1999, S. 548 ff. (549).

[495] AZ: 2 BvF 1/ 98, zitiert nach Scholtka, Die Entwicklung des Energierechts in den Jahren 1998 und 1999, S. 548 ff. (549) auch unter Bezugnahme auf Schäfer, Deutsches und europäisches Energiewirtschaftsrecht, et 1999, S. 553 ff. (557).

[496] Vgl. Wieland, Das Normenkontrollverfahren der SPD- Bundestagsfraktion und der Bundesländer Hamburg, Hessen und des Saarlandes gegen die Energierechtsnovelle, ZNER 1998, S. 32 f. (32).

abwehren wollen. Im folgenden sollen die im einzelnen gegen das EnWG, insoweit vor allem gegen § 13 Abs. 1 EnWG, und gegen das Verbot ausschließlicher Konzessionsverträge eingewendeten Argumente auf ihre Stichhaltigkeit hin untersucht werden.

a) Formelle Verfassungsmäßigkeit des § 13 Abs. 1 EnWG:

aa) Die Gesetzgebungskompetenz des Bundes für das EnWG, insbesondere für § 13 Abs. 1 EnWG:

Die formelle Verfassungsmäßigkeit des EnWG setzt zunächst voraus, daß der Bund die Gesetzgebungskompetenz für die von ihm geregelten Fragen hat. Das wird vor allem für § 13 Abs. 1 EnWG häufig bestritten.

α) Ein Teil der Literatur spricht dem Bund die Gesetzgebungskompetenz für § 13 Abs. 1 EnWG ab.[497] Mit dieser Vorschrift regele der Bund die Benutzung gemeindlicher öffentlicher Verkehrswege, obwohl dazu allein die Länder berechtigt seien.[498] Die Befugnis des Bundesgesetzgebers beschränke sich darauf, den bereits wegerechtlich zugelassenen Verkehr straßenverkehrsrechtlich zu regeln; die wegerechtlichen Verhältnisse seien gem. Art. 30, 70 Abs. 1 GG ausschließlich Sache der Länder.[499] Vor allem aber sei die dem Bund gem. Art. 74 Abs. 1 Nr. 11 GG zustehende energiewirtschaftliche Gesetzgebungskompetenz überschritten.[500]

β) Diese Argumentation wird von der weitaus überwiegenden Literaturmeinung abgelehnt; sie hält die Gesetzgebungskompetenz des Bundes aus Art. 74 Abs. 1 Nr. 11 ohne weiteres auch für das EnWG bzw. § 13 Abs. 1 EnWG für gegeben.[501]

---

[497] Vgl. Wieland/ Hellermann, Das Verbot ausschließlicher Konzessionsverträge und die kommunale Selbstverwaltung, DVBl. 1996, S. 401 ff. (405 f.); siehe auch die weiteren Nachweise bei Schneider, Liberalisierung der Stromwirtschaft durch regulative Marktorganisation, S. 479, in Fn. 212.

[498] Vgl. Morell, Handbuch der Leitungs- und Wegerechte, 0110, S. 24 a.

[499] Vgl. Morell, Handbuch der Leitungs- und Wegerechte, 0110, S. 24 a mit Hinweis auf BVerfG, NJW 1985, S. 371 ff. (371 f.) zur Abgrenzung zwischen Straßenverkehrsrecht und Straßenrecht.

[500] Vgl. Wieland/ Hellermann, Das Verbot ausschließlicher Konzessionsverträge und die kommunale Selbstverwaltung, DVBl. 1996, S. 401 ff. (405).

[501] Vgl. Schneider, Liberalisierung der Stromwirtschaft durch regulative Marktorganisation, S. 479 ff. Keine Bedenken haben diesbezüglich offensichtlich auch Salje, Energiewirtschaftsgesetz, § 13; Böwing, in: Böwing, Energiewirtschaftsgesetz 1998, Art. 1, § 13.

χ) Die unterschiedliche Beurteilung der Kompetenzfrage beruht darauf, daß die Vertreter der beiden Auffassungen den Regelungsschwerpunkt des § 13 Abs. 1 EnWG jeweils anders gesetzt sehen: Während die zuerst genannte Ansicht diese Norm vorrangig für eine wegerechtliche Vorschrift hält, betont die Gegenauffassung die dahinterstehende wettbewerbswirtschaftliche Intention des Gesetzgebers. Tatsächlich kann man der Vorschrift weder einen wegerechtlichen, noch einen wirtschaftsrechtlichen Charakter vollständig absprechen. Für die Subsumtion unter Art. 74 Abs. 1 Nr. 11 GG spricht, daß der Begriff „Recht der Wirtschaft" i.S.d. Vorschrift nach gefestigter Rechtsprechung des Bundesverfassungsgerichts weit auszulegen ist, so daß hierzu alle Regelungen mit wirtschaftslenkendem und wirtschaftsregulierendem Inhalt zu zählen sind.[502] Da die Funktion des § 13 Abs. 1 EnWG im wesentlichen darin besteht, den Wettbewerb auf dem Energiesektor durch zusätzlichen Leitungsbau zu beleben, hat § 13 Abs. 1 EnWG - jedenfalls auch - wirtschaftslenkenden Charakter im oben genannten Sinn. Andererseits läßt sich aber auch eine wegerechtliche Komponente dieser Vorschrift nicht bestreiten. Betroffen wird durch den Kontrahierungszwang[503] des § 13 Abs. 1 EnWG die Gemeinde in ihrem Eigentum an den dem Verkehr gewidmeten Grundstücken. Damit hat sie auch einen unmittelbar wegerechtlichen Bezug.

Bestehen wie in dem vorliegenden Fall für einen zu regelnden Gegenstand Sachbezüge zu Kompetenzen sowohl des Bundes als auch der Länder, so ist nach der ständigen Rechtsprechung des Bundesverfassungsgerichts zur Vermeidung von Doppelzuständigkeiten auf den Regelungsschwerpunkt der jeweiligen Vorschrift abzustellen.[504] Die Materie muß also je nach Sachbezug entweder dem einen oder dem anderen Kompetenzbereich zugeordnet werden, da eine Doppelzuständigkeit dem System der verfassungsrechtlichen Kompetenznormen fremd und auch mit deren Abgrenzungsfunktion nicht vereinbar wäre.[505] In derartigen Grenzfällen kann auf die

---

[502] Vgl. BVerfGE 68, S. 319 ff. (330) m.w.N.; vgl. auch Schneider, Landesenergierecht und Grundgesetz, S. 14.; Maunz, in: Maunz/ Dürig, Grundgesetz, Art. 74, Rn. 130 ff.

[503] Unter Kontrahierungszwang versteht man die aufgrund einer Norm oder der Rechtsordnung einem Rechtssubjekt ohne seine Willensbildung im Interesse eines Begünstigten auferlegte Verpflichtung, mit diesem einen Vertrag zu bestimmten oder von unparteiischer Seite zu bestimmenden Inhalt zu schließen, so Nipperdey, Kontrahierungszwang und diktierter Vertrag, S. 7. Siehe hierzu auch die funktionale Definition von Kilian, Kontrahierungszwang und Zivilrechtssystem, AcP 180 (1980), S. 47 ff. (52), der den Kontrahierungszwang als Korrektiv für das marktbedingte Fehlen einer zumutbaren Handlungsalternative für den Begünstigten beim Vertragsschluß über wichtige Güter oder Leitungen beschreibt.

[504] Vgl. Gubelt, in: v. Münch/ Kunig, Grundgesetz-Kommentar, Art. 30, Rn. 20 unter Hinweis auf die ständige Rechtsprechung des BVerfG, vgl. u.a. BVerfGE 36, S. 193 ff. (202); 61, S. 149 ff. (204); 67, S. 299 ff. (321).

[505] Vgl. Gubelt, in: v. Münch/ Kunig, Grundgesetz-Kommentar, Art. 30, Rn. 20.

von *Bullinger* entwickelte Lehre vom „überwiegenden Sachzusammenhang" zurückgegriffen werden.[506] Auch danach hängt die Frage, ob ein bestimmter Regelungsgegenstand dem Kompetenzbereich des Bundes oder dem der Länder zuzuordnen ist, davon ab, zu welchem Kompetenzbereich die größere Sachnähe besteht.[507]

Vor diesem Hintergrund wird deutlich, daß der Ansicht, die allein den wegerechtlichen Charakter des § 13 Abs. 1 Satz 1 EnWG betont, nicht gefolgt werden kann; sie trägt der Regelungsabsicht des Gesetzgebers, die primär in der Schaffung von Wettbewerb durch zusätzlichen Leitungsbau lag, nicht ausreichend Rechnung. Da (zusätzlicher) Leitungsbau naturgemäß ohne Inanspruchnahme fremder Grundstücke nicht realisierbar ist, die wegerechtliche Komponente des § 13 Abs. 1 EnWG somit allenfalls den Charakter eines Nebenzweckes haben kann, liegt der Schwerpunkt der Vorschrift im wettbewerbsrechtlichen Bereich. § 13 Abs. 1 EnWG ist letztlich nichts anderes als eine energiewirtschaftliche Konkretisierung des Wettbewerbsrechts.[508] Aber selbst wenn man Art. 74 Abs. 1 Nr. 11 GG – entgegen der hier vertretenen Auffassung – als Kompetenznorm für die von § 13 Abs. 1 EnWG getroffenen Regelungen nicht ausreichen lassen wollte, ergäbe sich hier eine Bundeskompetenz für die wegerechtliche Komponente zumindest kraft Sachzusammenhangs.[509] Danach kann eine Bundeskompetenz nämlich auch dann bestehen, wenn eine ausdrücklich zugewiesene Materie nicht anders geregelt werden kann, als daß eine nicht ausdrücklich zugewiesene Materie mitgeregelt wird.[510] Läßt sich wie hier eine wirtschaftsrechtliche Frage nur im Zusammenhang mit der vorgelagerten wegerechtlichen Problematik liegen, so folgt daraus die Gesetzgebungskompetenz des Bundes kraft Sachzusammenhangs auch für die ihm nicht ausdrücklich zugewiesene Materie.

---

[506] Vgl. Maunz, in: Maunz/ Dürig, Grundgesetz, Art. 74, Rn. 12, unter Bezugnahme auf Bullinger, Ungeschriebene Kompetenzen im Bundesstaat, AöR 96, S. 237 ff. (283) sowie Schneider, Werbesendungen der Rundfunkanstalten als Gegenstand eines Bundesgesetzes, NJW 1965, S. 937 ff. (939); Wolfrum, Indemnität im Kompetenzkonflikt zwischen Bund und Ländern, DÖV 1982, S. 674 ff. (677), die darauf abstellen, in welchen Kompetenzbereich der zu regelnde Sachverhalt seinem Schwerpunkt nach anzusiedeln ist. Dazu auch Gubelt, in: v. Münch/ Kunig, Grundgesetz-Kommentar, Art. 30, Rn. 19.
[507] Vgl. Maunz, in: Maunz/ Dürig, Grundgesetz, Art. 74, Rn. 12.
[508] Vgl. Schneider, Liberalisierung der Stromwirtschaft durch regulative Marktorganisation, S. 480.
[509] Vgl. Kunig, in: v. Münch/ Kunig, Grundgesetz-Kommentar, Art. 70, Rn. 24; sowie Gubelt, in: v. Münch/ Kunig, Grundgesetz-Kommentar, Art. 30, Rn. 19 unter Hinweis auf BVerfGE 3, S. 407 ff. (423).

δ) Damit liegt die Gesetzgebungskompetenz gem. Art. 74 Abs. 1 Ziff. 11 GG beim Bund, sofern auch die Voraussetzungen des Art. 72 GG erfüllt sind.

bb) Die Erforderlichkeit einer bundeseinheitlichen Regelung gem. Art. 72 Abs. 2 GG:

Dem Bund steht gem. Art. 74 Abs. 1 Ziff. 11 GG nur die konkurrierende Gesetzgebungskompetenz für das Energiewirtschaftsrecht zu.

Nach seiner Neufassung durch die Grundgesetznovelle vom 27. Oktober 1994[511] reicht das Ziel der Wahrung der Rechtseinheit nicht mehr per se für die Inanspruchnahme der konkurrierenden Gesetzgebungskompetenz durch den Bund aus,[512] so daß insgesamt ein strengerer Maßstab an die Bundesgesetzgebung zu stellen ist, die aus dem Bereich der konkurrierenden Gesetzgebung kommt.[513] Art. 72 Abs. 2 GG setzt nunmehr voraus, daß eine bundesgesetzliche Regelung zur Herstellung gleichwertiger Lebensverhältnisse im Bundesgebiet oder zur Wahrung der Rechts- und Wirtschaftseinheit im gesamtstaatlichen Interesse *erforderlich* ist. Diesbezüglich wird gelegentlich vertreten, daß die durch § 13 Abs. 1 EnWG vorgenommene Regelung ebensogut auch in landesrechtlichen Vorschriften hätte getroffen werden können und es damit an der Erforderlichkeit einer bundesgesetzlichen Regelung fehle.[514] Zu Recht wird dem allerdings entgegengehalten, daß die angestrebte und auch europarechtlich geforderte bundesweite Liberalisierung des Leitungsbaus nur über eine bundeseinheitliche Vorschrift sinnvoll geregelt werden kann.[515] Darüber hinaus sei hier auch darauf hingewiesen, daß dem Bundesgesetzgeber bei der Beurteilung des von Art. 72 Abs. 2 GG verlangten gesamtstaatlichen Interesses an der Wahrung der Rechts- und Wirtschaftseinheit ein Beurteilungsspielraum zusteht, so daß erst dann, wenn der Gesetzgeber offensichtlich fehlsam ein solches Interesse angenommen hat, vom Bundesverfassungsgericht das Fehlen der Voraussetzungen des Art. 72 Abs. 2 GG

---

[510] Vgl. Gubelt, in: v. Münch/ Kunig, Grundgesetz-Kommentar, Art. 30, Rn. 19.

[511] BGBl. I, S. 3146.

[512] Vgl. dazu Wieland/ Hellermann, Das Verbot ausschließlicher Konzessionsverträge und die kommunale Selbstverwaltung, S. 401 ff. (405).

[513] Vgl. Sannwald, in: Schmidt- Bleibtreu/ Klein, Grundgesetz, Art. 72, Rn. 4.

[514] Vgl. Wieland/ Hellermann, Das Verbot ausschließlicher Konzessionsverträge und die kommunale Selbstverwaltung, S. 401 ff. (406).

[515] Vgl. dazu Schneider, Liberalisierung der Stromwirtschaft durch regulative Marktorganisation, S. 480; vgl. auch die Begründung zum Entwurf des EnWG, BT- Drks. 13/ 7274, S. 12 f.

festgestellt werden könnte.[516] Daran hat auch die Verfassungsreform 1994 nichts geändert; zwar sollten die Anforderungen an die bundeseinheitliche Regelung gegenüber der ursprünglichen Fassung des Art. 72 Abs. 2 GG „konzentriert, verschärft und präzisiert" werden, doch besteht auch weiterhin insoweit ein politischer Ermessensspielraum des Gesetzgebers fort.[517] Angesichts der oben genannten Gründe für eine bundeseinheitliche Regelung liegt hier jedenfalls keine offensichtliche Fehlannahme vor. Damit steht auch Art. 72 Abs. 2 GG der formellen Verfassungsmäßigkeit des § 13 Abs. 1 EnWG nicht entgegen.[518]

cc) Die Zustimmungspflichtigkeit des EnWG gem. Art. 84 Abs. 1 GG:

Möglicherweise folgt aber die formelle Verfassungswidrigkeit des EnWG aus der fehlenden Zustimmung des Bundesrates zu dem Neuregelungsgesetz.

α) Diese Ansicht vertreten vor allem die Bundesländer, die sich an der abstrakten Normenkontrolle vor dem Bundesverfassungsgericht gegen das EnWG beteiligen.[519] Der Vollzug des Energiewirtschaftsrechts sei seit fast 50 Jahren Aufgabe der Länder. Mit der Novelle des EnWG kämen nun auf die Länder eine „Vielzahl schwer objektivierbarer Entscheidungen" zu, was letztlich zu der Zustimmungspflicht des Bundesrates gem. Art. 84 Abs. 1 GG führe.[520] Dementsprechend hat der Bundesrat zunächst festgestellt, daß das Gesetz seiner Zustimmung bedürfe, diese dann aber verweigert.[521] Damit wäre das EnWG 1998 insgesamt gem. Art. 78 Variante 1 GG nicht wirksam zustandegekommen.

β) Ursprünglich waren in dem Entwurf der Bundesregierung mehrere Regelungen vorgesehen, die ohne weiteres die Zustimmungspflicht ausgelöst hätten. Dazu gehörte das zunächst in § 6 des Entwurfes vorgesehene einheitliche Planfeststellungsverfahren

---

[516] Vgl. BT- Drks. 12/ 7109 vom 17.03.1994, S. 9; Schneider, Liberalisierung der Stromwirtschaft durch regulative Marktorganisation, S. 480; ders., Landesenergierecht und Grundgesetz, S. 15; Degenhart, in: Sachs, Grundgesetz, Art. 72, Rn. 10, 14.

[517] Vgl. BT- Drks. 12/ 7109, S. 9; dazu auch Degenhart, Staatsorganisationsrecht, Rn. 107.

[518] So im Ergebnis auch Schneider, Landesenergierecht und Grundgesetz, S. 16. *Ossenbühl*, Energierechtsreform und kommunale Selbstverwaltung, S. 11, hält das gänzlich für unproblematisch.

[519] Siehe oben Teil C, II., 2.

[520] Siehe hierzu den Stenographischen Bericht der 720. Sitzung des Bundesrates vom 19.12.1997 (S. 598).

[521] Siehe hierzu den Stenographischen Bericht der 722. Sitzung des Bundesrates vom 06.03.1998 (S.53).

für Höchstspannungsfreileitungen ab 110 kV, da damit das Verwaltungsverfahren geregelt worden wäre, so daß dies die Zustimmungspflicht gem. Art. 84 Abs. 1 GG ausgelöst hätte. Darüber hinaus sollte auch der Aufbau der Energieaufsichtsbehörden geregelt werden. Nachdem der Bundesrat seine ablehnende Haltung gegenüber dem Neuregelungsgesetz deutlich gemacht hatte, sah die Bundesregierung allerdings von der Aufnahme dieser Vorschriften ab. Dadurch sind sämtliche Vorschriften entfallen, die die Zustimmungspflicht hätten auslösen können. Insofern ist auch der Standpunkt des antragsstellenden Bundesländer gegenwärtig nicht mehr haltbar. Allein der Umstand, daß im Rahmen des Gesetzgebungsverfahrens von der Aufnahme zustimmungsbedürftiger Teile des Gesetzes abgesehen wurde, führt selbst nicht zur Zustimmungspflichtigkeit des „Rumpfgesetzes". Da nach ganz überwiegender Auffassung sogar die Aufspaltung eines Gesetzes in einen zustimmungspflichtigen und nicht zustimmungspflichtigen Teil zulässig ist,[522] muß der vollständige Verzicht auf zustimmungspflichtige Teile des Gesetzes ebenfalls bzw. sogar erst recht zulässig sein.

dd) Damit ist das EnWG 1998 und insbesondere auch § 13 Abs. 1 EnWG formell verfassungsgemäß.

b) Materielle Verfassungsmäßigkeit des § 13 Abs. 1 EnWG:

aa) Vereinbarkeit mit Art. 12, 14 GG:

In Erwägung gezogen werden könnte zunächst eine Prüfung des § 13 Abs. 1 EnWG am Maßstab der Art. 12, 14 GG. Damit ist die Frage nach der Grundrechtsberechtigung (auch – fähigkeit, - inhaberschaft oder – subjektivität genannt)[523] juristischer Personen des öffentlichen Rechts gestellt, deren Beantwortung eine Vielzahl unterschiedlicher Positionen hervorgebracht hat.[524] Diese reichen von der prinzipiellen Ablehnung über vielfältig vermittelnde, nach verschiedenen Kriterien differenzierende Zwischenansichten bis zum Postulat einer beinahe umfassenden Grundrechtsberechtigung des Staates.[525] Jedenfalls nach der ständigen Rechtsprechung

---

[522] Vgl. statt vieler: Broß, in v. Münch/ Kunig, Grundgesetz-Kommentar, Art. 84, Rn. 21 mit Hinweis auf BVerfGE 37, S. 363 ff. (382).
[523] Vgl. Bethge, Die Grundrechtsberechtigung juristischer Personen nach Art. 19 Abs. 3 GG, S. 25.
[524] Vgl. Dreier, in: Dreier, Grundgesetz, Art. 19 III, Rn. 38.
[525] Vgl. Dürig, in: Maunz/ Dürig, Grundgesetz, Art. 19 III, Rn. 39 mit Hinweis auf v. Mutius, in: Bonner Kommentar zum Grundgesetz, Art. 19 Abs. 3, Rn. 78 ff.

des Bundesverfassungsgerichts können sich Gemeinden als juristische Personen des öffentlichen Rechts grundsätzlich nicht auf eine Grundrechtsverletzung berufen.[526] Ihnen fehlt insoweit die Fähigkeit, Träger von Grundrechten sein zu können.[527] Gem. Art. 19 Abs. 3 GG gelten die Grundrechte zwar auch für juristische Personen, allerdings nur, soweit sie ihrem Wesen nach auf diese anwendbar sind. Das hat das BVerfG für Gemeinden ausdrücklich abgelehnt, und zwar unabhängig davon, ob es um die hoheitliche Erfüllung öffentlicher Aufgaben oder ob es um eine Aufgabenerledigung in den Handlungsformen des Privatrechts ging.[528] Dem liegt die Erkenntnis zugrunde, daß die Gemeinden keine gesellschaftlichen Institutionen, sondern integrierte Teile der Staatsorganisation sind.[529] Hinter den juristischen Personen des öffentlichen Rechts stehen keine natürlichen Personen, sondern der Staat selbst. Der Staat kann sich aber nicht auf den Grundrechtsschutz berufen, weil das dem Charakter der Grundrechte als Abwehrrechte des Bürgers gegen den Staat widersprechen würde.[530] Die Nichtanwendbarkeit der Grundrechte resultiert aus der Wesensverschiedenheit zwischen der Wahrnehmung von menschlicher Freiheit und der Ausübung von Kompetenzen.[531] Ausnahmen von diesem Grundsatz sind lediglich dann anzuerkennen, wenn staatliche Einrichtungen Grundrechte in einem Bereich verteidigen, in dem sie vom Staat unabhängig sind und sie unmittelbar dem durch die Grundrechte geschützten

---

[526] So insbesondere das BVerfGE 21, S. 362 ff. (369 ff.); 31, S. 314 ff. (321 f.); 39, S. 302 ff. (312 f.); 45, S. 63 ff. (78); 62, S. 354 ff. (369); 85, S. 360 ff. (385) u.a., zitiert nach Friauf, Energierechtsreform und kommunale Energieversorgung, in: Baur/ Friauf, Energierechtsreform zwischen Europarecht und kommunaler Selbstverwaltung, VEnergR Bd. 84, S. 55 ff. (66), Fn. 42.

[527] Ebenso auch Rüfner, in: Isensee/ Kirchhof, Handbuch des Staatsrechts, Bd. V, § 116, Rn. 68; Dürig, in: Maunz/ Dürig, Grundgesetz, Art. 19 III, Rn. 48; Schmidt- Bleibtreu, in: Schmidt- Bleibtreu/ Klein, Grundgesetz, Art. 19, Rn. 13 b; Bethge, Die Grundrechtsberechtigung juristischer Personen nach Art. 19 Abs. 3 GG, S. 87. Insbesondere zu Art. 14 GG: vgl. BVerfGE 61, S. 82 ff. (100 ff.); 38, S. 175 ff. (184), dazu: Dürig, in: Maunz/ Dürig, Grundgesetz, Art. 19 III, Rn. 48; a.A. Stern, Die verfassungsrechtliche Position der kommunalen Gebietskörperschaften in der Elektrizitätsversorgung, S. 55 ff.; Bettermann, Juristische Personen des öffentlichen Rechts als Grundrechtsträger, NJW 1969, S. 1321 ff. (1325); Rüfner, in: Isensee/ Kirchhoff, Handbuch des Staatsrechts, Bd. V, § 116, Rn. 70, der juristische Personen zumindest mittelbar am Schutz des Art. 14 GG teilhaben lassen will.

[528] Vgl. BVerfGE 45, S. 63 ff. (79 f.); zustimmend Krebs, in: v. Münch/ Kunig, Grundgesetz-Kommentar, Art. 19, Rn. 41.

[529] Vgl. dazu: Krebs, in: v. Münch/ Kunig, Grundgesetz-Kommentar, Art. 19, Rn. 42 unter Bezugnahme auf BVerfGE 61, S. 82 ff. (101); 68, S. 193 ff. (206) sowie auf u.a. Broß, Zur Grundrechtsfähigkeit juristischer Personen des öffentlichen Rechts, VerwArch 77, S. 65 ff. (65 f.)

[530] Vgl. dazu u.a. auch Dürig, in: Maunz/ Dürig, Grundgesetz, Art. 19 III, Rn. 36 sowie Rüfner, in: Isensee/ Kirchhoff, Handbuch des Staatsrechts, Bd. V, § 116, Rn. 66.

[531] Vgl. Krebs, in: v. Münch/ Kunig, Grundgesetz-Kommentar, Art. 19, Rn. 41 mit Hinweis auf Bethge, Die Grundrechtsberechtigung juristischer Personen nach Art. 19 Abs. 3 GG, S. 67 ff. sowie auf BVerfGE 61, S. 82 ff. (101); 68, S. 193 ff. (206).

Lebensbereich zuzuordnen sind.[532] Das mag auf Rundfunkanstalten[533], Kirchen[534] und Universitäten[535] zutreffen, nicht aber auf Gemeinden.

Damit scheiden eine Prüfung des § 13 Abs. 1 EnWG am Maßstab der Art. 12, 14 GG und mit ihr ein möglicher Verstoß gegen diese Verfassungsvorschriften von vornherein aus.[536]

bb) Vereinbarkeit mit Art. 28 Abs. 2 GG:

Damit verbleibt als letzter verfassungsrechtlicher Beurteilungsmaßstab lediglich Art. 28 Abs. 2 GG.

Art. 28 Abs. 2 GG wirkt nicht nur objektivrechtlich, sondern gibt – wie nicht zuletzt auch Art. 93 Abs. 1 Nr. 4 b GG zeigt – den Gemeinden zugleich subjektive Rechte.[537] Insoweit stellt sich die Frage nach der Beeinträchtigung der Selbstverwaltungsgarantie durch die von § 13 Abs. 1 EnWG statuierte Wegerechtsvergabepflicht. Da die bisher diesbezüglich ergangene Entscheidung des BVerfG im Rahmen der von den Gemeinden beantragten einstweiligen Anordnung gem. § 32 BVerfGG wenig zu der Klärung der Frage beigetragen hat,[538] ist die Diskussion weiterhin aktuell und bedarf deswegen auch hier einer kurzen Betrachtung:

α) Nach einer in der Literatur teilweise vertretenen Ansicht steht § 13 Abs. 1 EnWG im Widerspruch zu Art. 28 Abs. 2 GG und ist deshalb verfassungswidrig. Die Begründungen sind unterschiedlich: Während einerseits ein Eingriff in den unantastbaren Kernbereich kommunaler Selbstverwaltung angenommen wird, der - ohne daß es auf eine Abwägung ankäme - von vornherein zur Verfassungswidrigkeit

---

[532] Vgl. BVerfGE 39, S. 302 ff. (314). Dazu auch: Dürig, in: Maunz/ Dürig, Grundgesetz, Art. 19 III, Rn. 41 ff.; Krebs, in: v. Münch/ Kunig, Art. 19, Rn. 44.

[533] So BVerfGE 59, S. 231 ff. (264).

[534] So BVerfGE 70, S. 138 ff. (161).

[535] So BVerfGE 15, S. 256 ff. (262).

[536] Ebenso auch Friauf, Energierechtsreform und kommunale Energieversorgung, in: Baur/ Friauf, Energierechtsreform zwischen Europarecht und kommunaler Selbstverwaltung, VEnergR Bd. 84, S. 55 ff. (66).

[537] Vgl. Friauf, Energierechtsreform und kommunale Energieversorgung, in: Baur/ Friauf, Energierechtsreform zwischen Europarecht und kommunaler Selbstverwaltung, S. 55 ff. (67).

[538] Vgl. BVerfG, RdE 2000, S. 24 ff.

führe,[539] ordnen andere Vertreter die örtliche Energieversorgung zwar lediglich dem Randbereich der Selbstverwaltungsgarantie zu, sehen aber gerade in § 13 Abs. 1 EnWG wegen des Fehlens überwiegender Gemeinwohlinteressen einen Verstoß gegen Art. 28 Abs. 2 GG, der zudem „in krasser Weise unverhältnismäßig"[540] sei.[541]

β) Dem muß mit der Gegenauffassung widersprochen werden. Die wesentlichen Argumente hierfür hat *Ossenbühl* zusammengetragen.[542] Nach richtiger Auffassung muß Art. 28 Abs. 2 GG bereits als Prüfungsmaßstab ausscheiden.[543] Diese Vorschrift kann nicht auf die Abgrenzung der Kommunalwirtschaft zu den Aktivitäten der privaten Wirtschaft angewendet werden und schon deswegen einer Aufgabenüberleitung auf die Privatwirtschaft nicht entgegenstehen.[544] Für dieses Verständnis sprechen sowohl der Regelungszusammenhang als auch die systematische Stellung des Art. 28 Abs. 2 GG: Diese Vorschrift befindet sich im Abschnitt II („Der Bund und die Länder") und damit in einem Bereich des Grundgesetzes, der ausschließlich die innere Organisation des

---

[539] Vgl. dazu vor allem Friauf, Kommunale Energieversorgung und Energierechtsreform, et 1997, S. 765 ff. (767 ff.); ders., Energierechtsreform und kommunale Energieversorgung, in: Baur/ Friauf, Energierechtsreform zwischen Europarecht und kommunaler Selbstverwaltung, S. 55 ff. (78 ff., 86). Vgl. ferner Steckert, Kommunale Energieversorgungsunternehmen, Daseinsvorsorge und Wettbewerb in Europa, in: Baur, Energiewirtschaft zwischen Wettbewerb und öffentlichen Aufgaben, VEnergR Bd. 81, S. 51 ff. (54 f.). Überwiegend wird diesbezüglich zwischen den Bereichen Energieerzeugung und – verteilung differenziert, vgl. z.B. Püttner, Gemeinden und Kreise in der Energieversorgung, DÖV 1990, S. 461 ff. (463); ders., Energieversorgung als kommunale Aufgabe, RdE 1992, S. 92 ff. (92 f.); Lecheler, Die Bedeutung des öffentlichen Rechts für das Energierecht, NVwZ 1995, S. 8 ff. (10); dazu auch Wieland/ Hellermann, Der Schutz des Selbstverwaltungsrechts der Kommunen gegenüber Einschränkungen ihrer wirtschaftlichen Betätigung im nationalen und europäischen Recht, S. 94 ff., 103.
[540] So (hilfsweise) Friauf, Energierechtsreform und kommunale Energieversorgung, in: Baur/ Friauf, Energierechtsreform zwischen Europarecht und kommunaler Selbstverwaltung, S. 55 ff. (94).
[541] So etwa Wieland/ Hellermann, Der Schutz des Selbstverwaltungsrechts der Kommunen gegenüber Einschränkungen ihrer wirtschaftlichen Betätigung im nationalen und europäischen Recht, S. 102 ff.; dies., Das Verbot ausschließlicher Konzessionsverträge und kommunale Selbstverwaltung, DVBl. 1996, S. 401 ff. (408 f.), zitiert nach Schneider, Liberalisierung der Stromwirtschaft durch regulative Marktorganisation, S. 481, Fn. 220.
[542] Vgl. Ossenbühl, Energierechtsreform und kommunale Selbstverwaltung, S. 1 ff.
[543] Vgl. auch Schneider, Liberalisierung der Stromwirtschaft durch regulative Marktorganisation, S. 482.
[544] Vgl. Ossenbühl, Energierechtsreform und kommunale Selbstverwaltung, S. 12 ff., 25, 53; ders., Rechtliche Aspekte der Elektrizitätsversorgung in den neuen Ländern, DÖV 1992, S. 1 ff. (7 f.); Löwer, Energieversorgung zwischen Staat, Gemeinden und Wirtschaft, DVBl. 1991, S. 132 ff. (140 f.); Schmidt- Aßmann, Kommunale Selbstverwaltung „nach Rastede", in: Festschrift für Sendler, S. 121 ff. (131); Britz, Örtliche Energieversorgung nach nationalem und europäischen Recht, S. 80 ff.; Lecheler, Die Bedeutung des öffentlichen Rechts für das Energierecht, NVwZ 1995, S. 8 ff. (10); BGH, RdE 1997, S. 197 ff. (200); a.A. Friauf, Energierechtsreform und kommunale Energieversorgung, in: Baur/ Friauf, Energierechtsreform zwischen Europarecht und kommunaler Selbstverwaltung, S. 55 ff. (73 ff.);

Staates betrifft.[545] Seine Aufgabe besteht demnach darin, staatliche und kommunale Kompetenzen gegeneinander abzugrenzen und insbesondere die untere Verwaltungsebene im Staatsaufbau zu stärken. Ebensowenig wie Art. 12 GG Private vor Konkurrenz schützt, kann aus Art. 28 Abs. 2 GG ein gemeindewirtschaftlicher Monopolschutz hergeleitet werden.[546]

χ) Als Zwischenergebnis kann festgehalten werden, daß Art. 28 Abs. 2 GG schon in seiner Schutzfunktion durch § 13 Abs. 1 EnWG nicht beeinträchtigt wird und deshalb nicht einschlägig ist.

c) Ergebnis:

Nach alledem muß von der Verfassungsmäßigkeit des § 13 Abs. 1 EnWG ausgegangen werden. Die bei dem Bundesverfassungsgericht anhängigen Verfahren haben vor diesem Hintergrund nur wenig Aussicht auf Erfolg.

3. Der persönliche Anwendungsbereich des § 13 Abs. 1 Satz 1 EnWG:

a)   Anspruchsverpflichtete des Kontrahierungszwanges gem. § 13 Abs. 1 Satz 1 EnWG:

§ 13 Abs. 1 Satz 1 EnWG verpflichtet nach seinem eindeutigen Wortlaut die Gemeinden.

aa) Unter einer Gemeinde im juristischen Sinne versteht man einen auf personaler Mitgliedschaft zu einem bestimmten abgegrenzten Gebiet mit einem oder mehreren Siedlungskernen beruhenden Verband, der die Eigenschaft einer rechtsfähigen

---

Wieland/ Hellermann, Das Verbot ausschließlicher Konzessionsverträge und kommunale Selbstverwaltung, DVBl. 1996, S. 401 ff. (407 f.); Schmidt- Jortzig, Kommunalrecht, Rn. 523.

[545] Vgl. Ossenbühl, Energierechtsreform und kommunale Selbstverwaltung, S. 12. Selbst wenn man das anders sähe, ist mit *Ossenbühl* davon auszugehen, daß die Stromversorgung nicht zu einem als „unantastbar" verstandenen „Kernbereich der kommunalen Selbstverwaltungsgarantie" gehört und der damit allenfalls verbleibende Eingriff den Randbereich der Selbstverwaltungsgarantie schon wegen des diesbezüglich bestehenden weiten gesetzgeberischen Beurteilungsspielraums jedenfalls verhältnismäßig ist, vgl. ebenda, S. 39 ff., 51 f., 53 f.

[546] Vgl. Schneider, Liberalisierung der Stromwirtschaft durch regulative Marktorganisation, S. 482 m.w.N.

Körperschaft des öffentlichen Rechts besitzt.[547] Sie stellt die kleinste rechtlich verselbständigte Verwaltungseinheit mit Universalzuständigkeit für alle anfallenden Aufgaben dar.[548] Welche Arten von Gemeinden es gibt, regeln die jeweiligen Gemeindeordnungen der Bundesländer.[549] In Niedersachsen sind das gem. § 10 NGO: kreisangehörige Gemeinden, große selbständige Städte und kreisfreie Städte. Sie alle gehören ohne weiteres zum Kreis der durch § 13 Abs. 1 Satz 1 EnWG Verpflichteten.

bb) Darüber hinaus gibt es in einigen Bundesländern noch gebietskörperschaftliche Gemeindeverbände wie die Samtgemeinden in Niedersachsen[550] oder die Verbandsgemeinden in Rheinland- Pfalz[551]. Unter Gemeindeverbänden sind die innerhalb eines Landes außer den Gemeinden bestehenden Gebietskörperschaften zu verstehen.[552] Definieren läßt sich der Gemeindeverband als Körperschaft kommunaler Art, der gebietlich über der Ortsgemeinde steht und deren Wirkungskreis nicht durch Zwecksetzung ad hoc begrenzt ist; ergänzend wird noch das Kriterium der gebietsbezogenen universalen Zuweisung von Aufgaben herangezogen.[553] Die genannten Gemeindeverbände stellen eine Zwischenform zwischen Gemeinden und Kreisen (die allerdings ebenfalls ein Gemeindeverband sind)[554] dar; sie sind öffentlich- rechtliche Gebietskörperschaften[555] und nach allgemeiner Auffassung ebenfalls Schuldner des Kontrahierungszwanges aus § 13 Abs. 1 Satz 1 EnWG, sofern sie zivilrechtliches Eigentum an öffentlichen Wegen haben.[556]

cc) Dagegen fallen Verwaltungsgemeinschaften in Bayern[557], Gemeindeverwaltungsverbände in Baden- Würtemberg[558] sowie die schleswig-

---

[547] Vgl. Stern, in: Bonner Kommentar zum Grundgesetz, Art. 28, Rn. 80; ebenso Dreier, in: Dreier, Grundgesetz, Art. 28, Rn. 83; ferner Salje, Energiewirtschaftsrecht, § 13, S. 23.

[548] Vgl. Waechter, Kommunalrecht, Rn. 001.

[549] Einen Überblick über die verschiedenen Gemeindearten in den Bundesländern gibt: Gern, Deutsches Kommunalrecht, Rn. 183 ff.

[550] §§ 71 ff. NGO.

[551] §§ 64 ff. GO RP.

[552] Vgl. Stern, in: Bonner Kommentar, Grundgesetz, Art. 28, Rn. 80.

[553] Vgl. Dreier, in: Dreier, Grundgesetz, Art. 28, Rn. 155 m.w.N. in Fn. 557 und Fn. 558.

[554] Vgl. Waechter, Kommunalrecht, Rn. 082.

[555] Vgl. hierzu Gern, Deutsches Kommunalrecht, Rn. 959 in Bezug auf die Samtgemeinden in Niedersachsen sowie Schmidt- Aßmann, Kommunalrecht, in: ders., Besonderes Verwaltungsrecht, Rn. 152.

[556] Vgl. Böwing, in: Böwing, Energiewirtschaftsgesetz 1998, Art. 1, § 13, 2.2; ebenso auch Salje, Energiewirtschaftsgesetz, S. 23. Zum Erfordernis des gemeindlichen Eigentums an dem öffentlichen Verkehrsweg im Gegensatz zur Straßenbaulast siehe unten Teil C, II., 4., a), cc).

[557] Art. 1 Abs. 2 VwGemO vom 26.10.1982.

holsteinischen Ämter aus dem Schuldnerkreis des § 13 Abs. 1 Satz 1 EnWG heraus,[559] da sie – obwohl Körperschaften des öffentlichen Rechts - regelmäßig kein Eigentum an öffentlichen Verkehrswegen haben. Gleiches gilt im Ergebnis auch für die rechtlich unselbständigen Untergliederungen der Gemeinden, wie Ortschaften oder Gemeindebezirke; sie dienen lediglich der Dekonzentration der Gemeindeverwaltung und sind keine juristischen Personen des öffentlichen Rechts, so daß sie schon aus diesem Grund kein Eigentum an Grundstücken haben können.[560]

dd) Unter den Gemeindebegriff fallen damit zunächst alle je nach Landesrecht vorgesehenen Gemeindearten sowie die rechtlich verselbständigten Gemeindeverbände unterhalb der Landkreisebene. Ob damit der Kreis der Schuldner des Kontrahierungszwanges bereits abschließend beschrieben ist, wird in der Literatur nicht einheitlich beantwortet:

α) So versteht *Salje* den Gemeindebegriff in § 13 Abs. 1 Satz 1 EnWG weiter; nach seiner Auffassung sollen zumindest auch Landkreise direkt aus § 13 Abs. 1 EnWG verpflichtet sein, ihre Verkehrswege für den Leitungsbau zur Verfügung zu stellen.[561] Für eine solche Interpretation lassen sich im wesentlichen folgende Argumente anführen:

Zum einen sind die Landkreise als „Quasizusammenschlüsse von Gemeinden"[562] lediglich „maßstabsvergrößerte Gemeinden"[563], so daß sie schon aus diesem Grund den Gemeinden derart ähnlich sind, daß eine Ungleichbehandlung im Rahmen des § 13 Abs. 1 Satz 1 EnWG wenig sinnvoll wäre. Weiterhin könnte für die Einbeziehung der Gemeinden auch die Gesetzessystematik sprechen. Dabei verweist *Salje* auf eine Gesamtinterpretation unter Einbeziehung des § 7 KAV, wonach es auch den Landkreisen gestattet ist, Konzessionsabgaben für die Leitungsverlegung über ihre Verkehrswege zu verlangen.[564] Wollte der Gesetzgeber nun aber die

---

[558] §§ 59 ff. GO BW, §§ 2 ff. GKZ BW.

[559] Diese Organisationsformen werden unter dem Oberbegriff „Verwaltungsgemeinschaften" zusammengefaßt. Diese Verwaltungsgemeinschaften stellen eine Spezialform öffentlich- rechtlicher Vereinbarungen sowie grundsätzlich auch des Zweckverbandes dar, vgl. dazu Gern, Deutsches Kommunalrecht, Rn. 948, sowie Waechter, Kommunalrecht, Rn. 083.

[560] Vgl. dazu Waechter, Kommunalrecht, Rn. 388 ff., 390; zu diesen Verwaltungsformen auch Gern, Deutsches Kommunalrecht, Rn. 630 ff.

[561] Vgl. Salje, Energiewirtschaftsgesetz, § 13, S. 22 f.

[562] Vgl. Salje, Energiewirtschaftsgesetz, § 13, S. 23.

[563] Vgl. Dreier, in: Dreier, Grundgesetz, Art. 28, Rn. 136.

[564] Vgl. Salje, Energiewirtschaftsgesetz, § 13, S. 23.

Konzessionsabgaben den Kommunen – also Gemeinden *und* Kreisen[565] - in voller Höhe durch § 13 Abs. 1 Satz 1 EnWG auch bei parallelem und zusätzlichen Leitungsbau erhalten, so wäre eine Einbeziehung der Landkreise in diese Vorschrift sogar notwendig. Für eine extensive Auslegung des Gemeindebegriffes in § 13 Abs. 1 EnWG ließe sich möglicherweise auch der Wortlaut der §§ 103, 103 a GWB a.F. anführen, der sich ebenfalls nicht lediglich auf Gemeinden, sondern auf alle Gebietskörperschaften bezog.[566]

β) Trotz gewichtiger Argumente vermag diese weite Auslegung des Gemeindebegriffes in § 13 Abs. 1 EnWG letztlich nicht zu überzeugen.

αα) Gegen die Einbeziehung der Landkreise in den Anwendungsbereich des § 13 Abs. 1 EnWG spricht vor allem der insoweit eindeutige und nicht interpretationsfähige Wortlaut des Gesetzes. Der juristische Gemeindebegriff und dessen Abgrenzung zu den Landkreisen wird – wenn auch nicht durch die Verfassung unmittelbar bestimmt - letztlich doch von ihr vorgegeben; ist von „Gemeinde" die Rede, so ist damit stets die Gemeinde mit der verfassungsrechtlich geschützten Universalzuständigkeit gemeint, die von Art. 28 Abs. 2 Satz 2 angesprochen wird.[567] Abgesehen davon ist eine sprachlich wie systematisch klare Trennung zwischen der Gemeindeebene und der Landkreisebene auch schon deswegen erforderlich, weil sich andernfalls die Aufgabenbereiche dieser Selbstverwaltungsträger nicht eindeutig abgrenzen ließen. Damit läßt der juristische Gemeindebegriff keinen Raum für Interpretation.[568]

ββ) Aber auch die Entstehungsgeschichte des § 13 Abs. 1 Satz 1 EnWG läßt sich nicht für ein solches Begriffsverständnis anführen: Der Gesetzgeber hat von der ursprünglichen Formulierung im Referentenentwurf („Gebietskörperschaft") bewußt Abstand genommen, um gerade den Gemeinden die Konzessionsabgaben zu erhalten.[569]

---

[565] So sprach die Bundesregierung im Rahmen ihrer Gegenäußerung auf die Stellungnahme des Bundesrates von Auswirkungen der Energierechtsreform auf die *„kommunalen* Haushalte", vgl. etwa BT- Drks. 13/ 7274, vom 23.03.1997, S. 32. Die Formulierung „Kommune" wird gemeinhin aber als Oberbegriff für Gemeinde und Kreis verwendet, vgl. Waechter, Kommunalrecht, Rn. 001
[566] So wohl auch Salje, Energiewirtschaftsgesetz, § 13, S. 23.
[567] Vgl. Waechter, Kommunalrecht, Rn. 027.
[568] A.A. ausdrücklich Salje, Energiewirtschaftsgesetz, § 13, S. 23.
[569] Siehe dazu oben Teil C, II., 1. Die oben in Fn. 565 angesprochene Formulierung „kommunale Haushalte" in der Gegenäußerung muß dementsprechend als sprachliche Ungenauigkeit unberücksichtigt bleiben.

Zwar sieht § 7 KAV die Möglichkeit vor, daß auch Landkreise Konzessionsabgaben erhalten können, doch ist von dieser Möglichkeit gegenwärtig praktisch kaum Gebrauch gemacht worden, so daß fast ausschließlich die Gemeinden von den Konzessionsabgaben profitieren. Aus diesem Grund hat sich der Gesetzgeber auch bewußt für die Beschränkung auf Gemeinden entschieden. Ein „Redaktionsversehen"[570] kann darin zumindest nicht gesehen werden.

χχ) Eine Interpretation des § 13 Abs. 1 EnWG, die über die Gemeinden hinaus auch Landkreise einbeziehen wollte, stünde folglich im Widerspruch zum Wortlaut und wäre auch mit dem Willen des Gesetzgebers kaum zu vereinbaren. Nach herkömmlicher Auffassung würde damit der Bereich zulässiger Auslegung verlassen.[571]

χ) Möglicherweise ist § 13 Abs. 1 Satz 1 EnWG aber vor dem Hintergrund des Art. 21 RL- Elt. in dem oben genannten Sinne extensiv auszulegen. Wie bereits betont,[572] fordert die Richtlinie von den Mitgliedstaaten, daß Maßnahmen getroffen werden, die einen diskriminierungsfreien Direktleitungsbau ermöglichen. Auf die herausgehobene Bedeutung insbesondere der öffentlichen Verkehrswege ist wiederholt aufmerksam gemacht worden.[573] Unbestritten sind gerade die gemeindlichen Verkehrswege auch für zusätzlichen Leitungsbau von besonderer Wichtigkeit, weil regelmäßig der zu versorgende Kunde seinen Wohnsitz bzw. die Abnahmestelle in einer Gemeinde hat. Dennoch werden häufig – gerade bei längeren Direktleitungsvorhaben – auch andere, also nichtgemeindliche Verkehrswege bzw. Grundstücke für die über- oder unterirdische Leitungsverlegung in Anspruch genommen werden müssen. Eine auf gemeindliche Verkehrswege beschränkte Anwendung des § 13 Abs. 1 Satz 1 EnWG scheint vor diesem Hintergrund wenig sinnvoll zu sein. Insofern könnte also eine richtlinienkonforme Auslegung des § 13 Abs. 1 Satz 1 EnWG geboten sein, um so den Kreis der Anspruchsverpflichteten auf Landkreise bzw. sogar alle Gebietskörperschaften auszudehnen.

---

[570] Dazu vgl. Fikentscher, Methoden des Rechts in vergleichender Darstellung, Bd. III, S. 658.
[571] Zum möglichen Wortsinn als Grenze der Auslegung vgl.: Larenz, Methodenlehre der Rechtswissenschaft, S. 311; Fikentscher, Methoden des Rechts in vergleichender Darstellung, Bd. III, S. 670; Zippelius, Juristische Methodenlehre, § 9, II; ferner Hergenröder, Richtlinienwidriges Gesetz und richterliche Rechtsfortbildung, in: FS für Zöllner, S. 1139 ff. (1147); BVerfGE 71, S. 108 ff. (115); 87, S. 223 ff. (224), S. 363 ff. (392).
[572] Siehe dazu oben Teil B, III., 2.

αα) Die richtlinienkonforme Auslegung:

Wie in dem vorliegenden Fall des § 13 Abs. 1 Satz 1 EnWG gerät das anzuwendende innerstaatliche Recht zunehmend unter den Einfluß gemeinschaftsrechtlicher Normen, insbesondere der EG- Richtlinien. Aus diesem Grund besteht in Literatur und Rechtsprechung grundsätzlich Einigkeit, daß nationales Recht richtlinienkonform auszulegen und anzuwenden ist.[574] Als dogmatische Grundlage der richtlinienkonformen Auslegung[575] werden einerseits[576] die aus Art. 249 Abs. 3 i.V.m. Art. 10 EG=Art. 189 Abs. 3 i.V.m. Art. 5 EGV resultierende Pflicht der Mitgliedstaaten, alle geeigneten Maßnahmen zur Erfüllung der Gemeinschaftsverpflichtungen zu treffen, andererseits[577] auch die Vermutung, bei der Transformation einer Richtlinie wolle der Gesetzgeber den Auftrag der Richtlinie erfüllen, genannt.[578] Diese Auffassungen unterscheiden sich vor allem[579] in der Frage, ob neben Transformationsvorschriften auch andere, nicht unmittelbar zur Transformation einer Richtlinie erlassene, nationale Rechtsnormen

---

[573] Siehe dazu oben Teil C, I.

[574] Vgl. dazu die Nachweise bei Hergenröder, Richtlinienwidriges Gesetz und richterliche Rechtsfortbildung, in: FS für Zöllner, S. 1139 ff. (1147, Fn. 44). Zusammenfassend zur Literatur und Rechtsprechung: Grundmann, Richtlinienkonforme Auslegung im Bereich des Privatrechts – insbesondere: der Kanon der nationalen Auslegungsmethoden als Grenze?, ZEuP 1996, S. 399 ff. Die Notwendigkeit der richtlinienkonformen Auslegung wird grundsätzlich auch vom BVerfG anerkannt, vgl. BVerfGE 75, S. 223 (237 f.).

[575] Zu dem Begriff „richtlinienkonforme Auslegung" siehe Brechmann, Die richtlinienkonforme Auslegung, S. 3, Fn. 1 m.w.N. Daneben findet sich auch der (weitergehende) Begriff der „gemeinschaftskonformen Auslegung", vgl. Schmidt, Privatrechtsangleichende EU- Richtlinien und nationale Auslegungsmethoden, RabelsZ 59 (1995), S. 569 ff. (582), Fn. 72.

[576] So in ständiger Rechtsprechung des EuGH Slg. I 1984, S. 1891 ff. (1909); EuGH DB 1991, S. 157 f. (158); vgl. auch Ress, Die richtlinienkonforme „Interpretation" innerstaatlichen Rechts, DÖV 1994, S. 489 ff. (489) m.w.N. in Fn. 4.

[577] Vgl. Brechmann, Die richtlinienkonforme Auslegung, S. 285 f., S. 124 ff. mit Hinweis auf die Rechtsprechung des Bundesfinanzhofes und des Bundesgerichtshofes; Langeheine, in: Grabitz/ Hilf, Kommentar zur Europäischen Union, Art. 100, Rn. 71; Everling, Rechtsvereinheitlichung durch Richterrecht in der Europäischen Gemeinschaft, RabelsZ 1986, S. 193 ff. (224); ders., Zur Auslegung des durch EG- Richtlinien angeglichenen nationalen Rechts, ZGR 1992, S. 376 ff. (379 f.); Meilicke, „Verschleierte" Sacheinlage und EWG- Vertrag, DB 1990, S. 1173 ff. (1178); Jarass, Richtlinienkonforme Auslegung nationalen Rechts, EuR 1991, S. 211 ff. (217, 220); Lutter, Zur Europäisierung des deutschen Aktienrechts, in: FS für Ferid, S. 611 ff. (617).

[578] Ausführlich zur dogmatischen Grundlage der richtlinienkonformen Auslegung u.a. Brechmann, Die richtlinienkonforme Auslegung, S. 256 ff.; Jarass, Richtlinienkonforme bzw. EG- rechtskonforme Auslegung nationalen Rechts, EuR 1991, S. 211 ff. (215 ff.), beide m.w.N.

[579] Ein weiterer Unterschied zwischen den Auffassungen besteht in der Beurteilung der Frage, ob die richtlinienkonforme Auslegung lediglich eine Befugnis (so die letztgenannte Ansicht) oder eine Verpflichtung (so die zuerst genannte Ansicht) darstellt, vgl. dazu Jarass, Richtlinienkonforme bzw. EG- rechtskonforme Auslegung nationalen Rechts, EuR 1991, S. 211 ff. (217).

richtlinienkonform ausgelegt werden können.[580] Da § 13 Abs. 1 Satz 1 EnWG der Umsetzung des Art. 21 RL- Elt. dient, kann dieser Streit hier dahinstehen; als Transformationsvorschrift ist § 13 Abs. 1 EnWG unstreitig einer richtlinienkonformen Auslegung zugänglich.

ββ) Inhalt und Grenzen der richtlinienkonformen Auslegung:

Aufgrund des insoweit eindeutigen Wortlautes ließ sich der Anwendungsbereich des § 13 Abs. 1 EnWG über die Gemeinden im oben genannten Sinne hinaus mit der herkömmlichen Auslegungsmethodik nicht erweitern. Ob sich daran durch die Heranziehung der richtlinienkonformen Auslegung etwas ändert, ist fraglich. Entscheidend ist hierfür letztlich, in welchem Verhältnis die richtlinienkonforme Auslegung nationalen Rechts zu den sonstigen Auslegungsregeln steht: Kann sie überhaupt nur Bedeutung innerhalb der klassischen Auslegungsmethoden des nationalen Rechts erlangen oder ist ihr eine Funktion zuzubilligen, die die Grenzen der nationalen Auslegung zu überwinden vermag?

Nur im letzteren Fall ließe sich der Anwendungsbereich des § 13 Abs. 1 EnWG durch Auslegung auch auf Landkreise und möglicherweise auch auf die übrigen Gebietskörperschaften erstrecken.

(1.) Ein Teil des Schrifttums[581] plädiert für einen absoluten Vorrang der richtlinienkonformen Auslegung vor den nationalen Auslegungsmethoden; d.h., ihr Ergebnis soll allen anderen Auslegungsergebnissen vorgehen. Nach dieser Ansicht kommt grundsätzlich auch eine richtlinienorientierte richterliche Rechtsfortbildung

---

[580] Vgl. Köhne, Die richtlinienkonforme Auslegung im Umweltstrafrecht, S. 87. Darauf weist auch Jarass, Richtlinienkonforme bzw. EG- rechtskonforme Auslegung nationalen Rechts, EuR 1991, S. 211 ff. (217), hin.
[581] Vgl. Lutter, Die Auslegung angeglichenen Rechts, JZ 1992, S. 593 ff. (604 f.) m.w.N. in Fn. 135. Ähnlich auch Sethe, Europarechtswidrige Kollusion von Gesetzgeber und Bankwirtschaft?, ZIP 1999, S. 1464 f. Nach teilweiser vertretener Ansicht endet dieser Vorrang aber dort, wo das Ergebnis der richtlinienkonformen Auslegung unter den Aspekten einer nationalen Auslegung unvertretbar wäre, vgl. Jarass, Richtlinienkonforme bzw. EG- rechtskonforme Auslegung nationalen Rechts, EuR 1991, S. 211 ff. (217 f.) m.w.N.; Spetzler, Richtlinienkonforme Auslegung als vorrangige Methode der steuerjuristischen Hermeneutik, RIW 1991, S. 579 ff. (580); ders., Wirkung und Einfluß des Rechts der Europäischen Gemeinschaft auf das nationale Steuerrecht, DB 1993, S. 553 ff. (554). Ähnlich auch Müller- Graff, Europäisches Gemeinschaftsrecht und Privatrecht, NJW 1993, S. 13 ff. (23), der die richtlinienkonforme Auslegung lediglich im Rahmen der Auslegungsfähigkeit und der Auslegungsmethoden des nationalen Rechts ausschlaggebendes Gewicht zuerkennen will.

contra legem in Betracht.[582] Der Vorrang der richtlinienkonformen Auslegung folge aus dem Vorrang des europäischen Gemeinschaftsrechts und der daraus resultierenden Verdrängung richtlinienwidrigen nationalen Rechts.[583] Für die Auslegung des § 13 Abs. 1 Satz 1 EnWG bedeutete das, daß allein der Umstand, daß die nationalen Auslegungsmethoden keine Einbeziehung nichtgemeindlicher Gebietskörperschaften in den Kreis der Anspruchsverpflichteten erlauben, einer extensiven Interpretation nicht entgegenstünde.

(2.) Andererseits wird auch vertreten, daß der richtlinienkonformen Auslegung nur im Rahmen der nationalen Auslegungsmethodik Bedeutung zukommen kann.[584] Die richtlinienkonforme Auslegung würde also durch die nationalen Auslegungsregeln begrenzt.[585] Ähnlich wie bei der verfassungskonformen Auslegung soll also die richtlinienkonformen Auslegung lediglich dann erweiternd eingreifen können, wenn sich durch die herkömmlichen Auslegungsmethoden kein eindeutiges Ergebnis ermitteln läßt.[586] Erst wenn mehrere Interpretationen zulässig sind, soll diejenige gewählt werden, die auch der Richtlinie entspricht.[587] Vorliegend haben die wörtliche, teleologische und historische Auslegung zu einem nicht interpretationsfähigen Ergebnis geführt, welches den Kreis der Anspruchsverpflichteten des § 13 Abs. 1 Satz 1 EnWG auf Gemeinden beschränkte. Nach dieser Ansicht ließe sich auch mit den Mitteln der richtlinienkonformen Auslegung kein anderes Ergebnis erreichen.

---

[582] Zu dieser Ansicht: Vogenauer, Richtlinienkonforme Auslegung nationalen Rechts, ZEuP 1997, S. 158 ff. (163), wonach damit eine Auslegung zulässig wäre, die den äußersten möglichen Wortsinn überschreitet, sofern sie Wortlaut und Zweck der Richtlinie verwirklicht.

[583] Vgl. Lutter, Die Auslegung angeglichenen Rechts, JZ 1992, S. 593 ff. (604), Fn. 135; vgl. auch Brechmann, Die richtlinienkonforme Auslegung, S. 132; Müller- Graff, Europäisches Gemeinschaftsrecht und Privatrecht, NJW 1993, S. 13 ff. (21).

[584] Vgl. Vogenauer, Richtlinienkonforme Auslegung nationalen Rechts, ZEuP 1997, S. 158 ff. (163); im Ergebnis so wohl auch die überwiegende Meinung in der nationalen Rechtsprechung, vgl. dazu Brechmann, Die richtlinienkonforme Auslegung, S. 125 f., 245; ebenso auch der EuGH Slg. I 1984, S. 1891 ff. (1909); EuGH Slg. I 1984, S. 1921 ff. (1942 f.).

[585] Vgl. Jarass, Richtlinienkonforme bzw. EG- rechtskonforme Auslegung nationalen Rechts, EuR 1991, S. 210 ff. (217) mit Verweis auf EuGH Slg. I 1987, S. 3969 ff. (3987) in Fn. 33; vgl. auch Dänzer-Vanotti, Methodenstreit um die den EG- Richtlinien konforme Auslegung, DB 1994, S. 1052 ff. (1055).

[586] Vgl. dazu die Ausführungen von Brechmann, Die richtlinienkonforme Auslegung, S. 79, u.a. mit Hinweis auf Spetzler, Richtlinienkonforme Auslegung als vorrangige Methode der steuerjuristischen Hermeneutik, RIW 1991, S. 579 ff. (580), in Fn. 6.

[587] Vgl. dazu Hergenröder, Richtlinienwidriges Gesetz und richterliche Rechtsfortbildung, in: FS für Zöllner, S. 1139 ff. (1145) unter Bezugnahme auf die Rechtsprechung des BAG; ausführlich auch Ehrike, Die richtlinienkonforme und die gemeinschaftskonforme Auslegung nationalen Rechts, RabelsZ 59 (1995), S. 598 ff. (616).

(3.) Den Vorzug verdient die zuletzt genannte Auffassung; nur sie wahrt die Grenzen jeder Auslegung, die naturgemäß auch für die richtlinienkonforme Auslegung gelten müssen. Als Auslegung darf sie niemals den Wortsinn[588] der jeweiligen Norm überschreiten, da sie dadurch zur Analogie würde, die nur unter engeren Voraussetzungen zulässig ist. Die Begrenzung der richtlinienkonformen Auslegung durch die nationalen Auslegungsregeln ist aber auch vor allem deshalb erforderlich, weil andernfalls die der unmittelbaren Wirkung von Richtlinien gesetzten Grenzen[589] nahezu beliebig unterlaufen werden könnten. Auf Grundlage der Gegenansicht ließen sich mit der richtlinienkonformen Auslegung regelmäßig Ergebnisse erzielen, die sonst nur über eine unmittelbare Wirkung erzielt werden könnten.[590] Damit spricht die Gegenauffassung den Richtlinien einen Geltungsvorrang zu, der ihnen schon wegen Art. 249 Abs. 3 EG=Art. 189 Abs. 3 EGV grundsätzlich nicht zukommt.[591] Sie unterstellt einen Vorrang der Richtlinien, den sie gegenwärtig in der Gemeinschaftsrechtsordnung nicht haben.[592] Darüber hinaus hätte diese Ansicht rechtsstaatlich bedenkliche Übergriffe der Rechtsprechung in den Bereich der Legislative zur Folge.[593] Schließlich ist eine Beschränkung der richtlinienkonformen Auslegung durch die nationalen Auslegungsregeln auch aus gemeinschaftsrechtlicher Sicht notwendig: Je weiter die Grenzen einer richtlinienkonformen Auslegung gezogen werden, desto weniger würden die mitgliedstaatlichen Gesetzgeber bei dem Umsetzungsakt gehalten sein, die Richtlinie möglichst genau und umfassend in nationales Recht zu transformieren.[594]

---

[588] Kritisch dazu: Brechmann, Die richtlinienkonforme Auslegung, S. 272 f., der grundsätzlich die Regelungsabsicht des Gesetzgebers als äußerste Grenze für eine richtlinienkonforme Auslegung verstehen will.

[589] Dazu sogleich unten.

[590] Vgl. dazu Jarass, Richtlinienkonforme bzw. EG- rechtskonforme Auslegung nationalen Rechts, EuR 1991, S. 210 ff. (218), der sich für eine strenge Trennung der Rechtsinstitute der richtlinienkonformen Auslegung und der unmittelbaren Wirkung ausspricht, m.w.N. in Fn. 39.

[591] Vgl. Köhne, Die richtlinienkonforme Auslegung im Umweltstrafrecht, S. 92.

[592] Vgl. dazu auch Di Fabio, Richtlinienkonformität als ranghöchstes Normauslegungsprinzip?, NJW 1990, S. 947 ff. (953).

[593] Vgl. Jarass, Richtlinienkonforme bzw. EG- rechtskonforme Auslegung nationalen Rechts, EuR 1991, S. 210 ff. (218); dazu auch: Ehrike, Die richtlinienkonforme und die gemeinschaftskonforme Auslegung nationalen Rechts, RablsZ 59 (1995), S. 598 ff. (638).

[594] Siehe zur Problematik, ob sich Richtlinien allein im Wege der Auslegung transferieren lassen: Jarass, Richtlinienkonforme bzw. EG- rechtskonforme Auslegung nationalen Rechts, EuR 1991, S. 211 ff. (219); kritisch dazu Ruffert, in: Callies/ Ruffert, Kommentar zu EU- Vertrag und EG- Vertrag, Art. 249, Rn. 112.

Damit gilt für die richtlinienkonforme Auslegung, daß sie den normativen Gehalt einer nach Wortlaut und Sinn eindeutigen nationalen Vorschrift nicht neu bestimmen, also das Ziel der nationalen Vorschrift nicht verfehlen darf.[595]

(4.) Eine richtlinienkonforme Auslegung des Gemeindebegriffes in § 13 Abs. 1 Satz 1 EnWG scheidet demnach schon deswegen aus, weil der juristische Gemeindebegriff nicht auslegungsbedürftig bzw. -fähig ist. Auf die Frage, ob die Elektrizitätsbinnenmarktrichtlinie überhaupt eine derartige extensive Auslegung erfordert, braucht an dieser Stelle daher nicht mehr eingegangen zu werden.

χχ) Unmittelbare Wirkung des Art. 21 RL- Elt.:

Regelmäßig hat eine EG- Richtlinie nur mittelbaren Einfluß auf das innerstaatliche Recht der Mitgliedstaaten. Ausnahmsweise könnte vorliegend Art. 21 RL- Elt. aber selbst Anspruchsgrundlage für die Leitungsverlegung auf nichtgemeindlichen Verkehrswegen sein und sich ein Kontrahierungszwang für die Gestattung der Leitungsverlegung auf nichtgemeindlichen Verkehrswegen direkt aus Art. 21 RL- Elt. ergeben. Das setzt allerdings voraus, daß die Elektrizitätsbinnenmarktrichtlinie diesbezüglich unmittelbare Wirkung entfaltet.[596] Nach der ständigen Rechtsprechung des EuGH[597] und auch des BVerfG[598] kann eine Richtlinie entgegen Art. 249 Abs. 3 EG=Art. 189 Abs. 3 EGV auch ohne nationalen Umsetzungsakt in den Mitgliedstaaten unter bestimmten Voraussetzungen unmittelbare Wirkung entfalten. Dieser Rechtsfortbildung liegt die Überlegung zugrunde, daß die praktische Wirksamkeit einer Richtlinie erheblich beeinträchtigt wäre, wenn es jeder Mitgliedstaat in der Hand hätte, den Eintritt der in der Richtlinie beabsichtigten Rechtswirkungen durch Nichtumsetzung

[595] Vgl. Jarass, Richtlinienkonforme bzw. EG- rechtskonforme Auslegung nationalen Rechts, EuR 1991, S. 211 ff. (218).
[596] Vgl. dazu vertiefend: Jarass, Voraussetzungen der innerstaatlichen Wirkung des EG- Rechts, NJW 1990, S. 2420 ff.; Oppermann, Europarecht, Rn. 556; auch Brechmann, Die richtlinienkonforme Auslegung, S. 14 ff.; grundlegend dazu: Oldenbourg, Die unmittelbare Wirkung von EG- Richtlinien im innerstaatlichen Bereich, S. 148 ff.
[597] Vgl. u.a. EuGH Slg. I 1970, S. 825 ff. (839); EuGH Slg. I 1970, S. 1213 ff. (1223); EuGH Slg. I 1974, S. 1337 ff. (1348).
[598] BVerfGE 75, S. 223 ff. (235 ff.), wonach die vom EuGH diesbezüglich entwickelte Rechtsprechung mit dem durch das Zustimmungsgesetz zum EWG- Vertrag abgesteckten Integrationsprogramm vereinbar ist, vgl. ebenda, S. 240.

hinauszuzögern oder ganz zu vereiteln (Gedanke des „effet utile").[599] Desweiteren sollen die Mitgliedstaaten einzelnen Bürgern nicht die eigene Umsetzungssäumnis entgegenhalten dürfen (Grundsatz von Treu und Glauben bzw. *estoppel*- Prinzip).[600] Folgende Voraussetzungen müßten allerdings vorliegend erfüllt sein:

(1.)   Zunächst muß ein Verstoß gegen die Umsetzungspflicht vorliegen, d.h. die Bundesrepublik Deutschland als Mitgliedstaat müßte die Richtlinie nicht fristgemäß bzw. sonst unzulänglich umgesetzt haben.

(2.)   Die verspätet umgesetzte Richtlinie muß hinreichend bestimmt sein, so daß sich die Regelungstendenz unmittelbar aus der Richtlinie selbst ablesen läßt.

(3.)   Darüber hinaus muß die Richtlinie inhaltlich unbedingt sein, so daß dem nationalen Gesetzgeber bei der Umsetzung kein oder nur wenig Spielraum bleibt.[601]

Vorliegend bereiten vor allem die beiden letztgenannten Voraussetzungen erhebliche Schwierigkeiten: Hinreichend bestimmt ist eine Richtlinienbestimmung nämlich nur dann, wenn sie unzweideutig eine Verpflichtung begründet.[602] Inhaltlich unbedingt ist eine Richtlinienvorschrift lediglich in den Fällen, in denen sie vorbehaltslos und ohne Bedingung anwendbar ist.[603] Damit sind solche Bestandteile einer Richtlinie von der unmittelbaren Wirkung ausgeschlossen, deren Umsetzung von einer gestaltenden Entscheidungen der Mitgliedstaaten abhängt.[604] Danach scheidet eine unmittelbare Direktwirkung einer Richtlinie insbesondere dann aus, wenn dem Gesetzgeber ein

---

[599] Vgl. Streinz, Europarecht, Rn. 398; hierzu auch Brechmann, Die richtlinienkonforme Auslegung, S. 17 f. m.w.N.; Hetmeier, in: Lenz, EG- Vertrag, Art. 249, Rn. 12.
[600] Vgl. Ruffert, in: Callies/ Ruffert, Kommentar zu EU- Vertrag und EG- Vertrag, Art. 249, Rn. 70 unter Bezugnahme auf EuGH Slg. I 1979, S. 1629 ff. (1645).
[601] Vgl. EuGH Slg. I 1987, S. 3969, 3985 ff.; vertiefend zu den Voraussetzungen: Nachweise oben in Fn. 596 sowie Fischer, Zur unmittelbaren Anwendung von EG- Richtlinien in der öffentlichen Verwaltung, NVwZ 1992, S. 635 ff., Scherzberg, Die innerstaatliche Wirkung von EG- Richtlinien, Jura 1993, S. 226 ff.; Classen, Zur Bedeutung von EWG- Richtlinien für Privatpersonen, EuZW 1993, S. 84 ff.; Bleckmann, Europarecht, Rn. 433; Ruffert, in: Callies/ Ruffert, Kommentar zu EU- Vertrag und EG- Vertrag, Art. 249, Rn. 73.
[602] Vgl. Ruffert, in: in: Callies/ Ruffert, Kommentar zu EU- Vertrag und EG- Vertrag, Art. 249, Rn. 76 unter Bezugnahme auf EuGH Slg. I 1983, S. 2727 ff. (2744); EuGH Slg. I 1983, S. 4233 ff. (4245) u.a.
[603] Vgl. Ruffert, in: in: Callies/ Ruffert, Kommentar zu EU- Vertrag und EG- Vertrag, Art. 249, Rn. 76 unter Bezugnahme auf EuGH Slg. I 1987, S. 2141 ff. (2159 f.); EuGH Slg. I 1988, S. 4634 ff. (4462 f.).

Ermessensspielraum bei der Umsetzung belassen wurde.[605] Gerade das aber ist bei der Verwirklichung des Direktleitungsbaus und der Umsetzung des Art. 21 RL- Elt. der Fall; schon wegen Art. 3 Abs. 3 RL- Elt. sowie den übrigen Ausnahmen von der Umsetzungspflicht (wie etwa der Möglichkeit den Direktleitungsbau subsidiär auszugestalten, vgl. Art. 21 Abs. 4 RL- Elt.)[606] ist den Mitgliedstaaten ein erheblicher Gestaltungsspielraum bei der Aufnahme des Direktleitungsbaus als Wettbewerbsinstrument geblieben, so daß letztlich auch eine unmittelbare Wirkung des Art. 21 RL- Elt scheitern muß.[607] Das sich hierbei sonst u.U. ergebende Problem einer „horizontalen" Wirkung von EG- Richtlinien stellt sich somit nicht.[608]

δδ) Nach alledem bleibt hier festzuhalten, daß sich auch mit Hilfe der Rechtsinstitute der richtlinienkonformen Auslegung und der unmittelbaren Wirkung einer Richtlinie der Kreis der Anspruchsverpflichteten des § 13 Abs. 1 EnWG über Gemeinden hinaus nicht erweitern läßt.

b)   Anspruchsberechtigte des Kontrahierungszwanges gem. § 13 Abs. 1 Satz 1 EnWG:

Während § 13 Abs. 1 Satz 1 EnWG die Gemeinden noch ausdrücklich als Schuldner des von ihm angeordneten Kontrahierungszwanges benennt, bleibt der Kreis der möglichen Gläubiger offen. Um die Parteien eines auf Grundlage dieser Vorschrift geschlossenen Wegebenutzungsvertrages aber festzulegen zu können, müssen auch die Anspruchsberechtigten bestimmt werden. Im wesentlichen sind folgende Auslegungsmöglichkeiten denkbar:

aa)   Einerseits könnten Gläubiger des Kontrahierungszwanges lediglich Energieversorgungsunternehmen im Sinne des § 2 Abs. 3 EnWG 1998 sein, also nur solche Unternehmen, die *andere* mit leitungsgebundener Energie versorgen bzw. ein Netz gem. § 2 Abs. 3 EnWG betreiben.[609]

---

[604] Vgl. EuGH Slg. 1974, S. 1337 ff. (1349); Scherzberg, Die innerstaatliche Wirkung von EG-Richtlinien, Jura 1993, S. 226 ff. (226).
[605] Vgl. Brechmann, Die richtlinienkonforme Auslegung, S. 16, Fn. 44.
[606] Siehe dazu oben Teil B, III., 2., e).
[607] Siehe auch dazu Teil B, III., 2., e), cc) a.E.
[608] Dazu vgl. u.a. Oppermann, Europarecht, Rn. 559 ff.; Bleckmann, Europarecht, Rn. 437 f.

bb) Andererseits könnte sich der Kreis der potentiellen Gläubiger des Anspruchs aus § 13 Abs. 1 Satz 1 EnWG auf alle Rechtsträger erstrecken, die ein Interesse an der Verlegung einer Leitung haben.[610]

cc) Diese beiden Ansichten führen zu einem deutlich unterschiedlichen Anwendungsbereich des § 13 Abs. 1 EnWG. Zwar besteht zwischen den beiden Auffassungen noch insoweit Einigkeit, daß neben Netzbetreibern[611] auch reine Kraftwerksbetreiber, die ihre gesamte Elektrizität an ein Verteilungsunternehmen veräußern, sich als Gläubiger auf § 13 Abs. 1 Satz 1 EnWG beziehen dürfen, da solche Kraftwerksbetreiber einerseits ein anderes Rechtssubjekt beliefern[612] und andererseits zugleich Interesse an der Leitungsverlegung haben. Unterschiedliche Ergebnisse ergeben sich aber vor allem bei der Frage, ob auch Eigenversorger von dem Anspruch aus § 13 Abs. 1 Satz 1 EnWG profitieren sollen. Lediglich die unter bb) genannte Auffassung kommt zu diesem Ergebnis, da sie die Belieferung *anderer* nicht als konstitutives Merkmal für die Gläubigereigenschaft betrachtet.[613]

dd) Zwar kann diese Auffassung für sich in Anspruch nehmen, den Vorgaben der Elektrizitätsbinnenmarktrichtlinie näher zu kommen als die Gegenmeinung,[614] doch sprechen gegen die Einbeziehung der Eigenversorger in den Anwendungsbereich des § 13 Abs. 1 Satz 1 EnWG sowohl systematische als auch teleologische Bedenken.

Ein ganz wesentliches Argument hat *Böwing*[615] geliefert, der zu Recht daraufhinweist, daß die Eigenversorger schon wegen § 8 Abs. 10 BFStrG bzw. den entsprechenden landesrechtlichen Regelungen nicht Gläubiger des (privatrechtlichen) Kontrahierungsanspruches sein können. Mangels öffentlicher Versorgung findet auf die eigenbetriebliche Versorgung Privatrecht insgesamt keine Anwendung, so daß insofern auch kein Kontrahierungszwang eingreifen kann. Dieser ginge ins Leere.[616] Aber auch

---

[609] Vgl. Böwing, in: Böwing, Energiewirtschaftsgesetz 1998, Art. 1, § 13, 2.1.

[610] Vgl. Salje, Energiewirtschaftsgesetz, § 13, S. 42.

[611] So auch Salje, Energiewirtschaftsgesetz, § 13, S. 43; ferner Böwing, in: Böwing Energiewirtschaftsgesetz 1998, Art. 1, § 13, 2.1.

[612] Vgl. Böwing, in: Böwing, Energiewirtschaftsgesetz 1998, Art. 1, § 13, 2.1 i.V.m. Schneider, in: Böwing, Energiewirtschaftsgesetz 1998, Art. 1, § 2, Rn. 4.2.1.

[613] Ausdrücklich verneinend: Böwing, in: Böwing, Energiewirtschaftsgesetz 1998, Art. 1, § 13, 2.1. Ausdrücklich bejahend: Salje, Energiewirtschaftsgesetz, § 13, S. 43.

[614] So Salje, Energiewirtschaftsgesetz, § 13, S. 43 f.

[615] Vgl. Böwing, in: Böwing, Energiewirtschaftsgesetz 1998, Art. 1, § 13, 2.1.

[616] Vgl. Böwing, in: Böwing, Energiewirtschaftsgesetz 1998, Art. 1, § 13, 2.1.

die Systematik des EnWG selbst spricht eher für eine enge Auslegung: So gilt der Verweigerungsgrund des § 13 Abs. 1 Satz 3 EnWG[617] nur, wenn *Energieversorgungsunternehmen* (also solche i.S.d. § 2 Abs. 3 EnWG) die Zahlung der Höchstsätze der Konzessionsabgaben verweigern. Es liegt zumindest nahe, § 13 Abs. 1 Satz 1 entsprechend auszulegen und auch hier die Definitionsnorm § 2 Abs. 3 EnWG anzuwenden. Dagegen könnte allerdings eingewendet werden, daß der Verweigerungsgrund des Satzes 3 schon deswegen auf die Energieversorgungsunternehmen beschränkt sei, weil Eigenversorger ohnehin keine Konzessionsabgaben zu zahlen hätten,[618] so daß aus der Fassung des Satzes 3 keine Rückschlüsse auf den Gläubigerkreis des Satzes 1 zulässig seien. Entscheidend muß in diesem Zusammenhang jedoch der Wille des Gesetzgebers sein, der – wie gezeigt[619] – durch die gegenwärtige Fassung des § 13 Abs. 1 Satz 1 EnWG den Gemeinden die Konzessionsabgaben erhalten wollte. Eben aus dem Grund, daß die Eigenversorger keine Konzessionsabgaben zahlen müssen, wird der Gesetzgeber auch nicht daran interessiert gewesen sein, sie in den Anwendungsbereich des § 13 Abs. 1 Satz 1 EnWG einzubeziehen. Damit sprechen der in der Entstehungsphase des § 13 Abs. 1 EnWG wiederholt zum Ausdruck gekommene Wille des Gesetzgebers und die Gesetzessystematik insgesamt gegen eine Einbeziehung der Eigenversorger in den Gläubigerkreis des § 13 Abs. 1 EnWG.

ee) Die Ansicht, die auch Eigenversorger in den Anwendungsbereich des § 13 Abs. 1 Satz 1 EnWG einbeziehen will, könnte sich wiederum allenfalls nur auf eine richtlinienkonforme Auslegung[620] dieser Vorschrift stützen.

α) Zwar verlangt Art. 21 RL- Elt. – wie oben dargelegt[621] - auch solche Maßnahmen der Mitgliedstaaten, die ermöglichen, daß Elektrizitätserzeuger ihre eigenen Betriebsstätten versorgen können, doch sind auch hier – ebenso wie bei der Auslegung des

---

[617] Dazu sogleich ausführlich unten Teil C, II., 5., a), cc).

[618] Das ergibt sich aus der Legaldefinition des Begriffes „Konzessionsabgaben" in § 14 Abs. 1 EnWG: Danach sind Konzessionsabgaben Entgelte, die *Energieversorgungsunternehmen* für die Einräumung des Rechts zur unmittelbaren Versorgung von Letztverbrauchern im Gemeindegebiet mit Energie mittels Benutzung öffentlicher Verkehrswege für die Verlegung und den Betrieb von Leitungen entrichten. Für die Eigenversorgung mag u.U. eine entgeltliche Sondernutzungserlaubnis, nicht aber die Zahlung von Konzessionsabgaben erforderlich sein.

[619] Siehe dazu die Nachweise oben Teil C, II., 3., a), dd).

[620] So wohl im Ergebnis Salje, Energiewirtschaftsgesetz, § 13, S. 43. Zu der richtlinienkonformen Auslegung siehe oben Teil C, II., 3., a), dd), χ), αα).

[621] Siehe dazu oben Teil B, III., 2., a).

Gemeindebegriffes - die Grenzen der richtlinienkonformen Auslegung zu berücksichtigen.[622] Steht diesmal einer extensiven Interpretation des § 13 Abs. 1 Satz 1 EnWG nicht unmittelbar der Wortlaut entgegen, sprechen – wie soeben ausgeführt - doch Gesetzessinn und Gesetzessystematik eher für die enge Auslegung. Zumindest nach der hier vertretenen Auffassung, die der richtlinienkonformen Auslegung lediglich innerhalb des herkömmlichen Auslegungskanons Bedeutung zuerkennen will, muß eine richtlinienkonforme Auslegung des § 13 Abs. 1 Satz 1 EnWG erneut ausscheiden.

β) Diese Problematik könnte auch nicht durch eine richtlinienkonforme Auslegung des § 8 Abs. 10 BFStrG gelöst werden. Selbst wenn eine richtlinienkonforme Auslegung einer Vorschrift, die an sich gar nicht der Umsetzung dieser (oder einer anderen) Richtlinie dient, in Betracht käme[623], muß diese wiederum an dem eindeutigen Wortlaut des § 8 Abs. 10 BFStrG scheitern. Abgesehen davon war - wie gezeigt[624] - der Öffentlichkeitsbezug der Versorgung gerade der entscheidende Grund dafür gewesen, die Leitungsverlegung der privatrechtlichen Sondernutzung zu unterstellen. Diese Entscheidung des Gesetzgebers läßt sich nicht durch Auslegung korrigieren.[625]

ff) Nach alledem können Eigenversorger derzeit nicht zu dem Kreis der Anspruchsberechtigten gezählt werden.

4. Der sachliche Anwendungsbereich des § 13 Abs. 1 Satz 1 EnWG:

§ 13 Abs. 1 Satz 1 EnWG verpflichtet die Gemeinden, *ihre öffentlichen Verkehrswege* für die Verlegung und den Betrieb von Leitungen durch Vertrag zur Verfügung zu stellen. Welche Grundstücke davon im einzelnen betroffen sind, bedarf ebenso einer näheren Betrachtung wie die Frage, welche Leitungen von dieser Vorschrift erfaßt werden.

---

[622] Siehe dazu oben Teil C, II., 3., a), dd), χ), αα).
[623] Nachweise zu dem Streitstand vgl. oben Fn. 579.
[624] Siehe dazu oben Teil C, I., 1., d), bb).
[625] *Salje* schlägt diesbezüglich vor, aus der Elektrizitätsbinnenmarktrichtlinie eine Verpflichtung für die Straßenbehörden abzuleiten, im Falle der Leitungserrichtung für die Eigenversorgung eine Sondernutzungserlaubnis gem. § 8 Abs. 1 BFStrG zu erteilen, vgl. Salje, Energiewirtschaftsgesetz, § 13, S. 44. Ob dem so ist, kann zumindest an dieser Stelle offen bleiben, da sich eine derartige Verpflichtung jedenfalls nicht unmittelbar aus § 13 Abs. 1 EnWG ergibt. Außerdem ist fraglich, ob eine entsprechende Verwaltungspraxis für die ordnungsgemäße Umsetzung der Richtlinie ausreichen würde. Dazu ausführlicher unten Teil E, II., 1., b), aa).

a) Gegenstand des Kontrahierungszwanges:

aa) „Verkehrswege":

Im wesentlichen deckt sich der Verkehrswegebegriff in § 13 Abs. 1 Satz 1 EnWG mit den Straßenbegriffen der Landesstraßengesetze.[626] Danach gehören zu den Straßen i.S.d. Straßengesetze neben den Straßen auch Wege und Plätze.[627] Darüber hinaus fällt der gesamte Straßenkörper unter den Verkehrswegebegriff des § 13 EnWG, also auch Trenn-, Seiten, Rand- oder Sicherheitsstreifen sowie Rad- oder Gehwege etc.[628] Entscheidend ist, daß diese Flächen bzw. Grundstücke dem „Verkehr" dienen, worunter in erster Linie alle motorisierten oder unmotorisierten Verkehrsvorgänge zu verstehen sind, deren hauptsächlicher Zweck die Ortsveränderung ist.[629] Die betroffenen Grundstücke müssen also vorrangig eine Transportfunktion haben. Damit fallen von vornherein alle Grundstücke - unabhängig davon, ob es sich um Grundstücke der öffentlichen Hand oder um Privatgrundstücke handelt - aus dem Anwendungsbereich des § 13 Abs. 1 EnWG heraus, deren Bebauungsweise dieser Transportfunktion nachhaltig entgegensteht.[630]

bb) „Öffentliche" Verkehrswege:

α) Von § 13 Abs. 1 EnWG werden allerdings nur „öffentliche" Verkehrswege bzw. Straßen erfaßt. In der Rechtsordnung haben die Begriffe „öffentliche Straße" und „öffentlicher Verkehr" unterschiedliche Bedeutung, je nachdem, ob sie in straßenverkehrsrechtlichem oder wegerechtlichem Zusammenhang verwendet werden.[631] Ist für die Anwendbarkeit des Straßenverkehrsrechts ausreichend, daß der Verkehrsraum für die Allgemeinheit tatsächlich zur Verfügung gestellt wurde,[632] so ist nach den Straßengesetzen erforderlich, daß die Straße dem öffentlichen Verkehr *gewidmet* wurde.[633]

---

[626] § 2 NStrG etc.
[627] Siehe dazu auch Salje, Energiewirtschaftsgesetz, § 13, S. 29, der allerdings Rand- und Seitenstreifen nicht unter § 13 Abs. 1 EnWG fallen lassen will; ferner Böwing, in: Böwing, Energiewirtschaftsgesetz 1998, der insoweit von „Verkehrsflächen" spricht, Art. 1, § 13, 2.3.
[628] Vgl. z.B. § 2 Abs. 2 Nr. 1 NStrG, § 1 Abs. 4 Ziff. 1 BFStrG
[629] Vgl. Grote, in: Kodal/ Krämer, Straßenrecht, Kap. 24, Rn. 21 ff., S. 580 ff. Dort sowie oben Teil C, I., 1., a), bb) zur Unterscheidung zwischen dem Verkehr im engeren und im weiteren Sinne.
[630] Vgl. dazu auch Salje, Energiewirtschaftsgesetz, § 13, S. 30.
[631] Vgl. Krämer, in: Kodal/ Krämer, Straßenrecht, Kap. 4, Rn. 1.1., S. 127.
[632] Vgl. Krämer, in: Kodal/ Krämer, Straßenrecht, Kap. 4, Rn. 15 ff., S. 138 ff.
[633] Vgl. Krämer, in: Kodal/ Krämer, Straßenrecht, Kap. 4, Rn. 2 ff., 127 ff.

Bei die Auslegung des § 13 Abs. 1 EnWG liegt es nahe, den wegerechtlichen Begriff „öffentliche Straße" heranzuziehen, weil hier nicht die Regelung des Straßenverkehrs unter ordnungsrechtlichen Gesichtspunkt, sondern die Rechtsverhältnisse an öffentlichen Straßen in sachenrechtlicher Hinsicht betroffen sind.[634] Von einem öffentlichen Verkehrsweg i.S.d. § 13 Abs. 1 EnWG kann demnach grundsätzlich nur dann gesprochen werden, wenn der Verkehrsweg dem öffentlichen Verkehr *gewidmet* wurde.[635] Die Widmung im Sinne des öffentlichen Sachenrechts ist die durch die Rechtsordnung mit Rechtswirkungen verbundene Bestimmung einer Sache für einen öffentlichen Zweck.[636] Sie ist gerichtet auf die Eröffnung des öffentlichen Verkehrs auf diesem Grundstück; nach ihrer Rechtsnatur stellt sie eine sachbezogene Allgemeinverfügung gem. § 35 Satz 2 2. Alt. VwVfG dar und ist darüber hinaus im Straßenrecht grundsätzlich formbedürftig bzw. öffentlich bekanntzugeben.[637] Ohne Widmung liegt demnach kein öffentlicher Verkehrsweg i.S.d. § 13 Abs. 1 Satz 1 EnWG vor, so daß aus dem Anwendungsbereich des § 13 Abs. 1 Satz 1 EnWG alle Privatgrundstücke, insbesondere auch alle Privatwege, herausfallen.

β) Nach einer in der Literatur vertretenen Auffassung sollen zu den öffentlichen Verkehrswegen auch solche Flächen gehören, die zwar nicht gewidmet, aber dennoch tatsächlich dem Verkehr eröffnet wurden.[638] Ob dieser Ansicht gefolgt werden kann, ist fraglich: Sie verläßt den Bereich des wegerechtlichen Begriffes „öffentlicher Verkehr" und nähert sich dem straßenverkehrsrechtlichen Verkehrsbegriff an, indem sie allein die tatsächliche Nutzung des Weges ausreichen läßt, um ihn zu einem öffentlichen Verkehrsweg i.S.d. § 13 Abs. 1 EnWG zu machen. Zugleich aber übersieht diese Auffassung, daß die heutigen Straßengesetze gerade eine konkludente Widmung nicht

---

[634] Siehe zu der Abgrenzung von Straßenverkehrsrecht und Wegerecht Krämer, in: Kodal/ Krämer, Straßenrecht, Kap. 3, Rn. 5.3 f., S. 110.
[635] So auch Salje, Energiewirtschaftsgesetz, § 13, S. 30.
[636] Vgl. Herber, in: Kodal/ Krämer, Straßenrecht, Kap. 7, Rn. 1.
[637] Vgl. Wendrich, Niedersächsisches Straßengesetz, § 6, Rn. 1; zur Rechtsnatur der Widmung vgl. auch Grupp, in: Marschall/ Schroeter/ Kastner, Bundesfernstraßengesetz, § 2, Rn. 25 ff.; Herber, in: Kodal/ Krämer, Straßenrecht, Kap. 7, Rn. 18 ff., S. 222.
[638] Vgl. Böwing, in: Böwing, Energiewirtschaftsgesetz 1998, Art. 1, § 13, 2.3 im Anschluß an Büdenbender, in: Tegethoff/ Büdenbender/ Klinger, Recht der öffentlichen Energieversorgung, § 103 GWB, Rn. 195 f. *Salje* möchte dieser Auffassung zumindest dann folgen, wenn ein vergleichbarer (gewidmeter) Verkehrsweg nicht vorhanden ist, vgl. Salje, Energiewirtschaftsgesetz, § 13, S. 31. Da auch dadurch die an sich klare Systematik des § 13 Abs. 1 EnWG durchbrochen wird und darüber hinaus offen bliebt, was unter einer vergleichbaren Alternative zu verstehen ist, kann auch dieser Auffassung nicht gefolgt werden.

mehr zulassen.[639] Man wird lediglich bei alten, d.h. bei seit unvordenklicher Zeit bestehenden Wegen die Feststellung hinreichen lassen können, daß bereits früher eine Widmung stattgefunden hat, ohne daß im einzelnen der Nachweis geführt werden muß, wie, wann und von wem die Widmung vorgenommen wurde.[640] Bei solchen Wegen gilt eine widerlegbare Rechtsvermutung, daß eine Widmung erfolgt war.[641] Allein die langjährige tatsächliche Benutzung eines Weges durch die Öffentlichkeit reicht im Straßenrecht für den Nachweis der Widmung ebensowenig aus wie die Duldung durch den Eigentümer.[642] Etwas anderes kann auch nicht bei § 13 Abs. 1 Satz 1 EnWG gelten.

χ) Das bedeutet, daß aus dem Anwendungsbereich des § 13 Abs. 1 Satz 1 EnWG alle nicht dem öffentlichen Verkehr gewidmeten Grundstücke herausfallen und zwar unabhängig davon, ob der Eigentümer eines solchen Grundstücks eine Privatperson oder – etwa bei fiskalisch genutzten Grundstücken - die öffentliche Hand ist.

cc) „Ihre" öffentlichen Verkehrswege:

Weiterhin sind die Gemeinden aber nur verpflichtet, *ihre* öffentlichen Verkehrswege für die Leitungsverlegung zur Verfügung zu stellen. Da es hierbei nicht allein auf eine geographische Zuordnung eines Verkehrsweges zu einer Gemeinde ankommen kann, ist jedenfalls auch eine rechtliche Beziehung der betroffenen Gemeinde zu dem konkreten Verkehrsweg erforderlich. Das geltende Straßenrecht auf Grundlage der Lehre vom modifizierten Privateigentum kennt als Anknüpfungspunkte für Rechte und Pflichten einerseits die Straßenbaulast und andererseits das private Eigentum; deswegen könnten grundsätzlich auch beide Rechtsinstitute für die Anwendbarkeit des § 13 Abs. 1 EnWG maßgeblich sein.

---

[639] Vgl. dazu Herber, in: Kodal/ Krämer, Straßenrecht, Kap. 7, Rn. 17.3, S. 220, und Rn. 19.4, S. 231.

[640] Vgl. Ronellenfitsch, Die Überleitung altrechtlicher Wege, in: Bartlsperger, Ein Vierteljahrhundert Straßenrechtsgesetzgebung, S. 591 ff. (592) m.w.N.; Herber, in: Kodal/ Krämer, Straßenrecht, Kap. 7, Rn. 19.4, S. 231.

[641] Nicht allerdings, wenn der Weg im Eigentum eines Privaten steht, vgl. Ronellenfitsch, Die Überleitung altrechtlicher Wege, in: Bartlsperger, Ein Vierteljahrhundert Straßenrechtsgesetzgebung, S. 591 ff. (592), m.w.N.

[642] Vgl. Ronellenfitsch, Die Überleitung altrechtlicher Wege, in: Bartlsperger, Ein Vierteljahrhundert Straßenrechtsgesetzgebung, S. 591 ff., (593), m.w.N.; vgl. dazu auch Forsthoff, Lehrbuch des Verwaltungsrechts, Band I, Allgemeiner Teil, S. 383

α) Insbesondere *Morell* dehnt den sachlichen Anwendungsbereich dieser Vorschrift auf alle Verkehrswege aus, für die die Gemeinde die Straßenbaulast innehat.[643]

β) Dagegen zieht der überwiegende Teil der Literatur das gemeindliche Eigentum an dem betreffenden Verkehrsweg als das entscheidende Abgrenzungskriterium heran.[644]

χ) Die Frage, welcher Auffassung zu folgen ist, ist angesichts des Nebeneinanders von Straßenbaulast und Eigentum zunächst rechtssystematisch bedeutsam. Auch praktische Auswirkungen hat diese Frage darüber hinaus aber vor allem dann, wenn Eigentum und Straßenbaulast auseinanderfallen können, also nicht zwangsläufig in der Hand dessselben Rechtsträgers liegen müssen. Ob und gegebenenfalls in welchen Fällen diese Ansichten vor diesem Hintergrund zu unterschiedlichen Ergebnissen führen können, soll anhand des folgenden Überblicks über die Eigentums- und Straßenbaulastverhältnisse an öffentlichen Verkehrswegen gezeigt werden:

αα) Nach geltendem Straßenrecht gibt es - wie bereits betont - grundsätzlich kein öffentliches Eigentum,[645] sondern nur ein durch die öffentliche Zweckbestimmung, die Widmung, modifiziertes Privateigentum.[646] Der Gesetzgeber hat sich dafür entschieden, die Rechte und Pflichten des Straßeneigentümers von den Aufgaben und Befugnissen des Trägers der Straßenbaulast rechtssystematisch zu trennen.[647] Unter die Straßenbaulast fallen alle mit dem Bau und der Unterhaltung der öffentlichen Straßen zusammenhängenden Aufgaben.[648] Sie umfaßt damit die Summe aller Aufgaben, die erfüllt werden müssen, damit ein den Verkehrsanforderungen entsprechendes Straßennetz vorhanden ist.[649] Das geltende Recht versteht die Straßenbaulast als eine

[643] Vgl. Morell, Handbuch der Leitungs- und Wegerechte, 0110, S. 24 a.

[644] Vgl. Salje, Energiewirtschaftsgesetz, § 13, S. 22; wohl auch Böwing, in: Böwing, Energiewirtschaftsgesetz 1998, Art. 1, § 13, 2.2.

[645] Lediglich in Hamburg ist das öffentliche Eigentum für alle Wege, Straßen und Plätze, die dem Gemeingebrauch gewidmet wurden, gesetzlich eingeführt, vgl. Papier, Das Recht der öffentlichen Sachen, S. 6.

[646] Vgl. Krämer, in: Kodal/ Krämer, Straßenrecht, Kap. 5, Rn. 21.2, S. 160; vgl. auch Papier, Recht der öffentlichen Sache, S. 12. Dazu auch oben ausführlicher Teil C, I., 1., c) und d).

[647] Vgl. dazu Krämer, in: Kodal/ Krämer, Straßenrecht, Kap. 5, Rn. 26 ff., S. 161.

[648] So übereinstimmend die Definitionen in den Straßengesetzen, vgl. § 3 Abs. 1 Satz 1 BFStrG.

[649] Vgl. Zeitler, Die Bau- und Unterhaltungslast für die öffentlichen Straßen, in: Bartlsperger, Ein Vierteljahrhundert Straßenrechtsgesetzgebung, S. 475 ff. (478); Grupp, in: Marschall/ Schroeter/ Kastner, Bundesfernstraßengesetz, § 3, Rn. 2.

öffentliche Aufgabe im Interesse der Allgemeinheit.[650] Wer im einzelnen Träger der Straßenbaulast ist, bestimmt sich nach den Straßengesetzen und der Zugehörigkeit der Straße zu den gesetzlich vorgesehenen Straßengruppen.[651] Trotz der funktionalen Trennung ist erkannt worden, daß die Belassung des Eigentums an dem Grundstück in der Hand eines vom Träger der Straßenbaulast verschiedenen Rechtssubjekts schon wegen der allenfalls minimalen Ertragsfähigkeit des Grundstücks wenig sinnvoll ist.[652] Dementsprechend haben die heutigen Straßengesetze Vorschriften aufgenommen, die ein Auseinanderfallen von Eigentum und Straßenbaulast zumindest grundsätzlich verhindern sollen.[653] Damit gilt, daß Straßenbaulast und Eigentum zwei rechtlich voneinander zu trennende Rechtsinstitute sind, die grundsätzlich, aber nicht in jedem Fall, ein und derselbe Rechtsträger innehat.[654] Zu unterscheiden sind dabei folgende Straßengruppen:[655]

(1.) Bundesfernstraßen:

Bundesfernstraßen sind öffentliche Straßen, die ein zusammenhängendes Verkehrsnetz bilden und einem weiträumigen Verkehr dienen oder zu dienen bestimmt sind; sie gliedern sich in Bundesautobahnen und Bundesstraßen.[656]

(1.1) Grundsätzlich liegt die Straßenbaulast für Bundesfernstraßen bei dem Bund, allerdings nur soweit, als keine andere Zuordnung erfolgt ist.[657] Zumindest außerhalb geschlossener Ortschaften haben die Gemeinden danach regelmäßig nicht die Straßenbaulast für Bundesfernstraßen. Sonderregelungen sieht das BFStrG in § 5 Abs. 2 allerdings für Ortsdurchfahrten vor. Ortsdurchfahrten sind nach der im Bundesfernstraßengesetz enthaltenen Legaldefinition derjenige Teil einer Bundesfernstraße, der innerhalb der geschlossenen Ortslage liegt und auch der Erschließung der anliegenden Grundstücke oder der mehrfachen Verknüpfung des

---

[650] Ähnlich Rinke, in: Kodal/ Krämer, Straßenrecht, Kap. 12, Rn. 3, S. 317.
[651] Vgl. Papier, Recht der öffentlichen Sachen, S. 65.
[652] Vgl. Krämer, in: Kodal/ Krämer, Straßenrecht, Kap. 5, Rn. 26 ff., S. 161 f.
[653] Vgl. Krämer, in: Kodal/ Krämer, Straßenrecht, Kap. 5, Rn. 26.1, S. 162.
[654] Vgl. Krämer, in: Kodal/ Krämer, Straßenrecht, Kap. 5, Rn. 26 ff., S. 160 ff.; vgl. dazu auch Papier, Recht der öffentlichen Sachen, S. 11.
[655] Vgl. dazu auch Papier, Recht der öffentlichen Sachen, S. 65 f.
[656] § 1 Abs. 1 und Abs. 2 BFStrG. Siehe dazu auch Herber, in: Kodal/Krämer, Straßenrecht, Kap. 8, Rn. 6, S. 236.
[657] § 5 Abs. 1 BFStrG.

Ortsstraßennetzes dient.[658] Gem. § 5 Abs. 2 BFStrG haben Gemeinden mit mehr als 80.000 Einwohnern die Straßenbaulast für Ortsdurchfahrten im Zuge von Bundesfernstraßen. Im Umkehrschluß folgt daraus, daß Gemeinden mit bis zu 80.000 Einwohnern regelmäßig auch bei Ortsdurchfahrten nicht die Baulast für Bundesfernstraßen haben.

(1.2) Eine vollständige Zusammenführung von Eigentum und Straßenbaulast ist bislang nicht erfolgt. Allerdings versuchte der Bundesgesetzgeber auf verschiedene Weise, Straßenbaulast und Eigentum miteinander zu verbinden. Bezüglich der Ortsdurchfahrten wurde deshalb durch Art. 2 des Gesetzes zur Änderung des Fernstraßengesetzes vom 10. Juli 1961 (1. FStrÄndG) angeordnet, daß zusammen mit der Straßenbaulast das Eigentum auf die jeweilige Gemeinde übergehen soll.[659] Eine weitere Vorschrift, die dieses Ziel verfolgt, ist Art. 90 Abs. 1 GG.[660] Danach ist der Bund Eigentümer der Reichsautobahnen und Reichsstraßen, so daß zumindest bei älteren Fernstraßen Eigentum und Baulast regelmäßig zusammenfallen dürften. Bei neu geschaffenen Straßen wiederum kann das Eigentum durchaus auch in der Hand eines Landes, eines Gemeindeverbandes, einer Gemeinde oder eines Privaten liegen,[661] da gem. § 2 Abs. 2 BFStrG Voraussetzung für die Widmung nicht ist, daß der Straßenbaulastträger zugleich auch Eigentümer ist, sondern vielmehr die Zustimmung des Eigentümers oder sonst dinglich Berechtigten ausreicht.

(1.3) Damit besteht die Gefahr, daß Eigentum und Straßenbaulast dauerhaft bei unterschiedlichen Rechtsträgern liegen. Das vermag auch § 6 Abs. 1 BFStrG nicht in jedem Fall zu verhindern: Zwar ordnet diese Vorschrift bei einem Wechsel der Straßenbaulast zugleich auch den Übergang des Eigentums auf den Träger der Baulast an, um so eine akzessorische Verbindung zwischen Straßenbaulast und Eigentum herzustellen, doch gilt diese Vorschrift nur, wenn der Träger der Baulast wechselt, was etwa bei einer sog. Umstufung (also einer Auf- oder Abstufung einer Straße in eine

---

[658] § 5 Abs. 4 BFStrG.
[659] BGBl. I, 877; vgl. dazu Krämer, in: Kodal/ Krämer, Straßenrecht, Kap. 5, Rn. 36.1, S. 169.
[660] Die Autobahnen und Fernverkehrsstraßen im Gebiet der früheren DDR sind durch den Einigungsvertrag vom 31.08.1990 ins Eigentum des Bundes übergegangen, soweit er Träger der Baulast geworden ist und Eigentumsrechte Privater nicht bestanden, vgl. dazu Grupp, in: Marschall/ Schroeter/ Kastner, Bundesfernstraßengesetz, § 2, Rn. 10.
[661] Vgl. Schmidt- Bleibtreu, in: Schmidt- Bleibtreu/ Klein, Grundgesetz, Art. 90, Rn. 3.; vgl. auch Hoog, in: v. Münch/ Kunig, Grundgesetz-Kommentar, Art. 90, Rn. 4.

andere Straßengruppe)[662], bei der Änderung der Einwohnerzahl sowie bei Gebietsänderungen[663] der Fall ist.[664] Auf Altfälle ohne Übergang der Baulast ist diese Vorschrift nicht anwendbar. Insgesamt verfolgt § 6 Abs. 1 BFStrG nur das Ziel, eine einmal geschaffene Zusammenführung von Eigentum und Straßenbaulast in einer Hand auch künftig bestehen zu lassen.[665] Insoweit setzt § 6 Abs. 1 BFStrG voraus, daß der Träger der Straßenbaulast bereits Eigentümer der Straße ist.[666] Damit verhindert auch § 6 Abs. 1 BFStrG nur dann ein Auseinanderfallen von Baulast und Eigentum, wenn diese Einheit zuvor bereits bestanden hat. Abgesehen davon ist ein abermaliges Auseinanderfallen von Eigentum und Straßenbaulast denkbar, wenn der Eigentümer oder ein zur Nutzung dinglich Berechtigter der Widmung gem. § 2 Abs. 2 BFStrG zugestimmt hat, aber das Eigentum nicht abgibt und eine Enteignung unterbleibt.[667]

(1.4) Ein Auseinanderfallen von Straßenbaulast und Eigentum bei den Bundesfernstraßen ist damit ohne weiteres möglich, so daß sich die genannten Rechtsauffassungen keineswegs zwangsläufig decken.

(2.) Landesstraßen (Landstraßen I. Ordnung):

Nach den Straßengesetzen der Länder sind Landesstraßen solche Straßen, die untereinander oder zusammen mit Bundesfernstraßen ein Verkehrsnetz innerhalb des Landes bilden und dem Durchgangsverkehr dienen oder zu dienen bestimmt sind.[668]

(2.1) Grundsätzlich haben die Länder die Straßenbaulast für Landesstraßen.[669] Besonderheiten bestehen auch hier bei den Ortsdurchfahrten. In Anlehnung an § 5 Abs. 2 BFStrG ordnen hier die Landesstraßengesetze überwiegend an, daß Gemeinden mit mehr als 50.000 Einwohnern die Straßenbaulast im Bereich der Ortsdurchfahrten selbst

---

[662] Vgl. § 2 Abs. 3 a, 4 BFStrG.
[663] Vgl. § 5 Abs. 2, § 5 Abs. 2 a BFStrG.
[664] Vgl. Grupp, in: Marschall/ Schroeter/ Kastner, Bundesfernstraßengesetz, § 6, Rn. 5, dort auch zu weiteren Fällen, in denen ein Wechsel des Straßenbaulastträgers stattfindet.
[665] Vgl. Grupp, in: Marschall/ Schroeter/ Kastner, Bundesfernstraßengesetz, § 6, Rn. 1; Krämer, in: Kodal/ Krämer, Straßenrecht, Kap. 5, Rn. 37, S. 169 f.
[666] Vgl. Grupp, in: Marschall/ Schroeter/ Kastner, Bundesfernstraßengesetz, § 6, Rn. 2.
[667] Vgl. Krämer, in: Kodal/ Krämer, Straßenrecht, Kap. 5, Rn. 39, S. 171.
[668] Vgl. Herber, in: Kodal/ Krämer, Straßenrecht, Kap. 8, Rn. 7, S. 236; vgl. etwa auch die Definition in § 3 Abs. 1 Nr. 1 NStrG.
[669] Vgl. z.B. § 43 Abs. 1 Satz 1 NStrG.

zu tragen haben.[670] Bei kleineren Gemeinden verbleibt die Baulast demgemäß beim Land.

(2.2) Ebenso wie auf Bundesebene waren auch die Landesgesetzgeber bemüht, Baulast und Eigentum zumindest grundsätzlich zusammenzuführen, ohne daß das auch hier in jedem Fall gelungen wäre. So ordnen die Straßengesetze in weitgehender Übereinstimmung an, daß mit ihrem Inkrafttreten das Eigentum an den Grundflächen auf den Straßenbaulastträger übergehen soll.[671] In Anlehnung an § 6 Abs. 1 BFStrG enthalten auch die Landesstraßengesetze regelmäßig den gesetzlichen Eigentumsübergang bei einem Wechsel der Straßenbaulast von einer Gebietskörperschaft auf eine andere.[672] Einen über § 6 Abs. 1 BFStrG hinausgehenden Anwendungsbereich haben aber auch diese Vorschriften nicht. Weiterhin soll z.B. in Niedersachsen durch § 13 Abs. 1 NStrG eine Verbindung zwischen Straßenbaulast und Eigentum hergestellt werden: Danach muß der Straßenbaulastträger in den Fällen, in denen die für den Straßenbau in Anspruch genommenen Grundstücke nicht im Eigentum des Straßenbaulastträgers stehen,[673] auf Antrag des bisherigen Eigentümers das betreffende Grundstück erwerben. Schließlich eröffnet noch § 42 NStrG die Möglichkeit, ein für den Straßenbau benötigtes Grundstück im Außenbereich durch Enteignung zu erlangen. Aufgrund dieser Vorschriften werden Eigentum und Straßenbaulast häufig, aber keineswegs immer, bei dem jeweiligen Land liegen. Ausnahmen sind aber z.B. dann denkbar, wenn ein vom Straßenbaulastträger unterschiedlicher Eigentümer, der der Widmung gem. § 6 Abs. 2 NStrG zugestimmt hat, den nach § 13 Abs. 1 NStrG möglichen Antrag auf Erwerb des Eigentums nicht stellt.

(2.3) Auch hinsichtlich der Landesstraßen zeigt sich also, daß Baulast und Eigentum bei unterschiedlichen Rechtsträgern liegen können. Welche Rechtsposition eine Gemeinde bezüglich einer Landesstraße bekleidet, muß im Einzelfall geprüft werden.

---

[670] Vgl. z.B. § 43 Abs. 2 NStrG.
[671] Vgl. z.B. § 65 NStrG. Diese Regelungen entsprechen Art. 2 des 1. FStrÄG vom 10.07.1961 (siehe dazu oben unter (1.2), (1.3)), vgl. Wendrich, Niedersächsisches Straßengesetz, § 65; Papier, Recht der öffentlichen Sachen, S. 60.
[672] Vgl. § 11 Abs. 1 NStrG.
[673] Vgl. hierzu etwa § 6 Abs. 2 NStrG, der inhaltlich mit § 2 Abs. 2 BFStrG übereinstimmt, vgl. soeben unter (1.2) a.E.

(3.) Kreis- und Gemeindestraßen:

Kreisstraßen (Landstraßen II. Ordnung) haben vorrangig die Aufgabe, den „sonstigen" – also nicht von Bundes- oder Landesstraßen erfaßten - überörtlichen Verkehr zu vermitteln; die Straßengesetze verdeutlichen diese Funktion der Kreisstraßen als Zweckbestimmung für den überörtlichen Verkehr zwischen benachbarten Landkreisen oder innerhalb eines Landkreises.[674] Unter Gemeindestraßen versteht man Verkehrswege (also Straßen, Wege und Plätze), die überwiegend dem Verkehr innerhalb des geschlossenen Ortes oder zwischen Gemeinden dienen.[675] Zu ihnen zählen Ortsstraßen, Gemeindeverbindungstraßen sowie alle anderen Straßen im Außenbereich, die eine Gemeinde für den öffentlichen Verkehr gewidmet hat.[676]

(3.1) Nach den Landesstraßengesetzen haben die Landkreise (oder z.B. in Niedersachsen die kreisfreien Städte) für die Kreisstraßen grundsätzlich die Baulast,[677] wobei diese bei Ortsdurchfahrten durch größere Gemeinden ebenso wie bei den Landesstraßen auf die Gemeinden übergeht. Für die Gemeindestraßen liegt die Baulast regelmäßig bei den Gemeinden.[678] Hinsichtlich der Eigentumslage kann auf die Ausführungen zu den Landesstraßen verwiesen werden.

(3.2) Auch bezüglich der Kreis- und Gemeindestraßen ist damit ein Auseinanderfallen von Straßenbaulast und Eigentümerstellung ohne weiteres denkbar.

ββ) Nach alledem kann festgehalten werden, daß - trotz des Bemühens der Straßengesetze, ein Auseinanderfallen von Baulast und Eigentum zu vermeiden[679] - eine Diskrepanz zwischen Privateigentum und öffentlich- rechtlicher Sachherrschaft nicht ausgeschlossen ist.[680] Beide Rechtspositionen können, müssen aber nicht zwangsläufig in der Hand desselben Rechtsträgers liegen. Eine Gemeinde kann also durchaus Eigentümerin eines Straßengrundstückes sein, ohne zugleich die Straßenbaulast dafür

---

[674] Vgl. z.B. § 3 Abs. 1 Nr. 2 NStrG; Herber, in: Kodal/ Krämer, Straßenrecht, Kap. 8, Rn. 8.
[675] Vgl. z.B. § 3 Abs. 1 Nr. 3 NStrG.
[676] Vgl. z.B. § 47 NStrG.
[677] Vgl. z.B. § 43 Abs. 1 Satz 2 NStrG.
[678] Vgl. z.B. § 48 NStrG. Ausnahmen gelten allerdings dann, wenn die Baulast kraft gesetzlicher Bestimmung oder durch Übernahme auf einen Dritten übergegangen ist, vgl. § 45 NStrG.
[679] Vgl. dazu auch Grupp, in: Marschall/ Schroeter/ Kastner, Bundesfernstraßengesetz, § 2, Rn. 12.
[680] Vgl. Papier, Recht der öffentlichen Sachen, S. 60 mit Hinweis auf Krämer, in: Kodal/ Krämer, Straßenrecht, Kap. 5, Rn. 17, S. 157.

innezuhaben, und umgekehrt. Damit ist auch die Frage, ob nun der Straßenbaulastträger oder der Wegeeigentümer berechtigt ist, Wegebenutzungsverträge abzuschließen, und folglich durch § 13 Abs. 1 EnWG verpflichtet wird, nicht lediglich theoretischer Natur.

δ) Stellungnahme:

Zustimmung verdient allein die Auffassung, die nur solche Verkehrswege in den Anwendungsbereich des § 13 Abs. 1 Satz 1 EnWG einbeziehen will, die im Eigentum der anspruchsverpflichteten Gemeinde stehen: Die Benutzung einer Sache zu gestatten obliegt nach allgemeinen privatrechtlichen Grundsätzen dem Eigentümer bzw. dem kraft Gesetzes oder mit Zustimmung des Eigentümers Berechtigten. Die Berechtigung, ein Grundstück für die Leitungsverlegung gegen Entgelt zur Verfügung zu stellen, liegt nach § 8 Abs. 10 BFStrG bzw. den landesrechtlichen Vorschriften beim Eigentümer und nicht beim Straßenbaulastträger.[681] Auch aus dem Umstand, daß § 8 Abs. 10 BFStrG und überwiegend auch die entsprechenden landesrechtlichen Regelungen selbst nicht regeln, wer die Zustimmung zur Sondernutzung auf privatrechtlicher Grundlage erteilen kann, läßt sich nicht ableiten, daß es ebenso wie in § 8 Abs. 1 BFStrG die Straßenbaubehörde sein soll.[682] Denn private Rechte, wie Leihe, Miete und Dienstbarkeiten kann eben nur der Eigentümer begründen.[683] Ganz überwiegend haben die Straßengesetze die Verfügungsgewalt auch nicht auf den Straßenbaulastträger, der nicht zugleich Grundstückseigentümer ist, übertragen.[684] Zwar ordnen diese teilweise an, daß die Rechte des Eigentümers auf den Träger der Straßenbaulast übergehen (vgl. etwa § 13 Abs. 4 NStrG), doch gilt diese Überleitung nur für die Fälle, in denen „dies die Aufrechterhaltung des Gemeingebrauchs erfordert".[685] Die Einräumung von Rechten zur sonstigen Nutzung auf Grundlage des § 8 Abs. 10 BFStrG und den landesrechtlichen Bestimmungen wird davon nicht erfaßt.[686] Demnach ist auch das

---

[681] Vgl. auch Hermes, Staatliche Infrastrukturverantwortung, S. 447 m.w.N.
[682] Vgl. Ziegler, Das Eigentum am „Straßenwerk" sowie zur Sondernutzung und sonstigen Benutzung, DVBl. 1976, S. 89 ff. (91); a.A. wohl Bartlsperger, in: Bonner Kommentar, Grundgesetz, Art. 90, Rn. 36.
[683] Vgl. Ziegler, Das Eigentum am „Straßenwerk" sowie zur Sondernutzung und sonstigen Benutzung, DVBl. 1976, S. 89 ff. (91).
[684] Vgl. Ziegler, Das Eigentum am „Straßenwerk" sowie zur Sondernutzung und sonstigen Benutzung, DVBl. 1976, S. 89 ff. (91).
[685] Vgl. § 13 Abs. 4 NStrG. Kritik an diesem Zusatz übt Krämer, in: Kodal/ Krämer, Straßenrecht, Kap. 5, Rn. 26.4, S. 162.
[686] Vgl. Ziegler, Das Eigentum am „Straßenwerk" sowie zur Sondernutzung und sonstigen Benutzung, DVBl. 1976, S. 89 ff. (91); a.A. wohl Krämer, in: Kodal/ Krämer, Straßenrecht, Kap. 5, Rn. 26.4, S.

Recht, ein Grundstück durch einen Wegebenutzungsvertrag für die Leitungsverlegung zur Verfügung zu stellen, bei dem jeweiligen Eigentümer des Straßengrundstückes verblieben. Damit ist der Baulastträger nur dann zum Abschluß solcher Verträge berechtigt, wenn er zugleich auch das Eigentum an dem Verkehrsweg hat.[687] Die Gemeinden können für die Leitungsverlegung also nur solche Grundstücke privatrechtlich zur Verfügung stellen, die sich in ihrem Eigentum befinden, so daß auch § 13 Abs. 1 EnWG sich nur auf Verkehrswege beziehen kann, die im Eigentum der anspruchsverpflichteten Gemeinde stehen.

b) Inhalt des Kontrahierungszwanges:

aa) Betrieb und Verlegung von Leitungen:

§ 13 Abs. 1 Satz 1 EnWG unterfallen Leitungen, Fernwirkleitungen und Zubehör, wobei zu letzterem auch Ortsnetzstationen, Kabelschränke etc. gehören.[688] Leitungen gem. § 13 Abs. 1 EnWG sind Energieanlagen, die - unabhängig von der Spannungsebene - der Fortleitung oder Abgabe von Energie zu dienen bestimmt sind,

---

162. Etwas anderes gilt in Bayern; in Art. 13 Abs. 1 des Bayerischen Straßen- und Wegegesetzes ist ausdrücklich angeordnet, daß dem Träger der Straßenbaulast die Ausübung der Rechte und Pflichten des Eigentümers – einschließlich der Befugnis zur Gestattung der Sondernutzung nach bürgerlichem Recht gem. Art. 22 BayStrWG – zur Ausübung übertragen ist.

[687] Vgl. auch Wendrich, Niedersächsisches Straßengesetz, § 23, Rn. 1; Salzwedel, Straßen- und Verkehrsrecht, in: Schmidt- Aßmann, Besonderes Verwaltungsrecht, S. 761 ff. (785); Grupp, in: Marschall/ Schroeter/ Kastner, Bundesfernstraßengesetz, § 8, Rn. 46. *Ziegler* hält neben der Erlaubnis des Eigentümers noch eine Gestattung des Straßenbaulastträgers für erforderlich, wenn etwa bei Aufbrucharbeiten die Straßendecke beschädigt bzw. zerstört wird, vgl. hierzu Ziegler, Das Eigentum am „Straßenwerk" sowie zur Sondernutzung und sonstigen Benutzung, S. 89 ff. (91). Eine simultane Bestellung beider Sondernutzungsformen für denselben Sachverhalt ist aber vom Gesetz gerade nicht vorgesehen und wäre auch sinnlos, da dadurch die vom Gesetzgeber bewußt eingeführte Systematik des Straßenrechts ausgehöhlt würde, vgl. Büdenbender, Energierecht, Rn. 498; vgl. dazu auch Böttcher, Zur Systematik der wegerechtlichen Sondernutzung, DÖV 1969, S. 491 ff. (494), der dem Baulastträger ein „Prüfungs- und Widerspruchsrecht" einräumen will. Abgesehen davon hält sich wegen der heute angewendeten schonenden Verlegungsmethoden die Beanspruchung des Straßenkörpers ohnehin regelmäßig in Grenzen, vgl. dazu auch oben Teil C, I., 1., a), bb).

[688] Vgl. Böwing, in: Böwing, Energiewirtschaftsrecht 1998, § 13, 2.4.3, der auch TK- Leitungen, die zwar für den EVU- Betrieb erforderlich sind, aber daneben noch anderen Zwecken, wie etwa dem Anbieten von Telekommunikationsdienstleistungen, dienen unter den Zubehörbegriff des § 13 Abs. 1 EnWG fassen will. Angesichts der spezielleren Regelungen im TKG geht das allerdings zu weit. Regelmäßig könnten dann nämlich Unternehmen, die sowohl in der Energieversorgung als auch in der Telekommunikation tätig sind, Leitungsverlegungsrechte für eine TK- Leitung wahlweise über §§ 50 ff. TKG oder über § 13 Abs. 1 EnWG begründen. Mit *Salje* muß man hier einschränkend verlangen, daß diese Leitungen vorwiegend dem Zweck der Hauptsache, also dem Leitungsnetz für die Elektrizitätsversorgung, dienen müssen, vgl. Salje, Energiewirtschaftsgesetz, § 13, S. 33 f.

vgl. § 2 Abs. 2 EnWG. Bei Fernwirkleitungen handelt es sich um Anlagen, die elektrische und sonstige Signale mit dem Ziel weiterleiten, Regelungszustände zu erfassen und zu beeinflussen.[689] Die von Art. 21 RL- Elt. privilegierten Direktleitungen werden in § 13 Abs. 1 Satz 1 EnWG nicht explizit erwähnt, aber ohne weiteres erfaßt.[690]

bb) Leitungen zum Zwecke der unmittelbaren Letztversorgung im Gemeindegebiet:

Eingeschränkt wird der auf den ersten Blick umfassende Leitungsbegriff dadurch, daß diese Leitungen „zur unmittelbaren Versorgung von Letztverbrauchern im Gemeindegebiet" verlegt und betrieben werden müssen. Über den Umfang dieser Einschränkung besteht in der Literatur keine Einigkeit:

α) *Böwing* vertritt die Ansicht, daß eine Leitung auch dann noch zur unmittelbaren Versorgung eines Letztverbrauchers dient, wenn über diese Leitung zumindest mittelbar Letztverbraucher in dem Gemeindegebiet versorgt werden.[691] § 13 Abs. 1 Satz 1 EnWG soll demnach beispielsweise auch für Mittelspannungsleitungen gelten, wenn in dem Gemeindegebiet die Versorgung der Kunden ausschließlich über das Niederspannungsnetz erfolgt.[692]

β) Dagegen lehnt *Salje* diese erweiternde Auslegung des Begriffes „unmittelbar" als Interpretation contra legem ab.[693] Von einer unmittelbaren Versorgung von Letztverbrauchern könne nur dann gesprochen werden, wenn die zu verlegende Leitung direkt beim Kunden ende und keinerlei Weiterverteilung mehr stattfinde.[694] Immer wenn die Spannungsebene gewechselt werde, erfolge über die höhere Spannungsebene nur eine mittelbare Versorgung von Letztverbrauchern, die nicht von § 13 Abs. 1 EnWG privilegiert werden solle. Nach dieser Auffassung fallen alle höheren Spannungsebenen aus dem Anwendungsbereich des § 13 Abs. 1 EnWG heraus, wenn die Letztverbraucherversorgung nur aus dem Niederspannungsnetz erfolgt.[695] Um den

---

[689] Vgl. Salje, Energiewirtschaftsgesetz, § 13, S. 32 f.
[690] Das ergibt sich aus der Begründung zum Entwurf des EnWG, BT- Drks. 13/ 7274, S. 10 f., 20 f.
[691] Vgl. Böwing, in: Böwing, Energiewirtschaftsgesetz 1998, Art. 1, § 13, 2.4.2.
[692] Vgl. Böwing, in: Böwing, Energiewirtschaftsgesetz 1998, Art. 1, § 13, 2.4.2.
[693] Vgl. Salje, Energiewirtschaftsgesetz, § 13, S. 36 ff.
[694] Vgl. Salje, Energiewirtschaftsgesetz, § 13, S. 37 f.
[695] Vgl. Salje, Energiewirtschaftsgesetz, § 13, S. 38.

Anwendungsbereich der Vorschrift allerdings nicht zu weit zu verengen, soll es nach *Salje* ausreichen, wenn die Versorgung in überhaupt einem Gemeindegebiet stattfindet.[696] Danach soll es für die Anwendung des § 13 Abs. 1 Satz 1 EnWG nicht erforderlich sein, daß die Gemeinde, die aus § 13 Abs. 1 EnWG verpflichtet werden soll, ihre Verkehrswege zur Verfügung zu stellen, und die Gemeinde, in deren Gebiet die Letztversorgung vorgenommen werden soll, identisch sind.[697]

χ) **Stellungnahme:**

Beiden Auffassungen kann nicht gefolgt werden. Sie dehnen den Anwendungsbereich der Vorschrift über den möglichen Wort- bzw. Gesetzessinn aus und verlassen damit den Bereich zulässiger Auslegung:

αα) Die Interpretation *Böwings* hebt die Unterscheidung zwischen mittelbarer und unmittelbarer Letztversorgung letztlich auf. Das kollidiert nicht nur mit dem insoweit eindeutigen Wortlaut des Gesetzes, sondern ist auch mit dem Zweck des § 13 Abs. 1 Satz 1 EnWG, den ihm der Gesetzgeber geben wollte, nicht vereinbar. Der Gesetzgeber beabsichtigte, die Gemeinden lediglich zur Duldung solcher zusätzlichen Leitungen zu verpflichten, für die die betroffene Gemeinde auch berechtigt ist, Konzessionsabgaben zu fordern.[698] Für eine Leitung, die lediglich der mittelbaren Versorgung dient, erhalten die Gemeinden jedoch – zumindest unmittelbar - keine Konzessionsabgaben, es sei denn, daß der Strom auch in ihrem Gebiet von den Letztverbrauchern entnommen wird. Die Ansicht *Böwings* führte dazu, daß eine Weiterverteilungsleitung auch dann von einer Gemeinde geduldet werden müßte, wenn nur ein einziger Kunde im Gemeindegebiet versorgt würde, obwohl die Leitung an sich lediglich der Weiterleitung in ein anderes Gemeindegebiet dienen soll. In diesem Fall stünden Leistung (Zurverfügungstellung der gemeindlichen Verkehrswege) und Gegenleistung (die Konzessionsabgabe für den einen Letztverbraucher in der Gemeinde) in keinem ausgewogenen Verhältnis und dürften mit dem Ziel des Gesetzgebers, die Gemeinden nur zur Duldung solcher Leitungen zu verpflichten, für die auch Konzessionsabgaben gezahlt werden müssen, nicht zu vereinbaren sein. Insoweit ist also die Ansicht *Saljes* vorzugswürdig, die lediglich quasi

---

[696] Vgl. Salje, Energiewirtschaftsgesetz, § 13, S. 39 ff.
[697] Vgl. dazu Salje, Energiewirtschaftsgesetz, § 13, S. 40.
[698] Siehe dazu oben Teil C, II., 1., a), bb).

„die letzte Meile", also nur die tatsächlich zum Verbraucher führenden Leitungen, unter § 13 Abs. 1 Satz 1 EnWG fallen lassen will.

ββ) Allerdings muß der extensiven Auslegung der Formulierung „im Gemeindegebiet" widersprochen werden. Bereits der Wortlaut des Gesetzes spricht eher dafür, daß allein entscheidend das Gemeindegebiet der anspruchsverpflichteten Gemeinde sein kann. Ausschlaggebend ist aber auch hier die eindeutige Regelungsabsicht des Gesetzgebers, nur solche Leitungen § 13 Abs. 1 Satz 1 EnWG zu unterstellen, für die die zur Duldung verpflichtete Gemeinde auch Konzessionsabgaben erhält. Das wäre aber bei dieser Auslegung des § 13 Abs. 1 Satz 1 EnWG nicht der Fall, da die Gemeinden auch solche Leitungen dulden müßten, die nur Kunden versorgen sollen, die nicht mehr in ihrem Gemeindegebiet den Strom entnehmen. Die durch § 13 Abs. 1 EnWG verpflichtete Gemeinde und die Gemeinde, die gem. § 14 EnWG die Konzessionsabgabe für diese Leitung erhält, müssen also identisch sein. Ferner ist darauf hinzuweisen, daß die Formulierung „im Gemeindegebiet" bei der von *Salje* vorgeschlagenen Interpretation ihren einschränkenden Charakter nahezu völlig verlieren würde, da die Gemeindegebiete in der Bundesrepublik Deutschland weitgehend gebietsdeckend sind,[699] so daß die Letztversorgung eines Kunden regelmäßig in irgendeinem Gemeindegebiet erfolgt. Da bei der Reform des EnWG 1998 von einer umfassenden Reform des Konzessionsabgabenrechts abgesehen wurde, erscheint auch die von *Salje* geforderte Anpassung des Konzessionsabgabenrechts[700] derzeit nicht als geboten.

χχ) Für den sachlichen Anwendungsbereich des § 13 Abs. 1 Satz 1 EnWG läßt sich damit zusammenfassend festhalten, daß nur solche Leitungen unter diese Vorschrift fallen, die - ohne ausschließlich der Weiterverteilung zu dienen - direkt zu einem Kunden führen, der mit seiner Abnahmestelle in dem Gebiet der anspruchsverpflichteten Gemeinde ansässig ist. Jede erweiternde Auslegung ist angesichts des Wortlautes und der Regelungsintention des Gesetzgebers ausgeschlossen.

---

[699] Vgl. Waechter, Kommunalrecht, Rn. 025 mit Hinweis auf § 16 Abs. 2 GO NW, wonach jedes Grundstück zu einer Gemeinde gehören soll. In Niedersachsen gab es dementsprechend am 01.01.1996 bei insgesamt über 1000 Gemeinden (am 01.04.1999 waren es 1029, vgl. Thiele, Niedersächsische Gemeindeordnung, § 10, 3) lediglich 18 gemeindefreie Gebiete und zwei gemeindefreie Bezirke, d.h. gemeindefreie Gebiete, die vom Innenministerium zu gemeindefreien Gebieten erklärt worden sind, weil sie dauernd bewohnt sind und eine eigene Verwaltung besitzen, vgl. ebenda, § 16, 3.
[700] Vgl. Salje, Energiewirtschaftsgesetz, § 13, S. 40.

5. Ausnahmen bzw. Verweigerungsgründe:

Die Fälle, in denen sich ein Energieversorgungsunternehmen bei einem Direktleitungsvorhaben auf § 13 Abs. 1 EnWG stützen kann, reduzieren sich durch eine Reihe von Ausnahmen bzw. Verweigerungsgründen weiter. Liegen deren Voraussetzungen vor, trifft die Gemeinde, auch wenn die sonstigen Voraussetzungen des § 13 Abs. 1 Satz 1 EnWG erfüllt sind, keine Verpflichtung, einen Wegebenutzungsvertrag abzuschließen. Die Verweigerungsgründe gliedern sich in solche spezieller und allgemeiner Art:

a) Spezielle Verweigerungsgründe:

Der Gesetzgeber hat verschiedene Ausnahmen vom Kontrahierungszwang im EnWG unmittelbar geregelt.

aa) Gem. § 13 Abs. 1 Satz 2 EnWG gilt § 6 Abs. 3 EnWG bis zum 31.12.2005 (vgl. § 8 S. 3 EnWG) entsprechend. Danach kann der Abschluß eines Wegebenutzungsvertrages auf Grundlage des § 13 Abs. 1 Satz 1 EnWG abgelehnt werden, wenn dieser wegen der wirtschaftlichen Beeinträchtigung einer umweltfreundlichen Elektrizitätsversorgung nicht zumutbar wäre. Unter umweltfreundlichen Elektrizitätsversorgung ist die fernwärmeorientierte, umwelt- und ressourcenschonende sowie technisch-wirtschaftlich sinnvolle Kraft- Wärme- Kopplung[701] und die Nutzung erneuerbarer Energien[702] zu verstehen. Um die Wegebenutzung durch eine Direktleitung verweigern zu dürfen, müssen die Gemeinden darlegen, daß umweltverträglich erzeugte Elektrizität

---

[701] Kraft- Wärme- Kopplungs- Anlagen (KWK- Anlagen) können Anlagen mit Dampf- oder Gasturbinen, Verbrennungsmotoren sowie Brennstoffzellen sein, vgl. Schneider, in: Böwing, Energiewirtschaftsgesetz 1998, Art. 1, § 2, 5.3.1. *Fernwärmeorientiert* sind solche KWK- Anlagen, bei denen die Gewinnung von Wärme vorrangig ist und die Erzeugung nur ein nachrangigen Einfluß auf die Hauptparameter der Anlage hat. *Umweltschonend* bedeutet ein im Vergleich zu sonstigen Verbrennungsprozessen geringeren Grad der Belastung der Umwelt und unter *ressourcenschonend* ist ein vergleichsweise höherer Grad an Primärenergieeinsparung durch eine KWK- Anlage gegenüber der getrennten Erzeugung von Elektrizität und Wärme zu verstehen. Eine *technisch- wirtschaftlich* sinnvolle KWK- Anlage liegt vor, wenn die Entscheidung für diese Anlage anstelle der Entscheidung für ein reines Heizkraftwerk technisch und wirtschaftlich richtig war, also die Mehrkosten der KWK- Anlage gegenüber den Kosten eines reinen Heizkraftwerkes über Stromgutschriften bzw. Erträge aus der Stromerzeugung und – verkauf gedeckt werden können, so daß insgesamt Kostendeckung erzielt wird, vgl dazu ausführlich: Recknagel, in: Böwing, Energiewirtschaftsgesetz 1998, Art. 1, § 6, Rn. 19 ff.

ansonsten verdrängt[703] oder wesentlich behindert[704] würde,[705] wobei Möglichkeiten zum Verkauf der Energie an Dritte zu nutzen sind. Dieser Ausnahmetatbestand deckt sich mit der Ermächtigung des Art. 11 Abs. 3 RL- Elt. bzw. des Art. 8 Abs. 3 RL- Elt., wonach solchen Erzeugungsanlagen, die erneuerbare Energien einsetzen oder mit der Kraft- Wärme- Kopplung arbeiten, der Vorrang eingeräumt werden kann und ist deswegen insofern unter europarechtlichen Gesichtspunkten unbedenklich.[706] Die Problematik dieser Vorschrift für das „Wettbewerbsinstrument" Direktleitungsbau liegt vielmehr darin, daß sich die Vertragsverhandlungen eines Versorgungsunternehmens mit einer Gemeinde, die ein Direktleitungsvorhaben unter Hinweis auf § 13 Abs. 1 Satz 2 i.V.m. § 6 Abs. 3 EnWG nicht zulassen will, regelmäßig verlängern werden, zumal eine unterschiedliche Auslegung des unbestimmten Rechtsbegriffs „unzumutbar" in diesen Fällen häufig zu gerichtlichen Auseinandersetzungen zwischen einer Gemeinde und einem Energieversorgungsunternehmen führen wird. Schon um das so weit wie möglich zu vermeiden, muß die Darlegungs- und Beweislast für diesen Ausnahmetatbestand bei den Gemeinden liegen, die sich auf die Unzumutbarkeit berufen.[707] Erst recht wird man den Gemeinden hier keinen gerichtsfreien Beurteilungsspielraum zuerkennen können.[708] Auf diese Weise gäbe man den Gemeinden, die eigentlich durch § 13 Abs. 1 EnWG in ihrer Entscheidungsfreiheit hinsichtlich der Wegebenutzungsgestattung beschränkt werden sollten, quasi „durch die Hintertür" einen Großteil ihrer Vertragsabschlußfreiheit zurück. Damit würde ein wesentliches gesetzgeberisches Ziel konterkariert werden. Solange es an einschlägigen Urteilen und an einigermaßen präzisen

---

[702] Unter erneuerbaren Energien versteht man insbesondere Wind- und Solarenergie, Wasserkraft, Erdwärme, Bio- und Deponiegas etc., vgl. Schneider, in: Böwing, Energiewirtschaftsgesetz 1998, Art. 1, § 2, 5.3.2.; vgl. auch Salje, Energiewirtschaftsrecht, § 13, S. 67

[703] Von einer Verdrängung ist insbesondere bei einer Stillegung der Anlage auszugehen, vgl. Salje, Energiewirtschaftsrecht, § 13, S. 67 f.

[704] Ein wirtschaftlicher Betrieb der Anlage wird verhindert, wenn zwischen der gesetzlichen Mindestvergütung (erneuerbare Energien) oder erzieltem Markterlös (KWK- Anlagen) einerseits und den Betriebskosten andererseits keine Marge mehr bleibt, die die mittelfristige Aufrechterhaltung des Betriebes rechtfertigen würde, vgl. Salje, Energiewirtschaftsrecht, § 13, S. 68.

[705] Vgl. Salje, Energiewirtschaftsgesetz, § 13, S. 66.

[706] Vgl. Salje, Energiewirtschaftsgesetz, § 13, S. 66, der allerdings zu Recht darauf hinweist, daß es gem. Art. 21 RL- Elt. möglich sein muß, die Entscheidung des Straßeneigentümers einigermaßen sicher prognostizieren zu können, da es sonst an der Transparenz der Regelung mangelt. Vgl. zu dem ungeschriebenen Tatbestandsmerkmal der „Transparenz" in Art. 21 Abs. 2 RL- Elt. Teil B, III., 2., d).

[707] Vgl. zur Darlegungs- und Beweislast bei § 6 Abs. 1 Satz 3 EnWG: Recknagel, in: Böwing, Energiewirtschaftsgesetz 1998, Art. 1, § 6, 13.3.

[708] So auch Salje, Energiewirtschaftsgesetz, § 13, S. 70; unklar Recknagel, in: Böwing, Energiewirtschaftsgesetz, Art. 1, § 6, Rn. 17.1 ff., der § 6 Abs. 3 EnWG als „sehr offene Regelung" bezeichnet, die wegen der ungewöhnlich hohen Zahl an unbestimmten Rechtsbegriffen einen weiten Beurteilungsspielraum eröffnet und dadurch ein sicheres rechtliches Urteil erschwert.

Maßstäben für die Beurteilung der Unzumutbarkeit fehlt, wird die Unsicherheit über die Reichweite der Formulierung „nicht zumutbar" i.S.d. §§ 13 Abs. 1 Satz 2, 6 Abs. 3 i.V.m. 1 Satz 2 EnWG allerdings bestehen bleiben.

bb) Eine weitere Ausnahme ergibt sich aus Art. 4 Abs. 3 i.V.m. Art. 4 Abs. 1 des Neuregelungsgesetzes. Danach kann in den neuen Bundesländern von zusätzlichem Leitungsbau auch dann abgesehen werden, wenn dieser zu einer Beeinträchtigung der Braunkohle- Verstromung führen würde.[709] Dieser Ausnahmetatbestand steht in engem Zusammenhang mit dem Verweigerungsgrund aus §§ 13 Abs. 1 Satz 2, 6 Abs. Abs. 3 i.V.m. 1 Satz 2 EnWG. Er leidet ebenso wie dieser an einer inhaltlichen Unbestimmtheit („Notwendigkeit einer *ausreichend hohen* Verstromung von Braunkohle") und droht daher in den neuen Bundesländern das „Druckmittel" des § 13 Abs. 1 EnWG weiter erheblich zu entschärfen. Zur Konkretisierung dieses Tatbestandes trägt zwar das bestehende 70/30 Konzept bei,[710] welches dem ostdeutschen Braunkohlestrom einen Anteil von 70% an der öffentlichen Versorgung zuweist,[711] doch auch das kann nicht alle Unklarheiten bei der Auslegung des Art. 4 Abs. 1 und Abs. 3 beseitigen.[712] Mag dieses Konzept hinsichtlich der Durchleitung noch eine brauchbare Abgrenzungshilfe sein, so muß das für Stromversorgung mittels einer Direktleitung schon wegen der langen Bauzeiten für zusätzliche Leitungen bezweifelt werden. Solange die 70%- Grenze noch nicht unterschritten ist, können die Gemeinden geplante Direktleitungsvorhaben nicht ablehnen. Ungeklärt ist aber, wie zu verfahren ist, wenn zwar nach Gestattung der Wegebenutzung, aber vor Fertigstellung oder Inbetriebnahme einer Direktleitung diese Grenze etwa durch vermehrte Durchleitungen überschritten wird. Ob in diesem Fall

---

[709] Dazu vertiefend Salje, Energiewirtschaftsgesetz, § 13, S. 70 ff.

[710] Auf dieses sog. 70/ 30 Konzept haben sich die Kommunen und Elektrizitätsversorgungsunternehmen mit Zustimmung von Bundesregierung und Kartellbehörden geeinigt, vgl. Präambel und Ziff. 4.3 der Vereinbarung zur Beilegung des Streits vor dem Bundesverfassungsgericht über die Struktur der Stromversorgung in den neuen Ländern, BVerfG 2 BvR 1043/91, 1183/91, 1475/91 vom 22.12.1992, zitiert nach Salje, Energiewirtschaftsgesetz, § 13, S. 74. Unter Berücksichtigung dieses Konzepts hat die EG- Kommission (vgl. das Schreiben vom 22.09.1997, abgedruckt in ZNER 1998, S. 66 f.) die derzeitige Braunkohleklausel ihrem Inhalt nach für vereinbar mit der RL- Elt. gehalten, sofern sie sich auf das für die Braunkohleverstromung reservierte 70%- Segment beschränke, vgl. ebenda, S. 75.

[711] Vgl. Metzenthin, in: Böwing, Energiewirtschaftsgesetz 1998, Art. 4, § 3, 7, der zugleich auch den Maßstab des Art. 8 Abs. 4 RL- Elt. heranziehen will (15 % Anteil heimischer Primärenergieträger am Gesamtstromverbrauch pro Kalenderjahr); ablehnend Salje, Energiewirtschaftsgesetz, § 13, S. 77 f.

[712] Zu den verschiedenen Auslegungs- und Berechnungsmöglichkeiten, der rechtssystematischen Einordnung dieses Ausnahmetatbestandes sowie dem Stand der Diskussion vgl. Salje, Energiewirtschaftsgesetz, § 13, S. 73 ff; ferner Metzenthin, in: Böwing, Energiewirtschaftsgesetz 1998, Art. 4, § 3, 1 ff.

dem Betreiber der Direktleitungen wegen seiner hohen Investitionskosten gleichsam „Bestandsschutz" und damit Vorrang vor möglichen Durchleitungen einzuräumen ist, ist fraglich. Sicher ist nur, daß die einmal getroffene vertragliche Einigung über die Leitungsverlegung auf öffentlichen Verkehrswegen nicht durch später eingetretene Veränderungen widerrufen bzw. der Vertrag ohne weiteres gekündigt werden kann, so daß die Leitung wieder entfernt werden müßte. Nicht ausgeschlossen erscheint jedoch eine - zumindest vorübergehende - Betriebsuntersagung. Vor diesem Hintergrund stellt Art. 4 Abs. 3 gerade für den zusätzlichen Leitungsbau in den neuen Bundesländern ein weiteres Investitionshindernis dar.

cc) Nach § 13 Abs. 1 Satz 3 EnWG können die Gemeinden den Abschluß eines Wegebenutzungsvertrages auch dann ablehnen, „solange das Energieversorgungsunternehmen die Zahlung von Konzessionsabgaben in Höhe der Höchstsätze der Konzessionsabgaben verweigert und eine Einigung über die Höhe der Konzessionsabgaben noch nicht erzielt ist". Dieser Ausnahmetatbestand führt ebenfalls zu erheblichen Auslegungsschwierigkeiten. Unklar ist dabei vor allem, ob es sich hier um einen einheitlichen Verweigerungsgrund[713] oder um zwei verschiedene Ausnahmetatbestände handelt.

α) *Salje* vertritt die Auffassung, daß es sich um zwei selbständig nebeneinander stehende Verweigerungsgründe handelt, da andernfalls die Parteien in jedem Fall zu den Höchstsätzen abschließen müßten.[714] Eine solche Regelung aber sei von den preisrechtlichen Möglichkeiten des Gesetzgebers nicht gedeckt.[715]

β) Gegen eine Aufspaltung des § 13 Abs. 1 Satz 3 EnWG in zwei voneinander unabhängige Verweigerungsgründe bestehen jedoch Bedenken. Schon die Verbindung der beiden Teile des Satzes 3 des § 13 Abs. 1 EnWG durch die Konjunktion „und" spricht eher für einen einheitlichen Verweigerungsgrund. Auch aus der Entstehungsgeschichte des § 13 Abs. 1 EnWG läßt sich nichts Gegenteiliges ableiten. Satz 3 des § 13 Abs. 1 EnWG wurde erst auf die vom Bundesrat gegen § 8 des

[713] So etwa Danner, in: Obernolte/ Danner, Energiewirtschaftsrecht (Stand: Januar 1999, 35. EL.), EnWG, § 13, Rn. 7.; wohl auch Böwing, in: Böwing, Energiewirtschaftsgesetz 1998, Art. 1, § 13, 3.3.
[714] Vgl. Salje, Energiewirtschaftsgesetz, § 13, S. 70 f.
[715] Vgl. Salje, Energiewirtschaftsgesetz, § 13, S. 71. Bedenken gegen eine solche Regelung hat Salje auch in Bezug auf das europäische Kartellverbot (Art. 81 EG=Art. 85 EGV) und das europäische Beihilfeverbot (Art. 87 EG=Art. 92 EGV), vgl. ebenda, § 13, S. 73.

Regierungsentwurfes geäußerten Bedenken eingeführt, um so für „mehr Sicherheit" für die kommunalen Haushalte zu sorgen.[716] Die Bundesregierung unterstellte diesbezüglich, daß die Gemeinden auch nach Wegfall der Ausschließlichkeit der Wegebenutzungsverträge regelmäßig die Höchstsätze gem. § 2 KAV auch für einfache Wegerechte verlangen werden.[717] Demnach ging der Gesetzgeber offenbar von einem sehr geringen Verhandlungsspielraum der Energieversorgungsunternehmen hinsichtlich der Höhe der zu zahlenden Konzessionsabgaben aus und hat aus diesem Grund die Zahlung der KA- Höchstsätze gleichsam als Voraussetzung für das Bestehen eines Kontrahierungszwang gem. § 13 Abs. 1 Satz 1 EnWG in das Gesetz aufgenommen. Der Kontrahierungszwang des § 13 Abs. 1 Satz 1 EnWG gilt damit nur dann, wenn sich die Energieversorgungsunternehmen verpflichten, für die Wegebenutzung die Höchstsätze gem. § 2 KAV zu zahlen. Das bedeutet aber nicht, daß die Parteien eines Wegebenutzungsvertrages immer zu den Höchstsätzen abschließen müßten,[718] denn es besteht die – zumindest theoretische – Möglichkeit, daß sich die Parteien auch außerhalb des Kontrahierungszwanges des § 13 Abs. 1 Satz 1 EnWG auf eine Zahlung von Konzessionsabgaben unterhalb der gem. § 2 KAV zulässigen Höchstsätze einigen.[719] Nur gilt in diesem Fall der Kontrahierungszwang des § 13 Abs. 1 Satz 1 EnWG nicht.[720] Ein solcher Zwang wäre, wenn die Bereitschaft einer Gemeinde, ihre Verkehrswege für die Errichtung einer Direktleitung zur Verfügung zu stellen, ohnehin vorliegt, auch überflüssig. Nach alledem muß § 13 Abs. 1 Satz 3 EnWG als einheitlicher Verweigerungsgrund verstanden werden.

---

[716] Vgl. die Gegenäußerung der Bundesregierung, BT- Drks. 13/ 7274, Anlage 3, S. 32 f. Dazu auch schon oben Teil C, II., 1., c), bb).
[717] Vgl. die Gegenäußerung der Bundesregierung, BT- Drks. 13/ 7274, Anlage 3, S. 33. Das liegt aber nicht ohne weiteres nahe; bereits der Bundesrat führte in seiner Stellungnahme zu dem Regierungsentwurf des EnWG (BT- Drks. 13/ 7274, Anlage 2, S. 28) aus, daß „einfache Wegerechte für die Versorgungsunternehmen einen weitaus geringeren Wert haben als ausschließliche Wegerechte". Das werde nach Ansicht des Bundesrates zwingend auf die Höhe der Konzessionsabgaben durchschlagen. Insoweit sei mit einer Halbierung des bisherigen Aufkommens von 6, 4 Mrd. DM jährlich zu rechnen, vgl. ebenda sowie auch Wieland, Die Zukunft der Konzessionsabgaben, ZNER 1999, S. 2 ff. (3 ff.).
[718] So aber Salje, Energiewirtschaftsgesetz, § 13, S. 71.
[719] Vgl. dazu auch Böwing, in: Böwing, Energiewirtschaftsgesetz 1998, Art. 1, § 13, 3.3. Danach soll immer dann, wenn sich die Parteien auf die Konzessionsabgabenhöhe geeinigt haben, kein Verweigerungsrecht mehr für die Gemeinde bestehen, vgl. ebenda. Das ist zumindest mißverständlich, denn wenn sich die Gemeinde mit dem Energieversorgungsunternehmen vor der Errichtung einer Direktleitung über die Höhe der zu zahlenden Konzessionsabgaben geeinigt hat, besteht für die Aufrechterhaltung des von § 13 Abs. 1 Satz 1 EnWG angeordneten Kontrahierungszwanges regelmäßig ohnehin kein Grund mehr.
[720] Vgl. Danner, in: Obernolte/ Danner, Energiewirtschaftsrecht, (Stand: Januar 1999, 35. EL.), § 13, Rn. 7. So wohl auch Böwing, in: Böwing, Energiewirtschaftsgesetz 1998, Art. 1, § 13, 3.3.

χ) Als Ergebnis ist somit festzuhalten, daß der von § 13 Abs. 1 Satz 1 EnWG angeordnete Kontrahierungszwang für die Gemeinden nur dann besteht, wenn sich die Energieversorgungsunternehmen verpflichten, die gem. § 2 KAV zulässigen KA-Höchstsätze zu bezahlen. Ob sich angesichts dieser Regelung zusätzlicher Leitungsbau überhaupt noch unterhalb der KA- Höchstsätze durchsetzen lässt, ist allerdings fraglich. Es ist zu vermuten, daß Gemeinden bei Vertragsverhandlungen mit Energieversorgungsunternehmen, die im Gemeindegebiet eine Direktleitung zu einem Kunden errichten wollen, unter Hinweis auf § 13 Abs. 1 Satz 3 EnWG einen Vertragsschluß unterhalb der KA- Höchstsätze regelmäßig ablehnen werden. Mit dieser Vorschrift dürfte folglich – jedenfalls beim Bau zusätzlicher Direktleitungen – eine de-facto- Festschreibung auf die gem. § 2 KAV zulässigen KA- Höchstsätze verbunden sein.[721] Diese Regelung mag zwar vor dem Hintergrund des Art. 21 RL- Elt. „diskriminierungsfrei" und „objektiv" sein;[722] ob sie allerdings dazu beiträgt, den Direktleitungsbau zu einem der Durchleitung gleichwertigen Wettbewerbsinstrument zu machen, muß indes bezweifelt werden.

b) Allgemeine Ausnahmen:

Neben den speziellen Verweigerungsgründen, die im EnWG selbst geregelt sind, ergeben sich weitere Ablehnungsrechte insbesondere aus dem Bürgerlichen Recht.[723] Dazu gehören etwa Verträge, die gegen ein gesetzliches Verbot (§ 134 BGB) verstoßen würden - z.B., wenn ein über den Höchstsätzen der KAV liegendes Entgelt vereinbart werden sollte - oder etwa sittenwidrige Verträge (§ 138 Abs. 1 BGB). Auch in diesen Fällen kann kein Kontrahierungszwang bestehen. Die Ableitung eines Verweigerungsgrundes für die anspruchsverpflichteten Gemeinden hieraus dürfte aber allenfalls theoretisch denkbar sein, da regelmäßig schon das Energieversorgungsunternehmen den Abschluß eines Gestattungsvertrages zu solchen Konditionen ablehnen und deshalb auch der Gemeinde ein solches Vertragsangebot kaum unterbreiten wird.

---

[721] Vgl. dazu auch Salje, Energiewirtschaftsgesetz, § 13, S. 73, der in diesem Zusammenhang darauf hinweist, daß die KAV damit ihren preisbegrenzenden Charakter verliert.
[722] So auch Salje, Energiewirtschaftsgesetz, § 13, S. 73, der allerdings § 13 Abs. 1 Satz 3 EnWG vor dem Hintergrund des europäischen Kartell- und Beihilfeverbotes für bedenklich hält.
[723] Vgl. dazu Salje, Energiewirtschaftsgesetz, § 13, S. 80.

6. Rechtsfolge:

a) Kontrahierungszwang:

Liegen die beschriebenen positiven Voraussetzungen bei gleichzeitigem Nichtbestehen eines der genannten Verweigerungsgründe bzw. Ausnahmetatbestände vor, trifft die Gemeinde ein Zwang zum Abschluß eines privatrechtlichen Wegebenutzungsvertrages zum Zwecke der Energieversorgung, also ein sog. Kontrahierungszwang.[724]

b) Diskriminierungsfreiheit:

Der Inhalt des zu schließenden Vertrages ist weitgehend offen.[725] Allerdings verlangt der Gesetzgeber in § 13 Abs. 1 Satz 1 EnWG, daß die Gemeinden ihre Verkehrswege „diskriminierungsfrei" zur Verfügung stellen. Der Begriff „diskriminierungsfrei" tauchte bisher im Kontext des deutschen Energierechts nicht auf; er ist dem Sprachgebrauch der Elektrizitätsbinnenmarktrichtlinie entlehnt.[726]

aa) Unter „diskriminierungsfrei" versteht *Böwing*, daß über eine Gleichbehandlung hinaus die Nutzung im Regelfall zu ermöglichen ist und dementsprechend allein sachliche Gründe, die an das Wegeeigentum anknüpfen, zur Verweigerung des Vertragsabschlusses berechtigen.[727] Ein solcher Grund soll allein die mangelnde Kapazität des Straßenkörpers im Hinblick auf die Aufnahme weiterer Leitungen sein.[728] Ähnlich argumentiert auch *Salje*, der allerdings bei Kapazitätsproblemen vorrangig auf eine Durchleitungsmöglichkeit verweisen will.[729] Uneinigkeit besteht nur insoweit, als daß nach der einen Ansicht[730] § 20 GWB n.F. als Prüfungsmaßstab herangezogen

---

[724] Vgl. dazu Böwing, in: Böwing, Energiewirtschaftsgesetz 1998, Art. 1, § 13, 1; Salje, Energiewirtschaftsgesetz, § 13, S. 42 ff. Zu dem Begriff und den verschiedenen Arten des Kontrahierungszwanges ausführlich unten Teil C, IV., 1., a); Danner, in: Obernolte/ Danner, Energiewirtschaftsrecht, (Stand: Januar 1999, 35. EL), EnWG, § 13, Rn. 7.

[725] Vgl. auch Böwing, in: Böwing, Energiewirtschaftsgesetz 1998, Art. 1, § 13, 2.5.2. Das dürfte sich aber angesichts des Verweigerungsgrundes des § 13 Abs. 1 Satz 3 EnWG und der damit verbundenen de- facto Festschreibung des Entgeltes auf die KA- Höchstsätze (dazu soeben Teil C, II., 5., a), cc)) lediglich auf die Leistung, nicht jedoch auf die Gegenleistung beziehen.

[726] Vgl. Böwing, in: Böwing, Energiewirtschaftsgesetz 1998, Art. 1, § 13, 2.5.1. Vgl. zum Begriff „diskriminierungsfrei" i.S.d. Art. 21 Abs. 2 RL- Elt. oben Teil B, III., 2., d), aa).

[727] Vgl. Böwing, in: Böwing, Energiewirtschaftsgesetz 1998, Art. 1, § 13, 2.5.1.

[728] Vgl. Böwing, in: Böwing, Energiewirtschaftsgesetz 1998, Art. 1, § 13, 2.5.1.

[729] Vgl. Salje, Energiewirtschaftsgesetz, § 13, S. 49.

[730] Vgl. Salje, Energiewirtschaftsgesetz, § 13, S. 49.

werden kann, während nach anderer Ansicht[731] der Begriff der Diskriminierungsfreiheit eine darüber hinausgehende Bedeutung hat. Diese – lediglich auf einem unterschiedlichen Verständnis des Diskriminierungsverbotes gem. § 20 GWB n.F. beruhenden Kontroverse – bleibt praktisch ohne Konsequenz, da im Ergebnis übereinstimmend wegen der Vielfältigkeit der zu vergleichenden Energieversorgungsunternehmen eine sachliche Differenzierung für erforderlich gehalten wird.[732]

bb) Insoweit fällt auf, daß der Begriff der Diskriminierungsfreiheit vorrangig auf die Frage des Grundstücks*zugangs* bezogen wird.[733] Das trifft auch auf den Gesetzgeber zu, der den Begriff der Diskriminierungsfreiheit offenbar mit „sachlich gerechtfertigten Gründen" gleichsetzt,[734] und als solchen Grund beispielsweise den Fall nennt, daß ein Straßenkörper zusätzliche Leitungen nicht mehr aufnehmen kann.[735] Kein solcher Grund soll dagegen etwa das Gewinninteresse eigener Stadtwerke sein.[736] Damit wird gemeinhin der Schwerpunkt des Merkmals „diskriminierungsfrei" auf das „Ob" der Zulassung gelegt. Inwieweit dieses Tatbestandsmerkmal aber vor dem Hintergrund der übrigen Voraussetzungen des § 13 Abs. 1 EnWG überhaupt bei der Frage des Grundstückszugangs ein Rolle spielen kann, ist fraglich: Denn immer dann, wenn die oben beschriebenen sachlichen wie persönlichen, positiven wie negativen Voraussetzungen des § 13 Abs. 1 EnWG vorliegen, ist ein Anspruch auf Abschluß eines Wegebenutzungsvertrages gegeben. Ein Rückgriff auf das Tatbestandsmerkmal der Diskriminierungsfreiheit ist hier nicht nötig. Erst recht darf sie nicht als generalklauselartig ausgestalteter Verweigerungsgrund bzw. Ausnahme vom Kontrahierungszwang gesehen werden. Das gilt auch dann, wenn die Straße keine weiteren Leitungen mehr aufnehmen kann. Hier über den Begriff der Diskriminierungsfreiheit zu argumentieren, ist nicht erforderlich, weil diesbezüglich allgemeine privatrechtliche Grundsätze gelten. Kann eine Straße keine weiteren Leitungen aufnehmen, liegt aus Sicht der Gemeinde eine anfänglich objektive Unmöglichkeit vor, so daß ein trotzdem abgeschlossener Wegebenutzungsvertrag gem. §

---

[731] Vgl. Böwing, in: Böwing, Energiewirtschaftsgesetz 1998, Art. 1, § 13, 2.5.1.
[732] Vgl. Böwing, in: Böwing, Energiewirtschaftsgesetz 1998, Art. 1, § 13, 2.5.1.; Salje, Energiewirtschaftsgesetz, § 13, S. 49.
[733] Vgl. Salje, Energiewirtschaftsgesetz, § 13, S. 49; vgl. auch Böwing, in: Böwing, Energiewirtschaftsgesetz 1998, Art. 1, § 13, 2.5.1.
[734] Vgl. Salje, Energiewirtschaftsgesetz, § 13, S. 48.
[735] Vgl. die Begründung zum Entwurf des EnWG, BT- Drks. 13/ 7274, S. 21.
[736] Vgl. die Begründung zum Entwurf des EnWG, BT- Drks. 13/ 7274, S. 21.

306 BGB nichtig und deswegen sinnlos wäre. Aussagekraft bezüglich des „Ob" der Wegebenutzung kann die Diskriminierungsfreiheit also nur für den theoretisch denkbaren Fall haben, daß sich bei begrenzter Aufnahmekapazität eines Straßenkörpers gleichzeitig zwei oder mehr Interessenten um den Abschluß eines Wegebenutzungsvertrages bewerben, die Straße jedoch nur noch eine weitere Leitung aufnehmen kann. Hier muß die Entscheidung, wem die Leitungsverlegung gestattet wird, auf sachlich gerechtfertigte Gründe zurückzuführen sein. Das gleiche Ergebnis ließe sich aber auch unmittelbar durch einen Rückgriff auf § 20 GWB n.F. erreichen, sofern dessen Voraussetzungen im Einzelfall erfüllt sind.[737]

cc) Eigenständige Bedeutung kann der Begriff der Diskriminierungsfreiheit also lediglich für das „Wie" der Wegebenutzung haben. Er kann also relevant werden, wenn es um über die Höhe der zu zahlenden Konzessionsabgaben hinausgehenden Fragen von Leistung und Gegenleistung geht, wie etwa die Folgepflichten bzw. die Folgekostenpflichten.[738] Durch das Tatbestandsmerkmal der Diskriminierungsfreiheit sind die Gemeinden gehindert, beim Bau zusätzlicher Leitungen andere als die für die Errichtung von allgemein genutzten Leitungen geltenden Bedingungen zu vereinbaren. Maßstab sind die bestehenden Vertragsmuster, die üblicherweise beim Abschluß von Wegebenutzungsverträgen zugrunde gelegt werden.[739] Weicht eine Gemeinde bei der inhaltlichen Ausgestaltung eines über § 13 Abs. 1 EnWG erzwungenen Vertrages mit einem Direktleitungsbetreiber von den üblicherweise mit dem Gebietsversorger abgeschlossenen Verträgen inhaltlich nachteilig ab, so verstößt sie gegen das Diskriminierungsverbot. Ob insoweit die Aufnahme dieses Merkmals in den Text des § 13 Abs. 1 EnWG zwingend geboten war oder ebensogut wiederum auf § 20 GWB n.F. hätte zurückgegriffen werden können, kann hier offenbleiben.

---

[737] Vgl. dazu ausführlich unten Teil C, IV., 3., a).
[738] Als Folgepflicht bezeichnet man die Verpflichtung des Trägers einer Anlage, deren Errichtung oder Belassung auf dem Straßengrundstück gestattet worden ist, bei einer aus welchem Grund auch immer beabsichtigten Änderung der Straße die Anlage zu sichern, mit einer Anlage zu weichen oder der neuen Straßenlage zu „folgen" usw., wenn sie die Straßenbaumaßnahme behindert oder in ihrer gegenwärtigen Lage mit der veränderten Straße nicht mehr vereinbar erscheint. Als Folgekostenpflicht bezeichnet man die Pflicht, notwendige Kosten für die Änderung oder Sicherung von Versorgungsleitungen infolge von Straßenbaumaßnahmen zu übernehmen, vgl. Bauer, in: Kodal/ Krämer, Straßenrecht, Kap. 27, Rn. 30 ff., S. 736 ff.
[739] Siehe dazu oben Teil C, I., 3.

156

dd) Im Ergebnis stellt sich der Begriff der Diskriminierungsfreiheit i.S.d. § 13 Abs. 1 EnWG - jedenfalls in Bezug auf den Grundstückszugang - als Tatbestandsmerkmal ohne nennenswerten Regelungsbereich dar.

7. Zusammenfassung zu § 13 Abs. 1 EnWG:

a) Nicht anwendbar ist § 13 Abs. 1 EnWG zunächst auf Privatgrundstücke, so daß diese Vorschrift für die Fälle c) (*Inanspruchnahme eines Privatgrundstückes zum Zwecke der Fremdversorgung*) und d) (*Inanspruchnahme eines Privatgrundstückes zum Zwecke der Eigenversorgung*) schon aus diesem Grund bedeutungslos ist. Keine Anwendung findet § 13 Abs. 1 EnWG weiterhin auf alle Eigenversorgungsleitungen, die auf öffentlichen Verkehrswegen verlegt werden sollen. Auch für die Fallgruppe b) erlangt diese Vorschrift damit keine Bedeutung. Der Anwendungsbereich des § 13 Abs. 1 EnWG beschränkt sich lediglich auf die Regelung der Fallgruppe a), also auf die Verlegung einer Fremdversorgungsleitung auf öffentlichen Verkehrswegen.

b) Aber auch diesbezüglich erfaßt die Vorschrift keineswegs alle denkbaren Fallkonstellationen der Fallgruppe a):

aa) Das liegt zunächst daran, daß der von § 13 Abs. 1 EnWG angeordnete Kontrahierungszwang nur diejenigen öffentlichen Verkehrswege erfaßt, die im Eigentum einer Gemeinde stehen. Sämtliche Verkehrswege von Bund, Ländern und Kreisen werden nicht erfaßt.

bb) Doch auch die gemeindlichen Verkehrswege werden keineswegs vollständig in den Kontrahierungszwang einbezogen. Vielmehr müssen die Gemeinden Wegebenutzungsverträge nur bezüglich solcher Leitungen abschließen, für die sie gem. § 14 EnWG auch Konzessionsabgaben erhalten können. Für Leitungen, die lediglich durch ihr Gemeindegebiet hindurchführen und durch die kein Strom an Endverbraucher in ihrem Gemeindegebiet abgegeben werden, gilt § 13 Abs. 1 Satz 1 EnWG nicht, selbst wenn die übrigen Voraussetzungen dieser Vorschrift erfüllt sind.

cc) Schließlich schmälern die weitreichenden und zudem auch noch z.T. recht unbestimmten Ablehnungsrechte der Gemeinden die Anwendbarkeit und Reichweite des von § 13 Abs. 1 Satz 1 EnWG angeordneten Kontrahierungszwanges.

III. Direktleitungsbau und Enteignung gem. § 12 EnWG:

Eine weitere Möglichkeit, auf fremden Grundstücken auch gegen den Willen des betroffenen Grundstückseigentümers Energieleitungen verlegen zu können, sieht das neue Energiewirtschaftsgesetz in § 12 vor:[740]

„§ 12 – Enteignung:

(1) Die Entziehung oder Einschränkung von Grundeigentum oder von Rechten am Grundeigentum im Wege der Enteignung ist zulässig, soweit sie für Vorhaben zum Zwecke der Energieversorgung erforderlich ist.

(2) Die Zulässigkeit der Enteignung nach Absatz 1 stellt die Behörde fest.

(3) Das Enteignungsverfahren wird durch Landesrecht geregelt. "

Die in dieser Vorschrift vorgesehene Enteignungsmöglichkeit begründet zwar keinen unmittelbaren Anspruch auf Benutzung eines (Straßen-)Grundstücks für Zwecke der elektrischen Versorgungsleitungen gegenüber dem Eigentümer; sie stellt aber – sofern ihre Voraussetzungen im Einzelfall erfüllt sind – praktisch einen mittelbaren Zwang des Grundstückseigentümers zur Gestattung der Benutzung dar.[741]

§ 12 EnWG beruht im wesentlichen auf § 11 EnWG a.F., der ebenfalls die Zulässigkeit von Enteignungen zum Zwecke der Energieversorgung geregelt hatte.[742] Insoweit scheinen sich auf den ersten Blick zwar einige sprachliche, jedoch keine wesentlichen inhaltlichen Änderungen ergeben zu haben. Daß der Anwendungsbereich diese Norm im liberalisierten Strommarkt dennoch erheblich ausgeweitet werden soll, ergibt sich erst aus der amtlichen Begründung zu § 7 des Regierungsentwurfes zum EnWG (jetzt § 12 EnWG):[743] Dort führt die Bundesregierung aus, daß diese Vorschrift insbesondere auch

---

[740] Im Rahmen der geplanten Einführung eines Planfeststellungsverfahrens für Energieleitungen (siehe dazu bereits oben Teil A, IV.) ist allerdings bereits eine erneute Änderung des § 12 EnWG vorgesehen, vgl. BR- Drks. 674/00 vom 10.11.2000, S. 149).

[741] Vgl. dazu Lukes, Die Benutzung öffentlicher Wege zur Fortleitung elektrischer Energie, S. 31.

[742] Vgl. Böwing, in: Böwing, Energiewirtschaftsgesetz 1998, Art. 1, § 12, 1.

[743] Ebenso auch Salje, Energiewirtschaftsgesetz, § 12, S. 18; a.A. wohl Böwing, in: Böwing, Energiewirtschaftsgesetz 1998, Art. 1, § 12, 1, nach dessen Auffassung „der Kreis der Anlagen, zu

für zusätzliche Direktleitungen zur Versorgung einzelner Kunden gelten solle, da dieses Wettbewerbsinstrument für die im Allgemeininteresse angestrebte Einführung eines stärker wettbewerblich geprägten Ordnungsrahmens von besonderer Bedeutung sei.[744] § 12 EnWG soll damit nach dem Willen des Gesetzgebers wesentlich zur praktischen Verwirklichung des Direktleitungsbaus beitragen.[745] Der energiewirtschaftsrechtliche Enteignungstatbestand könnte somit ein wichtiges rechtliches Instrument für die Einführung brancheninternen Wettbewerbs bei der leitungsgebundenen Energieversorgung durch den Bau zusätzlicher Leitungen geworden sein.[746] Das erscheint zwar naheliegend, wenn man sich vergegenwärtigt, daß heute kaum eine neue Leitung ohne Enteignung realisiert werden kann;[747] dennoch stößt die Rechtsauffassung des Gesetzgebers - wie sogleich näher auszuführen sein wird - insbesondere auf verfassungsrechtliche Bedenken.[748]

1. Die Enteignungsfähigkeit öffentlich gewidmeter Grundstücke:

Eine inhaltliche Auseinandersetzung mit § 12 EnWG wäre – zumindest an dieser Stelle der Untersuchung (Teil C: Leitungsverlegung auf öffentlichen Verkehrswegen) – nicht erforderlich, wenn öffentliche Verkehrswege schon ihrer Rechtsnatur nach nicht enteignungsfähig wären, sie als taugliche Enteignungsobjekte also von vornherein ausscheiden müßten.[749]

---

deren Realisierung eine grundsätzliche Enteignungsmöglichkeit vor allem hinsichtlich der Grundstücksnutzung besteht, durch die Neuregelung unverändert geblieben ist".

[744] Vgl. die Begründung zum Entwurf des EnWG, BT- Drks. 13/ 7274, S. 20.

[745] Das Problem des zusätzlichen Leitungsbaus war vor der Energierechtsreform 1998 allenfalls theoretisch denkbar und deshalb praktisch nicht existent, vgl. Böwing, in: Böwing, Energiewirtschaftsgesetz 1998, Art. 1, § 12, 2.3.2.

[746] Dem stimmt z.B. Horstmann, Zulassungsverfahren und Wegerechte für Energieversorgungsleitungen sowie der Zugang zu Energieversorgungsnetzen nach dem neuen Energiewirtschaftsgesetz und Wettbewerbsrecht, 5.1.2, zu. Im Ergebnis wohl ebenso auch Danner, in: Obernolte/ Danner, Energiewirtschaftsrecht (Stand: Januar 1999, 35. EL.), EnWG, § 12, Rn. 3.

[747] Vgl. Hermes, Staatliche Infrastrukturverantwortung, S. 403 m.w.N.

[748] Diese Bedenken teilen u.a. Büdenbender, Energierecht I, Rn. 1866; Salje, Energiewirtschaftsgesetz, § 12, S. 25 ff.; Hermes, Staatliche Infrastrukturverantwortung, S. 472. A.A. offensichtlich Danner, in: Obernolte/ Danner, Energiewirtschaftsrecht (Stand: Januar 1999, 35. EL), EnWG, § 12, Rn. 3; Horstmann, Zulassungsverfahren und Wegerechte für Energieversorgungsleitungen sowie der Zugang zu Energieversorgungsnetzen nach dem neuen Energiewirtschaftsgesetz und Wettbewerbsrecht, 5; Böwing, in: Böwing, Energiewirtschaftsgesetz 1998, Art. 1, § 12, 2.3.2.

[749] Zu diesem Problemkreis vgl. auch Büdenbender, Energierecht, Rn. 475; ders., Energierecht I, Rn. 1874.

a) Unproblematisch kann ausschließlich privat genutztes Eigentum Gegenstand einer Enteignung werden.[750] Ob das auch für die dem öffentlichen Verkehr gewidmeten Straßen gilt, mag zunächst fraglich erscheinen. Dementsprechend wurde früher die Enteignungsfähigkeit öffentlich gewidmeter Sachen teilweise mit der Begründung abgelehnt, diese Sachen dienten unmittelbar der Erfüllung staatlicher Aufgaben und seien deswegen einer Enteignung nicht zugänglich.[751] Vor dem Hintergrund der Lehre vom „modifizierten Privateigentum" ist diese Auffassung allerdings nur noch eingeschränkt haltbar.[752] Sie hat zur Folge, daß Verfügungen über öffentliche Sachen insoweit zulässig sind, als die öffentliche Zweckbindung nicht beeinträchtigt wird.[753] Solange eine freiwillige Rechtsübertragung möglich ist, muß das auch für eine zwangsweise Güterverschaffung durch Enteignung gelten. Damit sind auch öffentlich gewidmete Sachen der Enteignung zugänglich, wenn dadurch ihre besondere Zweckbindung, also die Widmung, nicht beeinträchtigt wird.[754] Anders ausgedrückt scheidet eine Enteignung bezüglich öffentlicher Sachen immer dann aus, wenn der damit erstrebte Zustand nicht durch eine privatrechtliche Vereinbarung erzielt werden könnte.[755] Somit können öffentliche Verkehrswege anläßlich einer begehrten Straßennutzung, die über den Gemeingebrauch hinausgeht, nur dann Gegenstand einer Enteignung gem. § 12 EnWG werden, wenn die Voraussetzungen des § 8 Abs. 10 BFStrG bzw. der entsprechenden landesrechtlichen Vorschriften erfüllt sind. Außerhalb dieser Vorschriften - also etwa wenn eine Energieleitung ausschließlich der Eigenversorgung dienen soll oder der Gemeingebrauch mehr als nur für „kurze Dauer" beeinträchtigt wird - kann ein Leitungsverlegungsrecht schon deswegen nicht mittels Enteignung durchgesetzt werden, weil das mit dem Gedanken Einheit der Staatsverwaltung unvereinbar wäre, wonach ein Hoheitsträger nicht im Wege eines Hoheitsaktes in den Aufgabenbereich eines anderen Hoheitsträgers oder auch nur eines

[750] Entsprechendes gilt für fiskalisch genutztes Finanzvermögen, vgl. Büdenbender, in: Tegethoff/ Büdenbender/ Klinger, Das Recht der öffentlichen Energieversorgung, EnergG, § 11, Rn. 97.
[751] Vgl. Büdenbender, in: Tegethoff/ Büdenbender/ Klinger, Das Recht der öffentlichen Energieversorgung, EnergG, § 11, Rn. 88 m.w.N. in Fn. 143.
[752] So auch die bereits seit längerem ganz herrschende Meinung: vgl. etwa Fleischhauer, Über die Enteignung von Grundbesitz der Gebietskörperschaften nach geltendem Recht, S. 72 ff.
[753] Vgl. Büdenbender, in: Tegethoff/ Büdenbender/ Klinger, Das Recht der öffentlichen Energieversorgung, EnergG, § 11, Rn. 89.
[754] Vgl. Büdenbender, in: Tegethoff/ Büdenbender/ Klinger, Das Recht der öffentlichen Energieversorgung, EnergG, § 11, Rn. 89.
[755] Vgl. dazu auch Büdenbender, in: Tegethoff/ Büdenbender/ Klinger, Das Recht der öffentlichen Energieversorgung, EnergG, § 11, Rn. 89.

anderen Organisationsteils desselben Hoheitsträgers eingreifen darf.[756] Das bedeutet, daß es nicht zulässig wäre, die von der zuständigen Straßenbehörde verweigerte Sondernutzungserlaubnis[757] auf dem Umweg über die Enteignung gem. § 12 EnWG durch die Energieaufsichtsbehörde bzw. die Enteignungsbehörde zu beschaffen. Außerdem tritt der Enteignungsakt lediglich an die Stelle der privatrechtlichen Vereinbarung, so daß das Ergebnis des Enteignungsverfahrens auch nur die Einräumung einer privatrechtlichen Rechtsposition sein kann, nicht dagegen die nach öffentlichem Recht zu erteilende Straßensondernutzungserlaubnis.[758]

b) Als Zwischenergebnis bleibt zunächst festzuhalten, daß unter den Voraussetzungen des § 8 Abs. 10 BFStrG bzw. der entsprechenden landesrechtlichen Vorschriften auch die Eigentümer öffentlicher Verkehrswege durch eine Enteignung gem. § 12 EnWG belastet bzw. gänzlich ihrer Rechtsposition entkleidet werden können.[759]

2. Verfahrensablauf:

a) Das Verfahren[760] ist zweistufig ausgebildet; dabei wirken Energieaufsichtsbehörde einerseits und Enteignungsbehörde andererseits zusammen. Auf eine präzise Aufgabenverteilung zwischen den beiden Behörden hat der Gesetzgeber verzichtet. Aus diesem Grund war die Frage, welche Behörde welche Entscheidungsbefugnisse hat, bereits zu § 11 EnWG a.F. umstritten.[761] Um das ohnehin schon recht komplizierte Verfahren nicht noch zusätzlich zu verlängern, gilt es jedoch in jedem Fall, Doppelprüfungen zu vermeiden.[762]

---

[756] Vgl. dazu auch Büdenbender, in: Tegethoff/ Büdenbender/ Klinger, Das Recht der öffentlichen Energieversorgung, § 11, Rn. 89; vgl. dazu auch Hermes, Staatliche Infrastrukturverantwortung, S. 449.
[757] Zur Erteilung der straßenrechtlichen Sondernutzungserlaubnis vgl. unten Teil C, V., 2.
[758] Vgl. Büdenbender, Energierecht, Rn. 475 m.w.N.; ders., in: Tegethoff/ Büdenbender/ Klinger, Das Recht der öffentlichen Energieversorgung, EnergG, § 11, Rn. 90.
[759] So im Ergebnis auch: Rieger, Der Bau von Hochspannungsfreileitungen im Planungsrecht, S. 108 f.; Ludwig/ Odenthal, Recht der Elektrizitäts-, Gas- und Wasserversorgung, EnergG, § 11, Rn. 12; Danner, in: Eiser/ Riederer/ Obernolte, Energiewirtschaftsrecht, EnWG, § 11, 7 m.w.N.; Büdenbender, Energierecht, Rn. 475; Hermes, Staatliche Infrastrukturverantwortung, S. 449.
[760] Ausführlich zu dem Verfahrensablauf: Büdenbender, Energierecht I, Rn. 1853 f.; Horstmann, Zulassungsverfahren und Wegerechte für Energieversorgungsleitungen sowie der Zugang zu Energieversorgungsnetzen nach dem neuen Energiewirtschaftsgesetz und Wettbewerbsrecht, 5.
[761] Vgl. etwa Danner, in: Eiser/ Riederer/ Obernolte, Energiewirtschaftsrecht, EnWG, § 11, 2.
[762] Vgl. hierzu auch Danner, in: Eiser/ Riederer/ Obernolte, Energiewirtschaftsrecht, EnWG, § 11, 4.

b) Zunächst entscheidet die nach Landesrecht zuständige Energieaufsichtsbehörde[763] auf Antrag desjenigen, der das Vorhaben realisieren will, darüber, ob die Enteignung für ein Vorhaben zum Zwecke der Energieversorgung erforderlich ist.[764] Erst mit dieser positiven Entscheidung ist die Voraussetzung für das eigentliche Enteignungsverfahren geschaffen, das sich gem. § 12 Abs. 3 EnWG nach dem jeweiligen Landesenteignungsgesetz[765] richtet.[766] Mangels Außenwirkung ist die Entscheidung der Energieaufsichtsbehörde gem. § 12 Abs. 2 EnWG kein Verwaltungsakt und auch deshalb von den betroffenen Grundstückseigentümern nicht isoliert angreifbar.[767] Im Anschluß an die Feststellung der Zulässigkeit der Enteignung gem. § 12 Abs. 1, 2 EnWG prüft die nach Landesrecht zuständige Enteignungsbehörde[768], ob der Zugriff auf das konkrete Grundstück im Einzelfall unter Abwägung aller Interessen gerechtfertigt ist.[769] Das Verfahren beginnt mit der Antragstellung des Energieversorgers auf Durchführung des Enteignungsverfahrens. Zumindest bei größeren Vorhaben findet häufig ein enteignungsrechtliches Planfeststellungsverfahren statt.[770] Sind die materiellen Voraussetzungen gegeben, so erläßt die Behörde einen Planfeststellungsbeschluß und - wenn dieser entweder sofort vollziehbar oder unanfechtbar ist - den Enteignungsbeschluß. In dem Enteignungsbeschluß wird neben dem eigentlichen Enteignungsakt auch die Art und die Höhe der Entschädigung geregelt.[771] Abgeschlossen wird das Verfahren mit der Vollziehung der Enteignung, also insbesondere mit der Umschreibung im Grundbuch.[772]

---

[763] Zuständig sind grundsätzlich entweder die Wirtschaftsministerien oder die Umweltministerien der Länder, sofern diese Aufgaben nicht auf nachgeordnete Behörden delegiert wurden, vgl. Danner, in: Obernolte/ Danner, Energiewirtschaftsrecht (Stand: Januar 1999, 35. EL.), EnWG, § 18, Rn. 4. In Niedersachsen hat der Minister für Wirtschaft und Verkehr die Befugnisse auf die Regierungspräsidenten delegiert, vgl. den Runderlaß des Nds. MfWuV vom 09.02.1959, MABl. S. 226, abgedruckt bei Danner, in: Eiser/ Riederer/ Obernolte, Energiewirtschaftsrecht, EnWG, § 16, 2; dazu Ludwig/ Odenthal, Recht der Elektrizitäts-, Gas- und Wasserversorgung, EnergG, § 16, Rn. 4.

[764] Zu diesem Tatbestandsmerkmal sogleich unten Teil C, III., 3., c).

[765] Einen Überblick über die Landesenteignungsgesetze der Länder gibt Papier, in: Maunz/ Dürig, Grundgesetz, Art. 14, Rn. 561; Kimminich, in: Bonner Kommentar, Grundgesetz, Art. 14, Rn. 363.

[766] Vgl. Büdenbender, Energierecht I, Rn. 1853.

[767] Vgl. Danner, in: Obernolte/ Danner, Energiewirtschaftsrecht (Stand: Januar 1999, 35. EL), EnWG, § 12, Rn. 14; Büdenbender, Energierecht I, Rn. 1853. Anders allerdings die Ablehnung der beantragten Feststellung der Zulässigkeit, vgl. Büdenbender, ebenda, m.w.N. Diese kann von dem antragstellenden Unternehmen im Wege der kombinierten Anfechtungs- und Verpflichtungsklage angefochten werden.

[768] In Niedersachsen ist gem. § 19 Abs. 1 NEG die Bezirksregierung die zuständige Enteignungsbehörde.

[769] Vgl. Danner, in: Obernolte/ Danner, Energiewirtschaftsrecht (Stand: Januar 1999, 35. EL), EnWG, § 12, Rn. 13.

[770] Vgl. Büdenbender, Energierecht I, Rn. 1860.

[771] Vgl. hierzu im einzelnen Büdenbender, Energierecht I, Rn. 1862.

[772] Vgl. Büdenbender, Energierecht I, Rn. 1862.

c) Das Enteignungsverfahren ist regelmäßig mit einem erheblichen Zeitaufwand verbunden. Das kann dazu führen, daß der Zweck des geplanten Vorhabens gefährdet oder sogar zunichte gemacht wird.[773] Um das zu vermeiden, sehen die neueren Landesenteignungsgesetze[774] in Anlehnung an § 6 des Preußischen Gesetzes über das vereinfachte Enteignungsverfahren[775] die Möglichkeit vor, das Energieversorgungsunternehmen auf Antrag bereits zu Beginn des eigentlichen Enteignungsverfahrens vorläufig in den Besitz der zum Bau der Energieleitung benötigten Grundstücke einzuweisen.[776] Voraussetzung dafür ist allerdings u.a., daß die sofortige Ausführung des Leitungsvorhabens aus Gründen des Allgemeinwohls dringend geboten ist.

3. Materiell- rechtliche Voraussetzungen für eine Enteignung gem. § 12 Abs. 1 EnWG i.V.m. den Landesenteignungsgesetzen:

a) Persönlich Begünstigte:

Zunächst ist von der Energieaufsichtsbehörde zu prüfen, ob das antragstellende Unternehmen überhaupt von § 12 EnWG begünstigt wird. § 12 EnWG selbst läßt sich dazu unmittelbar nichts entnehmen:

aa) Zum Kreis der Begünstigten sind jedenfalls die Energieversorgungsunternehmen gem. § 2 Abs. 3 EnWG zu zählen, also alle Unternehmen, die andere mit Energie versorgen, und solche, die ein Netz für die allgemeine Versorgung betreiben.[777]

bb) Während vor der Energierechtsreform Eigenversorger nach allgemeiner Auffassung nicht als Antragsteller im Rahmen des Verfahrens gem. § 11 Abs. 1 EnWG a.F. auftreten

---

[773] Vgl. Büdenbender, in: Tegethoff/ Büdenbender/ Klinger, Das Recht der öffentlichen Energieversorgung, EnergG, § 11, Rn. 136.
[774] Vgl. z.B. § 35 NEG.
[775] Dieses Gesetz vom 11.06.1974, PrGS S. 211 (zuletzt geändert am 27.03.1974, GVOBl., S. 355) gilt etwa in Schleswig- Holstein fort.
[776] Vgl. Horstmann, Zulassungsverfahren und Wegerechte für Energieversorgungsleitungen sowie der Zugang zu Energieversorgungsnetzen nach dem neuen Energiewirtschaftsgesetz und Wettbewerbsrecht, 5.2.3.
[777] Vgl. Büdenbender, Energierecht I, Rn. 1855; Danner, in: Obernolte/ Danner, Energiewirtschaftsrecht (Stand: Januar 1999, 35. EL.), EnWG, § 12, Rn. 11; Salje, Energiewirtschaftsgesetz, § 12, S. 14; Horstmann, Zulassungsverfahren und Wegerechte für Energieversorgungsleitungen sowie der Zugang zu Energieversorgungsnetzen nach dem neuen Energiewirtschaftsgesetz und Wettbewerbsrecht, 5.

konnten,[778] könnten diese jetzt möglicherweise in den Anwendungsbereich des § 12 EnWG einbezogen werden.[779]

α) Dafür ließe sich u.U. der im Vergleich zur Vorgängervorschrift geänderte Wortlaut des § 12 EnWG anführen; während § 11 EnWG lediglich Enteignungen zum Zwecke der *öffentlichen* Energieversorgung gestattete, spricht § 12 EnWG nur noch von „Vorhaben zum Zwecke der Energieversorgung".[780] Da sich die Formulierung „öffentliche Energieversorgung" gem. § 2 Abs. 2 EnWG a.F. auf die Versorgung anderer beschränkt hatte, könnte mit der Streichung des Wortes „öffentlich" zugleich die Einbeziehung der Eigenversorger in den Anwendungsbereich des § 12 EnWG verbunden sein.[781] Darüber hinaus spräche für eine solche Interpretation nicht zuletzt auch Art. 21 RL- Elt., der – wie oben dargelegt – nicht zwischen der Versorgung anderer und der Eigenversorgung bezüglich des Direktleitungsbaus differenziert, sondern vielmehr eine Gleichbehandlung dieser Versorgungsarten sicherstellen will.[782]

β) Gegen eine Ausdehnung des Anwendungsbereiches des § 12 EnWG auf Eigenversorgungsleitungen sprechen jedoch auch hier - ebenso wie bei der Parallelproblematik des § 13 EnWG[783] - vor allem systematische Erwägungen: Wie soeben erörtert, kommt eine Enteignung öffentlicher Verkehrswege nur dann in Betracht, wenn die Gestattung der Leitungsverlegung sich nicht nach öffentlichem, sondern nach bürgerlichem Recht richtet. Für diese Abgrenzung sind § 8 Abs. 10 BFStrG bzw. die entsprechenden landesrechtlichen Regelungen entscheidend, die aber ebenfalls nur die öffentliche Versorgung - also die Versorgung anderer - privilegieren. Die Verlegung von Leitungen, die lediglich der Eigenversorgung dienen sollen, auf öffentlichen Verkehrswegen richtet sich demnach nie nach Privatrecht, sondern bedarf immer (ausschließlich) der Sondernutzungserlaubnis der zuständigen Straßenbehörde. Mangels der Versorgung „anderer" sind also § 8 Abs. 10 BFStrG und die entsprechenden landesrechtlichen Regelungen nicht einschlägig, so daß eine Enteignung

---

[778] Vgl. dazu etwa Büdenbender in: Tegethoff/ Büdenbender/ Klinger, Das Recht der öffentlichen Energieversorgung, § 11, Rn. 46; ders., Energierecht, Rn. 470.

[779] So im Ergebnis Salje, Energiewirtschaftsgesetz, § 12, S. 15.

[780] Das spricht auch Böwing, in: Böwing, Energiewirtschaftsgesetz 1998, Art. 1, § 12, 2.2, an, verwirft diesen Gedanken aber letztlich mit dem Hinweis auf die amtliche Begründung sowie auf verfassungsrechtliche Bedenken.

[781] Vgl. Salje, Energiewirtschaftsgesetz, § 12, S. 19.

[782] So im Ergebnis auch Salje, Energiewirtschaftsgesetz, § 12, S. 15.

[783] Siehe dazu oben Teil C, II., 3., b).

eines Straßengrundstücks zum Zwecke der Eigenversorgung ausscheiden muß. An diesem Ergebnis vermag wegen der insoweit eindeutigen Gesetzessystematik auch eine mit Blick auf Art. 21 RL- Elt. vorgenommene richtlinienkonforme Auslegung nichts zu ändern.[784]

χ) Damit gehören Eigenversorger auch nach der Energierechtsreform 1998 nicht zu den Antragsberechtigten im Rahmen eines Enteignungsverfahrens gem. § 12 EnWG.[785]

b) Begünstigte Vorhaben:

Weiterhin hat die Energieaufsichtsbehörde zu prüfen, ob das Vorhaben der Energieversorgung dient.[786] Zu der Energieversorgung gehört alles, was zur Erzeugung und Verteilung von Energie bestimmt ist, also sämtliche Energieanlagen i.S.v. § 2 Abs. 2 EnWG.[787] Dazu sind insbesondere zunächst alle denkbaren Arten von Energieleitungen einschließlich eventuell erforderlicher Masten zu zählen, unabhängig davon, ob es sich um Leitungen zum Zwecke der allgemeinen Versorgung oder um Direktleitungen handelt. Welche dieser grundsätzlich begünstigten Projekte sich dann allerdings tatsächlich mittels einer Enteignung verwirklichen lassen, hängt vor allem von der Erfüllung der folgenden Voraussetzung ab.

c) Energiewirtschaftliche Erforderlichkeit:

Die Enteignung muß für derartige Vorhaben von Energieversorgungsunternehmen *erforderlich* sein. Die Formulierung des § 12 Abs. 1 EnWG ist im Vergleich zu seiner Vorgängervorschrift mißverständlich.[788] Es genügt nicht, daß die Enteignung für das

---

[784] Insoweit sei auf die Ausführungen oben Teil C, II., 3., a), dd), χ) verwiesen.

[785] Im Ergebnis ebenso: Danner, in: Obernolte/ Danner, Energiewirtschaftsrecht (Stand: Januar 1999, 35. EL.), EnWG, § 12, Rn. 11; Büdenbender, Energierecht I, Rn. 1855. Zum Zwecke der Errichtung von Eigenversorgungsleitungen kann ein öffentlicher Verkehrsweg folglich grundsätzlich nicht Gegenstand einer Enteignung werden. Allenfalls bei Grundstücken, die nicht dem öffentlichen Verkehr gewidmet wurden, käme eine Enteignung (dann aber auf Grundlage der allgemeinen Enteignungsgesetzen der Länder) in Betracht, vgl. dazu unten Teil D, I., 2., b).

[786] Vgl. Büdenbender, Energierecht I, Rn. 1864.

[787] Vgl. Büdenbender, Energierecht I, Rn. 1856; vgl. auch Horstmann, Zulassungsverfahren und Wegerechte für Energieversorgungsleitungen sowie der Zugang zu Energieversorgungsnetzen nach dem neuen Energiewirtschaftsgesetz und Wettbewerbsrecht, 5.1.1.

[788] Im Rahmen des § 11 EnWG a.F. bezog sich der Begriff der „Erforderlichkeit" nach dem eindeutigen Wortlaut auf den Enteignungszweck, also die öffentliche Energieversorgung, vgl. Büdenbender, in: Tegethoff/ Büdenbender/ Klinger, Das Recht der öffentlichen Energieversorgung, 166

Vorhaben erforderlich ist, also das konkrete Vorhaben nicht ohne Enteignung realisiert werden kann; vielmehr ist auch weiterhin zunächst die energiewirtschaftliche Notwendigkeit des Vorhabens zu prüfen.[789] Erst wenn diese bejaht werden konnte, ist weiter zu fragen, ob dieses Vorhaben nicht auch ohne Enteignungen verwirklicht werden kann.[790]

Die energiewirtschaftliche Notwendigkeit im Sinne des § 11 Abs. 1 EnWG a.F. sollte nach früherem Verständnis dann vorliegen, wenn das konkrete Vorhaben dazu bestimmt war, „die Energieversorgung anderer zu ermöglichen oder zu verbessern".[791] Andere Autoren formulierten den Erforderlichkeitsmaßstab strenger, in dem sie verlangten, daß das Projekt für Zwecke der öffentlichen Energieversorgung „dringend benötigt" werden müsse.[792] Enteignungen zum Zwecke des zusätzlichen Leitungsbaus hatte es vor diesem Hintergrund schon deswegen nicht gegeben, weil es früher für besonders wichtig erachtet worden war, vermeidbare Doppelinvestitionen zu verhindern.[793] Im Gegensatz dazu unterstellt der Reformgesetzgeber, daß der energierechtliche Enteignungstatbestand nach der Energierechtsreform 1998 auch für zusätzliche Direktleitungen gelte.[794] Ob Enteignungen zum Zwecke der Energieversorgung künftig erforderlich sind, soll in Übereinstimmung mit dem bisherigen Verständnis anhand des Gesetzeszweckes und neuerdings auch anhand der mit der Gesamtreform bezweckten

---

EnergG, § 11, Rn. 56, während sich in § 12 Abs. 1 EnWG der Begriff „erforderlich" auf das „Vorhaben" bezieht.

[789] Vgl. Horstmann, Zulassungsverfahren und Wegerechte für Energieversorgungsleitungen sowie der Zugang zu Energieversorgungsnetzen nach dem neuen Energiewirtschaftsgesetz und Wettbewerbsrecht, 5.1.2. m.w.N. in Fn. 25.

[790] Im einzelnen ist umstritten, von welcher Behörde welche Voraussetzungen zu prüfen sind, vgl. Daiber, Die Enteignung für Zwecke der Energieversorgung (§ 11 Energiewirtschaftsgesetz), DÖV 1990, S. 961 ff. (963). Ausführlich dazu Büdenbender, in: Tegethoff/ Büdenbender/ Klinger, Das Recht der öffentlichen Energieversorgung, EnergG, § 11, Rn. 53 ff.; Danner, in: Eiser/ Riederer/ Obernolte, Energiewirtschaftsrecht, EnWG, § 11, 4. Jedenfalls die Prüfung, ob ein konkretes Grundstück für ein Vorhaben benötigt wird, kann abschließend erst von der Enteignungsbehörde durchgeführt werden, weil regelmäßig erst dann feststeht, auf welche Grundstücke im Wege der Enteignung zugegriffen werden muß.

[791] Vgl. Hermes, Staatliche Infrastrukturverantwortung, S. 435 unter Bezugnahme auf Gartner, Privateigentum und öffentliche Energieversorgung, S. 229.

[792] Vgl. Hermes, Staatliche Infrastrukturverantwortung, S. 435 unter Bezugnahme auf Daiber, Die Enteignung für Zwecke der Energieversorgung (§ 11 Energiewirtschaftsgesetz), DÖV 1990, S. 961 ff. (963) sowie Büdenbender, Energierecht, Rn. 484 (allerdings nur für den Fall der Vollenteignung).

[793] Vgl. Danner, in: Eiser/ Riederer/ Obernolte, Energiewirtschaftsrecht, EnWG, § 11, 4, Fn. 6 unter Bezugnahme auf Hüffer/ Tettinger, Rechtsfragen beim Versorgerwechsel nach Ablauf von Konzessionsverträgen, S. 40.

[794] Vgl. die Begründung zum Entwurf des EnWG, BT-Drks. 13/ 7274, S. 20.

Schaffung von Wettbewerb ermittelt werden.[795] Dadurch hat sich der mit dem energierechtlichen Enteignungstatbestand verfolgte Enteignungszweck jedenfalls nach dem Willen des Gesetzgebers erheblich erweitert. Er soll sowohl auf Leitungen für die allgemeine Versorgung als auch auf zusätzliche Direktleitungen Anwendung finden können: Eine Leitung für die allgemeine Versorgung dient vorrangig der Ermöglichung oder Verbesserung – kurz: der Sicherstellung – der Energieversorgung und steht damit unmittelbar im Einklang mit dem in § 1 EnWG statuierten Gesetzeszweck, während eine zusätzliche Direktleitung insbesondere dann, wenn der zu versorgende Kunde bereits über einen Netzanschluß verfügt, nicht - jedenfalls nicht primär - die Energieversorgung des Kunden sicherstellen, sondern hauptsächlich zur Entstehung von Wettbewerb auf dem Elektrizitätsmarkt beitragen soll.

Damit verfolgt der Gesetzgeber im Rahmen des § 12 EnWG zwei voneinander zu unterscheidende Enteignungszwecke:[796] Einerseits wie bisher die Sicherstellung der Energieversorgung und andererseits seit der Energierechtsreform 1998 die Schaffung eines stärker wettbewerblich geprägten Ordnungsrahmens in der Energiewirtschaft. Bei der näheren Auseinandersetzung mit der Zulässigkeit dieser beiden Enteignungszwecke ist allerdings zu beachten, daß der Gesetzgeber bei der Festlegung der möglichen Enteignungszwecke insbesondere dann nicht frei ist, wenn er an die verfassungsrechtlichen Vorgaben des Art. 14 Abs. 3 GG gebunden ist. Danach ist eine Enteignung nur zum Wohle der Allgemeinheit i.S.d. Art. 14 Abs. 3 Satz 1 GG (unter

---

[795] Vgl. hierzu die Begründung zum Entwurf des EnWG, BT- Drks. 13/ 7274, S. 20.

[796] Allerdings hängen beide Enteignungszwecke miteinander zusammen. Dieser Zusammenhang wird dadurch vermittelt, daß mit der Möglichkeit der Enteignung zur Errichtung zusätzlicher Leitungen mittelbar eine Senkung der Energiepreise bezweckt wird und damit dauerhaft eine preisgünstige Energieversorgung der Allgemeinheit i.S.d. § 1 EnWG gesichert werden soll. Bei der Errichtung einer zusätzlichen Leitung und der damit ggf. verbundenen Enteignung für das konkrete Vorhaben tritt allerdings die Sicherstellung der Energieversorgung derart in den Hintergrund, daß insoweit von zwei verschiedenen Enteignungszwecken gesprochen werden kann, die getrennt voneinander im Lichte des Art. 14 Abs. 3 Satz 1 GG beurteilt werden müssen. Die häufig (vgl. etwa Danner, in: Obernolte/ Danner, Energiewirtschaftsrecht (Stand: Januar 1999, 35. EL.), EnWG, § 12, Rn. 4) anzutreffende Formulierung, „die Energieversorgung" diene dem Wohl der Allgemeinheit, wird § 12 EnWG in seiner ihm vom Gesetzgeber zugedachten Funktion nicht gerecht. Vielmehr ist – wie sogleich zu zeigen sein wird – zwischen Enteignungen zugunsten von Leitungen zu unterscheiden, die die Energieversorgung an sich aufrechterhalten und sicherstellen sollen, und solchen, die lediglich dazu dienen, den EVU eine Möglichkeit zu verschaffen, den jetzt erwünschten Direktleitungsbau auch gegen den Willen der betroffenen Grundstückseigentümern realisierbar zu machen. Auch eine gelegentlich in der Literatur vorgeschlagene „weite Auslegung" des Begriffes „für Vorhaben zum Zwecke der Energieversorgung" wird den von § 12 EnWG aufgeworfenen verfassungsrechtlichen Fragen nicht gerecht (vgl. Horstmann, Zulassungsverfahren und Wegerechte für Energieversorgungsleitungen sowie der Zugang zu Energieversorgungsnetzen nach dem neuen Energiewirtschaftsgesetz und Wettbewerbsrecht, 5.1.1).

168

bb)) und nur aufgrund eines Gesetzes i.S.d. Art. 14 Abs. 3 Satz 2 GG (unter cc)) zulässig. Das setzt aber voraus, daß Art. 14 GG nicht als Prüfungsmaßstab ausscheidet:

aa) Eine Überprüfung des § 12 EnWG am Maßstab des Art. 14 Abs. 3 GG erfordert vor allem, daß sich der betroffene Grundstückseigentümer überhaupt auf den Schutz dieses Grundrechts berufen kann. Zweifelhaft ist das dann, wenn das zu enteignende Grundstück im Eigentum einer Gebietskörperschaft steht und damit eine juristische Person des öffentlichen Rechts Belastete des Enteignungsverfahren ist. Wiederum stellt sich die bereits oben angeklungene Problematik der Grundrechtsfähigkeit juristischer Personen des öffentlichen Rechts, die - wie gezeigt - von der überwiegenden Meinung und insbesondere auch vom Bundesverfassungsgericht in ständiger Rechtsprechung abgelehnt wird.[797] Nach anderer, gelegentlich vertretener Auffassung soll das aber nur für die sich aus den Grundrechten ergebenden subjektiven Rechte gelten, nicht dagegen für den objektiven Gehalt der Grundrechte.[798] Juristische Personen des öffentlichen Rechts sollen sich danach jedenfalls auf die in den Grundrechtsnormierungen enthaltenen „institutionellen Garantien" bzw. die Ausstrahlungwirkungen der in ihnen enthaltenen „objektiven Wertordnung" berufen können.[799] Dementsprechend wird auch die Frage, ob Art. 14 Abs. 3 GG auch auf juristische Personen des öffentlichen Rechts Anwendung finden kann, nicht einheitlich beantwortet. Die Ansicht, die das befürwortet hatte, wurde vom Bundesverfassungsgericht zu Recht ausdrücklich abgelehnt:[800] Die verfassungsrechtlichen Vorschriften zur Enteignung enthalten eine Konkretisierung des Grundrechtsschutzes des Eigentums und dienen ebenso wie diese ausschließlich dem Schutz des Bürgers.[801] Art. 14 GG als Grundrecht schützt eben nicht das Privateigentum, sondern lediglich das Eigentum Privater.[802] Damit muß Art. 14 Abs. 3 GG als Prüfungsmaßstab immer dann ausscheiden, wenn der konkrete Verkehrsweg im Eigentum einer öffentlich- rechtlichen Gebietskörperschaft steht. In diesen Fällen kann § 12 EnWG i.V.m. den landesrechtlichen Enteignungsgesetzen sowohl zur Errichtung einer Leitung für die allgemeine Versorgung als auch zur Errichtung einer Direktleitung

---

[797] Vgl. oben Teil C, II., 2., b), aa).
[798] Nachweise zu dieser Ansicht bei v. Mutius, in: Bonner Kommentar, Grundgesetz, Art. 19 III, Rn. 20, der diese Auffassung selbst allerdings entschieden ablehnt.
[799] Vgl. v. Mutius, in: Bonner Kommentar, Grundgesetz, Art. 19 III, Rn. 20.
[800] So etwa das BVerwG in seinem Urteil vom 08.11.1967, IV C 101.65. Diese Entscheidung wurde vom Bundesverfassungsgericht mit Beschluß vom 12.11.1974 aufgehoben und die Sache an das Bundesverwaltungsgericht zurückverwiesen, vgl. BVerfGE 38, S. 175 ff. (183 f.).
[801] Vgl. BVerfGE 38, S. 175 ff. (84).

angewendet werden. Da allerdings nach den geltenden Straßengesetzen das Eigentum an einem öffentlichen Verkehrsweg grundsätzlich auch bei Privatpersonen liegen kann,[803] muß eine Enteignung auf Grundlage des § 12 EnWG jedenfalls in diesen (Ausnahme-)Fällen den verfassungsrechtlichen Anforderungen des Art. 14 Abs. 3 GG genügen.

bb) Das Wohl der Allgemeinheit i.S.d. Art. 14 Abs. 3 Satz 1 GG und die Enteignung zugunsten Privater:

Nach heute herrschender Meinung handelt es sich bei dem „Wohl der Allgemeinheit" i.S.d. Art. 14 Abs. 3 Satz 1 GG um einen unbestimmten und somit ausfüllungsbedürftigen, aber in vollem Umfang justiziablen Rechtsbegriff.[804] Der Gesetzgeber bestimmt den Enteignungszweck,[805] allerdings betont das Bundesverfassungsgericht sein Nachprüfungsrecht[806] und zwar ohne auf den sonst in seiner Judikatur üblichen Hinweis auf den Gestaltungsspielraum des Gesetzgebers.[807] Besteht diesbezüglich inzwischen noch weitgehende Klarheit, bereitet die Definition des Begriffes "Wohl der Allgemeinheit" erheblich größere Schwierigkeiten. Sämtliche Versuche in der Literatur und in der Rechtsprechung, eine positive Definition des Allgemeinwohls zu entwickeln, sind erfolglos geblieben.[808] Zumeist finden sich lediglich reine Negativabgrenzungen in Form von kasuistischen Aufzählungen, welche Vorhaben nicht dem Gemeinwohl dienen und eine Enteignung demnach nicht zu rechtfertigen

---

[802] Vgl. BVerfGE 61, S. 82 ff. (108 f.); Bryde, in: v. Münch/ Kunig, Grundgesetz- Kommentar, Art. 14, Rn. 8; Papier, in: Maunz/ Dürig, Grundgesetz, Art. 14, Rn. 204 m.w.N. in Fn. 568 f.
[803] Siehe dazu die Ausführungen oben Teil C, II., 4., a), cc).
[804] Vgl. Bryde, in: v. Münch/ Kunig, Grundgesetz- Kommentar, Art. 14, Rn. 82; Depenheuer, in: v. Mangoldt/ Klein/ Starck, Bonner Grundgesetz, Art. 14, Rn. 431; Papier, in: Maunz/ Dürig, Grundgesetz, Art. 14, Rn. 581; Schmidbauer, Enteignung zugunsten Privater, S. 279. Nach früher herrschender Auffassung handelte es sich um einen Ermessensbegriff, vgl. Kimminich, in: Bonner Kommentar, Grundgesetz, Art. 14, Rn. 389 unter Bezugnahme auf die ältere Rechtsprechung und Maunz, in Maunz/ Dürig (1969), Grundgesetz, Rn. 110. Ausführlich hierzu: Jackisch, Die Zulässigkeit der Enteignung zugunsten Privater, S. 102 ff.
[805] Vgl. BVerfGE 56, S. 249 ff. (261f.); vgl. auch Wieland, in: Dreier, Grundgesetz, Art. 14, Rn. 94.
[806] Vgl. BVerfGE 24, S. 367 ff. (367).
[807] Vgl. Leisner, in: Isensee/ Kirchhoff, Handbuch des Staatsrechts, Bd. IV, Freiheitsrechte, § 149, Rn. 171.
[808] Einen Überblick über diese Definitionsversuche gibt Jackisch, Die Zulässigkeit der Enteignung zugunsten Privater, S. 104 ff.; ferner Schmidbauer, Enteignung zugunsten Privater, S. 127 ff., 289. Vgl. z.B. die Definition des Badischen Staatsgerichtshofes in Freiburg i.Br. im Urteil vom 03.07.1950, Verwaltungsrechtsprechung in Deutschland, Bd. 2 (1950), S. 411 ff. (416).

vermögen.[809] Das hängt damit zusammen, daß der Begriff „Wohl der Allgemeinheit" das Ergebnis eines Abwägungsprozesses ist, bei dem die widerstreitenden Interessen - also das Interesse der Allgemeinheit an der Enteignung einerseits und das Interesse des Einzelnen, sein Eigentum ungestört nutzen zu können andererseits - jeweils im Einzelfall konkret zu beurteilen sind,[810] und daß darüber hinaus dieser Begriff verstärkt dem Wandel politischer, wirtschaftlicher und sozialer Verhältnisse unterliegt.[811] Letztlich muß der Versuch scheitern, das Wohl der Allgemeinheit positiv so konkret zu definieren, daß der Begriff für den Rechtsanwender subsumtionsfähig würde.[812] Trotz dieser Definitionsschwierigkeiten steht zum einen fest, daß eine Enteignung niemals zweckfrei erfolgen darf,[813] und zum anderen, daß nicht jedes öffentliche Interesse ausreichen kann, vielmehr ein besonders wichtiges, dringendes öffentliches Interesse erforderlich ist - das Bundesverfassungsgericht spricht diesbezüglich von einem „qualifizierten Enteignungszweck"[814], andere von einem „überragenden" Enteignungszweck[815]- und dieses Interesse nicht anders als durch die Enteignung erreicht bzw. geschützt werden kann.[816]

Zusätzliches Gewicht erhält Art. 14 Abs. 3 Satz 1 GG im Rahmen des § 12 EnWG allerdings noch dadurch, daß die Energieversorgungsunternehmen als Begünstigte des Enteignungsverfahrens nahezu ausschließlich privatrechtlich organisiert sind.[817] Dem steht auch nicht entgegen, daß an diesen Unternehmen häufig die öffentliche Hand – und nicht zuletzt die Kommunen – beteiligt sind.[818] Die früher gelegentlich geäußerte

---

[809] Vgl. Schmidbauer, Enteignung zugunsten Privater, S. 91 f.
[810] Vgl. Jackisch, Die Zulässigkeit der Enteignung zugunsten Privater, S. 107.
[811] Vgl. Kimminich, in: Bonner Kommentar, Grundgesetz, Art. 14, Rn. 393.
[812] Vgl. Wieland, in: Dreier, Grundgesetz, Art. 14, Rn. 93 m.w.N. in Fn. 414.
[813] So Schmidbauer, Enteignung zugunsten Privater, S. 92.
[814] Vgl. BVerfGE 74, S. 264 ff. (285) mit Hinweis auf BVerfGE 24, S. 367 ff. (403 f.); 38, S.175 ff. (180); 56, S. 249 ff. (261 f.). Vgl. auch Kimminich, in: Bonner Kommentar, Grundgesetz, Art. 14, Rn. 388.
[815] Vgl. Kimminich, in: Bonner Kommentar, Grundgesetz, Art. 14, Rn. 388.
[816] Zu Recht weist Jackisch, Die Zulässigkeit der Enteignung zugunsten Privater, S. 105 f., darauf hin, daß diese Aussage insoweit wenig hilfreich ist, als daß dadurch nur ein unbestimmter Rechtsbegriff durch einen anderen ersetzt wird.
[817] Vgl. etwa Böwing, in: Böwing, Energiewirtschaftsgesetz 1998, Art. 1, § 12, 2.2; Salje, Energiewirtschaftsgesetz, § 12, S. 10; Danner, in: Obernolte/ Danner, Energiewirtschaftsrecht (Stand: Januar 1999, 35. EL.), EnWG, § 12, Rn. 4.
[818] Vgl. zu den Beteiligungsverhältnissen an den Energieversorgungsunternehmen: Beckert, Abgeänderter Richtlinienvorschlag zum Binnenmarkt für Elektrizität, S. 26. Danach stehen 64 % der Unternehmen zu mehr als 95 % im Eigentum von Bund, Ländern, Landkreise und Gemeinden; lediglich 15 % der Elektrizitätsversorgungsunternehmen werden zu mehr als 75 % von Privaten gehalten; gemischtwirtschaftlich (davon spricht man, wenn die öffentliche Hand mit weniger als 95 % und Private mit weniger als 75 % beteiligt sind) werden 21 % der EVU betrieben.

Ansicht, die Allgemeinwohlklausel des Art. 14 Abs. 3 GG stehe einer privatnützigen Enteignung grundsätzlich entgegen, wird heute, soweit ersichtlich, nicht mehr vertreten. Die allgemeine Auffassung geht heute übereinstimmend mit dem Bundesverfassungsgericht von der Zulässigkeit der Enteignung zugunsten Privater aus.[819] Ausgeschlossen sind insoweit lediglich Enteignungen, die allein Privatinteressen zugute kommen sollen.[820] Auch darf die Enteignung wegen Art. 14 Abs. 3 Satz 1 GG nicht dazu eingesetzt werden, einen mit Mitteln der Privatautonomie unlösbaren Widerstreit privater Interessen durch Hoheitsakt zu entscheiden.[821] Andererseits steht einer Enteignung zugunsten eines privaten Unternehmens grundsätzlich nicht ein damit verbundenes Gewinnstreben entgegen, denn Gemeinnützigkeit und Gewinnerzielung schließen sich nicht von vornherein aus.[822] Damit steht fest, daß die Enteignung zugunsten Privater durch Art. 14 Abs. 3 Satz 1 GG jedenfalls nicht grundsätzlich ausgeschlossen wird.[823] Die entscheidende Frage ist aber, welches notwendige Gewicht die Allgemeinwohlaufgabe aufweisen muß, damit zugunsten einer Privatperson bzw. eines privaten Unternehmens enteignet werden darf.[824] Angesichts der unterschiedlichen Enteignungszwecke, die der Gesetzgeber mit § 12 EnWG verfolgt, ist zwischen der Enteignung zum Zwecke der Sicherstellung der Energieversorgung und einer Enteignung zur Schaffung von Wettbewerb zu unterscheiden:

α) Sicherstellung der Energieversorgung als Allgemeinwohlzweck i.S.d. Art. 14 Abs. 3 Satz 1 GG:

Zur Frage der Zulässigkeit der Enteignung zugunsten von Energieversorgungsunternehmen zum Zwecke der Sicherstellung der Energieversorgung

---

[819] Vgl. BVerfGE 66, S. 248 ff. (257); BVerfGE 74, S. 264 ff. (285); Depenheuer, in: v. Mangoldt/ Klein/ Starck, Bonner Grundgesetz, Art. 14, Rn. 435 ff.; Papier, in: Maunz/ Dürig, Grundgesetz, Art. 14, Rn. 585; Bryde, in: v. Münch/ Kunig, Grundgesetz- Kommentar, Art. 14, Rn. 84; Kimminich, in: Bonner Kommentar, Grundgesetz, Art. 14, Rn. 378.

[820] Vgl. Papier, in: Maunz/ Dürig, Grundgesetz, Art. 14, Rn. 584; Bryde, in: v. Münch/ Kunig, Grundgesetz-Kommentar, Art. 14, Rn. 84; Jackisch, Die Zulässigkeit der Enteignung zugunsten Privater, S. 108 m.w.N. in Fn. 99.

[821] Vgl. Papier, in: Maunz/ Dürig, Grundgesetz, Art. 14, Rn. 584 unter Bezugnahme auf das Sondervotum Böhmer, BVerfGE 56, S. 266 ff. (290).

[822] Vgl. zu diesem Problemkreis Wieland, in: Dreier, Grundgesetz, Art. 14, Rn. 96.

[823] Vgl. Kimminich, in: Bonner Kommentar, Grundgesetz, Art. 14, Rn. 378.

[824] Vgl. Schmidbauer, Enteignung zugunsten Privater, S. 167; Kimminich, in: Bonner Kommentar, Grundgesetz, Art. 14, Rn. 385.

hat das Bundesverfassungsgericht in seiner Entscheidung zu § 11 EnWG a.F. Stellung genommen.[825]

αα) Darin bestätigte das Bundesverfassungsgericht die Verfassungsmäßigkeit des § 11 EnWG a.F. (und damit zugleich auch die bereits herrschende Meinung in der Literatur[826]) und sprach sich für die Zulässigkeit der Enteignung zugunsten privatrechtlich organisierter Energieversorgungsunternehmen aus, ohne allerdings die Problematik der Zulässigkeit der Enteignung zugunsten Privater einer grundsätzlichen Klärung zuzuführen.[827] Zulässig ist danach eine derartige Enteignung jedenfalls dann, „wenn einem solchen Unternehmen durch Gesetz oder aufgrund eines Gesetzes die Erfüllung einer dem Allgemeinwohl dienenden Aufgabe zugewiesen und zudem sichergestellt ist, daß es zum Nutzen der Allgemeinheit geführt wird".[828] Das sei jedenfalls bei der zum Bereich der Daseinsvorsorge gehörende Energieversorgung der Fall,[829] da die Sicherstellung der Energieversorgung durch geeignete Maßnahmen wie z.B. der Errichtung oder der Erweiterung von Energieanlagen eine öffentliche Aufgabe von größter Bedeutung sei und zugleich eine Leistung darstelle, deren Bürger zur Sicherung einer menschenwürdigen Existenz unumgänglich bedürfe.[830] Der staatliche Zugriff diene der Erledigung einer dem Staat oder den Gemeinden obliegenden Angelegenheit;[831] die Erfüllung dieser öffentlichen Aufgabe sei den privatrechtlich organisierten Energieversorgungsunternehmen durch das Energiewirtschaftsgesetz zugewiesen.[832] Gewährleistet und gesichert sei die Führung der Unternehmen zum Nutzen der Allgemeinheit zum einen durch die allgemeine Anschluß- und Versorgungspflicht gem. § 6 EnWG a.F. und zum anderen durch die Instrumente der in § 1 EnWG a.F. angeordneten staatlichen Energieaufsicht.[833]

ββ) Auch nach der Energierechtsreform 1998 wird § 12 Abs. 1 EnWG als energierechtsspezifische Ausprägung des Gemeinwohlerfordernisses des Art. 14 Abs. 3

---

[825] Vgl. BVerfGE 66, S. 248 ff.
[826] Vgl. die Nachweise bei Hermes, Staatliche Infrastrukturverantwortung, S. 437 in Fn. 224.
[827] Vgl. BVerfGE 66, S. 248 ff. (257).
[828] Vgl. BVerfGE 66, S. 248 ff. (257).
[829] Vgl. hierzu auch BVerfGE 38, S. 258 ff. (270 f.) sowie BVerfGE 45, S. 63 ff. (78 f.).
[830] Vgl. BVerfGE 66, S. 248 ff. (258).
[831] Vgl. BVerfGE 66, S. 248 ff. (257).
[832] Vgl. BVerfGE 66, S. 248 ff. (258).
[833] Vgl. BVerfGE 66, S. 248 ff. (258).

Satz 1 GG verstanden.[834] Dennoch ist fraglich, inwieweit sich heute die Verfassungsmäßigkeit des jetzt in § 12 EnWG geregelten energierechtlichen Enteignungstatbestandes noch mit Hinweis auf diese Entscheidung des Bundesverfassungsgerichts begründen läßt. Bei diesen Überlegungen muß insbesondere den durch die Energierechtsreform erfolgten Änderungen des energiewirtschaftlichen Ordnungsrahmens Rechnung getragen werden:

(1) Anlaß, die Entscheidung des Bundesverfassungsgerichts zu § 11 EnWG a.F. zu überdenken, gibt zunächst die Charakterisierung der Energieversorgung als „öffentliche Aufgabe" bzw. als Aufgabe der „Daseinsvorsorge". Eine Argumentation auf Grundlage des - ursprünglich auf *Forsthoff* [835] zurückgehenden - Begriffes „Daseinsvorsorge", ist bereits wegen seiner Abstraktheit und seiner konturenlosen Weite wenig aussagekräftig.[836] Schon gar nicht läßt sich allein aus diesem Begriff der öffentlich-rechtliche Charakter einer Aufgabe ableiten. Aber auch unabhängig davon ist nach heutigem Verständnis - und insbesondere nach Auffassung des Gesetzgebers - die leitungsgebundene Energieversorgung keine öffentliche Aufgabe.[837] Damit scheint heute eine wesentliche Argumentationslinie des Bundesverfassungsgerichts nicht mehr tragfähig zu sein.[838] Abgeschwächt wird diese Diskrepanz zwischen der heutigen Sichtweise und der Begründung des Bundesverfassungsgerichtes allerdings dadurch, daß bereits vor der Energierechtsreform die Energieversorgung von einer weit verbreiteten

---

[834] Vgl. Büdenbender, Energierecht I, Rn. 1864. Vgl. auch Danner, in: Obernolte/ Danner, Energiewirtschaftsrecht (Stand: Januar 1999, 35. EL.), EnWG, § 12, Rn. 4; Horstmann, Zulassungsverfahren und Wegerechte für Energieversorgungsleitungen sowie der Zugang zu Energieversorgungsnetzen nach dem neuen Energiewirtschaftsgesetz und Wettbewerbsrecht, 5.1.2

[835] Vgl. Forsthoff, Lehrbuch des Verwaltungsrechts, 1. A., 1950, S. 264 f., unverändert in der 10. A., 1973, S. 370, zitiert nach Löwer, Energieversorgung zwischen Staat, Gemeinde und Wirtschaft, S. 109. Siehe dazu auch Hermes, Staatliche Infrastrukturverantwortung, S. 94 ff.

[836] So Löwer, Energieversorgung zwischen Staat, Gemeinde und Wirtschaft, S. 136, 150. Zur Kritik an dem Begriff „Daseinsvorsorge": Ossenbühl, Daseinsvorsorge und Verwaltungsprivatrecht, DÖV 1971, S. 513 ff.; Schaefer, Energiewirtschaftliche Betätigung der Kommunen, S. 28 f.; Büdenbender, Energierecht, Rn. 971; zur Kritik am Konzept der Daseinsvorsorge siehe auch Hermes, Staatliche Infrastrukturverantwortung, S. 116 ff.

[837] So auch ausdrücklich die Bundesregierung in der amtliche Begründung zum Regierungsentwurf, BT-Drks. 13/ 7274, S. 10. Anders noch der Entwurf der SPD- Fraktion zum EnWG vom 06.11.1991, BT-Drks. 12/ 1490.

[838] Anders Hermes, Staatliche Infrastrukturverantwortung, S. 437 f. Danach dürfe die vom Bundesverfassungsgericht gewählte Formulierung „öffentliche Aufgabe" nicht mit „staatlicher Aufgabe" gleichgestellt werden. Das ist bedenklich, weil das Bundesverfassungsgericht an anderer Stelle (BVerfGE 30, S. 292 ff. (311 f.)) von der „Staatsaufgabe Sicherstellung der Energieversorgung" gesprochen hat. Vgl. zu der terminologischen Abgrenzung zwischen „öffentlicher" und „staatlicher" Aufgabe, vgl. Löwer, Energieversorgung zwischen Staat, Gemeinde und Wirtschaft , DVBl. 1991, S. 132 ff. (138 ff.).

Literaturansicht nicht als öffentliche Aufgabe eingestuft wurde.[839] Auch nach dieser Auffassung war die Energieversorgung nicht Teil der öffentlichen Verwaltung, den die Energieversorgungsunternehmen etwa als Beliehene wahrnahmen, sondern Teil des privaten Wirtschaftsrechts.[840] Der Grund für die Zulässigkeit energierechtlicher Enteignungen war nach dieser Auffassung nicht der öffentlich- rechtliche Charakter der Aufgabe „Energieversorgung", sondern deren unbestrittene erhebliche faktische Bedeutung, den eine gesicherte Energieversorgung für die gesamte Volkswirtschaft insgesamt hat.[841] An dieser Bedeutung hat sich auch durch die Energierechtsreform nichts geändert.

(2) Weiterhin Anlaß, die Entscheidung des Bundesverfassungsgerichts zu § 11 EnWG a.F. zu überdenken, gibt der Umstand, daß das Bundesverfassungsgericht im Rahmen der Überprüfung des § 11 EnWG a.F. dessen Vereinbarkeit mit dem grundgesetzlichen Eigentumsschutz wesentlich aus der Energieaufsicht des Staates über die Versorgungsunternehmen hergeleitet hatte, da damit die Erfüllung der staatlichen Aufgaben durch die Unternehmen gesichert sei.[842] Als Instrumente dieser Energieaufsicht zählte des Bundesverfassungsgericht auf:[843]

- die den Energieversorgungsunternehmen gem. § 3 EnWG a.F. obliegenden umfassenden Auskunfts- und Mitteilungspflichten über ihre technischen und wirtschaftlichen Verhältnisse,
- die Anzeigepflicht für die Errichtung, Umbau und Stilllegung von Energieanlagen gem. § 4 EnWG a.F. sowie die Möglichkeit zur Beanstandung und Untersagung dieser Vorhaben,
- die staatliche Einflußnahme auf Preise und Versorgungsbedingungen gem. § 7 EnWG a.F.,
- die Möglichkeit, bei mangelnder Erfüllung der gesetzlichen Pflichten den Betrieb des Unternehmens zu untersagen gem. § 8 EnWG a.F. (sog. Abmeierung) und die Möglichkeit, die Enteignung von Energieanlagen anzuordnen (§ 9 EnWG a.F.),

---

[839] Vgl. etwa Büdenbender, Energierecht, Rn. 970.
[840] Vgl. Büdenbender, Energierecht, Rn. 970.
[841] Vgl. Böwing, in: Böwing, Energiewirtschaftsgesetz 1998, Art. 1, § 12, 2.3.1; ebenso auch die Bundesregierung in der Begründung zum Entwurf des EnWG, BT- Drks. 13/ 7274, S. 10.
[842] Vgl. BVerfGE 66, S. 248 ff. (257 f.); vgl. auch Büdenbender, in: Tegethoff/ Büdenbender/ Klinger, Das Recht der öffentlichen Energieversorgung, § 11 EnergG, Rn. 44.

- die gem. § 14 EnWG a.F. vorgesehene Vorratspflicht der EVU sowie die Ermächtigung in § 13 Abs. 2 EnWG a.F., die den Erlaß von Verordnungen gestatte, die technischen Beschaffenheit der Energieanlagen zu regeln und schließlich

- die durch § 15 EnWG a.F. den Aufsichtsbehörden eingeräumte Möglichkeit, ihren Anordnungen durch bestimmte Vollstreckungsmaßnahmen Beachtung zu verschaffen.

Diese Situation könnte sich durch die Neufassung des Energiewirtschaftsgesetzes grundlegend geändert haben; denn zu einem erklärten Ziel der Neuregelung gehörte es, die staatliche Aufsicht über die Stromwirtschaft auf ein Maß zu begrenzen, welches trotz des Wettbewerbs im öffentlichen Interesse unerläßlich ist.[844] In der Begründung zum Entwurf des EnWG heißt es dazu: „Spezielle Aufsichtstatbestände werden (...) entsprechend abgebaut".[845] Bei genauerer Betrachtung fällt jedoch auf, daß ein Großteil der aus dem Energiewirtschaftsgesetz 1935 bekannten Aufsichtstatbestände – wenn auch z.T. in veränderter und abgeschwächter Form – auch im reformierten Energiewirtschaftsgesetz weiterhin enthalten sind: Das trifft insbesondere auf § 3 EnWG a.F. und § 13 Abs. 2 EnWG a.F. zu; beide Vorschriften wurden vom Gesetzgeber in § 18 EnWG zusammengefaßt.[846] Die Sicherheitsanforderungen an Energieanlagen sind umfassend in § 16 EnWG geregelt, der insoweit an die Stelle des § 13 Abs. 2 EnWG a.F. trat.[847] Dort ist auch die früher in § 13 Abs. 2 EnWG a.F. vorgesehene Verordnungsermächtigung enthalten.[848] Auch in Zukunft hat die Energieaufsichtsbehörde das Recht, im Einzelfall die erforderlichen Maßnahmen zur Durchführung des Gesetzes anzuordnen, vgl. § 18 Abs. 1 Satz 2 EnWG. Vollständig erhalten blieb ferner auch die Vorratspflicht gem. § 14 EnWG a.F., die nun in § 17 EnWG geregelt ist.[849] Der Ordnungswidrigkeitenkatalog des § 15 Abs. 2 EnWG a..F. wurde an die Neuregelung angepaßt, blieb in der Sache unverändert und ist nun in § 19

[843] Vgl. BVerfGE 66, S. 248 ff. (258 f.).
[844] Siehe hierzu die Begründung zum Entwurf des EnWG, BT- Drks. 13/ 7274, S. 10.
[845] Vgl. die Begründung zum Entwurf des EnWG, BT- Drks. 13/ 7274, S. 10.
[846] Vgl. Rutkowski, in: Böwing, Energiewirtschaftsgesetz 1998, Art. 1, § 18, 1.
[847] Vgl. Rutkowski, in: Böwing, Energiewirtschaftsgesetz 1998, Art. 1, § 16, 1; ferner die Begründung zum Entwurf des EnWG, BT- Drks. 13/ 7274, S. 22.
[848] Vgl. die Begründung zum Entwurf des EnWG, BT- Drks. 13/ 7274, S. 22.
[849] Vgl. Rutkowski, in: Böwing, Energiewirtschaftsgesetz 1998, Art. 1, § 17, 1.

EnWG enthalten.[850] Ebenso besteht für den Staat nach wie vor die Möglichkeit, auf die Tarife und die Versorgungsbedingungen Einfluß zu nehmen, vgl. § 11 EnWG.[851] Der vom Gesetzgeber angekündigte Abbau der Staatsaufsicht beschränkt sich im wesentlichen auf den Wegfall der Investitionsaufsicht gem. § 4 EnWG a.F., der Abmeierung gem. § 8 EnWG a.F. und der Enteignung gem. § 9 EnWG a.F.[852] Der Verzicht auf diese Aufsichtstatbestände macht allerdings keine verfassungsrechtliche Neubewertung des energierechtlichen Enteignungstatbestandes erforderlich; denn auf diese Aufsichtsinstrumente konnte deswegen verzichtet werden, weil in dem wettbewerblich organsierten Markt die Unternehmen selbst die Wirtschaftlichkeit einer Investition ausreichend prüfen werden und letztlich nur der Markt über die Leistungsfähigkeit eines Unternehmens entscheiden soll.[853] Ohnehin sollten diese Aufsichtsinstrumente im Energiewirtschaftsgesetz 1935 nur die Funktionen übernehmen, die in einem wettbewerblich organisierten Markt der Wettbewerb selbst erfüllt hätte, so daß eine Beibehaltung dieser Verfahren im reformierten Energiewirtschaftsrecht nicht sinnvoll gewesen wäre; sie würden in dem nunmehr bestehenden wettbewerblichen System Fremdkörper darstellen.[854]

Im Ergebnis stellt also auch das neue Gesetz die Elektrizitätswirtschaft - wenn auch nicht mehr im gleichen Umfang wie früher - unter eine besondere staatliche Aufsicht.[855] Darüber hinaus ist auch die vom Bundesverfassungsgericht als weiteres Merkmal für die hinreichende Sicherung des Gemeinwohlzwecks herangezogene allgemeine Anschluß- und Versorgungspflicht gem. § 6 EnWG a.F. der Energieversorgungsunternehmen[856] im geltenden Recht vorgesehen (§ 10 EnWG).[857] Damit ist auch in Zukunft ausreichendem Maße sichergestellt, daß die Energieversorgungsunternehmen als Enteignungsbegünstigte „zum Nutzen der Allgemeinheit" geführt werden.

---

[850] Vgl. Rutkowski, in: Böwing, Energiewirtschaftsgesetz 1998, Art. 1, § 19, 1; vgl. auch die Begründung zum Entwurf des EnWG, BT- Drks. 13/ 7274, S. 23.

[851] Vgl. dazu auch die Begründung zum Entwurf des EnWG, BT- Drks. 13/ 7274, S. 17.

[852] Vgl. auch Danner, in: Obernolte/ Danner, Energiewirtschaftsrecht (Stand: Januar 1999, 35. EL.), EnWG, § 18, Rn. 1.

[853] Vgl. die Begründung zum Entwurf des EnWG, BT- Drks. 13/ 7274, S. 13.

[854] Vgl. die Begründung zum Entwurf des EnWG, BT- Drks. 13/ 7274, S. 13.

[855] Vgl. Danner, in: Obernolte/ Danner, Energiewirtschaftsrecht (Stand: Januar 1999, 35. EL.), EnWG, § 18, Rn. 1; Rutkowski, in: Böwing, Energiewirtschaftsgesetz 1998, Art. 1, § 18, 1.

[856] Vgl. BVerfGE 66, S. 248 ff. (258).

[857] § 11 EnWG a.F. stellte demgemäß gleichsam die Kehrseite des § 6 EnWG a.F. dar, vgl. Büdenbender, in: Tegethoff/ Büdenbender/ Klinger, Das Recht der öffentlichen Energieversorgung, EnergG, § 11, Rn. 3.

χχ) Daraus folgt, daß auch § 12 EnWG zumindest insoweit mit Art. 14 Abs. 3 Satz 1 GG vereinbar ist, als sich sein Anwendungsbereich mit dem seiner Vorgängernorm § 11 EnWG a.F. deckt. Das bedeutet, daß für die Errichtung von Energieleitungen zum Zwecke der allgemeinen Versorgung auch künftig auf Grundlage des § 12 EnWG i.V.m. den Landesenteignungsgesetzen Enteignungen im Einklang mit Art. 14 GG durchgeführt werden können.

β) Schaffung bzw. Förderung „eines stärker wettbewerblichen geprägten Ordnungsrahmens"[858] als Allgemeinwohlzweck i.S.d. Art. 14 Abs. 3 Satz 1 GG:

αα) Ob auch Enteignungen zugunsten eines Energieversorgungsunternehmens zum Zwecke des Direktleitungsbaus mit Art. 14 GG vereinbar sind, läßt sich der Entscheidung des Bundesverfassungsgerichts zu § 11 EnWG a.F. schon deswegen nicht entnehmen, weil sie vor dem Hintergrund der damals bestehenden Monopolstrukturen in der Versorgungswirtschaft ergangen ist und sich dementsprechend auch ausschließlich auf den Ausbau *eines* flächendeckenden Energieversorgungsnetzes bezogen hat. Zu dem Problem eines kapaziär nicht notwendigen, zusätzlichen Direktleitungsbaus hat das Bundesverfassungsgericht in seiner Entscheidung zu § 11 EnWG a.F. keine Stellung genommen. Abgesehen davon paßt auch die Argumentation des Bundesverfassungsgerichts nicht auf die sich jetzt stellende Problematik der Enteignung zum Zwecke des zusätzlichen Leitungsbaus: Anders als etwa eine Elektrizitätsleitung für die allgemeine Versorgung dient nämlich die Errichtung zusätzlicher Leitungsstrukturen – also etwa die Zweitanbindung eines Kunden an einen neuen Energieversorger – nicht der „Sicherung einer menschenwürdigen Existenz"[859].

ββ) Damit stellt sich die Frage, ob eine Enteignung zum Zwecke des Direktleitungsbaus mit Art. 14 Abs. 3 Satz 1 GG zu vereinbaren wäre. Der Gesetzgeber bejaht das; danach besteht nicht nur an der Energieversorgung im oben beschriebenen Sinne ein gesteigertes öffentliches Interesse, sondern auch an der Entstehung eines stärker wettbewerblich geprägten Ordnungsrahmens auf dem Markt für Energieversorgung.

---

[858] So die Begründung zum Entwurf des EnWG, BT- Drks. 13/ 7274, S. 20.
[859] So aber das Bundesverfassungsgericht in BVerfGE 66, S. 248 ff. (258).

Deswegen gelte § 12 EnWG grundsätzlich auch für zusätzliche Direktleitungen zur Belieferung einzelner Kunden.[860]

Dennoch ist dieser erweiterte bzw. neue Enteignungszweck verfassungsrechtlich nicht unproblematisch.[861] Bedenken gegen die Zulässigkeit solcher Enteignungen entstehen dann, wenn man sich die diesbezügliche Regelungsintention des Gesetzgebers vergegenwärtigt. Der Wettbewerb auf den Elektrizitätsmärkten ist kein reiner Selbstzweck; das eigentliche Ziel des europäischen und deutschen Gesetzgebers - und damit auch der für Art. 14 Abs. 3 Satz 1 GG entscheidende Enteignungszweck - war es, die im internationalen Vergleich für zu hoch erachteten Energiepreise in Europa und insbesondere in Deutschland zu senken, um auf diese Weise langfristig die Wettbewerbsfähigkeit der stromverbrauchenden Industrie zu verbessern und damit Europa bzw. Deutschland als Wirtschaftsstandort insgesamt zu stärken.[862] Letztlich ging es also darum, „durch die Anwendung der Wettbewerbsinstrumente Durchleitung und Direktleitung die generelle Leistungsfähigkeit der beiden Schlüsselbranchen Strom- und Gaswirtschaft im Allgemeininteresse – vor allem in Hinblick auf Standortqualität, Investitionen und Arbeitsplätze – wesentlich zu steigern".[863] Bei einer Einbeziehung dieser Regelungsintention des Gesetzgebers in die verfassungsrechtliche Prüfung des § 12 EnWG, rückt eine Enteignung zur Schaffung von Wettbewerb auf den Energiemärkten allerdings in die Nähe einer Enteignung zum Zwecke der allgemeinen Wirtschaftsförderung, deren Zulässigkeit nicht unumstritten ist:

(1) Zum Teil wird die Zulässigkeit von Enteignungen zum Zwecke der allgemeinen Wirtschaftsförderung verneint.[864] Nach dieser Auffassung kann die Enteignung kein Instrument der allgemeinen Wirtschaftsförderung sein, da sonst schrankenlose Enteignungen möglich wären und Art. 14 Abs. 3 Satz 1 GG jede einschränkende Wirkung zu verlieren drohte. Das aber wäre mit dem Schutzzweck dieser Vorschrift nicht zu vereinbaren. Das Eigentumsopfer, das dem einzelnen zugemutet wird, ließe sich nun einmal nicht damit rechtfertigen, „daß es irgendwie und irgendwo auch ein bißchen

---

[860] Vgl. dazu die Begründung zum Entwurf des EnWG, BT- Drks. 13/ 7274, S. 20.

[861] Vgl. die Stellungnahme des Bundesrates zum Entwurf des EnWG, BT- Drks. 13/ 7274, Anlage 2, S. 29.

[862] Vgl. die Begründung zum Entwurf des EnWG, BT- Drks. 13/ 7274, S. 14. Vgl. auch KOM (91) 548 endg. vom 21.02.1992, A., 1. (S. 2 ff.) sowie KOM (93) 642 endg. vom 07.12.1993, A. II (S. 4).

[863] Vgl. die Begründung zum Entwurf des EnWG, BT- Drks. 13/ 7274, S. 14.

[864] Vgl. Schmidbauer, Enteignung zugunsten Privater, S. 107. Ebenso auch Jackisch, Die Zulässigkeit der Enteignung zugunsten Privater, S. 113.

der Gemeinschaft zugute kommt".[865] Andererseits wird teilweise auch mit Hinweis auf das Sozialstaatsgebot des Art. 20 GG die Möglichkeit einer Enteignung zum Zwecke der allgemeinen Wirtschaftsförderung bejaht.[866] Auch das Bundesverfassungsgericht scheint grundsätzlich von der Zulässigkeit einer Enteignung zum Zwecke etwa der Schaffung von Arbeitsplätzen und der Förderung der regionalen Wirtschaftsstruktur auszugehen.[867]

(2) Inwieweit sich diese Kontroverse über die Zulässigkeit der Enteignung zum Zwecke der allgemeinen Wirtschaftsförderung für die vorliegende Problematik fruchtbar machen läßt, ist jedoch fraglich. Sie hat sich anläßlich der Verwirklichung einzelner größerer industrieller Vorhaben entwickelt, von denen man sich positive Auswirkungen auf die Wirtschaftsstruktur in dem jeweils davon betroffenen Gebiet erhoffte. Dagegen soll die Enteignung zum Zwecke des Direktleitungsbaus die für die gesamtwirtschaftliche Entwicklung besonders wichtige Schlüsselbranche „Elektrizität" betreffen, ohne die keine andere Wirtschaftstätigkeit denkbar wäre.[868] Aus diesem Grund geht auch die Einführung eines stärker wettbewerblich geprägten Ordnungsrahmens und die damit angestrebte Preissenkung erheblich über eine allenfalls regional begrenzte Wirtschaftsförderung hinaus. Abgesehen davon kommt die dauerhafte Senkung der Energiepreise der Allgemeinheit nicht nur mittelbar durch die Entstehung und Sicherung von Arbeitsplätzen zugute, sondern unmittelbar jedem einzelnen Energieverbraucher. Selbst wenn man in der Einführung des Direktleitungsbaus als Wettbewerbsinstrument eine Maßnahme für die allgemeine Wirtschaftsförderung sehen wollte, geht diese qualitativ über die sonst in diesem Zusammenhang diskutierten Fälle hinaus. Damit scheiden Enteignungen zum Zwecke des Direktleitungsbaus nicht schon deswegen aus, weil die Schaffung von Wettbewerb auf dem Markt für leitungsgebundene Energien kein Allgemeinwohlzweck gem. Art. 14 Abs. 3 Satz 1 GG ist.

χχ) Insgesamt kann die Schaffung eines stärker wettbewerblich geprägten Ordnungsrahmens auf dem Energiemarkt ebenso wie die Sicherstellung der

---

[865] Vgl. Schmidbauer, Enteignung zugunsten Privater, S. 108.

[866] Vgl. Hamann, Enteignung von Grundstücken zu Gunsten größerer industrieller Vorhaben, BB 1957, S. 1258 f. (1258).

[867] Vgl. dazu die Boxberg- Entscheidung des Bundesverfassungsgerichts, BVerfGE 74, S. 264 ff. (dazu unten Teil C, III., 3., c), cc) ausführlich). Insoweit zustimmend auch Schmidt- Aßmann, Bemerkungen zum Boxberg- Urteil des BVerfG, NJW 1987, S. 1587 ff. (1589).

[868] Vgl. die Begründung zum Entwurf des EnWG, BT- Drks. 13/ 7274, S. 13 f.

Energieversorgung einen dem Allgemeinwohl dienenden und somit gem. Art. 14 Abs. 3 Satz 1 GG grundsätzlich zulässigen Enteignungszweck darstellen.[869]

χ) Zu beachten ist allerdings, daß der Gemeinwohlbezug nach Maßgabe des Art. 14 Abs. 3 GG durch das allgemeine rechtsstaatliche Übermaßverbot ergänzt wird.[870] Insofern ist in den im Rahmen des Art. 14 Abs. 3 Satz 1 GG vorzunehmenden Abwägungsprozeß auch der Grundsatz der Verhältnismäßigkeit einzubeziehen.[871] Daraus folgt, daß die Enteignung *ultima ratio* sein muß, sie also immer dann unzulässig ist, wenn der Enteignungszweck auf andere, weniger schwer in die Rechte des Einzelnen eingreifende Weise erreicht werden kann.[872]

αα) Der Verhältnismäßigkeitsgrundsatz verbietet eine Enteignung zunächst dann, wenn das benötigte Eigentum auch durch rechtsgeschäftlichen Erwerb erlangt werden kann.[873] Der Zugriff auf fremdes Eigentum gem. § 12 EnWG i.V.m. den Landesenteignungsgesetzen setzt damit immer gescheiterte privatrechtliche Verhandlungen zwischen dem antragstellenden Energieversorgungsunternehmen und dem betroffenen Grundstückseigentümer voraus. Desweiteren ist die Anwendung des § 12 EnWG immer dann ausgeschlossen, wenn bereits ein Leitungsverlegungsrecht gem. § 13 Abs. 1 Satz 1 EnWG besteht.[874]

ββ) Darüber hinaus gebietet der Grundsatz der Verhältnismäßigkeit, daß der Umfang der Enteignung im richtigen Verhältnis zum angestrebten Ziel steht.[875] Der Enteignungseingriff darf in seiner Intensität nicht über das hinausgehen, was zur

---

[869] Ebenso im Ergebnis auch Papier, Die Regelung von Durchleitungsrechten, S. 23 ff., allerdings mit Blick auf das Wettbewerbsinstrument „Durchleitung". Vgl. ferner auch Schröder, Kompetenz- und eigentumsrechtliche Fragen bei der Verwirklichung des Elektrizitätsbinnenmarktes, S. 62.

[870] Vgl. Papier, in: Maunz/ Dürig, Grundgesetz, Art. 14, Rn. 596.

[871] Vgl. Kimminich, in: Bonner Kommentar, Grundgesetz, Art. 14, Rn. 399.

[872] Vgl. Kimminich, in: Bonner Kommentar, Grundgesetz, Art. 14, Rn. 400, der insoweit von der Subsidiarität der Enteignung spricht; Papier, in: Maunz/ Dürig, Grundgesetz, Art. 14, Rn. 596; Danner, in: Obernolte/ Danner, Energiewirtschaftsrecht (Stand: Januar 1999, 35. EL.), EnWG, § 12, Rn. 4; BVerwGE 19, S. 171 ff. (172 f.).

[873] Vgl. Papier, in: Maunz/ Dürig, Grundgesetz, Art. 14, Rn. 596; Kimminich, in: Bonner Kommentar, Grundgesetz, Art. 14, Rn. 400; Büdenbender, Energierecht I, Rn. 1867. Nach richtiger Auffassung ist diese (negative) Voraussetzung allerdings erst von der Enteignungsbehörde abschließend zu prüfen, da erst in diesem Stadium feststeht, auf welches konkrete Grundstück zugegriffen werden muß, vgl. Büdenbender, Energierecht, Rn. 474.

[874] Vgl. Salje, Energiewirtschaftsgesetz, § 12, S. 13, 17.

Erfüllung der Gemeinwohlbelange erforderlich ist.[876] Verfassungsrechtlich zulässig ist folglich nur eine Teilenteignung, wenn damit einerseits dem Gemeinwohlzweck ausreichend gedient ist und andererseits der betroffene Eigentümer das Restgrundstück weiterhin sinnvoll und auch sonst wirtschaftlich angemessen nutzen kann.[877] Das bedeutet für Leitungszwecke, daß grundsätzlich keine Vollenteignung in Frage kommt, sondern nur eine Eigentumsbeschränkung, regelmäßig also die Auferlegung einer Dienstbarkeit.[878]

χχ) Schließlich folgt aus dem Grundsatz der Verhältnismäßigkeit, daß vorrangig nach einer technisch wie wirtschaftlich zumutbaren Durchleitungsmöglichkeit gesucht werden muß.[879] Denn die im Allgemeininteresse liegende Entstehung von Wettbewerb auf dem Energiemarkt läßt sich mittels Durchleitung ebenso fördern wie durch die Errichtung zusätzlicher Leitungen. Zwar sind auch Durchleitungen mit eigentumsrechtlich relevanten Eingriffen verbunden, jedoch in erheblich geringerem Maße als bei zusätzlichem Leitungsbau. Die Ausgestaltung des Netzzugangsrechts gem. § 6 Abs. 1 EnWG (bzw. § 19 Abs. 4 Ziff. 4 GWB) stellt nach richtiger Auffassung eine zulässige Inhalts- und Schrankenbestimmung gem. Art. 14 Abs. 1 Satz 2 GG dar.[880] Dementsprechend ist die Durchleitung regelmäßig das mildere Mittel zur Förderung des Wettbewerbs im Vergleich zur Enteignung zum Zwecke des zusätzlichen Leitungsbaus.[881] Ein Energieversorgungsunternehmen, welches eine Direktleitung errichten will, muß - bevor einem Enteignungsantrag stattgegeben werden kann - alle vorgesehenen Möglichkeiten zur Durchsetzung des Netzzugangs ausgeschöpft haben.

---

[875] Vgl. Kimminich, in: Bonner Kommentar, Grundgesetz, Art. 14, Rn. 401; Bryde, in: v. Münch/ Kunig, Grundgesetz-Kommentar, Art. 14, Rn. 85; Büdenbender, Energierecht I, Rn. 1868.
[876] Vgl. Papier, in: Maunz/ Dürig, Grundgesetz, Art. 14, Rn. 597. Ebenso auch Danner, in: Eiser/ Riederer/ Obernolte, Energiewirtschaftsrecht, EnWG, § 11, 6 m.w.N. in Fn. 3 und 4.
[877] Vgl. Papier, in: Maunz/ Dürig, Grundgesetz, Art. 14, Rn. 597; ferner Salje, Energiewirtschaftsgesetz, § 12, S. 16 f.
[878] Vgl. Büdenbender, Energierecht, Rn. 446. In Betracht kommen hier zunächst Grunddienstbarkeiten gem. §§ 1018 ff. BGB; meist handelt es sich jedoch um beschränkt persönliche Dienstbarkeiten gem. §§ 1090 ff. BGB, vgl. Danner, in: Obernolte/ Danner, Energiewirtschaftsrecht (Stand: Januar 1999, 35. EL.), EnWG, § 12, Rn. 9.
[879] So auch Büdenbender, Energierecht I, Rn. 1865.
[880] Vgl. Papier, Die Regelung von Durchleitungsrechten, S. 47, 49; Baur/ Moraing, Rechtliche Probleme einer Deregulierung der Elektrizitätswirtschaft, S. 59 ff.; Bergmann, Ein Netzzugang Dritter in der Elektrizität und Grundrechte der Versorgungsunternehmen, S. 125 ff. Weitere Nachweise bei Horstmann, Zulassungsverfahren und Wegerechte für Energieversorgungsleitungen sowie der Zugang zu Energieversorgungsnetzen nach dem neuen Energiewirtschaftsgesetz und Wettbewerbsrecht, 11.5.10.1, Fn. 442.
[881] Vgl. dazu auch Salje, Energiewirtschaftsgesetz, § 12, S. 24.

Das bedeutet, daß erst dann, wenn sich weder aus § 6 Abs. 1 EnWG noch aus § 19 Abs. 4 Ziff. 4 GWB ein Anspruch auf Durchleitung herleiten läßt, eine Enteignung zum Zwecke der Errichtung einer Direktleitung in Betracht kommt.[882] Allein das Scheitern diesbezüglicher Vertragsverhandlungen wird regelmäßig nicht ausreichen, um wirksam auf Grundlage des § 12 EnWG enteignen zu können;[883] vielmehr wird man angesichts der bestehenden Möglichkeiten, die Durchleitung auch zu erzwingen,[884] eine gerichtliche Auseinandersetzung einschließlich der Ausschöpfung aller Rechtsmittel gegen eine ablehnende Entscheidung verlangen müssen. Grundsätzlich muß der Versuch, über § 12 EnWG eine kapazitär unnötige zusätzliche Leitung zu errichten, also scheitern.[885] Erst, wenn der Netzbetreiber zulässigerweise von seinen Durchleitungsverweigerungs-gründen[886] Gebrauch macht, kann enteignet werden. Eine trotz einer bestehenden Durchleitungsmöglichkeit geplante Direktleitung, die im Enteignungswege realisiert werden soll, wäre jedenfalls nicht erforderlich - und zwar weder für die Sicherstellung der Energieversorgung noch für die Schaffung von Wettbewerb auf dem Markt für leitungsgebundene Energien - und könnte damit letztlich auch nicht dem Allgemeinwohl i.S.d. Art. 14 Abs. 3 Satz 1 GG dienen.[887]

δδ) Aus diesen Überlegungen folgt zugleich ein grundsätzlicher Vorrang des Wettbewerbsinstrumentes „Durchleitung" vor dem Wettbewerbsinstrument „Direktleitung". Dem steht auch nicht entgegen, daß der Gesetzgeber ein solches Subsidiaritätsverhältnis zwischen Durch- und Direktleitung gerade vermeiden wollte, da er befürchtete, daß das den Wettbewerb erheblich beeinträchtigen würde;[888] im Rahmen

---

[882] Vgl. dazu Büdenbender, Möglichkeiten zur Durchsetzung des Netzzugangs in der Elektrizitäts- und Gaswirtschaft, ZIP 1999, S. 1469 ff.

[883] Das auch schon deshalb, weil derzeit Behinderungen bei der Durchleitung seitens der Netzbetreiber noch recht häufig sind, vgl. F.A.Z. vom 05.09.2000.

[884] Vgl. dazu Büdenbender, Möglichkeiten zur Durchsetzung des Netzzugangs in der Elektrizitäts- und Gaswirtschaft, ZIP 1999, S. 1469 ff. (1472 ff.).

[885] Das ist u.a. auch darauf zurückzuführen, daß sowohl im Rahmen des § 6 Abs. 1 EnWG als auch bei § 19 Abs. 4 Ziff. 4 GWB der jeweilige Netzbetreiber, der die Durchleitung verhindern will, die Beweislast für die Unmöglichkeit und Unzumutbarkeit der Durchleitung trägt, vgl. Büdenbender, Möglichkeiten zur Durchsetzung des Netzzugangs in der Elektrizitäts- und Gaswirtschaft, ZIP 1999, S. 1469 ff. (1471 f.); vgl. auch Bechtold, GWB, § 19, Rn. 85; Ebel, Kartellrecht, § 19, Rn. 53. Abgesehen davon genießt nach Ansicht des BKartA, Beschluß vom 30.08.1999, S. 8 ff., RdE 2000, S. 31 ff., das Interesse des Netzbetreibers an der Nutzung vorhandener Kapazitäten keineswegs zwangsläufig Vorrang vor denen der Durchleitungsinteressenten.

[886] Vgl. zu den Verweigerungsgründen: Büdenbender, Schwerpunkte der Energierechtsreform 1998, Rn. 162 ff.

[887] Vgl. dazu auch Hermes, Staatliche Infrastrukturverantwortung, S. 472.

[888] Vgl. dazu die Gegenäußerung der Bundesregierung, BT- Drks. 13/ 7274, Anlage 3, S. 38.

des § 12 EnWG ergibt sich die Subsidiarität des Direktleitungsbaus im Verhältnis zur Durchleitung schon aus den genannten verfassungsrechtlichen Vorgaben. Etwas anderes würde nur dann gelten, wenn man als Allgemeinwohlaufgabe nicht lediglich die Schaffung von Wettbewerb, sondern gerade die Schaffung von Wettbewerb durch zusätzlichen Leitungsbau ansehen wollte. Welches besonders wichtige und überragende Interesse der Allgemeinheit aber gerade in der Schaffung von Wettbewerb durch zusätzlichen Leitungsbau bestehen sollte, ist nicht ersichtlich und wird auch vom Gesetzgeber nicht näher erläutert. Nur die (ohnehin nicht naheliegende) Befürchtung, daß ansonsten der Wettbewerb erheblich beeinträchtigt wäre, kann hierfür nicht genügen.[889] Den Direktleitungsbau „als Hebel zur Durchsetzung des Netzzugangs"[890] wird es vor diesem Hintergrund – jedenfalls auf Grundlage des § 12 EnWG – nicht geben. Dem kann auch nicht entgegengehalten werden, diese Rechtslage widerspreche den Vorgaben der Elektrizitätsbinnenmarktrichtlinie, mit der Folge, daß auch die genannten verfassungsrechtlichen Bedenken wegen des Vorrangs des Gemeinschaftsrechts im Ergebnis wohl zurücktreten müßten,[891] da Art. 21 Abs. 4 RL-Elt. den Mitgliedstaaten selbst die Möglichkeit eingeräumt hat, den Direktleitungsbau subsidiär auszugestalten.[892]

δ) Als Zwischenergebnis ist hier festzuhalten, daß eine (Teil-)Enteignung mit dem Ziel, die Energieversorgung aufrechtzuerhalten bzw. sicherzustellen - also für die Errichtung von Leitungen für die allgemeine Versorgung -, regelmäßig mit Art. 14 Abs. 3 Satz 1 GG im Einklang stehen wird, wenn keine Möglichkeit zum freihändigen Erwerb des Grundstücks besteht. Das gilt auch dann, wenn diese Leitung lediglich der Versorgung eines einzelnen Kunden gewährleisten soll, da auch in diesem Fall der Enteignungszweck die Energieversorgung eines anderen ist.[893] Verfolgt dagegen die Enteignung im Einzelfall das Ziel, Wettbewerb auf dem Energieverteilungs- und Energieverkaufsmarkt zu schaffen bzw. zu fördern – also im Falle des Direktleitungsbaus -, ist sie jedenfalls

---

[889] Abgesehen davon befindet sich der Gesetzgeber damit im klaren Widerspruch zu der ganz überwiegenden Meinung in der Literatur, die der Einführung des Direktleitungsbaus als Wettbewerbsinstrument kritisch gegenüber steht, vgl. oben Teil A, 2.

[890] So aber die Bundesregierung in der Begründung zum Entwurf des EnWG, BT- Drks. 13/ 7274, S. 36.

[891] Zum Vorrang des primären und sekundären EG- Rechts vor den nationalen Rechtsordnungen einschließlich der Verfassungen der Mitgliedstaaten vgl. z.B. Oppermann, Europarecht, Rn. 621.

[892] Siehe dazu bereits oben Teil B, III., 2., e), bb).

[893] Vgl. Büdenbender, in: Tegethoff/ Büdenbender/ Klinger, Das Recht der öffentlichen Energieversorgung, EnergG, § 11, Rn. 52 m.w.N. sowie auch Danner, in: Eiser/ Riederer/ Obernolte, Energiewirtschaftsrecht, EnWG, § 11, Rn. 4.

dann nicht mit Art. 14 Abs. 3 Satz 1 GG zu vereinbaren, wenn eine Durchleitungsmöglichkeit besteht.[894]

cc) Vereinbarkeit des § 12 EnWG mit dem Grundsatz der Gesetzmäßigkeit der Enteignung gem. Art. 14 Abs. 3 Satz 2 GG:

Bedenken gegen die Auffassung des Gesetzgebers, § 12 EnWG sei auch auf zusätzliche Direktleitungen anwendbar, ergeben sich auch unter dem in Art. 14 Abs. 3 Satz 2 GG statuierten Gesichtspunkt des Gesetzmäßigkeit der Enteignung. Danach darf eine Enteignung nur durch oder aufgrund eines Gesetzes erfolgen, welches Art und Ausmaß der Entschädigung regelt. Unproblematisch ist insoweit, daß § 12 EnWG keine Entschädigungsregelung enthält, weil § 12 EnWG nur Zulässigkeitsfragen regelt und sich die Höhe der Entschädigung aus den Landesenteignungsgesetzen ergibt.[895] Wichtiger ist dagegen, daß aus dem Grundsatz der Gesetzmäßigkeit der Enteignung zugleich der Zwang erwächst, die die Enteignung legitimierenden Zwecke durch parlamentarisches Gesetz festzulegen.[896] Welche Anforderungen diesbezüglich an das Enteignungsgesetz im Falle der Enteignung zugunsten Privater zu stellen sind, hat das Bundesverfassungsgericht in der sog. Boxberg- Entscheidung vom 24. März 1987 konkretisiert.[897]

α) Gegenstand dieses Verfahrens waren Verfassungsbeschwerden gegen das gem. § 87 Abs. 1 FlurbG eingeleitete Flurbereinigungsverfahren der Gemeinden Boxberg und Assamstadt, welches das Ziel hatte, Grundstücke für eine von der Firma Daimler Benz geplante Teststrecke für Kraftfahrzeuge zu beschaffen.[898] Grundlage des Flubereinigungsverfahrens waren die von den Gemeinden aufgestellten Bebauungspläne, in denen ausdrücklich darauf abgestellt wurde, daß das geplante Vorhaben der Überwindung der Strukturschwäche und der Schaffung von Arbeitsplätzen dienen sollte.[899] Nachdem die betroffenen Grundstückseigentümer erfolglos vor den

---

[894] So wohl auch Büdenbender, Energierecht I, Rn. 1865 f.

[895] Vgl. Danner, in: Obernolte/ Danner, Energiewirtschaftsrecht (Stand: Januar 1999, 35. EL.), EnWG, § 12, Rn. 5.

[896] Vgl. Schmidt- Aßmann, Bemerkungen zum Boxberg- Urteil des BVerfG, NJW 1987, S. 1587 ff. (1579).

[897] BVerfGE 74, S. 264 ff.

[898] Vgl. Jakisch, Die Zulässigkeit der Enteignung zugunsten Privater, S. 137.

[899] Vgl. Jakisch, Die Zulässigkeit der Enteignung zugunsten Privater, S. 137.

Verwaltungsgerichten gegen die Flurbereinigung geklagt hatten,[900] gab schließlich das Bundesverfassungsgericht den erhobenen Verfassungsbeschwerden statt.[901] Entscheidend war dabei für das Bundesverfassungsgericht, daß die angestrebten Enteignungszwecke - also die Verbesserung der regionalen Wirtschaftsstruktur bzw. die Schaffung von Arbeitsplätzen - nicht gesetzlich vorgesehen seien;[902] insbesondere könne in § 85 Abs. 1 Nr. 1 BBauG, der als gesetzliche Grundlage für die Enteignungen herangezogen werden sollte, keine Entscheidung des Gesetzgebers zur Enteignung für diese Zwecke gesehen werden, da dieser nur rein städtebaulichen Belangen dienen soll. Damit hat das Gericht ein vom Gesetzeswortlaut nicht erfaßtes, abweichendes öffentliches Interesse nicht als für die Enteignung im Einzelfall ausreichenden Allgemeinwohlzweck angesehen.[903] In der Literatur ist diese Entscheidung sowohl auf Ablehnung[904] als auch auf Zustimmung[905] gestoßen.

β) Das Bundesverfassungsgericht bestätigte in dieser Entscheidung die grundsätzliche Zulässigkeit der Enteignung zugunsten Privater, wies allerdings zugleich auf die Verantwortung hin, die dem parlamentarisch- demokratischen Gesetzgeber für die Regelung der Eigentumsordnung auferlegt sei.[906] Besonders hohe Anforderungen an die für die Enteignung zugunsten Privater erforderliche gesetzliche Grundlage stellt das Bundesverfassungsgericht dann, wenn die Enteignung das Wohl der Allgemeinheit lediglich mittelbar fördert. In diesem Fall sei die Enteignung in erhöhtem Maße der Gefahr des Mißbrauchs zu Lasten des Schwächeren ausgesetzt.[907] Von einer bloß mittelbaren Förderung des Allgemeinwohls sei immer dann auszugehen, wenn nicht „der Geschäftsgegenstand des privaten Unternehmens dem allgemein anerkannten Bereich der Daseinsvorsorge zuzuordnen"[908] ist. Versucht man diese Definition des Bundesverfassungsgerichts an den neuen, wettbewerblich geprägten Ordnungsrahmen

---

[900] Vgl. VGH Mannheim ESVGH Mannheim 34, S. 24 ff.; BVerwGE 71, S. 108 ff., zitiert nach Jakisch, Die Zulässigkeit der Enteignung zugunsten Privater, S. 137, Fn. 247.
[901] Vgl. dazu Jakisch, Die Zulässigkeit der Enteignung zugunsten Privater, S. 137.
[902] Vgl. BVerfGE 74, S. 264 ff. (287 ff.).
[903] Vgl. Jakisch, Die Zulässigkeit der Enteignung zugunsten Privater, S. 140.
[904] Vgl. Papier, Anmerkung, JZ 1987, S. 619 ff. (620 f.); Kimminich, in: Bonner Kommentar, Grundgesetz, Art. 14, Rn. 387 m.w.N.; Schmidt- Aßmann, Bemerkungen zum Boxberg- Urteil des BVerfG, NJW 1987, S. 1587 ff. (1589).
[905] Vgl. Jakisch, Die Zulässigkeit der Enteignung zugunsten Privater, S. 139 ff.
[906] Vgl. BVerfGE 74, S. 264 ff. (285).
[907] Vgl. BVerfGE 74, S. 264 ff. (285). In Anlehnung daran unterscheidet ein Teil der Literatur zwischen Enteignungen zugunsten Privater im engeren und im weiteren Sinne, vgl. dazu Kimminich, in: Bonner Kommentar, Grundgesetz, Art. 14, Rn. 378.
[908] Vgl. BVerfGE 74, S. 264 ff. (286).

der Elektrizitätswirtschaft anzupassen, kann nicht mehr allein deswegen, weil ein Unternehmen in der Energieversorgung tätig ist, von einer unmittelbaren Gemeinwohlförderung einer Enteignung ausgegangen werden. Vielmehr muß konsequenterweise auch in diesem Zusammenhang dem mit der Zulassung des zusätzlichen Leitungsbau angestrebten erweiterten Enteignungszweck Rechnung getragen werden. Dieser besteht, wie gezeigt, gerade nicht in der Sicherstellung der Energieversorgung, sondern in der mit Einführung dieses Wettbewerbsinstrumentes langfristig verbundenen Senkung der Energiepreise. Eine Enteignung zum Zwecke des Direktleitungsbaus kann damit das Gemeinwohl nur mittelbar fördern, so daß § 12 EnWG insoweit auch an den vom Bundesverfassungsgericht in der Boxberg-Entscheidung aufgestellten Voraussetzungen gemessen werden muß.

χ) Kann sich wie hier der Nutzen für das allgemeine Wohl nur mittelbar ergeben, verlangt das Bundesverfassungsgericht für die Zulässigkeit der Enteignung zugunsten Privater insbesondere, daß der parlamentarische Gesetzgeber den Enteignungszweck *gesetzlich* so genau festzulegen hat, daß unzweideutig klar ist, ob und für welche Vorhaben eine Enteignung statthaft sein soll.[909] Der Enteignungszweck „Wohl der Allgemeinheit" bindet den Gesetzgeber also nicht nur in materiell- rechtlicher, sondern auch in verfahrensrechtlicher Hinsicht.[910] Er muß sich darüber klar werden, wie er das Wohl der Allgemeinheit bestimmt und seine Entscheidung dann im Gesetz deutlich zum Ausdruck bringen.[911] Insbesondere ist es ihm versagt, die Konkretisierung des Wohls der Allgemeinheit der Verwaltung zu überlassen.[912] Desweiteren verlangt das Bundesverfassungsgericht in diesem Zusammenhang Vorschriften, welche die grundlegenden Enteignungsvoraussetzungen und das Verfahren zu ihrer Ermittlung festlegen, und schließlich genügende gesetzliche Vorkehrungen zur Sicherung des Enteignungszweckes.[913]

δ) Inwieweit § 12 EnWG diesen Anforderungen genügt, ist fraglich.

αα) Schon wegen des engen Zusammenhangs zwischen § 12 EnWG und dessen Vorgängervorschrift § 11 EnWG a.F. scheint die Formulierung „für Vorhaben zum

---

[909] Vgl. BVerfGE 74, S. 264 ff. (285 f.).
[910] Vgl. Wieland, in: Dreier, Grundgesetzkommentar, Art. 14, Rn. 94.
[911] Vgl. Wieland, in: Dreier, Grundgesetzkommentar, Art. 14, Rn. 94.
[912] Vgl. Wieland, in: Dreier, Grundgesetzkommentar, Art. 14, Rn. 94.

Zwecke der Energieversorgung" auf die Enteignung zum Zwecke der Sicherstellung der Energieversorgung beschränkt zu sein. Dem unbefangenen Leser erschließt sich jedenfalls nicht, daß § 12 EnWG auch für zusätzliche Direktleitungen zur Versorgung einzelner Kunden gelten soll, so daß bezweifelt werden muß, ob damit der vom Bundesverfassungsgericht geforderten genauen und unzweideutigen gesetzlichen Umschreibung Genüge getan ist. Allerdings ergibt sich die Anwendbarkeit des § 12 EnWG auch auf zusätzliche Direktleitungen unmißverständlich aus der amtlichen Begründung zu dieser Vorschrift.[914] Hinzu kommt noch, daß die Schaffung von Wettbewerb das Kernziel der Energierechtsreform 1998 schlechthin war und der Gesetzgeber mehrfach hervorgehoben hat, daß diesem Ziel neben der Durchleitung vor allem auch der Direktleitungsbau dienen solle. Auch wenn der erweiterte Enteignungszweck in § 12 EnWG selbst nicht erwähnt ist, so ist die Konkretisierung der Enteignungszwecke letztlich nicht der Verwaltung überlassen, so daß der energierechtliche Enteignungstatbestand auch insoweit den Anforderungen der Boxberg- Entscheidung des Bundesverfassungsgerichts wohl noch entspricht. Es wäre jedoch wünschenswert gewesen, wenn der Gesetzgeber zur Klarstellung den weitergehenden Enteignungszweck – also die Schaffung von Wettbewerb durch zusätzlichen Direktleitungsbau – in den Gesetzestext dieser Vorschrift aufgenommen hätte. Daß das nicht geschehen ist, verwundert vor allem auch deswegen, weil der Bundesrat bereits in seiner Stellungnahme zu dem Regierungsentwurf die Aufnahme dieses erweiterten Gemeinwohlzwecks angeregt hatte.[915]

ββ) Weiterhin müßte sichergestellt sein, daß entweder unmittelbar vom Gesetzgeber selbst oder von einer fachlich qualifizierten Behörde in einem geeigneten Verfahren eine enteignungsrechtliche Gesamtabwägung aller Gemeinwohlgesichtspunkte und widerstreitenden Interessen vorgenommen wird.[916] Das dürfte vorliegend durch die Zusammenarbeit der Energieaufsichts- und der Enteignungsbehörden gewährleistet sein, da zunächst die Energieaufsichtsbehörde über die energiewirtschaftliche Erforderlichkeit eines Vorhabens zu entscheiden hat, und zwar entweder mit Blick auf die Sicherstellung der Energieversorgung oder mit Blick auf die Einführung wirksamen brancheninternen Wettbewerbs. Wie gezeigt, ist die Energieaufsichtsbehörde bei einer Enteignung zum

---

[913] Vgl. BVerfGE 74, S. 264 ff. (287).
[914] Vgl. die Begründung zum Entwurf des EnWG, BT- Drks. 13/ 7274, S. 20.
[915] Vgl. die Stellungnahme des Bundesrates zum Entwurf des EnWG, BT- Drks. 13/ 7274, Anlage 2, S. 29.
[916] Vgl. BVerfGE 74, S. 264 ff. (293 f.).

Zwecke der Errichtung einer Direktleitung unter dem Gesichtspunkte der Verhältnismäßigkeit bereits zwingend gehalten, bestehende Durchleitungsmöglichkeiten zu prüfen, so daß insoweit die Fehleinschätzung des Gesetzgebers hinsichtlich des Rangverhältnisses der beiden Wettbewerbsinstrumente unschädlich ist.

χχ) Allerdings enthält das reformierte Energiewirtschaftsgesetz keine Vorkehrungen zur dauerhaften Sicherung des mit der Enteignung zum Zwecke des Direktleitungsbaus angestrebten Enteignungszwecks.[917] Ob aus dem Fehlen solcher Sicherungsmaßnahmen die generelle Nichtanwendbarkeit des § 12 EnWG auf zusätzlichen Leitungsbau geschlossen werden darf, ist aber zweifelhaft. Unklar wäre schon, wie solche Maßnahmen auszusehen hätten, zumal bereits mit der Errichtung einer zusätzlichen Direktleitung der Enteignungszweck - also die Schaffung wettbewerblicher Strukturen im Energieversorgungsmarkt - ohnehin dauerhaft gesichert wäre, so daß auch weitere Sicherungsmaßnahmen unnötig wären. Sinnvoll, aber nicht zwingend erforderlich wären hier lediglich Regelungen gewesen, die klarstellen, ob und unter welchen Voraussetzungen eine Direktleitung, die vorübergehend oder endgültig nicht mehr zur Stromversorgung benötigt wird, Dritten zur Verfügung gestellt werden[918] oder möglicherweise sogar zurückgebaut[919] werden muß.

δδ) Unter dem Gesichtspunkt der Gesetzmäßigkeit der Enteignung gem. Art. 14 Abs. 3 Satz 2 GG bestehen gegen die Anwendbarkeit des § 12 EnWG auf zusätzliche Direktleitungen keine durchgreifenden Bedenken.[920] Unter der Voraussetzung, daß keine Durchleitungsmöglichkeiten bestehen, kann also grundsätzlich auch eine zusätzliche Direktleitung im Enteignungswege durchgesetzt werden.

dd) Bei der Untersuchung der Frage, ob und unter welchen Voraussetzungen Eigentümer öffentlicher Verkehrswege auf Grundlage des § 12 EnWG enteignet werden

---

[917] Vgl. dazu BVerfGE 74, S. 264 ff. (295).

[918] Zu beachten ist in diesem Zusammenhang, daß jedenfalls § 6 Abs. 1 EnWG auf Direktleitungen, die unmittelbar zwischen einem Kraftwerk und einem Kunden errichtet wurden, nicht anwendbar ist, vgl. Recknagel, in: Böwing, Energiewirtschaftsgesetz 1998, Art. 1, § 6, Rn. 6.2.

[919] Zu der Problematik der sog. „Rückenteignung" vgl. u.a. Kimminich, in: Bonner Kommentar, Grundgesetz, Art. 14, Rn. 403; Papier, in: Maunz/ Dürig, Grundgesetz, Art. 14, Rn. 598. Umstritten ist hierbei insbesondere, ob sich ein Recht auf Rückübertragung des Grundstücks unmittelbar aus Art. 14 Abs. 1 Satz 1 GG ergibt, vgl. ebenda, Fn. 1516 m.w.N.

[920] A.A. im Ergebnis Salje, Energiewirtschaftsgesetz, § 12, S. 26 ff.; insgesamt ablehnend auch Hermes, Staatliche Infrastrukturverantwortung, S. 472.

können, ist allerdings zu beachten, daß in der weitaus überwiegenden Zahl der Fälle öffentliche Verkehrswege im Eigentum einer Gebietskörperschaft stehen. Dennoch kann hier im Ergebnis nichts anderes gelten; denn unabhängig von einer möglichen Grundrechtsberechtigung der öffentlich- rechtlichen Gebietskörperschaften und der damit in Zusammenhang stehenden Frage, ob auch insoweit das rechtsstaatliche Übermaßverbot in diesen Fällen Geltung beanspruchen kann,[921] hat § 12 EnWG durch die Aufnahme des Tatbestandsmerkmals „erforderlich" den verfassungsrechtlich aus Art. 14 Abs. 1, 3 i.V.m. Art. 20 Abs. 1 GG abgeleiteten Schutz in den (einfachgesetzlichen) energierechtlichen Enteignungstatbestand überführt. Dementsprechend setzt § 12 EnWG auch unabhängig von der Grundrechtsfähigkeit des Betroffenen die energiewirtschaftliche Erforderlichkeit der Enteignung voraus. Diese ist aber nur dann gegeben, wenn ohne die Enteignung entweder die Sicherstellung der Energieversorgung oder die Schaffung von Wettbewerb nicht gewährleistet wäre. Eine Enteignung zum Zwecke der Errichtung einer Leitung, die zusätzlich zu den vorhandenen Leitungen errichtet wird und deshalb regelmäßig auch nicht vorrangig der Sicherstellung der Energieversorgung dient, ist damit jedenfalls solange nicht für die Schaffung von Wettbewerb erforderlich i.S.d. § 12 EnWG, wie die wettbewerblichen Strukturen in der leitungsgebundenen Energieversorgung auch ohne zusätzliche Leitung mittels Durchleitung gefördert werden können. Das bedeutet, daß eine Enteignung auf Grundlage des § 12 EnWG auch dann *ultima ratio* bleiben muß, wenn sich der Grundstückseigentümer nicht auf Art. 14 GG berufen kann. Für die Errichtung zusätzlicher Leitungen folgt aus dem Tatbestandsmerkmal der Erforderlichkeit i.S.d. § 12 EnWG also auch in diesen Fällen ein genereller Vorrang des Wettbewerbsinstrumentes „Durchleitung" vor dem Wettbewerbsinstrument „Direktleitung".

ee) Damit bleibt festzuhalten, daß zum Zwecke des Direktleitungsbaus nicht enteignet werden kann, solange ausreichende Durchleitungsmöglichkeiten bestehen.

ff) Abschließend sei hier noch erwähnt, daß auch die lange Dauer des Enteignungsverfahrens ein weiteres Hindernis für das Wettbewerbsinstrument „Direktleitungsbau" darstellen kann. Daran vermag auch die grundsätzliche Möglichkeit

---

[921] Vgl. allgemein dazu: Schulze- Fielitz, in: Dreier, Grundgesetz, Art. 20 (Rechtsstaat), Rn. 176 f.; Sachs, in: ders., Grundgesetz, Art. 20, Rn. 146 f.; Schnapp, in: v. Münch/ Kunig, Grundgesetz- Kommentar, Art. 20, Rn. 27.

der vorzeitigen Besitzeinweisung[922] nichts zu ändern. Diese setzt nämlich nicht nur voraus, daß die sofortige Ausführung des „Vorhabens aus Gründen des Wohls der Allgemeinheit *dringend* geboten"[923] ist, sondern auch, daß der bereits gestellte Enteignungsantrag mit hoher Wahrscheinlichkeit Erfolg haben wird.[924] Das aber läßt sich bei einem Direktleitungsvorhaben erst feststellen, wenn vorab alle möglicherweise bestehenden Durchleitungsmöglichkeiten umfassend geprüft wurden, was ebenfalls häufig zu erheblichen Verzögerungen führen wird. Abgesehen davon wird man bei einem Direktleitungsvorhaben nur in Ausnahmefällen annehmen können, daß dessen sofortige Ausführung dringend und deshalb unaufschiebbar ist.

---

[922] Siehe dazu bereits oben Teil C, III., 2., c).
[923] Vgl. § 35 Abs. 1 Satz 1 NEG.
[924] Vgl. Horstmann, Zulassungsverfahren und Wegerechte für Energieversorgungsleitungen sowie der Zugang zu Energieversorgungsnetzen nach dem neuen Energiewirtschaftsgesetz und Wettbewerbsrecht, 5.2.3, m.w.N. in Fn. 90.

4. Zusammenfassung zu § 12 EnWG:

Insgesamt ergibt sich folgendes Bild für die Zulässigkeit von Enteignungen gem. § 12 EnWG zum Zwecke des Direktleitungsbaus auf öffentlichen Verkehrswegen:

a) Auch öffentliche Verkehrswege können grundsätzlich Gegenstand einer Enteignung gem. § 12 EnWG werden.

b) Von vornherein nicht anwendbar ist § 12 EnWG i.V.m. den Landesenteignungsgesetzen auf alle Direktleitungen, die ausschließlich für Zwecke der Eigenversorgung errichtet werden sollen (**Fall b**), da in diesen Fällen grundsätzlich eine öffentlich- rechtliche Sondernutzungserlaubnis notwendig ist.

c) Aber auch Direktleitungen, die der Fremdversorgung dienen sollen (**Fall a**), lassen sich nur unter engen Voraussetzungen auf Grundlage des § 12 EnWG verwirklichen: Eine Enteignung zur Errichtung einer zusätzlichen Leitung scheidet insbesondere immer dann aus, wenn bestehende Durchleitungsmöglichkeiten diese Leitung überflüssig machen. Ist ausnahmsweise eine Privatperson Eigentümer eines öffentlichen Verkehrsweges, folgt das unmittelbar aus Art. 14 Abs. 1 und Abs. 3 GG. Zwar stellt die Schaffung und Förderung von Wettbewerb auf dem Elektrizitätsmarkt einen i.S.d. Art. 14 Abs. 3 Satz 1 GG grundsätzlich zulässigen Allgemeinwohlzweck dar, doch gebietet der Grundsatz der Verhältnismäßigkeit der Enteignung, daß alle bestehenden Durchleitungskapazitäten vollständig genutzt wurden, bevor enteignet werden kann. Aber auch wenn - wie üblich - eine öffentlich- rechtliche Gebietskörperschaft Wegeeigentümerin ist, steht eine Durchleitungsmöglichkeit einer Enteignung entgegen. Das folgt dann zwar nicht aus Art. 14 GG, ergibt sich aber aus dem in § 12 EnWG statuierten Grundsatz der Erforderlichkeit der Enteignung.

d) Daraus folgt jedenfalls im Rahmen des § 12 EnWG ein grundsätzlicher Vorrang des Wettbewerbsinstrumentes „Durchleitung" vor dem Wettbewerbsinstrument „Direktleitung".

IV. Mittelbarer Kontrahierungszwang und Direktleitungsbau:

Nachdem feststeht, daß § 13 Abs. 1 EnWG lediglich einen Teil der öffentlichen Verkehrswege erfaßt und § 12 EnWG einem Unternehmen, welches die Errichtung einer Direktleitung plant, entweder gar nicht oder nur unter erheblichem Zeitaufwand die Inanspruchnahme der übrigen Wegegrundstücke ermöglicht, bleibt zu fragen, ob und unter welchen Voraussetzungen auch außerhalb des § 13 Abs. 1 EnWG ein Zwang zum Abschluß von Wegebenutzungsverträgen für die Errichtung zusätzlicher Direktleitungen besteht.

1. Der sog. mittelbare Kontrahierungszwang:

Es ist allgemein anerkannt, daß auch ohne unmittelbare gesetzliche Anordnung die Möglichkeit eines Kontrahierungszwanges besteht.[925] Danach kann sich ein Abschlußzwang insbesondere entweder aus § 826 BGB oder aus einem Verstoß gegen das kartellrechtliche Behinderungs- und Diskriminierungsverbot ergeben.[926]

a) Zu dem Begriff „mittelbarer Kontrahierungszwang":

aa) Gelegentlich werden diese Fälle als allgemeiner[927], überwiegend jedoch als mittelbarer[928] Kontrahierungszwang bezeichnet, weil hier der Kontrahierungszwang nicht unmittelbar aus Gesetz folgt, sondern aus einem Schadensersatz-, Unterlassungs- oder Beseitigungsanspruch[929] abgeleitet werden muß.[930] Nach anderer Auffassung liegt

---

[925] Grundlegend dazu Nipperdey, Kontrahierungszwang und diktierter Vertrag, S. 53 ff.; Kilian, Kontrahierungszwang und Zivilrechtssystem, AcP 180 (1980), S. 47 ff. (56 ff.); Bydlinski, Zu den dogmatischen Grundfragen des Kontrahierungszwanges, AcP 180 (1980), S. 1 ff. (29 ff.). Vgl. dazu auch Heinrichs, in: Palandt, Bürgerliches Gesetzbuch, Einf. v. § 145, Rn. 9.

[926] Vgl. Bork, in: Staudinger, BGB, Vorbem. zu §§ 145 ff., Rn. 18; Heinrichs, in: Palandt, Bürgerliches Gesetzbuch, Einf. v. § 145, Rn. 9; vgl. Kramer, in: Münchener Kommentar, Bürgerliches Gesetzbuch, Vor § 145, Rn. 13 ff.

[927] Vgl. Nipperdey, Kontrahierungszwang und diktierter Vertrag, S. 53; Bydlinski, Zu den dogmatischen Grundfragen des Kontrahierungszwanges, AcP 180 (1980), S. 1 ff. (29 ff.); Kramer, in: Münchener Kommentar, Bürgerliches Gesetzbuch, Vor § 145, Rn. 13; Busche, Privatautonomie und Kontrahierungszwang, S. 124 ff.

[928] Vgl. z.B. Bork, in: Staudinger, BGB, Vorbem. zu §§ 145 ff., Rn. 18; Kramer, in: Münchener Kommentar, Vor § 145, Rn. 13; Hackl, Vertragsfreiheit und Kontrahierungszwang im deutschen, im österreichischen und im italienischen Recht, S. 26 ff.

[929] Zur umstrittenen Rechtsnatur des mittelbaren Kontrahierungszwanges sogleich unten unter b).

[930] Vgl. dazu Heinrichs, in: Palandt, Bürgerliches Gesetzbuch, Einf. v. § 145, Rn. 9; Bork, in: Staudinger, BGB, Vorbem. zu §§ 145 ff, Rn. 18.

ein mittelbarer Kontrahierungszwang dann vor, wenn für die erstrebte Leistung noch ein Vertragsschluß erforderlich ist, während ein unmittelbarer Kontrahierungszwang dann gegeben sein soll, wenn gleichsam ohne Vertragsschluß ein gesetzlicher Benutzungsanspruch auf die Leistung besteht.[931] Diese - vordergründig nur terminologischen - Unterschiede beruhen auf einem grundsätzlich unterschiedlichen Verständnis des Kontrahierungszwanges. Die zuletzt genannte Ansicht dürfte ihre Grundlage in der insbesondere von *Molitor*[932] vertretenen These finden, nach der beim Kontrahierungszwang generell auf Vertragsschluß und Willenserklärungen verzichtet werden könne. Ein Vertragsschluß sei regelmäßig zwecklos und unsinnig, da es dem Betroffenen nur auf den Erhalt der realen Leistung, nicht aber auf einen vorherigen Vertragsschluß ankomme.[933] In den Fällen des Kontrahierungszwanges besteht danach kein Anspruch auf Abgabe einer Willenserklärung, sondern ein gesetzlicher Anspruch auf eine Sach- oder Dienstleistung.[934]

bb) Dieser Argumentation ist nicht zu folgen:[935] Die Lehre vom rein gesetzlichen Schuldverhältnis würde diese Fälle ohne Not aus dem vertraglichen Bereich verdrängen und ließe eine Reihe von Fragen offen (etwa die der Spezifizierung der geschuldeten Sache oder die der Mängelgewährleistung).[936] Ein Vertrag ist auch beim Kontrahierungszwang zwingend erforderlich, weil er die zwischen dem Begünstigten und dem Verpflichteten bestehenden Rechtsbeziehungen regeln soll.[937] Die Lehre vom gesetzlichen Schuldverhältnis beim Kontrahierungszwang verdient ebensowenig Zustimmung wie die - heute kaum mehr vertretene - Lehre vom faktischen Vertrag[938].

---

[931] Vgl. Salje, Stromeinspeisungsgesetz, § 2, Rn. 18 f.; ders., Energiewirtschaftsgesetz, § 13, S. 42, 45 unter Bezugnahme auf Kilian, Kontrahierungszwang und Zivilrechtssystem, AcP 180 (1980), S. 47 ff. (82).

[932] Vgl. Molitor, Zur Theorie des Vertragszwanges, JheringsJB 73 (1923), S. 31 f. Weitere Nachweise bei Bydlinski, Zu den dogmatischen Grundfragen des Kontrahierungszwanges, AcP 180 (1980), S. 4, Fn. 7.

[933] Vgl. Molitor, Zur Theorie des Vertragszwanges, JheringsJB 73 (1923), S. 23, 25, 30 f.; vgl. hierzu auch Bydlinski, Zu den dogmatischen Grundfragen des Kontrahierungszwanges, AcP 180 (1980), S. 1 ff. (17).

[934] Vgl. Bydlinski, Zu den dogmatischen Grundfragen des Kontrahierungszwanges, AcP 180 (1980), S. 1 ff. (15).

[935] Im Ergebnis wohl ebenso auch Kramer, in: Münchener Kommentar, Bürgerliches Gesetzbuch, Vor § 145, Rn. 12; Bork, in: Staudinger, BGB, Vorbem. zu §§ 145 ff., Rn. 29 f.; unklar Wolf, in: Soergel, BGB, Vor § 145, Rn. 104.

[936] Vgl. Bydlinski, Zu den dogmatischen Grundfragen des Kontrahierungszwanges, AcP 180 (1980), S. 1 ff. (18).

[937] Vgl. Nipperdey, Kontrahierungszwang und diktierter Vertrag, S. 89; vgl. auch Busche, Privatautonomie und Kontrahierungszwang, S. 265.

[938] Dazu grundlegend: Haupt, Über faktische Vertragsverhältnisse, in: FS für Siber II, S. 1 ff.

cc) Im folgenden wird demnach davon ausgegangen, daß auch ein mittelbarer, also über § 826 BGB oder die Vorschriften des Kartellrechts hergeleiteter Kontrahierungszwang zunächst nur einen Anspruch auf die Abgabe von Willenserklärungen begründet.[939] Der Vertragswillige - also das Energieversorgungsunternehmen, welches eine Direktleitung errichten will - muß der Gegenseite – dem Wegeeigentümer – folglich ein annahmefähiges Angebot unterbreiten. Weigert sich dieser, das Angebot anzunehmen und liegen die Voraussetzungen für einen Kontrahierungszwang vor, muß - da die Annahmeerklärung regelmäßig auch nicht fingiert werden kann - das betroffene Energieversorgungsunternehmen Klage auf Abgabe der Annahmeerklärung erheben.[940]

b) Die Rechtsnatur des mittelbaren Kontrahierungszwanges:

Die Rechtsnatur des mittelbaren Kontrahierungsanspruches ist umstritten:

aa) Nach der ganz überwiegenden Rechtsprechung sowie Teilen der Literatur handelt es sich um einen Schadensersatzanspruch des Berechtigten, aus dem der Verpflichtete dergestalt zum Schadensersatz im Wege der Naturalrestitution gem. § 249 S. 1 BGB verpflichtet wird, daß er den ihm angebotenen und zunächst verweigerten Vertrag abzuschließen hat.[941]

---

[939] Etwas anderes gilt nur bei dem sog. „diktierten Vertrag", der durch privatrechtsgestaltende Verwaltungsakt zustandekommt, ohne daß es irgendwelcher Willenserklärungen bedürfte, vgl. z.B. § 97 Abs. 2 BauGB sowie § 5 HausratsVO. In diesen Fällen liegt aber begrifflich kein Vertrag vor, vgl. Hefermehl, in: Erman, Bürgerliches Gesetzbuch, Vor § 145, Rn. 21. Zum diktierten Vertrag vgl. auch Nipperdey, Kontrahierungszwang und diktierter Vertrag, S. 118 ff.
[940] Vgl. dazu im allgemeinen Bork, in: Staudinger, BGB, Vorbem zu §§ 145 ff., Rn. 29 f.; a.A. Wolf, in: Soergel, BGB, Vor § 145, Rn. 103. Die Klage auf Abgabe der Willenserklärung kann mit einer Klage auf Leistung aus dem Vertrag (also Duldung der Leitungsverlegung) verbunden werden. Nicht zulässig ist dagegen unmittelbar eine Klage auf Leistung aus dem Vertrag (so aber etwa Nipperdey, Kontrahierungszwang und diktierter Vertrag, S. 118; Kilian, Kontrahierungszwang und Zivilrechtssystem, AcP 180 (1980), S. 47 ff. (82); Busche, Privatautonomie und Kontrahierungszwang, S. 264 ff.). Insbesondere kann ein Hinweis auf § 465 BGB an dieser Stelle nicht überzeugen (vgl. aber Büdenbender, Möglichkeiten zur Durchsetzung des Netzzugangs in der Elektrizitäts- und Gaswirtschaft, ZIP 1999, S. 1469 ff. (1473); Larenz, Lehrbuch des Schuldrechts, Bd. I, Allgemeiner Teil, § 4 I, S. 49). Die dort allgemein für zulässig erachtete unmittelbare Klage auf Rückabwicklung des Kaufvertrages ist auf die vorliegende Konstellation nicht übertragbar, zumal die Wandlung eher dem Rücktritt gleicht und damit den Gestaltungsrechten nahesteht und lediglich aus historischen Gründen als Anspruch ausgestaltet wurde (vgl. dazu H.P. Westermann, in: Münchener Kommentar, Bürgerliches Gesetzbuch, § 462, Rn. 4; Honsell, in: Staudinger, BGB, § 463, Rn. 4); jedenfalls im Ergebnis ebenso: Busche, Privatautonomie und Kontrahierungszwang, S. 265.
[941] Vgl. RGZ 115, S. 253 ff. (258); 148, S. 326 ff. (334); BGHZ 36, S. 91 ff. (100); 49, S. 90 ff. (98); 64, S. 232 ff. (237); 69, S. 59 ff. (60); 107, S. 273 ff. (279); 49; BGH NJW 1976, S. 801 ff. (802); OLG Celle WRP 1995, S. 35 ff. (36); OLG Koblenz NJW- RR 1991, S. 944 ff. (946); Möhring,

bb) Dieser Naturalrestitutionsansatz ist vor allem in der Literatur seit längerem verstärkter Kritik ausgesetzt. Zu Recht wird ihm entgegengehalten, er habe vor allem den Nachteil, daß – wie regelmäßig bei Schadensersatzansprüchen – ein Verschulden des Verpflichteten Anspruchsvoraussetzung ist,[942] welches in den Fällen der Vertragsverweigerung nicht in jedem Fall geben ist.[943] Es kann aber etwa bei der Beseitigung einer Diskriminierung nicht darauf ankommen, ob schuldhaft diskriminiert wurde oder nicht.[944] Außerdem soll die Rechtsposition des Vertragsinteressenten durch die Überwindung der Vertragsverweigerung verbessert werden.[945] Damit ist der Tatbestand des Kontrahierungszwanges von demjenigen der Schadensregulierung zu unterscheiden.[946] Eine im Vordringen befindliche Gegenauffassung möchte den Kontrahierungsanspruch deshalb als (verschuldensunabhängigen) quasinegatorischen Unterlassungsanspruch einordnen.[947]

cc) Letztlich vermag aber auch diese Auffassung nicht zu überzeugen; sie übersieht, daß bei einer Vertragsverweigerung das Anspruchsziel des Berechtigten eben nicht das Unterlassen eines Unterlassens (nämlich der Vertragsverweigerung) sein kann, sondern gerade positives Tun (nämlich der Vertragsschluß bzw. die Abgabe einer darauf gerichteten Willenserklärung) ist.[948] Nach richtiger Auffassung handelt es sich bei dem

---

Kontrahierungszwang nach neuem Kartellrecht, DB 1974, S. 223 ff. (224). Dazu auch Bork, in Staudinger, BGB, Vorbem zu §§ 145 ff., Rn. 20; Heinrichs, in: Palandt, Bürgerliches Gesetzbuch, Einf. v. § 145, Rn. 9.

[942] Vgl. z.B. Markert, in: Immenga/ Mestmäcker, GWB, § 26, Rn. 301; Kilian, Kontrahierungszwang und Zivilrechtssystem, AcP 180 (1980), S. 47 ff. (82).

[943] Als Beispiele für die anspruchsbegrenzende Wirkung des Verschuldenserfordernis vgl. z.B. OLG Düsseldorf, WuW/ E OLG 2167, 2171; OLG Karlsruhe WuW/ E OLG 2217, 2224, zitiert nach Markert, in: Immenga/ Mestmäcker, GWB, § 26, Rn. 301. In diesen Fällen scheiterte der Kontrahierungsanspruch, weil sich der Anspruchsgegner in einem nicht vermeidbaren Rechtsirrtum befunden hatte. *Schultz*, in: Langen/ Bunte, Kommentar zum deutschen und europäischen Kartellrecht, § 26, Rn. 213, weist allerdings darauf hin, daß zumindest nach der neueren Rechtsprechung (BGH WuW/ E BGH 2341, 2344 f.; OLG München WuW/ E OLG 4977, 4982) der Normadressat des § 26 Abs. 2 GWB a.F. im Rahmen der Feststellung des Verschuldens das Risiko einer unzutreffenden rechtlichen Beurteilung zu tragen habe, so daß der praktische Unterschied der verschiedenen Auffassungen eher gering sei.

[944] Vgl. Bork, in: Staudinger, BGB, Vorbem. zu §§ 145 ff., Rn. 20.

[945] Vgl. Busche, Privatautonomie und Kontrahierungszwang, S. 223 m.w.N. in Fn. 436.

[946] Vgl. Busche, Privatautonomie und Kontrahierungszwang, S. 223 m.w.N. in Fn. 437.

[947] Vgl. z.B. Bork, in: Staudinger, BGB, Vorbem zu §§ 145 ff., Rn. 20, 27; Markert, in: Immenga/ Mestmäcker, GWB, § 26, Rn. 301; Bechtold, GWB, § 33, Rn. 9; Larenz, Schuldrecht I, Allgemeiner Teil, § 4 I a; Hefermehl, in: Erman, Bürgerliches Gesetzbuch, Vor § 145, Rn. 9. Aus der Rechtsprechung: KG WuW/ E OLG 2210, 2212; OLG Karlsruhe WRP 1979, S. 61 ff. (67); OLG Karlsruhe WuW/ E OLG 2217, 2223.

[948] Vgl. dazu Bydlinski, Zu den Grundfragen des Kontrahierungszwanges, AcP 180 (1980), S. 1 ff. (11 ff.) unter Bezugnahme auf Nipperdey, Kontrahierungszwang und diktierter Vertrag, S. 99. Danach soll

Kontrahierungszwang folglich um einen ebenfalls verschuldensunabhängigen quasinegatorischen Beseitigungsanspruch, der gleichsam als „Folgenbeseitigungsanspruch"[949] auf eine positive Verpflichtung zur Beseitigung eines störenden Zustandes durch einen actus contrarius gerichtet ist.[950]

2. Materiell-rechtliche Grundlagen des mittelbaren Kontrahierungszwanges:

Ursprünglich entwickelte die Rechtsprechung[951] im Anschluß an *Nipperdey*[952] den mittelbaren Kontrahierungszwang aus § 826 BGB.[953] Dem folgend wird in der Literatur auch heute noch ein Kontrahierungszwang für den Abschluß von Wegebenutzungsverträgen zur Leitungsverlegung vielfach aus § 826 BGB hergeleitet.[954] Das erscheint allerdings bedenklich:[955] Soweit es heute um die Rechtsbeziehung zwischen zwei Unternehmen geht, wurde § 826 BGB weitgehend von den kartellrechtlichen Normen verdrängt.[956] Diese Verschiebung beruht nicht zuletzt auf dem mittlerweile ganz herrschenden weiten kartellrechtlichen Unternehmensbegriff.[957] Damit könnte das GWB auch für den Abschluß von Wegebenutzungsverträgen zum Zwecke der Leitungsverlegung einschlägig sein. Voraussetzung wäre zunächst - da die Vorschriften des GWB grundsätzlich nur für Unternehmen gelten[958] -, daß die Wegebenutzungsverträge zwischen Unternehmen i.S.d. GWB geschlossen werden.[959]

---

die Klage auf Vertragsschluß nicht auf Naturalrestitution, sondern auf „Naturalpraestation" gerichtet sein, vgl. ebenda, S. 99. Da es sich bei dem Kontrahierungszwang allerdings nicht um präventiven Rechtsgüterschutz, sondern um die Reaktion der Rechtsordnung auf einen aktuellen Mißbrauch der Vertragsfreiheit handelt, kann auch dem nicht gefolgt werden, vgl. Busche, Privatautonomie und Kontrahierungszwang, S. 224.

[949] Vgl. dazu Kilian, Diskriminierungsverbot und Kontrahierungszwang für Markenartikel, ZHR 142, S. 453 ff. (482); ders., Kontrahierungszwang und Zivilrechtssystem, AcP 180 (1980), S. 47 ff. (82).

[950] Vgl. Busche, Privatautonomie und Kontrahierungszwang, S. 230 m.w.N. in Fn. 467.

[951] Vgl. z.B. RGZ 115, S. 254 ff. (258); 132, S. 273 ff. (276); 133, S. 388 ff. (391 f.).

[952] Vgl. Nipperdey, Kontrahierungszwang und diktierter Vertrag, S. 53 ff.

[953] Vgl. Kilian, Kontrahierungszwang und Zivilrechtssystem, AcP 180 (1980), S. 47 ff. (58); Kramer, in: Münchener Kommentar, Bürgerliches Gesetzbuch, Vor § 145, Rn. 13.

[954] Vgl. Salzwedel, Straßen- und Verkehrsrecht, in: Schmidt- Aßmann, Besonderes Verwaltungsrecht (10. A.), Rn. 36; ebenso Bauer, in: Kodal/ Krämer, Straßenrecht, Kap. 27, 6.2, S. 726.

[955] Siehe dazu bereits Kilian, Kontrahierungszwang und Zivilrechtssystem, AcP 180 (1980), S. 47 ff. (60).

[956] Vgl. Heinrichs, in: Palandt, Bürgerliches Gesetzbuch, Einf. v. § 145, Rn. 9; vgl. auch Kilian, Kontrahierungszwang und Zivilrechtssystem, AcP 180 (1980), S. 47 ff. (81); vgl. dazu auch Kramer, in: Münchener Kommentar, Bürgerliches Gesetzbuch, Vor § 145, Rn. 15.

[957] So bereits Kilian, Kontrahierungszwang und Zivilrechtssystem, AcP 180 (1980), S. 47 ff. (81 f.). Zum kartellrechtlichen Unternehmensbegriff sogleich unten.

[958] Ausnahmen sind etwa § 17 oder § 22 GWB, vgl. Emmerich, Kartellrecht, § 2, 1.

[959] Zum europäischen Kartellrecht siehe unten Teil C, IV., 4.

a) Der funktionale Unternehmensbegriff im GWB:

Im Gegensatz zu dem früher überwiegend vertretenen institutionellen Unternehmensbegriff, hat sich in der Literatur und Rechtsprechung bereits seit längerem der sog. funktionale Unternehmensbegriff durchgesetzt.[960] Danach wird der Unternehmensbegriff des GWB entsprechend seinem Zweck, den Wettbewerb umfassend in allen Wirtschaftsbereichen und auf allen Wirtschaftsstufen zu schützen, weit ausgelegt;[961] seine Funktion beschränkt sich im wesentlichen darauf, die Sphären des privaten Verbrauchs, der abhängigen Arbeit und der spezifisch hoheitlichen Tätigkeit des Staates, wie z.B. Gesetzgebung oder Rechtsprechung, von der Anwendung des Gesetzes auszuklammern.[962] Für die Annahme eines Unternehmens genügt deshalb im Kartellrecht grundsätzlich jede selbständige, nicht rein private und außerhalb des Erwerbslebens liegende Tätigkeit einer Person in der Erzeugung oder Verteilung von Waren oder gewerblichen Leistungen.[963] Der BGH geht dementsprechend in ständiger Rechtsprechung davon aus, daß „jedwede Tätigkeit im geschäftlichen Verkehr" den Unternehmensbegriff erfüllt.[964]

aa) Unternehmenseigenschaft der EVU:

Unproblematisch fallen die Energieversorgungsunternehmen[965] unter diesen funktionalen Unternehmensbegriff: Durch die Lieferung von Energie an andere nehmen

---

[960] Vgl. Immenga, in: Immenga/ Mestmäcker, GWB, § 1, Rn. 34 m.w.N.; Bechtold, GWB, § 1, Rn. 2 ff.; Huber/ Baums, in: Frankfurter Kommentar, GWB, § 1, Rn. 38; Bunte, in: Langen/ Bunte, Kommentar zum deutschen und europäischen Kartellrecht, § 1, Rn. 8; Dehmer, Energieversorgungskonzepte – Vorranggebiete - Kartellrecht, S. 167 m.w.N. in Fn. 6; Stockmann, in: Wiedemann, Handbuch des Kartellrechts, § 7, Rn. 43 ff.

[961] Vgl. BGHZ 36, S. 91 ff. (103); WuW/ E BGH 1474, 1477; WuW/ E BGH 1661, 1662; Emmerich, Kartellrecht, § 2, 1 a); Huber/ Baums, in: Frankfurter Kommentar, GWB, § 1, Rn. 38.

[962] Vgl. Emmerich, Kartellrecht, § 2, 1 a); zur Abgrenzungsfunktion des Unternehmensbegriffs vgl. auch Immenga, in: Immenga/ Mestmäcker, GWB, § 1, Rn. 35.

[963] Vgl. Emmerich, Kartellrecht, § 2, 1 a) m.w.N. in Fn. 2.

[964] Vgl. Immenga, in: Immenga/ Mestmäcker, GWB, § 1, Rn. 40 unter Bezugnahme auf BGHZ 67, S. 81 ff. (84); BGH NJW 1974, S. 2236 f. (2236); vgl. auch Bunte, in: Langen/ Bunte, Kommentar zum deutschen und europäischen Kartellrecht, § 1, Rn. 8.

[965] Die Unternehmenseigenschaft der Eigenerzeuger bedarf hier keiner näheren Betrachtung, da das Verlegen eigenbetrieblicher Leitungen auf öffentlichen Verkehrswegen regelmäßig einer öffentlich-rechtlichen Sondernutzungserlaubnis bedarf und deswegen nicht auf privatrechtlicher, sondern öffentlich- rechtlicher Grundlage erfolgt. Bei der Vergabe einer öffentlich- rechtlichen Sondernutzungserlaubnis übt die Gebietskörperschaft hoheitliche Gewalt aus und handelt dadurch in diesen Fällen nicht als Unternehmen i.S.d. GWB. Das hoheitliche Handeln der Straßenbaubehörden unterliegt lediglich den verfassungsrechtlichen Betätigungsschranken, ohne daß daneben noch
198

sie am Wirtschaftsleben teil und erbringen damit gewerbliche Leistungen im geschäftlichen Verkehr.[966]

bb) Unternehmenseigenschaft der Gebietskörperschaften:

Größere Schwierigkeiten bereitet dagegen die Feststellung, inwieweit die Wegerechtsbestellung durch die Gebietskörperschaften als unternehmerische Tätigkeit qualifiziert werden kann.

α) Damit ist zunächst die Frage angesprochen, in welchem Umfang der Staat überhaupt an die Vorschriften des GWB gebunden ist. Sie läßt sich nicht allein mit einem Hinweis auf § 130 GWB (§ 98 Abs. 1 GWB a.F.) beantworten. Danach findet das Kartellrecht zwar Anwendung auf Unternehmen, die ganz oder teilweise im Eigentum der öffentlichen Hand stehen; offen bleibt aber, ob das auch dann gilt, wenn die öffentliche Hand wie hier selbst und nicht durch verselbstständigte Unternehmen handelt.[967] In welchen Fällen ein Unternehmen vorliegt, wird durch § 130 GWB (§ 98 Abs. 1 GWB a.F.) nicht geregelt.[968] So war früher die Bindung des Staates an das GWB umstritten, während sie heute vor dem Hintergrund des funktionalen Unternehmensbegriff allgemein anerkannt ist: Tritt der Staat entweder als Nachfrager nach wirtschaftlichen Leistungen oder als Anbieter solcher Leistungen auf, so handelt er stets unternehmerisch und muß deswegen auch das GWB ebenso wie das übrige Privatrecht beachten.[969] Insbesondere kann die Bindung des Staates an das GWB auch dann eintreten, wenn

---

wettbewerbliche Vorschriften anwendbar wären. (vgl. dazu auch unten Teil C, V.), vgl. hierzu Lukes, Die Benutzung öffentlicher Verkehrswege zur Fortleitung elektrischer Energie, S. 91; Schmidt, Die gemeindliche Versorgungskonzession im Kartellrecht, S. 178 m.w.N. in Fn. 109.

[966] Vgl. Niederleithinger, Die Stellung der Versorgungswirtschaft im Gesetz gegen Wettbewerbsbeschränkungen, S. 136 f., 141; Büdenbender, in: Tegethoff/ Büdenbender/ Klinger, Das Recht der öffentlichen Energieversorgung, GWB, § 103, Rn. 79 (dort auch Nachweise zur Gegenansicht, die die öffentliche Energieversorgung als Verwaltungstätigkeit einordnete, ebenda, Fn. 116).

[967] Vgl. hierzu auch Dehmer, Energieversorgungskonzepte- Vorranggebiete - Kartellrecht, S. 166 ff.

[968] Vgl. Büdenbender, in: Tegethoff/ Büdenbender/ Klinger, Das Recht der öffentlichen Energieversorgung, § 103 GWB, Rn. 82. Schon gar nicht darf aus § 130 GWB geschlossen werden, diese Vorschrift beschränke den Anwendungsbereich des Kartellrechts auf wirtschaftlich bzw. rechtlich verselbständigte Unternehmen der öffentlichen Hand, vgl. Dehmer, Energieversorgungskonzepte – Vorranggebiete – Kartellrecht, S. 168.

[969] Vgl. Emmerich, in: Immenga/ Mestmäcker, GWB, § 98 Abs. 1, Rn. 50 unter Bezugnahme auf u.a. BGHZ 36, S. 91 ff. (100 ff.); 97, S. 312 ff. (317); 102, S. 280 ff. (284 ff.); ders., Kartellrecht, § 2, 3. b); Dehmer, Energieversorgungskonzepte – Vorranggebiete – Kartellrecht, S. 166 m.w.N. in Fn. 4; Stockmann, in: Wiedemann, Handbuch des Kartellrechts, § 7, Rn. 44.

Unternehmen nicht als Regie- oder Eigenbetriebe im Eigentum der öffentlichen Hand stehen.[970] Eine unterschiedliche Behandlung dieser Fälle je nach dem, ob ein selbständiges Unternehmen eingeschaltet wird oder nicht, ist angesichts der Wahlfreiheit, die die öffentliche Hand diesbezüglich genießt, nicht gerechtfertigt und würde dazu führen, daß der Staat damit selbst über die Anwendbarkeit des GWB entscheiden könnte.[971]

β) Das führt zu der weiteren Frage, ob die Gebietskörperschaften gerade bei der Wegerechtsvergabe zur Leitungsverlegung auf ihren Verkehrswegen unternehmerisch i.S.d. Kartellrechts handeln. Vor der Energierechtsreform 1998 wurde versucht, die Unternehmenseigenschaft der Gebietskörperschaften für den Bereich der Wegebenutzungsgestattung unmittelbar aus der Freistellung des § 103 Abs. 1 GWB a.F. herzuleiten.[972] Dieser Argumentation wurde u.a. entgegengehalten, der historische Gesetzgeber habe diese Vorschrift nur deswegen aufgenommen, weil er selbst von der Unternehmenseigenschaft der Gebietskörperschaften nicht überzeugt war, aber gleichsam vorsorglich diese Fälle von den kartellrechtlichen Schranken befreien wollte.[973] Unabhängig davon ist eine Argumentation auf Grundlage des § 103 Abs. 1 GWB a.F. jedenfalls seit der Aufhebung dieses Freistellungstatbestandes nicht mehr tragfähig. Letztlich ergibt sich die Unternehmenseigenschaft der Gebietskörperschaften bei der Wegerechtsvergabe aber bereits aus dem funktionalen Unternehmensbegriff:

αα) Mit einer weit verbreiteten Auffassung ist davon auszugehen, daß jedenfalls die Gemeinden bei der Konzessionsvergabe unternehmerisch handeln.[974] Das liegt vor allem

---

[970] Vgl. v. Gamm, Kartellrecht, § 1, Rn. 9.
[971] Vgl. Immenga, in: Immenga/ Mestmäcker, GWB, § 1, Rn. 38 m.w.N.
[972] Vgl. dazu Schmidt, Die gemeindliche Versorgungskonzession im Kartellrecht, S. 156 ff. sowie Domke, Energieversorgungskonzepte und Kartellrecht, S. 85 f., u.a. mit Hinweis auf Fischerhof, Gesetz gegen Wettbewerbsbeschränkungen und Energiewirtschaft, BB 1958, S. 135 ff. (140); Emmerich, Das Wirtschaftsrecht der öffentlichen Unternehmen, S. 269; ders., Überlegungen zur Reform des Konzessionsabgabenwesens, BB 1973, S. 1269 ff. (1273)
[973] Ausführlich dazu: Schmidt, Die gemeindliche Versorgungskonzession im Kartellrecht, S. 156 ff. Vgl. auch Büdenbender, in: Tegethoff/ Büdenbender/ Klinger, Das Recht der öffentlichen Energieversorgung, GWB, § 103, Rn. 82.
[974] Vgl. Emmerich, in: Immenga/ Mestmäcker, GWB, § 98 Abs. 1, Rn. 53, 99; ders., Die leitungsgebundene Energiewirtschaft als wettbewerbsrechtliches und wettbewerbspolitisches Problem, ZfE 77, S. 47 ff. (51); ders., Das Wirtschaftsrecht der öffentlichen Unternehmen, S. 268; Dehmer, Energieversorgungskonzepte – Vorranggebiete – Kartellrecht, S. 190, m.w.N. in Fn. 116, dort auch mit Nachweisen zur Gegenauffassung, S. 191, Fn. 121; weitere Nachweise bei Schmidt, Die gemeindliche Versorgungskonzession im Kartellrecht, S. 162, Fn. 70; kritisch dazu Hermes, Staatliche Infrastrukturverantwortung, S. 462 ff.

an dem privatrechtlichen Charakter der Zustimmung aufgrund des Wegeeigentums der gemeindlichen Gebietskörperschaften;[975] die Gemeinden treten den Energieversorgungsunternehmen bei der Wegerechtsbestellung als Eigentümer der Straßengrundstücke und nicht als Hoheitsträger entgegen.[976] Desweiteren deutet hier die Entgeltlichkeit der Gestattung darauf hin, daß sich die Gemeinden mit der Einräumung von Nutzungsrechten zur Leitungsverlegung am Wirtschaftsleben beteiligen.[977] Dementsprechend sind auch die eingeräumten Nutzungsbefugnisse nach h.M. als Waren bzw. als gewerbliche Leistungen i.S.d. kartellrechtlichen Unternehmensbegriffs zu qualifizieren.[978]

ββ) Problematischer ist, ob auch nichtgemeindliche Gebietskörperschaften, die keine Konzessionsabgaben oder sonstige Entgelte erhalten, bei der Wegerechtsvergabe unternehmerisch tätig sind. Zwar handeln auch diese Gebietskörperschaften bei dem Abschluß der privatrechtlichen Gestattungsverträge nicht hoheitlich und erbringen bei der Einräumung der Mitbenutzung nachhaltig Leistungen an die Energieversorgungsunternehmen,[979] doch erhalten sie dafür unmittelbar keine Gegenleistung.[980] Ob das allerdings den Schluß zuläßt, mangels Leistungsaustausches fehle es vorliegend an einer Tätigkeit im Geschäftsverkehr, ist zweifelhaft. Es mag zwar die Indizwirkung für eine unternehmerische Tätigkeit entfallen; allein ausschlaggebend

---

[975] Vgl. Schmidt, Die gemeindliche Versorgungskonzession im Kartellrecht, S. 160 unter Hinweis auf Niederleithinger, Die Stellung der Versorgungswirtschaft im Gesetz gegen Wettbewerbsbeschränkungen, S. 147 ff.

[976] Vgl. Niederleithinger, Die Stellung der Versorgungswirtschaft im Gesetz gegen Wettbewerbsbeschränkungen, S. 149 ff.

[977] Vgl. z.B. Büdenbender, in: Tegethoff/ Büdenbender/ Klinger, Das Recht der öffentlichen Energieversorgung, GWB, § 103, Rn. 89, der aus dem erzielten Ertrag in Verbindung mit dem Umfang der entfalteten Tätigkeit als Indiz für die Unternehmenseigenschaft ableiten will; ähnlich auch Niederleithinger, Die Stellung der Versorgungswirtschaft im Gesetz gegen Wettbewerbsbeschränkungen, S. 151 f.

[978] Vgl. Lukes, Die Benutzung öffentlicher Wege zur Fortleitung elektrischer Energie, S. 62 f.; Emmerich, Das Wirtschaftsrecht der öffentlichen Unternehmen, S. 268 f.; Malzer, Die Benutzung öffentlicher Wege zur Leitungsverlegung durch Versorgungsunternehmen und industrielle Eigenanlagen in kartellrechtlicher Hinsicht, WuW 1962, S. 253 ff. (256), zitiert nach Dehmer, Energieversorgungskonzepte – Vorranggebiete – Kartellrecht, S. 190, 297 ff.; Niederleithinger, Die Stellung der Versorgungswirtschaft im Gesetz gegen Wettbewerbsbeschränkungen, S. 149 f., der auch eine Subsumtion unter den Begriff „Ware" für möglich hält; Büdenbender, in: Tegethoff/ Büdenbender/ Klinger, Das Recht der öffentlichen Energieversorgung, GWB, § 103, Rn. 101, m.w.N. in Fn. 162.

[979] Vgl. Niederleithinger, Die Stellung der Versorgungswirtschaft im Gesetz gegen Wettbewerbsbeschränkungen, S. 159 f.

[980] Zu dieser Problematik auch Niederleithinger, Die Stellung der Versorgungswirtschaft im Gesetz gegen Wettbewerbsbeschränkungen, S. 150 f.

kann das aber schon deswegen nicht sein,[981] weil die Gewinnerzielungsabsicht nach allgemeiner Ansicht kein konstitutives Merkmal eines Unternehmens ist, so daß beispielsweise selbst gemeinnützige Tätigkeiten unter das Kartellrecht fallen können.[982] Angesichts des erheblichen Umfangs, in dem auch nichtgemeindliche Gebietskörperschaften Gestattungsverträge abschließen, und vor dem Hintergrund, daß Sinn und Zweck des GWB eine enge Betrachtungsweise ausschließen,[983] liegt es nahe, auch nichtgemeindliche Gebietskörperschaften bei der Wegerechtsvergabe als Unternehmer i.S.d. Kartellrechts anzusehen.[984]

χχ) Demnach handeln sowohl gemeindliche als auch nichtgemeindliche Gebietskörperschaften bei der Wegerechtsvergabe für die Leitungsverlegung zum Zwecke der Energieversorgung als Unternehmer i.S.d. GWB und unterliegen somit hierbei den kartellrechtlichen Vorschriften, so daß § 826 BGB insoweit nicht anwendbar ist.

cc) Unternehmenseigenschaft von Privatpersonen:

α) Zwar können, wie oben gezeigt,[985] grundsätzlich auch Privatpersonen Eigentümer öffentlicher Verkehrswege sein, sie sind aber regelmäßig keine Unternehmer i.S.d. Kartellrechts. Das folgt aber nicht etwa daraus, daß ein privater Eigentümer regelmäßig im geringeren Umfang Grundstücke zur Leitungsverlegung bereitstellen kann als eine Gebietskörperschaft, da weder die Planmäßigkeit noch die Nachhaltigkeit der Tätigkeit für die Unternehmenseigenschaft maßgeblich sind;[986] vielmehr genügt schon eine

---

[981] Das räumt auch Büdenbender, in: Tegethoff/ Büdenbender/ Klinger, Das Recht der öffentlichen Energieversorgung, GWB, § 103, Rn. 89 ein.

[982] Vgl. Immenga, in: Immenga/ Mestmäcker, GWB, § 1, Rn. 76; Bunte, in: Langen/ Bunte, Kommentar zum deutschen und europäischen Kartellrecht, § 1, Rn. 8; vgl. auch Stockmann, in: Wiedemann, Handbuch des Kartellrechts, § 7, Rn. 43 m.w.N. in Fn. 199; Huber/ Baums, in: Frankfurter Kommentar, § 1, Rn. 56; BGH WuW/ E BGH 1142, 1143; BGH WuW/ E BGH 1735, 1726; KG WuW/ E OLG 322, 323.

[983] Vgl. BGH WuW/ E BGH 1661, 1662.

[984] Im Ergebnis wohl ebenso Lukes, Die Benutzung öffentlicher Wege zur Fortleitung elektrischer Energie, S. 60 ff.; a.A. möglicherweise Büdenbender, in: Tegethoff/ Büdenbender/ Klinger, Das Recht der öffentlichen Energieversorgung, GWB, § 103, Rn. 94, der es nicht für ausgeschlossen hält, „daß im Einzelfalle insbesondere bei einem Verzicht auf jede Gegenleistung die Wegerechtsbestellung nicht als unternehmerische Tätigkeit aufzufassen ist".

[985] Siehe dazu oben Teil C, II., 4., a), cc).

[986] Vgl. Immenga, in: Immenga/ Mestmäcker, GWB, § 1, Rn. 43 f.; Huber/ Baums, in: Frankfurter Kommentar, GWB, § 1, Rn. 59.

einmalige Teilnahme am Geschäftsverkehr,[987] die auch von einer Einzelperson ausgeübt werden kann.[988] Gegen die Annahme der Unternehmereigenschaft spricht jedoch zum einen, daß das Marktverhalten Privater erst dann von den kartellrechtlichen Vorschriften erfaßt wird, wenn es über die Dimensionen üblichen Haushaltens hinausgeht,[989] und zum anderen, daß der betreffende Eigentümer in den Fällen, in denen er sein Grundstück für die Leitungsverlegung nicht zur Verfügung stellen will, gerade nicht am geschäftlichen Verkehr teilzunehmen beabsichtigt; somit besteht allenfalls eine abstrakte Möglichkeit des Auftretens am Markt, die nicht einmal für die Annahme eines „potentiellen" Unternehmens ausreicht.[990] In diesen Fällen könnte ein Kontrahierungszwang allenfalls über § 826 BGB hergeleitet werden.[991]

β) Eine nähere Prüfung der Voraussetzungen des § 826 BGB erübrigt sich allerdings; denn ein mittelbarer Kontrahierungszwang hätte jedenfalls im Ergebnis die gleiche Wirkung wie eine Enteignung auf Grundlage des § 12 EnWG: Der Grundstückseigentümer müßte gegen seinen Willen eine zusätzliche Direktleitung auf seinem Grundstück dulden. Kann eine Privatperson aber wegen Art. 14 Abs. 3 GG nicht auf Grundlage des § 12 EnWG zur Duldung einer Direktleitung gezwungen werden,[992] muß konsequenterweise auch die Herleitung ein Zwanges zum Abschluß eines Wegebenutzungsvertrages aus § 826 BGB ausscheiden.

b) Ergebnis:

Weigert sich eine Gebietskörperschaft, einem Energieversorgungsunternehmen die Errichtung einer zusätzlichen Direktleitung auf ihren Verkehrswegen zu errichten, kann sich ein Kontrahierungszwang zum Abschluß eines Wegebenutzungsvertrages allein aus den kartellrechtlichen Vorschriften ergeben.

---

[987] Vgl. Bunte, in: Langen/ Bunte, Kommentar zum deutschen und europäischen Kartellrecht, § 1, Rn. 13.

[988] Vgl. Immenga, in: Immenga/ Mestmäcker, GWB, § 1, Rn. 45 m.w.N.

[989] Vgl. Bunte, in: Langen/ Bunte, Kommentar zum deutschen und europäischen Kartellrecht, § 1, Rn. 12.

[990] Vgl. Immenga, in: Immenga/ Mestmäcker, GWB, § 1, Rn. 54 m.w.N.

[991] Ein Anspruch aus § 823 Abs. 1 BGB wegen Eingriffs in den eingerichteten und ausgeübten Gewerbebetrieb liegt in diesen Fällen mangels Betriebsbezogenheit des Eingriffs regelmäßig nicht vor, vgl. auch Lukes, Die Benutzung öffentlicher Wege zur Fortleitung elektrischer Energie, S. 96.

3. Kartellrechtliche Grundlagen des mittelbaren Kontrahierungszwanges:

Als materiell-rechtliche Grundlagen für die Herleitung des Kontrahierungszwanges kommen aus dem nationalen Kartellrecht zunächst das Diskriminierungsverbot gem. § 20 Abs. 1 GWB und neuerdings auch das Mißbrauchsverbot gem. § 19 Abs. 1 i.V.m. Abs. 4 GWB in Betracht.

a) Anspruch auf Abschluß eines Wegebenutzungsvertrages aus §§ 20 Abs. 1, 33 Satz 1 GWB:

Bereits seit langem ist anerkannt, daß sich aus einem Verstoß gegen das Diskriminierungsverbot gem. § 26 Abs. 2 GWB a.F. i.V.m. § 35 Abs. 1 GWB a.F. (= § 20 Abs. 1 i.V.m. § 33 Satz 1 GWB) ein Anspruch auf Abschluß eines Vertrages ergeben kann.[993] Daran hat sich auch durch die 6. GWB- Novelle 1998[994] nichts geändert.[995]

aa) Voraussetzungen des § 20 Abs. 1 GWB:

α) Normadressaten des § 20 Abs. 1 GWB sind insbesondere marktbeherrschende Unternehmen i.S.d. § 19 Abs. 2 GWB (§ 22 Abs. 1 GWB a.F.). Die marktbeherrschende Stellung einer Gebietskörperschaft als Unternehmen wäre nach § 19 Abs. 2 Ziff. 1 GWB insbesondere dann gegeben, wenn sie hinsichtlich der Wegerechtsvergabe als Monopolist ohne Wettbewerber ist oder jedenfalls keinem wesentlichen Wettbewerb ausgesetzt ist.

---

[992] Vgl. oben Teil C, II., 3., c).

[993] Vgl. z.B. Markert, in: Immenga/ Mestmäcker, GWB, § 26, Rn. 300. Speziell zu den Wegebenutzungsverträgen: Lukes, Die Benutzung öffentlicher Wege zur Fortleitung elektrischer Energie, S. 82 f.; Biedenkopf/ Kellmann, Die wege- und kartellrechtliche Problematik der Verlegung von Energieversorgungsleitungen für den Eigenbedarf, S. 23.

[994] Gesetz vom 26.08.1998, BGBl. I S. 2521. Auf Grund einer Ermächtigung in Art. 3 des Sechsten Gesetzes zur Änderung des GWB wurde das neue GWB in einer Neufassung und neuen Paragraphenfolge in demselben BGBl. unter dem Datum vom 26.08.1998 (BGBl. I 2546) bekannt gemacht, vgl. Bechtold, GWB, Einführung, Rn. 14. Vgl. allgemein dazu Bunte, Die 6. GWB- Novelle- Das neue Gesetz gegen Wettbewerbsbeschränkungen, DB 1998, S. 1748 ff.; Kahlenberg, Novelliertes deutsches Kartellrecht, BB 1998, S. 1593 ff.

[995] Vgl. Bechtold, GWB, § 20, Rn. 43; Ebel, Kartellrecht, § 20, Rn. 36 ff.; Lübbert, in: Wiedemann, Handbuch des Kartellrechts, § 30, Rn. 5, § 28, Rn. 2, § 24, Rn. 4.

αα) Die Bestimmung der Marktmacht setzt voraus, daß der relevante Markt festgelegt wurde.[996] Das geschieht überwiegend auf Grundlage des sog. Bedarfsmarktkonzepts.[997] Danach sind sämtliche Erzeugnisse marktgleichwertig, die sich nach ihren Eigenschaften, ihrem wirtschaftlichen Verwendungszweck und ihrer Preislage so nahestehen, daß der verständige Verbraucher sie als für die Deckung eines bestimmten Bedarfs geeignet in berechtigter Weise abwägend miteinander vergleicht und sie als gegeneinander austauschbar ansieht.[998]

ββ) Die privatrechtlichen Nutzungsbefugnisse an Straßengrundstücken sind vom Standpunkt der Energieversorgungsunternehmen aus nicht austauschbar.[999] Einerseits gibt es nur eine Kategorie von Straßengrundstücken und andererseits liegen die Straßen rasterförmig in jeder Region, so daß auch Nutzungsbefugnisse an anderen Grundstücken außer den Straßengrundstücken nicht generell eine Leitungsverlegung ermöglichen können.[1000] Die Monopolstellung der Gebietskörperschaften ergibt sich damit häufig schon aus faktischen Gründen.[1001] Dementsprechend wird vielfach auch von einem „faktischen Kreuzungsmonopol" der Gebietskörperschaften gesprochen.[1002] Ein solches „faktisches Kreuzungsmonopol" liegt dann vor, wenn ein Wegeeigentümer in einem bestimmten Gebiet[1003] durch seine Verkehrswege das Gebiet in eine ganze Reihe von relativ kleinen Teilgebieten zerschneidet, die ein darauf Angewiesener nicht ohne

---

[996] Vgl. Emmerich, Kartellrecht, § 18, 3.
[997] Vgl. Emmerich, Kartellrecht, § 18, 3 f.; Richter, in: Wiedemann, Handbuch des Kartellrechts, § 20, Rn. 7 ff.; Möschel, in: Immenga/ Mestmäcker, GWB, § 22, Rn. 24; Ruppelt, in: Langen/ Bunte, Kommentar zum deutschen und europäischen Kartellrecht, § 22, Rn. 9 f.; Paschke/ Kersten, in: Frankfurter Kommentar, GWB, § 22, Rn. 63 f.
[998] So die ständige Rechtsprechung: u.a. BGHZ 67, S. 104 ff. (113 f.); BGH NJW 1977, S. 675 (676).
[999] Vgl. Lukes, Die Benutzung öffentlicher Wege zur Fortleitung elektrischer Energie, S. 80.
[1000] Vgl. Lukes, Die Benutzung öffentlicher Wege zur Fortleitung elektrischer Energie, S. 80.
[1001] Das reicht für die Begründung einer Monopolstellung ohne weiteres aus, vgl. Emmerich, Kartellrecht, § 18, 7 a); vgl. auch Paschke/ Kersten, in: Frankfurter Kommentar, GWB, § 22, Rn. 125.
[1002] Vgl. Hoppe, Erdgasversorgung durch gemeindliche Unternehmen, DVBl. 1965, S. 581 ff. (583); Bauer, in: Kodal/ Krämer, Straßenrecht, Kap. 27, Rn. 6.2, S. 726.
[1003] Auf welches Gebiet bei der Betrachtung im Einzelfall abzustellen ist, ist eine Frage des räumlich relevanten Marktes. Die Abgrenzung vollzieht sich nach demselben Kriterium der Austauschbarkeit aus Sicht der Abnehmerdisponenten (vgl. Möschel, in: Immenga/ Mestmäcker, GWB, § 22, Rn. 35). Er wird bei einer geplanten Direktleitung durch den Anfangs- und den Endpunkt der Leitung vorgegeben. Hinsichtlich der Trassenführung wird man den Energieversorgungsunternehmen in Übereinstimmung mit der bisherigen Rechtsprechung ein weitgehend freies Ermessen einräumen müssen (vgl. dazu: BGHZ 66, S. 62 ff. (66 f.), Recknagel, in: Hermann/ Recknagel/ Schmidt- Salzer, Kommentar zu den Allgemeinen Versorgungsbedingungen, Bd. I, § 8, Rn. 76, 84, 85; Morell, Handbuch der Leitungs- und Wegerechte, 0120, S. 10 m.w.N. in Fn. 35; Evers, Das Recht der Energieversorgung, S. 157). Das Interesse dieser Unternehmen wird regelmäßig auf die Verwirklichung der kürzesten, tatsächlich und rechtlich realisierbaren Trasse gerichtet sein, um unnötige Kosten zu vermeiden.

Kreuzung seiner Verkehrswege verlassen und (oder) erreichen kann.[1004] Lediglich in den Fällen, in denen eine (Direkt-)Leitung errichtet werden kann, ohne daß Straßengrundstücke benutzt (auch nicht gekreuzt) werden müssen, fehlt es an einer marktbeherrschenden Stellung der Gebietskörperschaft.[1005] Von diesen Ausnahmesituationen abgesehen wird die marktbeherrschende Stellung der Gebietskörperschaften hinsichtlich der Wegebenutzungsgestattung allerdings regelmäßig zu bejahen sein.[1006]

β) Weitere Voraussetzung wäre das Vorliegen eines Geschäftsverkehrs[1007], „der gleichartigen Unternehmen üblicherweise zugänglich ist". Diese Tatbestandsmerkmal wird von der Rechtsprechung lediglich als „Grobraster" verstanden, durch den von vornherein eindeutige Fälle eines nicht rechtswidrigen Verhaltens aussortiert werden sollen.[1008] Für das Kriterium der Gleichartigkeit genügt, daß die zu vergleichenden Unternehmen im wesentlichen dieselbe unternehmerische Tätigkeit ausüben bzw. dieselbe wirtschaftliche Funktion erfüllen.[1009] Diese Voraussetzung erfüllen vorliegend jedenfalls alle Energieversorgungsunternehmen i.S.d. § 2 Abs. 3 EnWG, unabhängig davon, ob sie eine Leitung für die allgemeine Versorgung oder eine Direktleitung errichten wollen. Die Üblichkeit des Zugangs ist nach h.M. anhand objektiver Maßstäbe zu prüfen; d.h. es kommt nicht auf die individuelle Handhabung des in Rede stehenden Normadressaten an, sondern allein darauf, was sich im gesamten maßgeblichen Geschäftsverkehr innerhalb der in Betracht kommenden Kreise in natürlicher wirtschaftlicher Entwicklung als allgemein geübt und als angemessen empfunden herausgebildet hat.[1010] Ob diese Voraussetzung bei der Wegerechtsvergabe für die Leitungsverlegung erfüllt ist, wurde vor der Energierechtsreform nicht einheitlich

---

[1004] Vgl. Hoppe, Erdgasversorgung durch gemeindliche Unternehmen, DVBl. 1965, S. 581 ff. (583).
[1005] Vgl. Lukes, Die Benutzung öffentlicher Wege zur Fortleitung elektrischer Energie, S. 80.
[1006] Vgl. Lukes, Die Benutzung öffentlicher Wege zur Fortleitung elektrischer Energie, S. 80; Biedenkopf/ Kellmann, Die wege- und kartellrechtliche Problematik der Verlegung von Energieversorgungsleitungen für den Eigenbedarf, S. 12 m.w.N. in Fn. 64; in Bezug auf Gemeinden auch Dehmer, Energieversorgungskonzepte – Vorranggebiete – Kartellrecht, S. 300.
[1007] Darunter ist jeder privatrechtlich geregelter Verkehr mit Waren oder gewerblichen Leistungen zu verstehen, vgl. Schultz, in: Langen/ Bunte, Kommentar zum deutschen und europäischen Kartellrecht, § 26, Rn. 131, also auch die Wegerechtsvergabe zur Leitungsverlegung auf Grundlage des § 8 Abs. 10 BFStrG bzw. der landesrechtlichen Regelungen.
[1008] Ständige Rechtsprechung vgl. z.B. BGH WuW/E BGH 1885, 1887; vgl. weiterhin Bechtold, GWB, § 20, Rn. 27 ff.; Markert, in: Immenga/ Mestmäcker, GWB, § 26, Rn. 153.
[1009] Vgl. z.B. BGHZ 52, S. 65 ff. (69); 81, S. 322 ff. (330); Schultz, in: Lange/ Bunte, Kommentar zum deutschen und europäischen Kartellrecht, § 26, Rn. 134;

beantwortet;[1011] jedenfalls nach dem Wegfall der Ausschließlichkeitsvereinbarungen in den Konzessionsverträgen und der dadurch bedingten wettbewerblichen Öffnung des Elektrizitätsmarktes wird sie aber regelmäßig zu bejahen sein.

χ) Die Verweigerung des Vertragsschlusses zur Gestattung der Leitungsverlegung müßte schließlich eine unbillige Behinderung bzw. eine sachlich nicht gerechtfertigte unterschiedliche Behandlung (auch Diskriminierung im engeren Sinne genannt)[1012] des betreffenden Energieversorgungsunternehmens darstellen.

αα) Unter Behinderung eines anderen Unternehmens i.S.d. § 20 Abs. 1 GWB ist jede Beeinträchtigung seiner Betätigungsmöglichkeit im Wettbewerb zu verstehen.[1013] Das Tatbestandsmerkmal der unterschiedlichen Behandlung ist erfüllt, wenn der Normadressat Unternehmen, die mit ihm Geschäftsbeziehungen unterhalten wollen, anders behandelt als gleichartige Unternehmen.[1014] Das Behinderungsverbot dient vorrangig - aber nicht ausschließlich - dem Schutz des Wettbewerbers des marktbeherrschenden Unternehmens, während das Diskriminierungsverbot insbesondere Abnehmer und Lieferanten vor Benachteiligungen im Verhältnis zu ihren Konkurrenten schützen soll.[1015] Nach Ansicht des BGH und der herrschenden Meinung im Schrifttum überschneiden sich beide Alternativen des § 20 Abs. 1 GWB und können nicht scharf voneinander abgegrenzt werden.[1016] Ob der Nichtabschluß eines Wegebenutzungsvertrages für die Errichtung einer Direktleitung im Einzelfall den Tatbestand der Behinderung oder der Ungleichbehandlung erfüllt, kann hier folglich dahinstehen. Ohnehin hat nach der ständigen Rechtsprechung des BGH bei beiden

---

[1010] Vgl. Carlhoff, in: Frankfurter Kommentar, GWB, § 26 Rn. 222 unter Hinweis auf die ständige Rechtsprechung des BGH; ferner auch Markert, in: Immenga/ Mestmäcker, GWB, § 26, Rn. 174.

[1011] Dafür: Lukes, Die Benutzung öffentlicher Wege zur Fortleitung elektrischer Energie, S. 83; wohl auch Emmerich, Das Wirtschaftsrecht der öffentlichen Unternehmen, S. 341 f.; Dehmer, Energieversorgungskonzepte – Vorranggebiete – Kartellrecht, S. 301 ff.; a.A. Biedenkopf/ Kellmann, Die wege- und kartellrechtliche Problematik der Verlegung von Energieversorgungsleitungen für den Eigenbedarf, S. 23.

[1012] Vgl. Emmerich, Kartellrecht, § 20, 7.

[1013] Vgl. Markert, in: Immenga/ Mestmäcker, GWB, § 26, Rn. 183; Carlhoff, in: Frankfurter Kommentar, GWB, § 26, Rn. 232; Schultz, in: Langen/ Bunte, Kommentar zum deutschen und europäischen Kartellrecht, § 26, Rn. 145.

[1014] Vgl. Carlhoff, in: Frankfurter Kommentar, GWB, § 26, Rn. 236.

[1015] Vgl. Emmerich, Kartellrecht, § 20, 1; Markert, in: Immenga/ Mestmäcker, GWB, § 26, Rn. 182.

[1016] Vgl. Emmerich, Kartellrecht, § 20, 1., 6., der § 20 Abs. 1 GWB als „einheitliches umfassendes Diskriminierungsverbot" verstanden wissen will; Lubbert, in: Wiedemann, Handbuch des Kartellrechts, § 27, Rn. 4 mit Verweis auf BGH WuW/E BGH 864, 868; a.A. Carlhoff, in: Frankfurter Kommentar, GWB, § 26, Rn. 231.

Alternativen „eine Abwägung der beiderseitigen Interessen unter Berücksichtigung der auf die Freiheit des Wettbewerbs gerichtete Zielsetzung des Gesetzes" zu erfolgen.[1017] Der Kreis der abwägungsfähigen Interessen auf Seiten des Betroffenen ist eingeschränkt auf das Anliegen, die eigene wirtschaftliche Leistung frei von machtbedingten Behinderungen oder Diskriminierungen zur Geltung bringen zu können,[1018] während auf Seiten des behindernden Unternehmens lediglich solche Interessen ausgeschlossen sind, die auf einen gesetzeswidrigen Zweck gerichtet oder willkürlich sind.[1019]

ββ) Konnte noch vor der Energierechtsreform 1998 der Abschluß eines Wegebenutzungsvertrages häufig allein mit dem Hinweis auf die Ausschließlichkeitsbindung in den Konzessionsverträgen - soweit diese gem. § 103 Abs. 1 Ziff. 2 GWB a.F. wirksam war - zulässigerweise verweigert werden,[1020] besteht diese Möglichkeit heute nicht mehr. Das bedeutet aber nicht, daß die Gebietskörperschaften gleichsam automatisch mit jedem Energieversorgungsunternehmen, welches eine Leitung errichten will, entsprechende Verträge abschließen müßten. Eine solche Anwendung des § 20 Abs. 1 GWB würde den Ausnahmecharakter verkennen, den der Kontrahierungszwang angesichts des Grundsatzes der Abschluß- und Gestaltungsfreiheit haben muß.[1021] Vielmehr sind auch heute noch eine Vielzahl von Fällen denkbar, in denen die Herleitung eines mittelbaren Kontrahierungszwanges aus § 20 Abs. 1 GWB scheitern muß:

[1017] Vgl. BGHZ 78, S. 190 ff. (196); 97, S. 317 ff. (329); 114, S. 218 ff. (233), weitere Nachweise zur Rechtsprechung bei Carlhoff, in: Frankfurter Kommentar, GWB, § 26, Rn. 243; Bechtold, GWB, § 20, Rn. 36; Markert, in: Immenga/ Mestmäcker, GWB, § 26, Rn. 196. Bedeutung erlangt die Frage, auf welchen Tatbestand im Einzelfall abgestellt wird, lediglich für die Beweislast im Zivilprozeß, da für die sachliche Rechtfertigung eines Ungleichbehandlung der Normadressat darlegungs- und beweispflichtig ist, vgl. Markert, in: Immenga/ Mestmäcker, GWB, § 26, Rn. 182, 306 m.w.N.
[1018] Vgl. Carlhoff, in: Frankfurter Kommentar, GWB, § 26, Rn. 255; Markert, in: Immenga/ Mestmäcker, GWB, § 26, Rn. 199.
[1019] Vgl. Markert, in: Immenga/ Mestmäcker, GWB, § 26, Rn. 198. In diesen Fällen kommt es allerdings gar nicht mehr zu einer Interessenabwägung, vgl. Carlhoff, in: Frankfurter Kommentar, GWB, § 26, Rn. 245 ff., 254.
[1020] Vgl. dazu Lukes, Die Benutzung öffentlicher Wege zur Fortleitung elektrischer Energie, S. 76, S. 84.
[1021] Ob der Kontrahierungszwang lediglich als Ausnahmeerscheinung anzusehen ist, ist umstritten. Wie hier: Nipperdey, Kontrahierungszwang und diktierter Vertrag, S. 4 ff.; Carlhoff, in: Frankfurter Kommentar, GWB, § 26, Rn. 274, nach dessen Auffassung eine restriktive Handhabung des Diskriminierungsverbotes geboten ist; Lübbert, in: Wiedemann, Handbuch des Kartellrechts, § 29, Rn. 33; Traugott, Anspruch auf Belieferung aus Art. 85 Abs. 1 EGV in Verbindung mit § 823 Abs. 2 BGB und § 249 Satz 1 BGB?, WuW 1997, S. 486 ff. (493). Eine andere Auffassung vertritt insbesondere Kilian, Kontrahierungszwang und Zivilrechtssystem, AcP 180 (1980), S. 47 ff. (81), der den Kontrahierungszwang nicht als extreme Ausnahmeerscheinung verstanden wissen will.

(1.) Weigert sich eine Gebietskörperschaft, mit einem Energieversorgungsunternehmen einen Wegebenutzungsvertrag zur Errichtung einer Direktleitung zu schließen, so kann sich die Gebietskörperschaft zunächst - jedenfalls dann, wenn sie zugleich Trägerin der Straßenbaulast ist - zulässigerweise und in erheblichem Umfang auf wegerechtliche Gründe stützen. Solche Gründe liegen insbesondere vor, wenn mit der Verlegung weiterer Leitungen eine übermäßige Beeinträchtigung des öffentlichen Verkehrs verbunden wäre.[1022] Das Interesse des Energieversorgungsunternehmens, durch die Errichtung der Direktleitung einen neuen Kunden versorgen zu können, wird das Interesse der Gebietskörperschaft, den Gemeingebrauch an der Straße möglichst unbeeinträchtigt zu lassen, regelmäßig nicht überwiegen können. Das gilt vor allem, wenn eine Durchleitungsmöglichkeit besteht; denn dann kann das Interesse des Energieversorgungsunternehmens an der Erbringung der eigenen wirtschaftlichen Leistung – der Energieversorgung – ebenso wie das Interesse an der Gewinnung eines neuen Kunden auch ohne weitere Beeinträchtigung des Gemeingebrauchs befriedigt werden. Dem kann auch nicht entgegengehalten werden, es bestünde ein öffentliches Interesse an der Errichtung einzelner Direktleitungen, da der Direktleitungsbau als Wettbewerbsinstrument nur so seine ihm vom Gesetzgeber zugedachte Funktion erfüllen könne; denn öffentliche Interessen und Interessen der Allgemeinheit sind grundsätzlich nicht in die Interessenabwägung des § 20 Abs. 1 GWB mit einzubeziehen.[1023] Der auf die Freiheit des Wettbewerbs gerichteten Zielrichtung des GWB ist hinreichend Genüge getan, wenn in diesen Fällen von einer bestehenden Durchleitungsmöglichkeit Gebrauch gemacht wird. Ebenso wie im Rahmen des § 12 EnWG hat folglich auch hier die Durchleitung grundsätzlich Vorrang vor der Errichtung zusätzlicher Direktleitungen.[1024] In den weitaus meisten Fällen wird schon aus diesem Grund ein Kontrahierungszwang zum Abschluß eines Wegebenutzungsvertrages zur Errichtung einer Direktleitung nicht aus § 20 Abs. 1 GWB hergeleitet werden können.

[1022] Vgl. Emmerich, in: Immenga/ Mestmäcker, GWB, § 98 Abs. 1, Rn. 100; ders., Die leitungsgebundene Energiewirtschaft als wettbewerbsrechtliches und wettbewerbspolitisches Problem, ZfE 77, S. 41 ff. (51).
[1023] Vgl. Lübbert, in: Wiedemann, Handbuch des Kartellrechts, § 29, Rn. 26; Markert, in: Immenga/ Mestmäcker, GWB, § 26 Rn. 213.
[1024] Siehe dazu oben Teil C, II., 3., c). Man wird sich in diesen Fällen sogar fragen müssen, ob überhaupt ein abwägungsfähiges Interesse des Energieversorgungsunternehmens an der Errichtung einer zusätzlichen Direktleitung besteht.

(2.) Aber auch wenn im Einzelfall keine Durchleitungsmöglichkeit besteht, ist die Nichtgestattung der Wegebenutzung weiterhin dann weder unbillig noch ungerechtfertigt, wenn Unsicherheiten bezüglich der weiteren Entwicklung dergestalt bestehen,[1025] daß etwa eine Straße nur noch in begrenztem Umfang neue Leitungen aufnehmen kann. In derartigen Kollisionsfällen muß die Gebietskörperschaft berechtigt sein, die noch vorhandene Kapazität statt für eine Direktleitung für den Ausbau der allgemeinen Versorgung zu nutzen bzw. die bestehenden Kapazitäten für den Ausbau des Leitungsnetzes für die allgemeine Versorgung vorerst freizuhalten, wenn und soweit dies für die Aufrechterhaltung und Sicherstellung der Energieversorgung erforderlich ist.

(3.) In besonders gelagerten Fällen kann auch die Verunstaltung des Orts- und Landschaftsbildes durch die Häufung zusätzlicher Freileitungen die Ablehnung eines Vertragsschlusses rechtfertigen.

χχ) Jedenfalls im Regelfall ist der Nichtabschluß eines Wegebenutzungsvertrages zur Errichtung einer Direktleitung weder eine unbillige Behinderung noch eine sachlich nicht gerechtfertigte Ungleichbehandlung des betroffenen Energieversorgungsunternehmens.[1026]

bb) Ergebnis:

Aus § 20 Abs. 1 GWB läßt sich grundsätzlich kein Kontrahierungszwang bezüglich des Abschlusses eines Wegebenutzungsvertrages zur Errichtung einer Direktleitung herleiten.

[1025] So wohl auch Lukes, Die Benutzung öffentlicher Wege zur Fortleitung elektrischer Energie, S. 82, 87.
[1026] Vgl. in diesem Zusammenhang auch Lukes, Die Benutzung öffentlicher Wege zur Fortleitung elektrischer Energie, S. 85; ferner auch Malzer, Die Benutzung öffentlicher Wege zur Leitungsverlegung durch Versorgungsunternehmen und industrielle Eigenanlagen in kartellrechtlicher Sicht, WuW 1962, S. 252 ff. (253).

b) Anspruch auf Abschluß eines Wegebenutzungsvertrages aus §§ 19 Abs. 1 i.V.m. Abs. 4, 33 Satz 1 GWB:

Möglicherweise ergibt sich aber aus § 19 Abs. 1 i.V.m. Abs. 4 GWB ein Zwang für die Gebietskörperschaften, die Verlegung von Direktleitungen auf ihren Verkehrswegen zu gestatten:

aa) Das kartellrechtliche Mißbrauchsverbot nach der 6. GWB- Novelle 1998:

Aus § 22 GWB a.F. konnte kein Kontrahierungszwang hergeleitet werden. Das lag daran, daß gem. § 22 Abs. 4 GWB a.F. die Kartellbehörden lediglich berechtigt waren, einem marktbeherrschenden Unternehmen mißbräuchliches Verhalten zu untersagen und Verträge für unwirksam zu erklären.[1027] Es war weder war ein Antragsrecht Dritter vorgesehen, noch galt das Mißbrauchsverbot als Schutzgesetz i.S.d. § 35 GWB a.F.[1028] Durch die 6. GWB- Novelle 1998 wurde § 19 Abs. 1 GWB nach dem Vorbild des Art. 82 EG=Art. 86 S. 1 EGV zu einem unmittelbar geltenden gesetzlichen Verbot umgestaltet; seitdem ist § 19 Abs. 1 GWB als Schutzgesetz i.S.d. § 33 GWB anzusehen, so daß sich durch mißbräuchliche Verhaltensweisen geschädigte Dritte hiergegen selbst mit Unterlassungs- und Schadensersatzansprüchen wehren können.[1029] Folglich kommt auch §§ 19 Abs. 1 i.V.m. Abs. 4, 33 Satz 1 GWB als Anspruchsgrundlage für einen Kontrahierungszwang in Betracht.[1030]

bb) Mißbrauch einer marktbeherrschenden Stellung gem. § 19 Abs. 1 i.V.m. Abs. 4 GWB:

Voraussetzung wäre, daß die Verweigerung des Abschlusses eines Wegebenutzungsvertrages mißbräuchlich i.S.d. Vorschrift ist.[1031] Ob ein solcher

---

[1027] Vgl. Emmerich, Kartellrecht, § 18, 16.

[1028] Vgl. Emmerich, Kartellrecht, § 18, 16; Baur/ Weyer, in: Frankfurter Kommentar, GWB, § 22, Rn. 691; vgl. auch Möschel, in: Immenga/ Mestmäcker, GWB, § 22, Rn. 201, § 35, Rn. 48 ff. m.w.N. zum Streitstand.

[1029] Vgl. die Begründung zum Entwurf des GWB, BT- Drks. 13/ 9720, S. 31; ferner Emmerich, Kartellrecht, § 18, 16; Bunte, die 6. GWB- Novelle – Das neue Gesetz gegen Wettbewerbsbeschränkungen, DB 1998, S. 1748 ff. (1751); Kahlenberg, Novelliertes deutsches Kartellrecht, BB 1998, S. 1593 ff. (1596); Ebel, Kartellrecht, § 19, Rn. 1, 58, § 33, Rn. 58; Baur/ Weyer, in: Frankfurter Kommentar, GWB, Kurzdarstellung § 19 n.F., Rn. 6, 9; Bechtold, GWB, § 19, Rn. 87.

[1030] Vgl. Heinrichs, in: Palandt, Bürgerliches Gesetzbuch, Vor § 145, Rn. 9.

[1031] Zu der marktbeherrschenden Stellung der Gebietskörperschaften siehe bereits Teil C, IV., 3., a), aa).

Mißbrauch vorliegt, bestimmt sich entweder nach den speziellen Tatbeständen des Abs. 4 des § 19 GWB oder sonst nach dem allgemeinen Mißbrauchsverbot gem. § 19 Abs. 1 GWB.

α) Von den speziellen Mißbrauchstatbeständen käme zunächst § 19 Abs. 4 Ziff. 4 GWB in Betracht.[1032] Danach liegt ein Mißbrauch einer marktbeherrschenden Stellung vor, wenn sich ein marktbeherrschendes Unternehmen weigert, einem anderen Unternehmen gegen ein angemessenes Entgelt Zugang zu den eigenen Netzen oder anderen Infrastruktureinrichtungen zu gewähren, wenn es dem anderen Unternehmen aus rechtlichen oder tatsächlichen Gründen nicht möglich ist, auf dem vor- oder nachgelagerten Markt als Wettbewerber des marktbeherrschenden Unternehmens tätig zu werden; das gilt nicht, wenn das marktbeherrschende Unternehmen nachweist, daß die Mitbenutzung aus betriebsbedingten oder sonstigen Gründen nicht möglich oder nicht zumutbar ist.

αα) Diese Vorschrift ist als weiterer Unterfall der mißbräuchlichen Ausnutzung einer marktbeherrschenden Stellung durch die 6. GWB- Novelle 1998 eingeführt worden. Vorbild dieser Regelung ist die aus dem amerikanischen Recht stammende essential-facilities – Doktrin[1033], deren Ziel es ist, Inhaber wesentlicher Einrichtungen daran zu hindern, mittels der Verweigerung der Mitbenutzung dieser Einrichtungen durch ihre Konkurrenten (auch) die nachgeordneten Märkte zu monopolisieren.[1034] Die essential-facilities – Doktrin wurde zunächst in das europäische Wettbewerbsrecht übernommen[1035] und fand dann durch die 6. GWB- Novelle auch Niederschlag im deutschen Wettbewerbsrecht. Die Bundesregierung führte in der Begründung zu dieser Vorschrift aus, es müsse „der wachsenden volkswirtschaftlichen Bedeutung sogenannter Netzindustrien und anderer für die Aufnahme wesentlicher Einrichtungen" durch eine allgemeine Vorschrift Rechnung getragen werden.[1036] Bei § 19 Abs. 4 Ziff. 4 GWB hatte

---

[1032] So Salje, Energiewirtschaftsgesetz, § 13, S. 25.
[1033] Vgl. hierzu Klaue, Zur Rezeption der amerikanischen „essential- facility- doctrine" in das europäische und deutsche Kartellrecht, RdE 1996, S. 51 ff; Müller, Die „Essential Facilities" – Doktrin im Europäischen Kartellrecht, EuZW 1998, S. 232 ff; Markert, Die Anwendung des US- amerikanischen Monopolisierungsverbotes auf Verweigerung des Zugangs zu „wesentlichen Einrichtungen", in: FS für Mestmäcker, S. 661 ff.; Klimisch/ Lange, Zugang zu Netzen und anderen wesentlichen Einrichtungen als Bestandteil der kartellrechtlichen Mißbrauchsaufsicht, WuW 1998, S. 15 ff. (18 ff.).
[1034] Vgl. Emmerich, Kartellrecht, § 18, 14 b).
[1035] Vgl. Emmerich, Kartellrecht, § 18, 14 b) m.w.N. in Fn. 170.
[1036] Vgl. die Begründung zum Entwurf des GWB, BT- Drks. 13/ 9720, S. 36.

der Gesetzgeber dementsprechend Fälle im Auge, die dadurch gekennzeichnet sind, daß ein Inhaber einer wesentlichen Einrichtung infolge dieser Position de facto zugleich über den Zugang seiner Konkurrenten zu den vor- oder nachgelagerten Märkten entscheidet.[1037] In der energierechtlichen Literatur und Rechtsprechung wird § 19 Abs. 4 Ziff. 4 GWB vor allem im Zusammenhang mit Energiedurchleitungen diskutiert.[1038] Ob § 19 Abs. 4 Ziff. 4 GWB auch auf die Fälle anwendbar ist, in denen sich eine Gebietskörperschaft weigert, einen Verkehrsweg für den (Direkt-)Leitungsbau zur Verfügung zu stellen, bedarf im folgenden einer näheren Betrachtung.

ββ) Im einzelnen müßten folgende Voraussetzungen erfüllt sein:

(1.) Zunächst müßte es sich bei den Straßengrundstücken um Infrastruktureinrichtungen oder um ein Netz i.S.d. § 19 Abs. 4 Ziff. 4 GWB handeln. „Netz" i.S.d. Vorschrift ist ein Unterfall der Infrastruktureinrichtung; darunter sind physische oder virtuelle Verbindungen zwischen mehreren Orten, die im Zuge der Leistungserbringung erreicht werden müssen, zu verstehen.[1039] Netze lassen sich also beschreiben als „raumübergreifende, komplex verzweigte Transport- und Logistiksysteme für Güter, Personen oder Information".[1040] Eine derartige Netzstruktur liegt bei den öffentlichen Straßen unproblematisch vor,[1041] zumal dem Straßennetz als „Universalnetz" zugleich eine Basisfunktion zukommt:[1042] Die Straße hat als „Mehrzweckinstitut" neben der reinen Verkehrsfunktion im engeren Sinne insbesondere entscheidende Bedeutung für Versorgungsleitungen aller Art, also auch für die Elektrizitätsversorgung.[1043]

[1037] Vgl. Emmerich, Kartellrecht, § 18, 14, a) bb) unter Bezugnahme auf die Begründung zum Entwurf des GWB, BT- Drks. 13/ 9720, S. 36 f., 51 f., die Stellungnahme des Bundesrates, ebenda, S. 73 ff. und den Ausschußbericht, BT- Drks. 13/ 10633, S. 68, 72.

[1038] Vgl. etwa Büdenbender, Möglichkeiten zur Durchsetzung des Netzzugangs in der Elektrizitäts- und Gaswirtschaft, ZIP 1999, S. 1469 ff. (1470 f.); Klemm, Strom aus dem Ausland, EuZW 2000, S. 69 ff. (69 f.); Kühne, Der Netzzugang und seine Verweigerung im Spannungsfeld zwischen Zivilrecht, Energierecht und Kartellrecht, RdE 2000, S. 1 ff. (4 ff.); Ungemach/ Weber, Verfahrensfragen des Netzzugangs bei Elektrizität und Gas, RdE 1999, S. 11 ff., 131 ff.; BKartA, Beschluß vom 30.08.1999, RdE 2000. S. 31 ff.

[1039] Vgl. Bechtold, GWB, § 19, Rn. 80; dazu auch Dreher, Die Verweigerung des Zugangs zu einer wesentlichen Einrichtung als Mißbrauch der Marktbeherrschung, DB 1999, S. 833 ff. (834).

[1040] Vgl. zur Netzdefinition v. Weizsäcker, Wettbewerb in Netzen, WuW 1997, S. 572 ff. (572).

[1041] Vgl. etwa Klimisch/ Lange, Zugang zu Netzen und anderen wesentlichen Einrichtungen als Bestandteil des kartellrechtlichen Mißbrauchsaufsicht, WuW 1998, S. 15 ff. (16).

[1042] Vgl. dazu Hermes, Staatliche Infrastrukturverantwortung, S. 382.

[1043] Vgl. auch Mußgnug, Die öffentlichen Straßen als Mehrzweckinstitut, in: Bartlsperger, Ein Vierteljahrhundert Straßenrechtsgesetzgebung, S. 81 ff. (83 ff.). Weitere Nachweise bei Krämer, in: Kodal/ Krämer, Straßenrecht, Kap. 5, Rn. 3, S. 152.

(2.) Desweiteren müßte die Inanspruchnahme des Netzes für die potentiell Begünstigten Mittel sein, um auf dem vor- oder nachgelagerten Markt als Konkurrent des marktbeherrschenden Unternehmens tätig zu werden.[1044] In der Literatur herrscht zwar Streit darüber, ob der Inhaber der Infrastruktureinrichtung oder des Netzes auch auf dem betreffenden vor- oder nachgelagerten Markt marktbeherrschend sein muß;[1045] Einigkeit besteht jedoch angesichts des insoweit eindeutigen Wortlautes des § 19 Abs. 4 Ziff. 4 GWB, daß er überhaupt auf dem vor- oder nachgelagerten Markt tätig sein muß.[1046] Dem ist zuzustimmen, da § 19 Abs. 4 Ziff. 4 GWB als Mittel zur Verhinderung einer Monopolausbreitung andernfalls zweckentfremdet und sich zu weit von seinen Entstehungswurzeln, der essential- facilities- Doktrin, entfernen würde.[1047] Das erfordert, daß im Einzelfall festgestellt werden kann, daß die den Vertragsschluß verweigernde Gebietskörperschaft selbst auf dem nachgelagerten Markt – also der öffentlichen Elektrizitätsversorgung – tätig ist.[1048] Nur wenn das gelingt, kann sich aus § 19 Abs. 4 Ziff. 4 GWB überhaupt ein Kontrahierungszwang für den Abschluß eines Wegebenutzungsvertrages ergeben.

(3.) Ferner setzt § 19 Abs. 4 Ziff. 4 GWB voraus, daß es dem anderen Unternehmen aus rechtlichen oder tatsächlichen Gründen ohne die Mitbenutzung nicht möglich ist, auf dem vor- oder nachgelagerten Markt tätig zu werden. Das bedeutet, daß ohne den Zugang zu dem Netz bzw. der Infrastruktureinrichtung die Tätigkeit auf diesem Markt ausgeschlossen sein muß,[1049] und beinhaltet zunächst, daß es unmöglich sein muß, das Netz oder die wesentliche Infrastruktureinrichtung selbst zu schaffen, diese also zu

---

[1044] Vgl. dazu Baur/ Weyer, in: Frankfurter Kommentar, GWB, Kurzdarstellung § 19 n.F., Rn. 16.
[1045] Bejahend: Wallenberger, Diskriminierungsfreier Zugang zu Netzen und anderen Infrastruktureinrichtungen, K & R 1999, S. 152 ff. (155); verneinend: Schwintowski, Zugang zu wesentlichen Einrichtungen, WuW 1999, S. 842 ff. (851); ferner Bauer/ Weyer, in: Frankfurter Kommentar, GWB, Kurzdarstellung § 19 n.F., Rn. 12; offenlassend: BKartA, Beschluß vom 30.08.1999, S. 5, RdE 2000, S. 31 ff.
[1046] Vgl. etwa Baur/ Weyer, in: Frankfurter Kommentar, GWB, Kurzdarstellung § 19 n.F., Rn. 16; Klimisch/ Lange, Zugang zu Netzen und anderen wesentlichen Einrichtungen als Bestandteil der kartellrechtlichen Mißbrauchsaufsicht, WuW 1998, S. 15 ff. (23).
[1047] Vgl. dazu Schwintowski, Zugang zu wesentlichen Einrichtungen, WuW 1999, S. 842 ff. (849), wonach die kartellrechtliche Legitimation für die essential- facilities- Doktrin im *monopoly leveraging*, also in der Übertragung der Monopolmacht auf einen Zweitmarkt liegt.
[1048] Vgl. zu den Eigentumsverhältnissen an EVU: Bräuer/ Egeln/ Werner, Wettbewerb in der Versorgungswirtschaft und seine Auswirkungen auf kommunale Querverbundunternehmen, S. 61.
[1049] Vgl. Baur/ Weyer, in: Frankfurter Kommentar, GWB, Kurzdarstellung § 19 n.F., Rn. 16. Vgl. dazu auch Fleischer/ Weyer, Neues zur „essential facilities" -Doktrin, WuW 1999, S. 350 ff. (357).

duplizieren.[1050] Insoweit bestehen hier keine Bedenken; es liegt auf der Hand, daß ein Energieversorgungsunternehmen nicht in der Lage ist, ein vergleichbares Grundstücksnetz zur Leitungsverlegung zu unterhalten. Weiterhin ist aber zu prüfen, ob die Mitbenutzung der Infrastruktureinrichtung überhaupt zwingende Voraussetzung dafür ist, daß eine wettbewerbliche Tätigkeit aufgenommen werden kann.[1051] Daran fehlt es immer dann, wenn eine Durchleitungsmöglichkeit besteht, da dann die angestrebte Tätigkeit, die Versorgung anderer mit Energie, statt über eine Direktleitung auch mittels Durchleitung erreicht werden kann. Ebenso wie § 12 EnWG kann auch § 19 Abs. 4 Ziff. 4 GWB folglich nur dann zum Tragen kommen, wenn die Durchleitung etwa an technischen Gründen scheitert. Das bedeutet aber auch im Rahmen dieses Tatbestandes – sofern er überhaupt Anwendung finden kann – grundsätzlich einen Vorrang der Durchleitung vor der Errichtung zusätzlicher Direktleitungen. Dieser Vorrang gilt im Rahmen des § 19 Abs. 4 Ziff. 4 GWB selbst dann, wenn sich im Einzelfall die Durchleitung im Vergleich zur Errichtung einer zusätzlichen Leitung als ungünstiger erweisen sollte.[1052]

(4.) Hinzu kommt noch, daß bei der Prüfung der Zugangsverweigerungsgründe gem. § 19 Abs. 4 Ziff. 4 GWB a.E. ebenso wie bei § 20 Abs. 1 GWB eine umfassende Interessenabwägung zu erfolgen hat,[1053] so daß auch hier eine Reihe beachtlicher Gründe die Zugangsverweigerung rechtfertigen würden. Zur Vermeidung von Wiederholungen sei insoweit auf die obenstehenden Ausführungen verwiesen.[1054] Im Rahmen dieser Interessenabwägung muß zusätzlich allerdings noch berücksichtigt werden, daß für die Anwendung des § 19 Abs. 4 Ziff. 4 GWB - ebenso wie bei § 19 Abs. 4 Ziff. 1 GWB[1055] - über eine individuelle Behinderung hinaus eine Beeinträchtigung der Struktur des vor- bzw. nachgelagerten Marktes erforderlich ist.[1056] Die Wettbewerbsmöglichkeiten müßten

---

[1050] Vgl. Bechtold, GWB, § 19, Rn. 82; Dreher, Die Verweigerung des Zugangs zu einer wesentlichen Einrichtung als Mißbrauch der Marktbeherrschung, DB 1999, S. 833 ff. (834 f.); Wiedemann, in: ders., Handbuch des Kartellrechts, § 23, Rn. 65.
[1051] Vgl. Bechtold, GWB, § 19, Rn. 82. Zur Berücksichtigung anderer Vertriebswege vgl. Fleischer/ Weyer, Neues zur „essential facilities" -Doktrin, WuW 1999, S. 350 ff. (358 f.).
[1052] Vgl. dazu Fleischer/ Weyer, Neues zur „essential facilities" -Doktrin, WuW 1999, S. 350 ff. (358).
[1053] Vgl. Baur/ Weyer, in: Frankfurter Kommentar, GWB, Kurzdarstellung § 19 n.F., Rn. 20; vgl. die Gegenäußerung der Bundesregierung, BT- Drks. 13/ 9720, S. 80
[1054] Siehe oben Teil C, IV., 3., a), aa).
[1055] Vgl. dazu Emmerich, Kartellrecht, § 18, 12.
[1056] Vgl. dazu Baur/ Weyer, in: Frankfurter Kommentar, GWB, Kurzdarstellung § 19 n.F., Rn. 17 m.w.N.

also in einer für den Wettbewerb *erheblichen Weise* beeinträchtigt werden,[1057] was sich bei der Nichterrichtung einzelner Direktleitungen regelmäßig kaum feststellen lassen dürfte.

χχ) Nach alledem kann im Ergebnis festgehalten werden, daß die Weigerung einer Gebietskörperschaft, die Verlegung einer Direktleitung auf ihren öffentlichen Verkehrswegen zu gestatten, die Voraussetzungen des § 19 Abs. 4 Ziff. 4 GWB in der überwiegenden Zahl der Fälle nicht erfüllt.

β) Ebenfalls zum Scheitern verurteilt wäre schließlich auch der Versuch, auf Grundlage des § 19 Abs. 4 Ziff. 1 GWB (Behinderungsmißbrauch) oder auf Grundlage der Generalklausel des § 19 Abs. 1 GWB eine Kontrahierungspflicht herzuleiten. Denn bei beiden Tatbeständen, die sich weitgehend mit § 20 Abs. 1 GWB decken,[1058] muß ebenso wie im Rahmen des § 20 Abs. 1 GWB und § 19 Abs. 4 Ziff. 4 GWB eine umfassende Interessenabwägung erfolgen,[1059] wobei insbesondere das Interesse der Gebietskörperschaft, den Gemeingebrauch möglichst ungestört aufrechtzuerhalten, die Interessen des Energieversorgungsunternehmens an der Verlegung einer zusätzlichen Direktleitung regelmäßig überwiegen wird.

χ) Ergebnis:

Auch aus § 19 Abs. 1 i.V.m. Abs. 4, § 33 Satz 1 GWB kann ein Kontrahierungszwang zum Abschluß von Gestattungsverträgen für Direktleitungen regelmäßig nicht abgeleitet werden.

4. Das Mißbrauchsverbot im europäischen Kartellrecht:

Etwas anderes ergibt sich auch nicht unter Einbeziehung des europäischen Kartellrechts. Zwar kann sich grundsätzlich auch aus Art. 82 EG=Art. 86 EGV, der ein Schutzgesetz i.S.d. § 823 Abs. 2 BGB darstellt,[1060] ein Kontrahierungszwang ergeben,[1061] doch

---

[1057] Vgl. Schwintowski, Der Zugang zu wesentlichen Einrichtungen, WuW 1999, S. 842 ff. (851).
[1058] Vgl. Emmerich, Kartellrecht, § 20, Rn. 6 a).
[1059] Vgl. Emmerich, Kartellrecht, § 18, Rn. 17; Bechtold, GWB, § 19, Rn. 65.
[1060] Vgl. Weiß, in: Callies/ Ruffert, Kommentar zu EU- Vertrag und EG- Vertrag, Art. 82, Rn. 72; Geiger, EG- Vertrag, Art. 86, Rn. 14
[1061] Vgl. Dieckmann, in: Wiedemann, Handbuch des Kartellrechts, § 40, Rn. 24. Ob sich ein Kontrahierungszwang auch aus Art. 81 EG=Art. 85 EGV ergeben kann, ist umstritten (dafür:

scheitert das hier schon daran, daß einerseits diese Vorschrift selbst bei einer weiten Auslegung der Zwischenstaatlichkeitsklausel[1062] wohl lediglich auf den grenzüberschreitenden Direktleitungsbau anwendbar wäre, und andererseits die beherrschende Stellung der Gebietskörperschaft auf einem wesentlichen Teil des Gemeinsamen Marktes[1063] bestehen müßte, was regelmäßig nicht feststellbar sein dürfte.

5. Exkurs: Die Selbstbindung der Verwaltung gem. Art. 3 Abs. 1 GG:

In Betracht käme schließlich nur noch die Herleitung eines Anspruchs auf Abschluß eines Wegebenutzungsvertrages vor dem Hintergrund des Gleichbehandlungsgrundsatzes gem. Art. 3 Abs. 1 GG. Allerdings ist die Frage, ob die Gebietskörperschaften bei der Wegerechtsvergabe zum Zwecke des Leitungsbaus für die öffentliche Versorgung an Art. 3 Abs. 1 GG gebunden sind, nicht abschließend geklärt. Aber selbst wenn man eine solche Bindung mit Hinweis auf die Lehre vom Verwaltungsprivatrecht bejahen wollte,[1064] kann sich aus Art. 3 Abs. 1 GG kein über §§ 20, 33 GWB hinausgehender Kontrahierungszwang ergeben: Denn auch Art. 3 Abs. 1 GG verbietet nur eine sachlich nicht gerechtfertigte Ungleichbehandlung im wesentlichen gleicher Sachverhalte, so daß die Differenzierungskriterien, die im Rahmen des § 20 GWB die Ungleichbehandlung verschiedener Energieversorgungsunternehmen zu rechtfertigen vermochten, ebenso auch bei Art. 3 Abs. 1 GG zu einer hinreichenden sachlichen Rechtfertigung der Verweigerung genügen werden.

Haslinger, Zum Belieferungsanspruch aufgrund Art. 85 EGV i.V.m. §§ 823 II, 249 ff. BGB, WuW 1998, S. 456 ff.; dagegen: Traugott, Anspruch auf Belieferung aus Art. 85 Abs. 1 EGV in Verbindung mit § 823 Abs. 2 BGB und § 249 Satz 1 BGB?, WuW 1997, S. 486 ff.), kann hier aber dahinstehen.

[1062] Vgl. dazu Roth/ Ackermann, in: Frankfurter Kommentar, Grundlagen Art. 81 I EG, Rn. 304 m.w.N.

[1063] Vgl. dazu etwa Geiger, EG- Vertrag, Art. 86, Rn. 8; Grill, in: Lenz, EG- Vertrag, Art. 82, Rn. 9; Weiß, in: Callies/ Ruffert, Kommentar zu EU- Vertrag und EG- Vertrag, Art. 82, Rn. 81.

[1064] In diesem Sinne wohl Wieland, Die Konzessionsabgaben, S. 385, Fn. 85; ferner Bauer, in: Kodal/ Krämer, Straßenrecht, Kap. 27, 6.1 ff., S. 725, der eine Selbstbindung der Verwaltung insbesondere aus der Anwendung der Musterverträge ableiten will; a.A. wohl Lukes, Die Benutzung öffentlicher Wege zur Fortleitung elektrischer Energie, S. 34 Vgl. zum Verwaltungsprivatrecht: Stober, in: Wolff/ Bachof/

6. Ergebnis:

Es dürfte nur in Ausnahmefällen, aber nicht durchgängig, ein mittelbarer Kontrahierungszwang zum Abschluß eines Wegebenutzungsvertrags zur Errichtung zusätzlicher Direktleitungen auf öffentlichen Verkehrswegen bestehen.

V.   Der Direktleitungsbau zum Zwecke der Eigenversorgung auf öffentlichen Verkehrswegen:

1. Die bisherige Untersuchung hat gezeigt, daß die Vorschriften, die einen Rechtsanspruch auf die Benutzung öffentlicher Verkehrswege für die Errichtung von Elektrizitätsleitungen begründen können, auf Eigenversorgungsleitungen keine Anwendung finden:

a) Die §§ 12, 13 Abs. 1 EnWG sind schon deswegen auf Eigenversorgungsleitungen nicht anwendbar, weil sie tatbestandlich Vorhaben zum Zwecke der öffentlichen Versorgung voraussetzen.[1065]

b) Gleiches gilt im Ergebnis aber auch für § 826 BGB bzw. die kartellrechtlichen Vorschriften der §§ 19, 20 GWB. Der Grund dafür liegt darin, daß für Leitungen zum Zwecke der Eigenversorgung lediglich dann Privatrecht gilt, wenn weder durch die Verlegung noch durch die Existenz der Leitung der Gemeingebrauch - und zwar nicht einmal für eine kurze Dauer - beeinträchtigt wird. Trotz der fortgeschrittenen Verlegungstechnik ist das aber allenfalls die Ausnahme, so daß regelmäßig eine Sondernutzungserlaubnis gem. § 8 Abs. 1 BFStrG bzw. den entsprechenden landesrechtlichen Vorschriften[1066] erteilt werden muß.[1067] Auf die Erteilung dieser Erlaubnisse hat dann aber weder § 826 BGB noch etwa das Kartellrecht unmittelbaren Einfluß.[1068]

2. Insbesondere vor dem Hintergrund des Art. 21 RL- Elt. stellt sich allerdings die Frage, unter welchen Voraussetzungen öffentliche Verkehrswege zum Zwecke der Errichtung von Direktleitungen, die ausschließlich der Eigenversorgung zu dienen bestimmt sind, genutzt werden können und inwieweit diesbezüglich ein Anspruch auf die Erteilung einer Sondernutzungserlaubnis besteht. Dabei ergibt sich folgendes Bild:

[1065] Zu § 13 Abs. 1 EnWG siehe Teil C, II., 3., b); zu § 12 EnWG siehe Teil C, III., 3., a).

[1066] Vgl. z.B. § 18 Abs. 1 NStrG.

[1067] Vgl. dazu auch Lukes, Die Benutzung öffentlicher Wege zur Fortleitung elektrischer Energie, S. 45; Biedenkopf/ Kellmann, Die wege- und kartellrechtliche Problematik der Verlegung von Energieversorgungsleitungen für den Eigenbedarf, S. 13; vgl. auch Bauer, in: Kodal/ Krämer, Straßenrecht, Kap. 27, Rn. 17, S. 730.

[1068] Das Problem eines Monopolmißbrauchs könnte allenfalls mittelbar bei der Erteilung der Sondernutzungserlaubnis eine Rolle spielen, vgl. dazu unten Teil C, V., 2., b), bb).

a) Die straßenrechtliche Sondernutzungserlaubnis stellt eine öffentlich- rechtliche Gestattung einer bestimmten Straßennutzung dar und ergeht überwiegend in der Form eines begünstigenden Verwaltungsakts.[1069] Zuständig für die Erteilung ist nach den Bestimmungen der einzelnen Straßengesetze der Träger der Straßenbaulast oder die Straßenbaubehörde, für Sondernutzungen an Ortsdurchfahrten aber immer die Gemeinde.[1070] Sofern der Straßenbaulastträger nicht Eigentümer des Grundstückes ist, bedarf die Erlaubniserteilung wegen des öffentlichen Sachstatus der Straße nicht der Zustimmung des Eigentümers;[1071] dessen Verfügungsgewalt ist von der öffentlich-rechtlichen Zweckbestimmung der Straße durch Widmung überlagert und ruht.[1072]

b) Das Recht der Sondernutzung ist als präventives Verbot mit Erlaubnisvorbehalt ausgestaltet;[1073] Sondernutzungen sind im Interesse des Gemeingebrauchs von Gesetzes wegen grundsätzlich verboten und nur im Einzelfall aufgrund einer ausnahmsweisen Erlaubnis gestattet.[1074] Dem einzelnen steht kein Anspruch auf Erteilung einer Sondernutzungserlaubnis zu, sie steht vielmehr im Ermessen des Straßenbaulastträgers.[1075] Weigert sich die zuständige Behörde, einem Eigenversorger die beantragte Sondernutzungserlaubnis zur Errichtung einer Direktleitung zu erteilen, so bleibt es folglich bei dem gesetzlichen Sondernutzungsverbot.[1076] In diesem Fall hat der Eigenerzeuger lediglich die Möglichkeit, diese Entscheidung (nach erfolglosem

---

[1069] Vgl. Grupp, in: Marschall/ Schroeter/ Kastner, Bundesfernstraßengesetz, § 8, Rn. 7; Grote, in: Kodal/ Krämer, Straßenrecht, Kap. 26, Rn. 14, S. 697.

[1070] Vgl. Grote, in: Kodal/ Krämer, Straßenrecht, Kap. 26, Rn. 28, S. 703. Beispielsweise liegt in Niedersachsen die Zuständigkeit beim Straßenbaulastträger, für den die Straßenbaubehörde tätig wird, vgl. Wendrich, Niedersächsisches Straßengesetz, § 18, Rn. 4. Zur Zuständigkeitsverteilung vgl. Nr. II B des RdErl. vom 18.12.1986, Nds. MBl. 1987, S. 70 f. (zuletzt geändert durch RdErl. vom 22.02.1994, Nds. MBl., S. 367).

[1071] Vgl. Grupp, in: Marschall/ Schroeter/ Kastner, Bundesfernstraßengesetz, § 8, Rn. 7; vgl. auch Wendrich, Niedersächsisches Straßengesetz, § 18, Rn. 2.

[1072] Vgl. Wendrich, Niedersächsisches Straßengesetz, § 18, Rn. 2 m.w.N.

[1073] Vgl. Wendrich, Niedersächsisches Straßengesetz, § 18, Rn. 2; Biedenkopf/ Kellmann, Die wege- und kartellrechtliche Problematik der Verlegung von Energieversorgungsleitungen für den Eigenbedarf, S. 10.

[1074] Vgl. Schmidt, Der Ermessensrahmen bei der Versagung einer straßenrechtlichen Sondernutzungserlaubnis, NVwZ 1985, S. 167 ff. (169).

[1075] Vgl. BVerwG NJW 1978, S. 1937 f. (1937); Salzwedel, Straßen- und Verkehrsrecht, in: Schmidt-Aßmann, Besonderes Verwaltungsrecht, 8. Abschnitt, Rn. 34; Grupp, in: Marschall/ Schroeter/ Kastner, Bundesfernstraßengesetz, § 8, Rn. 8; Schmidt, Der Ermessensrahmen bei der Versagung einer straßenrechtlichen Sondernutzungserlaubnis, NVwZ 1985, S. 167 ff. (169); Wendrich, Niedersächsisches Straßengesetz, § 18, Rn. 3; Grote, in: Kodal/ Krämer, Straßenrecht, Kap. 26, Rn. 14, S. 697; vgl. auch Dehmer, Energieversorgungskonzepte – Vorranggebiete – Kartellrecht, S. 193.

[1076] Vgl. Schmidt, Der Ermessensrahmen bei der Versagung einer straßenrechtlichen Sondernutzungserlaubnis, NVwZ 1985, S. 167 ff. (169).

Widerspruchsverfahren gem. § 68 Abs. 2 VwGO) im Wege der Verpflichtungsklage gem. § 42 Abs. 1 2. Alt. VwGO verwaltungsgerichtlich überprüfen zu lassen. Das Verwaltungsgericht ist aber gem. § 114 VwGO darauf beschränkt, die ablehnende Entscheidung des Straßenbaulastträgers auf Ermessensfehler hin zu überprüfen. Insoweit hat ein Eigenerzeuger lediglich ein subjektiv- öffentliches Recht auf fehlerfreie Ermessensentscheidung.[1077] Der Straßenbaulastträger wäre nur dann verpflichtet, die beantragte Sondernutzungserlaubnis zu erteilen, wenn eine Ermessensreduzierung dergestalt eingetreten wäre, daß jede andere Entscheidung als die Erteilung der Erlaubnis ermessensfehlerhaft ist (= Ermessensreduzierung auf Null)[1078]. Ermessensfehlerhaft wäre die Ablehnung der Sondernutzungserlaubnis insbesondere dann, wenn ein Fall des Ermessensfehlgebrauchs[1079] vorläge, also wenn sich die Behörde bei ihrer Entscheidung nicht ausschließlich vom Zweck der Ermessensvorschrift leiten ließ oder sich die Entscheidung als Verstoß gegen Grundrechte[1080] bzw. gegen anderes zwingendes Recht[1081] darstellte:

aa) Welche Interessen bei der straßenrechtlichen Ermessensentscheidung zu berücksichtigen sind, ist umstritten. Nach allgemeiner Auffassung sind zunächst alle spezifisch straßenrechtlichen Schutzinteressen einzubeziehen.[1082] Danach sind jedenfalls die Leichtigkeit und Sicherheit des Straßenverkehrs[1083], die Erhaltung des Straßenzustandes und der Schutz des Straßenbildes[1084] und das Bedürfnis, zeitlich und örtlich gegenläufige Interessen verschiedener Straßenbenutzer auszugleichen[1085],

---

[1077] Vgl. Biedenkopf/ Kellmann, Die wege- und kartellrechtliche Problematik der Verlegung von Energieversorgungsleitungen für den Eigenbedarf, S. 11; Grupp, in: Marschall/ Schroeter/ Kastner, Bundesfernstraßengesetz, § 8, Rn. 8; Lukes, Die Benutzung öffentlicher Wege zur Fortleitung elektrischer Energie, S. 39 m.w.N. in Fn. 129, 131; Schenke, in: Kopp/ Schenke, VwGO, § 114, Rn. 91 ff.
[1078] Vgl. dazu z.B. Rennert, in: Eyermann, Verwaltungsgerichtsordnung, § 114, Rn. 32.
[1079] Vgl. Maurer, Allgemeines Verwaltungsrecht, § 7, Rn. 22; Schenke, in: Kopp/ Schenke, VwGO, § 114, Rn. 8; Rennert, in: Eyermann, Verwaltungsgerichtsordnung, § 114, Rn. 20.
[1080] Vgl. Maurer, Allgemeines Verwaltungsrecht, § 7, Rn. 23; Rennert, in: Eyermann, Verwaltungsgerichtsordnung, § 114, Rn. 27 ff.
[1081] Vgl. Lukes, Die Benutzung öffentlicher Wege zur Fortleitung elektrischer Energie, S. 55; Schenke, in: Kopp/ Schenke, VwGO, § 114, Rn. 9.
[1082] Vgl. Dehmer, Energieversorgungskonzepte – Vorranggebiete – Kartellrecht, S. 194 m.w.N. in Fn. 130; Steiner, Straßen- und Verkehrsrecht, in: ders., Besonderes Verwaltungsrecht, V E, Rn. 115; Schenke, in: Kopp/ Schenke, VwGO, § 114, Rn. 9.
[1083] Vgl. BVerwG NJW 1978, S. 1937 f. (1937).
[1084] Vgl. BVerwG NJW 1978, S. 1937 f. (1937).
[1085] Vgl. BVerwG NJW 1978, S. 1933 ff. (1934); BVerwG NJW 1981, S. 472 (472).

Schutzzweck der Sondernutzungserlaubnis.[1086] Desweiteren können auch bauplanerische und baupflegerische Belange die Versagung einer Erlaubnis rechtfertigen.[1087] Nach zum Teil vertretener Ansicht ist darüber hinaus auch jedes andere öffentliche Interesse berücksichtigungsfähig.[1088] Fest steht nur, daß kommerzielle oder erwerbswirtschaftliche Interessen der Gebietskörperschaften für die Frage der Erfüllung oder der Erteilung der Sondernutzungserlaubnis nicht herangezogen werden dürfen.[1089] Welcher Auffassung zu folgen ist, kann hier letztlich dahinstehen; denn selbst wenn man lediglich den genannten straßenrechtlichen Gesichtspunkten Beachtung schenken will, sind die möglichen Gründe für die Verweigerung einer Sondernutzungserlaubnis derart vielfältig, daß bei einer beantragten Sondernutzungserlaubnis zum Zwecke der Errichtung einer Eigenversorgungsdirektleitung ein Ermessensfehlgebrauch, der zugleich auch noch eine Ermessensreduzierung auf Null[1090] zur Folge hätte, lediglich in Ausnahmefällen denkbar ist.

bb) Regelmäßig beinhaltet nämlich auch die Verweigerung einer Sondernutzungserlaubnis zur Errichtung einer Direktleitung zum Zwecke der Eigenversorgung keinen Verstoß gegen Grundrechte oder sonstiges materielles Recht. Ein Grundrechtsverstoß käme wohl allenfalls unter dem Gesichtspunkt des Art. 3 Abs. 1 GG in Betracht; ein Gleichheitsverstoß muß aber im Ergebnis selbst dann ausscheiden, wenn einem Energieversorgungsunternehmen zuvor die Leitungsverlegung auf dem betreffenden Verkehrsweg gestattet worden war. Zweifelhaft ist insoweit schon, ob bei der Leitungsverlegung zum Zwecke der öffentlichen Versorgung und der Verlegung von Eigenversorgungsleitungen überhaupt hinreichend gleichgelagerte Sachverhalte vorliegen, die eine Überprüfung am Maßstab des Art. 3 Abs. 1 GG zulassen.[1091] Aber selbst wenn man das bejahen wollte, bestehen auch hier – ebenso wie bei der Errichtung

---

[1086] Vgl. Wendrich, Niedersächsisches Straßengesetz, § 18, Rn. 3.

[1087] Vgl. VGH Kassel NVwZ 1983, S. 48 f. (49).

[1088] Vgl. Grote, in: Kodal/ Krämer, Straßenrecht, Kap. 26, Rn. 14, S. 697; Lukes, Die Benutzung öffentlicher Wege zur Fortleitung elektrischer Energie, S. 41; vgl. auch Dehmer, Energieversorgungskonzepte – Vorranggebiete - Kartellrecht, S. 194, m.w.N. in Fn. 135.

[1089] Vgl. Lukes, Die Benutzung öffentlicher Wege zur Fortleitung elektrischer Energie, S. 41 f.; Biedenkopf/ Kellmann, Die wege- und kartellrechtliche Problematik der Verlegung von Energieversorgungsleitungen für den Eigenbedarf, S. 11.

[1090] Rennert, in: Eyermann, Verwaltungsgerichtsordnung, § 114, Rn. 32, weist in diesem Zusammenhang unter Bezugnahme auf BVerwG NVwZ 1988, S. 525 darauf hin, daß eine Ermessensreduzierung auf Null nur sehr zurückhaltend und nur in engen Ausnahmefällen angenommen werden soll, um einen Übergriff der Gerichte in den Bereich der Verwaltung zu vermeiden.

[1091] Vgl. Lukes, Die Benutzung öffentlicher Wege zur Fortleitung elektrischer Energie, S. 55.

einer Fremdversorgungsdirektleitung – eine Reihe zulässiger Differenzierungskriterien, die eine Ungleichbehandlung im Einzelfall zu rechtfertigen vermögen.[1092] Aus demselben Grund wird man regelmäßig auch unter dem Gesichtspunkt des Monopolmißbrauchs keine Verpflichtung zur Erteilung einer Sondernutzungserlaubnis herleiten können.[1093]

3. Grundsätzlich hat ein Eigenversorger damit nach geltendem Recht keinen Anspruch darauf, öffentliche Verkehrswege zum Zwecke der Errichtung einer Eigenversorgungsleitung zu nutzen.

[1092] Siehe dazu oben Teil C, IV., 3., a), aa).
[1093] Im Ergebnis ähnlich: Lukes, Die Benutzung öffentlicher Wege zur Fortleitung elektrischer Energie, S. 55; a.A. wohl Biedenkopf/ Kellmann, Die wege- und kartellrechtliche Problematik der Verlegung von Energieversorgungsleitungen für den Eigenbedarf, S. 12.

Teil D:

Der Direktleitungsbau unter Benutzung von Privatgrundstücken:

Die Verwirklichung eines Direktleitungsvorhabens wird häufig auch die Inanspruchnahme von Privatgrundstücken erforderlich machen. Zwar scheint es schon unter praktischen Gesichtspunkten sinnvoller zu sein, die Verkehrswege einer Gebietskörperschaft zu nutzen, anstatt mit einer Vielzahl von Privateigentümern über die Grundstücksbenutzung zu verhandeln, doch kann die Leitungsverlegung auf Privatgrundstücken nicht in jedem Fall vermieden werden. Im folgenden ist deswegen zu prüfen, unter welchen Voraussetzungen auf Privatgrundstücken Direktleitungen zum Zwecke der Fremdversorgung (**Fall c)**) und zum Zwecke der Eigenversorgung errichtet werden können (**Fall d)**).

I. Die Errichtung von Elektrizitätsleitungen auf Privatgrundstücken:

Anders als bei der Benutzung öffentlicher Verkehrswege setzt die Gestattung der Leitungsverlegung auf Privatgrundstücken immer eine privatrechtliche Zustimmung des betroffenen Grundstückseigentümers voraus, unabhängig davon, ob es sich bei dem konkreten Vorhaben um eine Leitung für die Fremd- oder für die Eigenversorgung handelt, und auch unabhängig von der Intensität und Dauer der Leitungsbaumaßnahme. Ebenso wie bei der Benutzung öffentlicher Verkehrswege fehlt es hier an einem einheitlichen gesetzlichen Leitungsverlegungsrecht,[1094] wie es etwa das Telekommunikationsgesetz vom 25. Juni 1996[1095] mit § 57 TKG kennt, der Errichtung, Betrieb und Wartung von Telekommunikationsleitungen auf Privatgrundstücken umfassend regelt.[1096] Auch im Rahmen der Energierechtsreform 1998 hat der Gesetzgeber von der Begründung gesetzlicher Nutzungsrechte Abstand genommen.[1097] Um ein Leitungsvorhaben im Einzelfall nicht an der Weigerung eines einzigen

---

[1094] Vgl. Büdenbender/ Heintschel von Heinegg/ Rosin, Energierecht I, Rn. 1836.
[1095] BGBl. I, S. 1120.
[1096] Vgl. dazu Ellinghaus, Wegerechte für Telekommunikationsunternehmen, CR 1999, S. 420 ff.; Hardinger/ Rädler, Die Duldungspflicht des Grundstückseigentümers aus § 57 TKG, MMR 1999, S. 330 ff.; Schuster, Wegerechte für Telekommunikationsnetze gem. § 57 TKG auf dem Prüfstand der Gerichte, MMR 1999, S. 137 ff.; Möller, Grundstücksbenutzungsrechte für Energieversorgungsunternehmen nach § 57 Telekommunikationsgesetz, RdE 1999, S. 217 ff.; zur Verfassungsmäßigkeit dieser Regelung vgl. BVerfG, RdE 2000, S. 22 ff.
[1097] Vgl. Büdenbender/ Heintschel von Heinegg/ Rosin, Energierecht I, Rn. 1836.

Grundstückseigentümers scheitern zu lassen, sieht die Rechtsordnung verschiedene Einzelvorschriften vor, die unter bestimmten Voraussetzungen auf Privatgrundstücken Leitungsverlegungsrechte begründen können. Inwieweit diese Vorschriften auch für zusätzlichen Direktleitungsbau auf Privatgrundstücken gelten, ist Gegenstand der folgenden Untersuchung.

1. Grundstücksbenutzungsrecht gem. § 8 Abs. 1 AVBEltV:

Ein besonderes energierechtliches Grundstücksbenutzungsrecht findet sich in § 8 Abs. 1 Satz 1 der Verordnung über Allgemeine Bedingungen für die Elektrizitätsversorgung von Tarifkunden (AVBEltV)[1098]. Diese Vorschrift lautet:

„§ 8 Grundstücksbenutzung

Kunden und Anschlußnehmer, die Grundstückseigentümer sind, haben für Zwecke der örtlichen Energieversorgung (Niederspannungs- und Mittelspannungsnetz) das Anbringen und Verlegen von Leitungen zur Zu- und Fortleitung von Elektrizität über ihre im gleichen Versorgungsgebiet liegenden Grundstücke, ferner das Anbringen von Leitungsträgern und sonstigen Einrichtungen sowie erforderliche Schutzmaßnahmen unentgeltlich zuzulassen.“

a) Entstehungsgeschichte und Rechtsnatur der AVBEltV:

Die Allgemeinen Versorgungsbedingungen sind aus der Übung der EVU hervorgegangen, für Haushaltsabnehmer und auch Kleingewerbetreibende allgemeine Versorgungsbedingungen und Tarife aufzustellen und den Versorgungsverträgen zu Grunde zulegen.[1099] Sie beruhen auf Musterbedingungen, die Ende der 30er, Anfang der 40er Jahre in der Wirtschaft entwickelt wurden.[1100] Mit Anordnung vom 27. Januar 1942 wurden diese vom Generalinspekteur für Wasser und Energie für allgemeinverbindlich erklärt, wodurch sie nach allgemeiner Auffassung den Charakter einer Rechtsverordnung

---

[1098] VO v. 21.06.1979, BGBl. I, S. 684.
[1099] Vgl. Evers, Das Recht der Energieversorgung, S. 149 f.
[1100] Vgl. die Amtliche Begründung zur AVBEltV, BR- Drks. 76/79 vom 15.02.1979, A. 1., S. 32, abgedruckt u.a. bei Ludwig/ Odenthal, Recht der Elektrizitäts-, Gas- und Wasserversorgung, Bd. 1, AVBEltV III, S. 1 ff. (1)

angenommen haben.[1101] Abgelöst wurden diese Bedingungen dann durch die AVBEltV vom 21. Juni 1979, die am 01. April 1980 in Kraft getreten ist.[1102] Ihrer Rechtsnatur nach handelte es sich bei der AVBEltV um eine auf § 7 Abs. 2 EnWG a.F. gestützte Rechtsverordnung; sie regelt die wesentlichen Rechtsbeziehungen zwischen den EVU und den Tarifkunden und griff als staatlich gesetztes Recht unmittelbar in jedes Versorgungsverhältnis ein, welches auf § 6 Abs. 1 EnWG a.F. beruhte.[1103]

b) Fortgeltung der AVBEltV im reformierten Energierecht:

Die AVBEltV besteht auch nach der Energierechtsreform 1998 fort; das hat der Gesetzgeber ausdrücklich klargestellt.[1104] Dem steht nicht entgegen, daß bei der Ablösung des EnWG 1935 durch das EnWG 1998 auch deren Ermächtigungsgrundlage verloren gegangen ist. Denn der Umstand, daß die Verordnung früher auf § 7 Abs. 2 EnWG a.F. gestützt war, ändert an deren weiterer Wirksamkeit nichts: Nach ständiger Rechtsprechung des BVerfG bleiben Rechtsverordnungen auch dann in Kraft, wenn die Ermächtigungsgrundlage nach deren Erlaß wegfällt.[1105] Ohnehin könnte ein neuer Erlaß oder Änderung der AVBEltV über § 11 Abs. 2 EnWG n.F. erfolgen.[1106] Bedenken an der Fortgeltung der AVBEltV nach der Energierechtsreform 1998 ergeben sich allerdings dadurch, daß der Gesetzgeber auf jegliche inhaltliche Änderungen, Modifikationen und Ergänzungen verzichtet hat.[1107] So müssen sich gegenwärtig jedenfalls einzelne Vorschriften der AVBEltV die Frage gefallen lassen, ob ihre Vereinbarkeit mit dem neuen ordnungspolitischen Rahmen noch gegeben ist.[1108] Das

---

[1101] Vgl. die Amtliche Begründung zur AVBEltV, BR- Drks. 76/79 vom 15.02.1979, A. 1., S. 32. Dazu auch: Sanders, in: Tegethoff/ Büdenbender/ Klinger, Das Recht der öffentlichen Energieversorgung, AVBEltV, Einleitung, Rn. 4, m.w.N. in Fn. 13; BGHZ 9, S. 390 ff. (393).

[1102] Vgl. Evers, Das Recht der Energieversorgung, S. 150. Ausführlich zur Entstehungsgeschichte der AVB siehe u.a. Gartner, Privateigentum und öffentliche Energieversorgung, S. 4 ff.

[1103] Vgl. Recknagel, in: Hermann/ Recknagel/ Schmidt- Salzer, Kommentar zu den allgemeinen Versorgungsbedingungen, Bd. 1, § 1, Rn. 8.

[1104] Vgl. die Begründung zum Entwurf des EnWG, BT- Drks. 13/ 7274, S. 18. Vgl. dazu auch Hempel, in: Böwing, EnWG 1998, 2; ferner Büdenbender, Schwerpunkte der Energierechtsreform 1998, Rn. 721.

[1105] Vgl. BVerfGE 9, S. 3 ff. (12); 44, S. 216 ff. (226); dazu Büdenbender, Schwerpunkte der Energierechtsreform 1998, Rn. 720 ff.; ders./ Heintschel von Heinegg/ Rosin, Energierecht I, Rn. 1844; Bryde, in: v. Münch/ Kunig, Grundgesetz-Kommentar, Art. 80, Rn. 5 a; Maunz, in: Maunz/ Dürig, Grundgesetz, Art. 80, Rn. 24.

[1106] Vgl. Büdenbender/ Heintschel von Heinegg/ Rosin, Energierecht I, Rn. 1894.

[1107] Vgl. Büdenbender, Schwerpunkte der Energierechtsreform 1998, Rn. 722.

[1108] Vgl. Büdenbender, Schwerpunkte der Energierechtsreform 1998, Rn. 723.

trifft insbesondere auf das Weiterleitungsverbot des § 22 Abs. 1 Satz 2 AVBEltV zu;[1109] danach ist die Weiterleitung der bezogenen Energie nur mit schriftlicher Zustimmung des EVU zulässig. Nach früherem Verständnis konnte die Zustimmung im Regelfall verweigert werden, weil damit nicht gewollte Wettbewerbsprozesse verbunden gewesen wären.[1110] Diese Betrachtungsweise ist vor dem Hintergrund der Energierechtsreform 1998 und dem dementsprechend geänderten Grundverständnis über die positiven Wirkungen des Wettbewerbs in der Energiewirtschaft nicht mehr haltbar.[1111] Darüber hinaus stellt sich die weitergehende Frage, ob die AVBEltV, die gem. § 7 Abs. 2 EnWG a.F. bzw. § 11 Abs. 2 EnWG einen Interessenausgleich zwischen Kunden und Energieversorgungsunternehmen schaffen sollte, insgesamt der neuen, wettbewerblich strukturierten Rechtslage und der damit möglicherweise verbundenen Interessenverschiebung in ausreichendem Maße Rechnung trägt. Hier müssen diese Fragen dahinstehen; es genügt die Feststellung, daß es sich bei § 8 Abs. 1 Satz 1 AVBEltV bis auf weiteres um geltendes Recht handelt.

c) § 8 Abs. 1 Satz 1 AVBEltV und Direktleitungsbau:

§ 8 Abs. 1 Satz 1 AVBEltV stellte sich bisher in der Praxis als außerordentlich wichtige Vorschrift dar, die den Energieversorgungsunternehmen in zahlreichen Fällen ein Leitungsverlegungsrecht auf fremden Privatgrundstücken[1112] verschafft hat.[1113] Dennoch wird sich auf Grundlage dieser Vorschrift ein Direktleitungsvorhaben gegen den Willen der betroffenen Grundstückseigentümer nicht durchsetzen lassen:

aa) Für Eigenversorgungsleitungen ist § 8 Abs. 1 Satz 1 AVBEltV schon deswegen bedeutungslos, weil sich die AVBEltV nur an Energieversorgungsunternehmen i.S.d.

[1109] Vgl. dazu Büdenbender, Schwerpunkte der Energierechtsreform 1998, Rn. 723.
[1110] Vgl. Recknagel, in: in: Hermann/ Recknagel/ Schmidt- Salzer, Kommentar zu den allgemeinen Versorgungsbedingungen, Bd. II, § 22, Rn. 12; Hempel, in: Ludwig/ Odenthal, Recht der Elektrizitäts-, Gas- und Wasserversorgung, AVBEltV, § 22, Rn. 1 m.w.N.
[1111] Vgl. dazu Büdenbender, Schwerpunkte der Energierechtsreform 1998, Rn. 723.
[1112] Daß § 8 Abs. 1 bis 5 AVBEltV nicht für öffentliche Verkehrswege und Verkehrsflächen gelten, ist ausdrücklich in Abs. 6 des § 8 AVBEltV klargestellt, vgl. dazu auch Danner, in: Eiser/ Riederer/ Obernolte, Energiewirtschaftsrecht, § 8 VersorgBdg., 8.
[1113] Vgl. Büdenbender, Energierecht, Rn. 445; ders./ Heintschel von Heinegg/ Rosin, Energierecht I, Rn. 1844. Zur praktischen Bedeutung des § 8 AVBEltV siehe ferner Gartner, Privateigentum und öffentliche Energieversorgung, S. 28 ff.

Energiewirtschaftsgesetzes wendet;[1114] diese Vorschrift begründet folglich auch nur für Zwecke der öffentlichen Versorgung das Recht zur Grundstücksbenutzung.[1115]

bb) Aber auch für Fremdversorgungsdirektleitungen gilt im Ergebnis nichts anderes:

α) Das liegt vor allem daran, daß § 8 Abs. 1 AVBEltV einen Anschluß- und Versorgungsvertrag zwischen dem Energieversorgungsunternehmen, welches eine Leitung errichten will, und dem Grundstückseigentümer, auf dessen Grundstück die Leitung verlegt werden soll, voraussetzt.[1116] Angesprochen sind nur diejenigen Grundstückseigentümer, die zugleich „Tarifkunde" oder „Anschlußnehmer" sind. „Tarifkunde" ist jeder, mit dem nach § 6 EnWG a.F. (jetzt § 10 EnWG) aufgrund der allgemeinen Anschluß- und Versorgungspflicht des Energieversorgungsunternehmens ein Versorgungsvertrag besteht, „Anschlußnehmer" derjenige, der auf Grundlage des § 6 EnWG a.F. (jetzt § 10 EnWG) einen Anschlußvertrag mit dem Energieversorgungsunternehmen hat.[1117] Die Duldungspflicht des Grundstückseigentümers gem. § 8 AVBEltV knüpft folglich an einen Vertrag zwischen dem Duldungspflichtigen und dem Energieversorgungsunternehmen an, der auf der allgemeinen Anschluß- und Versorgungspflicht gem. § 6 Abs. 1 EnWG a.F. beruhte.[1118] Nachdem die Gebietsversorgung im Zuge der Energierechtsreform entfallen ist, trifft gem. § 10 Abs. 1 EnWG die allgemeine Anschluß- und Versorgungspflicht nunmehr Unternehmen, die die *allgemeine Versorgung* eines Gemeindegebietes durchführen.[1119] Allgemeine Versorgung i.S.d. Vorschrift liegt vor, wenn sich ein Energieversorgungsunternehmen aufgrund seines Unternehmenszweckes zur unmittelbaren Versorgung einer unbestimmten Zahl von Letztverbrauchern in einem

---

[1114] Vgl. Recknagel, in: Hermann/ Recknagel/ Schmidt- Salzer, Kommentar zu den Allgemeinen Versorgungsbedingungen, Bd. I, § 1, Rn. 2.

[1115] Vgl. Büdenbender/ Heintschel von Heinegg/ Rosin, Energierecht I, Rn. 1844; Recknagel, in: Hermann/ Recknagel/ Schmidt- Salzer, Kommentar zu den Allgemeinen Versorgungsbedingungen, Bd. I, § 8, Rn. 1.

[1116] Insoweit ist das durch § 8 AVBEltV eingeräumte Leitungsverlegungsrecht vertraglicher Natur, vgl. dazu Büdenbender, Energierecht, Rn. 445. Dem Vorschlag *Kimminichs*, Die Pflicht zur Duldung von Energieversorgungsleitungen, ZRP 1978, S. 185 ff. (187), auch unabhängig von einem Anschluß- oder Versorgungsvertrag eine Duldungspflicht für Energieversorgungsleitungen zu schaffen, ist der Gesetzgeber nicht gefolgt, vgl. dazu auch Danner, in: Eiser/ Riederer/ Obernolte, Energiewirtschaftsrecht, § 8 VersorgBdg., 1. b) cc).

[1117] Vgl. Recknagel, in: Hermann/ Recknagel/ Schmidt- Salzer, Kommentar zu den Allgemeinen Versorgungsbedingungen, Bd. 1, § 8, Rn. 26.

[1118] Vgl. Recknagel, in: Hermann/ Recknagel/ Schmidt- Salzer, Kommentar zu den Allgemeinen Versorgungsbedingungen, Bd. 1, § 8, Rn. 50 und Fn. 90.

Gemeindegebiet oder Gemeindeteilgebiet bereit erklärt hat und sowohl technisch als auch rechtlich dazu in der Lage ist.[1120] Die gezielte Versorgung einzelner Abnehmer über eine Direktleitung stellt somit gerade keine allgemeine Versorgung dar.[1121] Folglich ist auch ein Gebietsversorger, der außerhalb seines Gebietes einzelne Kunden versorgt, insoweit kein allgemeiner Versorger i.S.d. § 10 Abs. 1 EnWG;[1122] damit fehlt es zwischen dem Energieversorgungsunternehmen und dem jeweiligen Grundstückseigentümer regelmäßig an den erforderlichen Vertragsbeziehungen auf Grundlage des § 10 Abs. 1 EnWG, ohne die § 8 Abs. 1 Satz 1 AVBEltV nicht gelten kann.

β) Davon abgesehen gilt § 8 Abs. 1 AVBEltV ohnehin nur für „Zwecke der örtlichen Versorgung", also einerseits nur für die Versorgung aus dem Niederspannungsnetz (< 1 kV) und aus dem Mittelspannungsnetz (< 60 kV) und andererseits nicht für Fernleitungen,[1123] so daß auch aus diesem Grund eine Anwendung des § 8 Abs. 1 AVBEltV auf die Errichtungen zusätzlicher Direktleitungen regelmäßig ausscheiden müßte.

2. § 12 EnWG und Direktleitungsbau:

Mangels anderer Rechtsgrundlage käme somit nur noch das Enteignungsrecht gem. § 12 EnWG in Betracht. Es wurde bereits festgestellt, daß § 12 EnWG jedenfalls auf kapazitär nicht notwendige zusätzliche Direktleitungen grundsätzlich keine Anwendung finden kann. Zur Vermeidung von Wiederholungen sollen hier nur noch die dafür wesentlichen Gründe zusammengetragen werden:

a) Zusätzliche Direktleitungen zum Zwecke der Fremdversorgung lassen sich auf Privatgrundstücken mittels Enteignung gem. § 12 EnWG nur unter engen Voraussetzungen durchsetzen. Als natürliche oder juristische Person des Privatrechts stehen die Eigentümer solcher Grundstücke unter dem verfassungsrechtlichen Schutz des Art. 14 GG. Eine Enteignung zum Zwecke der Errichtung einer Direktleitung

[1119] Vgl. Hempel, in: Böwing, Energiewirtschaftsgesetz 1998, Art. 1 § 10, 2.2.
[1120] Vgl. Hempel, in: Böwing, Energiewirtschaftsgesetz 1998, Art. 1, § 10, 2.2.2.
[1121] Vgl. die Begründung zum Entwurf des EnWG, BT- Drks. 13/ 7274, S. 16 f.; Hempel, in: Böwing, Energiewirtschaftsgesetz 1998, Art. 1, § 10, 2.2.2.2; Salje, Energiewirtschaftsgesetz, § 13, S. 92.
[1122] Vgl. Danner, in: Danner/ Obernolte, Energiewirtschaftsrecht (Stand: Januar 1999, 35. EL.), § 10, Rn. 3.
[1123] Vgl. Büdenbender, Energierecht, Rn. 456; Danner, in: Eiser/ Riederer/ Obernolte, Energiewirtschaftsrecht, § 8 VersorgBdg., 2.

müßte folglich insbesondere den Anforderungen des Art. 14 Abs. 3 Satz 1 GG genügen, also für das Wohl der Allgemeinheit erforderlich sein. Selbst wenn man die Schaffung und Förderung von Wettbewerb auf dem Markt für leitungsgebundene Energieversorgung grundsätzlich noch als zulässigen Enteignungszweck anerkennt,[1124] so ist die Enteignung zum Zwecke der Errichtung einer zusätzlichen Direktleitungen jedenfalls dann für die Erreichung dieses Zweckes nicht erforderlich, wenn eine Durchleitungsmöglichkeit besteht.[1125] Der sich daraus ergebende Vorrang des Wettbewerbsinstrumentes „Durchleitung" vor dem Wettbewerbsinstrument „Direktleitungsbau", steht einer Anwendung des § 12 EnWG zur Realisierung zusätzlicher Leitungen regelmäßig entgegen.[1126]

b) Für Eigenversorgungsleitungen gilt § 12 EnWG schon deswegen nicht, weil lediglich Vorhaben für die öffentliche Versorgung von dieser Vorschrift tatbestandlich erfaßt werden.[1127] Hier können als Rechtsgrundlagen für die Enteignung lediglich die allgemeinen Enteignungsgesetze der Länder herangezogen werden.[1128] Abgesehen davon, daß auch hier Enteignungen im Einzelfall den strengen verfassungsrechtlichen Anforderungen an die Enteignung zugunsten Privater genügen müßten, wäre auch hier Voraussetzung für die Enteignung zum Zwecke der Errichtung einer Direktleitung, daß das Allgemeinwohl die Enteignung erfordert und der Enteignungszweck nicht auf andere zumutbare Weise erreicht werden kann.[1129] Damit steht auch hier fest, daß eine Direktleitung, die der Eigenversorgung dienen soll, jedenfalls in den Fällen nicht im Wege der Enteignung durchgesetzt werden kann, in denen bestehende Durchleitungsmöglichkeiten eine Enteignung entbehrlich machen würden.[1130]

[1124] Siehe dazu oben Teil C, III., 3., c), β).

[1125] Siehe dazu oben Teil C, III., 3., c), χ).

[1126] Dazu ausführlich oben Teil C, III., 3., c), χ), δδ).

[1127] Siehe dazu oben Teil C, III., 3., a). Zwar sprechen hier nicht die oben genannten systematischen Erwägungen gegen eine Anwendung des § 12 EnWG auf Eigenversorgungsleitungen, dafür aber die Regelungsintention des Gesetzgebers, der insoweit eine Gleichstellung von Eigen- und Fremdversorgung offensichtlich nicht beabsichtigt hatte.

[1128] Vgl. Büdenbender, in: Tegethoff/ Büdenbender/ Klinger, Das Recht der öffentlichen Energieversorgung, EnergG, § 11, Rn. 46; ferner Malzer, Das Recht der Leitungsverlegung auf fremden Grundstücken, S. 21 ff.

[1129] Vgl. z.B. § 2 Nr. 1, 4 NEG.

[1130] Auch Eigenversorger haben grundsätzlich gem. § 6 Abs. 1 EnWG einen Anspruch auf Netzzugang. Voraussetzung ist insoweit nur, daß es sich um ein Unternehmen i.S.d. § 6 Abs. 1 EnWG handelt, was insbesondere bei industriellen Eigenerzeugern regelmäßig der Fall sein dürfte Das folgt auch aus die Elektrizitätsbinnenmarktrichtlinie, die in Art. 17 Abs. 1 Maßnahmen verlangt, daß Elektrizitätserzeuger – also auch Eigenerzeuger – den Netzzugang aushandeln können. Ansonsten bliebe wiederum die Möglichkeit, aus §§ 19, 20 GWB bzw. § 826 BGB einen Anspruch auf Netzzugang herzuleiten.

3. Mittelbarer Kontrahierungszwang und Direktleitungsbau:

Letztlich aus dem gleichen Grund muß dann auch die Herleitung eines mittelbaren Kontrahierungszwanges für einen privaten Grundstückseigentümer ausscheiden. Die kartellrechtlichen Vorschriften sind nicht anwendbar, weil ein Privateigentümer insoweit nicht unternehmerisch tätig ist.[1131] Aber auch aus § 826 BGB ergibt sich regelmäßig kein Zwang zum Abschluß eines Gestattungsvertrages zur Errichtung einer Direktleitung: Die Weigerung, die Grundstücksbenutzung zur Errichtung einer Direktleitung zu gestatten, kann nicht sittenwidrig sein, wenn der Eigentümer lediglich von seinem durch Art. 14 GG grundrechtlich geschützten Eigentumsrecht sowie von seiner privatautonomen Gestaltungsbefugnis Gebrauch macht.[1132] Abgesehen davon dürfte es regelmäßig am erforderlichen Schädigungsvorsatz fehlen.

[1131] Vgl. dazu bereits oben Teil C, IV., 2., a), cc).
[1132] Siehe dazu ebenfalls oben Teil C, IV., 2., a), cc).

II. Gesamtergebnis zu Teil D:

Die vorstehende Untersuchung hat ergeben, daß alle derzeit bestehenden Vorschriften, die Leitungsverlegungsrechte auf Privatgrundstücken zu begründen vermögen, auf die Errichtung zusätzlicher Direktleitungen grundsätzlich nicht angewendet werden können.

1. Für die Errichtung einer Fremdversorgungsdirektleitung auf einem Privatgrundstück (**Fall c**)) gilt folgendes: Hier könnte lediglich § 12 EnWG zur Realisierung einer Direktleitung auf Privatgrundstücken beitragen; allerdings kann der Eigentümer eines privat genutzten Grundstücks dann nicht zum Zwecke der Errichtung einer Direktleitung enteignet werden, wenn für die Versorgung des Kunden hinreichende Durchleitungsmöglichkeiten bestehen. Ein Energieversorgungsunternehmen, welches eine Direktleitung errichten will, bleibt damit regelmäßig darauf angewiesen, sich privatrechtlich mit den durch die Trasse betroffenen Grundstückseigentümern über die Grundstücksbenutzung zu einigen. Gelingt das nicht, ist das Direktleitungsvorhaben regelmäßig zum Scheitern verurteilt.

2. Im Ergebnis ebenso stehen die Eigenversorger, die auf Privatgrundstücken eine Direktleitung errichten wollen (**Fall d**)); auch sie sind auf die privatautonome Gestattung des betroffenen Grundstückseigentümers angewiesen und können den entgegenstehenden Willen der Eigentümer zumindest dann nicht überwinden, wenn die geplante Direktleitung kapazitär nicht benötigt wird und ausreichende Durchleitungsmöglichkeiten diese Leitung entbehrlich machen.

Teil E:

Gesamtergebnis der Untersuchung

I. Zusammenfassung der Untersuchungsergebnisse:

1. Gegenstand dieser Arbeit war die Untersuchung der bestehenden Leitungsverlegungsrechte von EVU und Eigenversorgern zur Errichtung von Direktleitungen auf Grundlage verschiedener Fallgruppen, die jeweils danach unterschieden, ob eine Direktleitung unter Benutzung öffentlicher Verkehrswege oder der von Privatgrundstücken errichtet werden und dabei entweder der Fremd- oder der Eigenversorgung dienen soll. Ziel der Untersuchung war es, einerseits die nationale Umsetzung des Art. 21 RL- Elt. auf mögliche Defizite hin zu überprüfen und andererseits die Funktion und Bedeutung des Direktleitungsbaus als Wettbewerbsinstrument im reformierten Energierecht beurteilen zu können.

2. Überträgt man nun die wesentlichen Untersuchungsergebnisse dieser Arbeit auf die ihr zugrundeliegenden Fallgruppen und stellt diese zusammenfassend gegenüber, so ergibt sich folgendes Gesamtbild:

a) *Inanspruchnahme eines öffentlichen Verkehrsweges zum Zwecke der Fremdversorgung*
   (Fall a)):

Weigert sich der Wegeeigentümer, einen Wegebenutzungsvertrag zur Errichtung einer zusätzlichen Direktleitung zu schließen, können sich Leitungsverlegungsrechte zunächst aus § 13 Abs. 1 EnWG ergeben. Für die von dieser Vorschrift nicht erfaßten Konstellationen (z.B. Leitungsverlegung auf nichtgemeindlichen Verkehrswegen) besteht jedenfalls dann auch kein auf §§ 19, 20 GWB bzw. § 826 BGB gestützter mittelbarer Kontrahierungszwang zum Abschluß eines Gestattungsvertrages, wenn ausreichende Durchleitungsmöglichkeiten vorhanden sind. Auch der Versuch, Leitungs- verlegungsrechte auf Grundlage des energierechtlichen Enteignungstatbestandes gem. § 12 EnWG zu begründen, ist nur in den Fällen erfolgversprechend, in denen das Energieversorgungsunternehmen die Versorgung des Kunden nicht auch mittels Durchleitung übernehmen kann. Bevor hier dem Enteignungsantrag stattgegeben werden darf, müssen grundsätzlich alle rechtlichen Möglichkeiten zur Durchsetzung des Netzzugangs ausgeschöpft worden sein.

b)   *Inanspruchnahme eines öffentlichen Verkehrsweges zum Zwecke der Eigenversorgung*
     (Fall b)):

Ein Eigenversorger, der eine Direktleitung auf einem öffentlichen Verkehrsweg errichten will, ist regelmäßig auf eine straßenrechtliche Sondernutzungserlaubnis angewiesen. Da die Erteilung dieser Erlaubnis im Ermessen der zuständigen Behörde liegt, besteht ein dem § 13 Abs. 1 EnWG vergleichbarer Anspruch auf Gestattung der Leitungsverlegung grundsätzlich nicht.

c)   *Inanspruchnahme eines Privatgrundstücks zum Zwecke der Fremdversorgung*
     (Fall c)):

Gegen den Willen des Grundstückseigentümers kann eine Direktleitung auf Privatgrundstücken lediglich auf Grundlage des § 12 EnWG realisiert werden. Auch hier steht aber eine vorhandene Durchleitungsmöglichkeit der Enteignung zur Errichtung einer zusätzlichen Leitung entgegen.

d)   *Inanspruchnahme eines Privatgrundstücks zum Zwecke der Eigenversorgung*
     (Fall d)):

Da § 12 EnWG gegenwärtig lediglich auf Fremdversorgungsleitungen anwendbar ist, kommen als Rechtsgrundlagen für die Enteignung zum Zwecke der Errichtung von Eigenversorgungsleitungen nur die Enteignungsgesetze der Länder in Betracht. Aber auch hier müssen Enteignungen zum Zwecke des zusätzlichen Leitungsbaus jedenfalls solange ausscheiden, wie bestehende Durchleitungsmöglichkeiten nicht vollständig ausgeschöpft wurden.

II. Schlußfolgerungen:

1. Transformationsdefizite bei der Umsetzung des Art. 21 RL- Elt.:

Die vorstehende Untersuchung sollte zunächst eine Antwort darauf ermöglichen, ob Art. 21 RL- Elt. vollständig in die deutsche Rechtsordnung transformiert wurde oder ob insoweit Defizite bestehen, die künftig vom deutschen Gesetzgeber beseitigt werden müssen. Zusammenfassend läßt sich insoweit folgendes festhalten:

a) Ein wesentlicher Auftrag der Elektrizitätsbinnenmarktrichtlinie an die nationalen Gesetzgeber bestand diesbezüglich in der Beseitigung bestehender Ausschließlichkeitsbindungen im Rahmen der leitungsgebundenen Energieversorgung. Dieser Vorgabe ist der deutsche Gesetzgeber insbesondere durch die Aufhebung der Freistellungstatbestände der §§ 103, 103 a GWB a.F. nachgekommen und hat damit eine wichtige Voraussetzung für die Zulassung des Direktleitungsbaus als Wettbewerbsinstrument geschaffen. In diesem Zusammenhang ist auch die Aufhebung der Investitionskontrolle gem. § 4 Abs. 2 EnWG a.F. zu nennen, die bislang zusätzlichen Leitungsbau behindert hatte. Grundsätzlich positiv ist schließlich auch die Schaffung des § 13 Abs. 1 EnWG zu bewerten, da jedenfalls unter den Voraussetzungen dieser Vorschrift zusätzlicher Leitungsbau gefördert wird und grundsätzlich nicht mehr am Widerspruch der Gemeinden scheitern kann.

b) Dennoch bleibt festzustellen, daß die zur Umsetzung des Art. 21 RL- Elt. getroffenen Maßnahmen den europäischen Vorgaben nicht in vollem Umfang gerecht werden. Die grundstücks- und wegerechtlichen Vorschriften, die derzeit Leitungsverlegungsrechte zum Zwecke des Direktleitungsbaus begründen können, ermöglichen den von der Richtlinie Begünstigten keinen diskriminierungsfreien Direktleitungsbau:

aa) Ein wesentlicher Grund dafür ist die derzeit bestehende unterschiedliche rechtliche Behandlung der Eigen- und der Fremdversorgung bei der Errichtung von Elektrizitätsleitungen auf fremden Grundstücken:

α) Ein Vergleich der zu Fall a) gehörenden Konstellationen mit der Fallgruppe c) verdeutlicht das: Beabsichtigt ein Energieversorgungsunternehmen i.S.d. § 2 Abs. 3 EnWG die Errichtung einer Direktleitung zur Versorgung eines Kunden und soll bzw.

muß dafür ein öffentlicher Verkehrsweg in Anspruch genommen werden, so hat das Energieversorgungsunternehmen unter den Voraussetzungen des § 13 Abs. 1 EnWG einen Anspruch auf Abschluß eines Gestattungsvertrages, es sei denn, es greift ein allgemeiner oder spezieller Ausnahmetatbestand ein. Will dagegen ein Eigenversorger denselben Verkehrsweg zur Errichtung einer Eigenversorgungsleitung nutzen, steht ihm jedoch regelmäßig kein vergleichbarer Anspruch zu; er bleibt insoweit auf die (ermessensabhängige) Erteilung einer straßenrechtlichen Sondernutzungserlaubnis angewiesen. Nur ausnahmsweise ist hierbei des Ermessen der zuständigen Behörde auf Null reduziert, so daß allein die Erteilung der Sondernutzungserlaubnis ermessensfehlerfrei wäre. Damit wird das bei § 13 Abs. 1 EnWG trotz der umfangreichen Ausnahmetatbestände geltende Regel- Ausnahme- Prinzip gerade umgekehrt. Das aber stellt eine Ungleichbehandlung von Fremd- und Eigenversorgungsleitungen dar, die mit Art. 21 RL- Elt. nicht vereinbar ist: Wie gezeigt, begünstigt Art. 21 RL- Elt. Leitungen für die Eigenversorgung und Leitungen für die Fremdversorgung gleichermaßen und verlangt auch insoweit diskriminierungsfreie Regelungen. Die Frage, ob möglicherweise sachliche Gründe für diese unterschiedliche rechtliche Behandlung der Eigenversorger im Vergleich zu Energieversorgungs- unternehmen i.S.d. § 2 Abs. 3 EnWG bestehen (z.B. konzessionsabgabenrechtlicher Art), stellt sich nicht, da diesbezüglich ein absolutes Differenzierungsverbot besteht, so daß an den Umstand, daß eine Leitung der Eigenversorgung dient, keine negative rechtliche Konsequenz gebunden sein darf. Hier besteht folglich ein Transformationsdefizit bei der Umsetzung des Art. 21 RL- Elt.

β) Daran ändert sich selbst dann nichts, wenn die für die Errichtung einer Eigenversorgungsleitung erforderliche Sondernutzungserlaubnis von der zuständigen Behörde regelmäßig erteilt würde; denn nach ständiger Rechtsprechung des EuGH und der h.M. in der Literatur genügt eine europarechtskonforme Verwaltungspraxis nicht zur ordnungsgemäßen Umsetzung einer EG- Richtlinie.[1133] Die Rechtswirksamkeit einer richtlinienkonformen Umsetzung muß danach vor allem dem Effektivitätsprinzip, den Grundsätzen der Rechtsklarheit und -sicherheit sowie einer gerichtlichen Kontrollierbarkeit zum Schutz einzelner Gemeinschaftsbürger genügen.[1134] Auch

---

[1133] Vgl. EuGH Slg. I 1980, S. 1473 ff. (1486); Slg. I 1988, S. 1323 ff. (1338); Slg. I 1982, S. 1791 ff. (1804); Slg. I 1983, S. 449 ff. (456); Ruffert, in: Callies/ Ruffert, Kommentar zu EG- Vertrag und EU- Vertrag, Art. 249, Rn. 55; Bleckmann, Europarecht, Rn. 442.
[1134] Vgl. Leonard, Die Rechtsfolgen der Nichtumsetzung von EG- Richtlinien, S. 29 m.w.N.

insoweit gilt der Grundsatz, daß der Richtlinieninhalt so wirksam wie möglich in das mitgliedstaatliche Recht überzuleiten ist (*effet utile*).[1135] Das aber ist bei einer nur richtlinienkonformen Verwaltungspraxis nicht der Fall, da sich diese jederzeit ändern könnte.[1136] Damit muß der deutsche Gesetzgeber auch für die Errichtung von Direktleitungen zum Zwecke der Eigenversorgung eine mit der Elektrizitätsbinnenmarktrichtlinie zu vereinbarende gesetzliche Regelung schaffen, um die volle Anwendung der Richtlinie nicht nur in tatsächlicher, sondern auch in rechtlicher Hinsicht zu gewährleisten.[1137]

bb) Aber auch innerhalb der zur Fallgruppe a) gehörenden Konstellationen lassen sich weitere Ungleichbehandlungen aufzeigen, die ebenfalls nicht mit Art. 21 RL- Elt. vereinbar sind. § 13 Abs. 1 EnWG schafft für die Fälle, in denen er eingreift, für die jeweils betroffene Gemeinde einen Kontrahierungszwang zum Abschluß eines Wegebenutzungsvertrages, und zwar unabhängig davon, ob eine Durchleitungsmöglichkeit besteht oder nicht. Wegen des nur begrenzten Anwendungsbereichs dieser Vorschrift lassen sich aber bei weitem nicht alle (Fremdversorgungs-)Direktleitungen ausschließlich auf Grundlage des § 13 Abs. 1 EnWG realisieren. Jenseits dieser Vorschrift kämen nur noch die Herleitung eines mittelbaren Kontrahierungszwanges aus §§ 19, 20 GWB bzw. § 826 BGB oder eine Enteignung auf Grundlage des § 12 EnWG i.Vm. den jeweiligen Landesenteignungsgesetzen in Betracht. In beiden Fällen muß eine Leitungsverlegung gegen den Willen des Wegeeigentümers aber scheitern, wenn die Versorgung des Kunden, die an sich über die geplante Direktleitung durchgeführt werden sollte, mittels Durchleitung gewährleistet werden könnte. Hinzu kommt noch, daß die Durchführung eines Enteignungsverfahrens im Vergleich zur Leitungsverlegung auf Grundlage des § 13 Abs. 1 EnWG mit einem erheblich größeren Zeitaufwand verbunden wäre. Sachliche Gründe dafür, warum der von § 13 Abs. 1 EnWG angeordnete Kontrahierungszwang nur für gemeindliche Verkehrswege gelten soll, sind nicht ersichtlich, zumal die Absicht des Gesetzgebers, den Gemeinden auch in einem wettbewerblich strukturierten Markt die Konzessionsabgaben zu erhalten, schon deswegen nicht ausreichen dürfte, da durch eine Einbeziehung der Bundes-, Landes- und Kreisstraßen in den von § 13 Abs. 1

[1135] Vgl. Oppermann, Europarecht, § 6, Rn. 552.
[1136] Vgl. Ruffert, in: Callies/ Ruffert, Kommentar zu EG- Vertrag und EU- Vertrag, Art. 249, Rn. 55; Bleckmann, Europarecht, Rn. 442.
[1137] Vgl. Leonard, Die Rechtsfolgen der Nichtumsetzung von EG- Richtlinien, S. 29 m.w.N.

EnWG angeordneten Kontrahierungszwang das Konzessionsabgabenaufkommen nicht nachteilig berührt würde.

c) Es ist folglich festzuhalten, daß die gegenwärtig bestehenden wege- und grundstückrechtlichen Vorschriften den Anforderungen des Art. 21 RL- Elt. nicht gerecht werden.

2. Der Direktleitungsbau als Wettbewerbsinstrument:

Die Funktion und Bedeutung des Direktleitungsbaus als Wettbewerbsinstrument im liberalisierten Energiemarkt stellen sich vor diesem Hintergrund folgendermaßen dar:

a) Unabhängig von ökonomischen oder ökologischen Bedenken gegen die Errichtung zusätzlicher Leitungen kann der Direktleitungsbau derzeit vor allem aus wege- und grundstücksrechtlichen Gründen grundsätzlich kein gleichrangiges Wettbewerbsinstrument neben der Durchleitung sein. Lediglich im Rahmen des § 13 Abs. 1 EnWG kann ein solcher Gleichrang bestehen; außerhalb des Anwendungsbereiches dieser Vorschrift können Leitungsverlegungsrechte zur Errichtung von zusätzlichen Direktleitungen sowohl auf öffentlichen Verkehrswegen als auch auf Privatgrundstücken gegen den Willen des Eigentümers nur begründet werden, wenn keine Durchleitungsmöglichkeiten bestehen.

b) Da sich ein Direktleitungsvorhaben häufig nicht ausschließlich auf Grundlage des § 13 Abs. 1 EnWG verwirklichen läßt, folgt daraus zugleich ein grundsätzlicher Vorrang des Wettbewerbsinstrumentes „Durchleitung" vor dem Wettbewerbsinstrument „Direktleitungsbau": Weder eine Enteignung zum Zwecke der Errichtung einer Direktleitung noch etwa ein mittelbarer Kontrahierungszwang kommen in Betracht, wenn ausreichende Durchleitungsmöglichkeiten bestehen, die die Errichtung dieser Leitung überflüssig machen würden.

c) Damit stellt der Direktleitungsbau im Vergleich zur Durchleitung bereits unter grundstücks- und wegerechtlichen Gesichtspunkten ein subsidiäres Wettbewerbsinstrument dar und kann deswegen entgegen der Annahme des Gesetzgebers regelmäßig auch kein „Hebel zur Durchsetzung des Netzzugangs" sein.

III. Änderungsvorschläge:

Schließlich bleibt in Anbetracht dieser Untersuchungsergebnisse noch zu klären, wie die derzeit bestehenden Regelungen für die Errichtung von Elektrizitätsleitungen sinnvollerweise abgeändert werden müßten.

1. Das vorrangige Ziel bei der Erarbeitung möglicher Änderungsvorschläge hat dabei die Beseitigung der bestehenden Transformationsdefizite zu sein, und zwar schon deswegen, weil die nicht ordnungsgemäße Umsetzung einer Richtlinie grundsätzlich auch rechtliche (z.b. staatshaftungsrechtliche) Konsequenzen für den jeweiligen Mitgliedstaat nach sich ziehen kann.[1138] Dagegen erscheint das bestehende Subsidiaritätsverhältnis zwischen Durchleitung und Direktleitung jedenfalls solange als hinnehmbar, wie sich die rechtlichen Möglichkeiten zur Durchsetzung des Netzzugangs als wirksam erweisen, da dann auch ohne zusätzliche Direktleitungen Wettbewerb auf dem Markt für leitungsgebundene Energieversorgung in ausreichendem Maße entstehen kann. Da auch die Elektrizitätsbinnenmarktrichtlinie gem. Art. 21 Abs. 4 den Mitgliedstaaten die Möglichkeit eingeräumt hat, den Direktleitungsbau im Vergleich zum Netzzugang subsidiär auszugestalten, kann auch künftig an dem Vorrang der Durchleitung vor der Errichtung zusätzlicher Leitungen festgehalten werden. Eine andere Frage ist dagegen, ob der Gesetzgeber angesichts dieser Untersuchungsergebnisse nicht doch von seiner Verordnungsermächtigung gem. § 6 Abs. 2 EnWG Gebrauch machen und auf diese Weise mäßigenden Einfluß auf die Höhe der Durchleitungsentgelte nehmen sollte. Mit der Einführung des Direktleitungsbaus als Wettbewerbsinstrument hat der Gesetzgeber das insoweit Erforderliche jedenfalls noch nicht getan, zumal sich die Hoffnung, daß schon die grundsätzliche Zulassung des Direktleitungsbaus die Höhe der Durchleitungsentgelte positiv beeinflussen wird, wegen der beschriebenen Subsidiarität des Direktleitungsbaus auch in Zukunft kaum bestätigen wird.[1139]

2. Als Hauptgrund für die derzeit nicht diskriminierungsfreie Regelung der Leitungsverlegungsrechte ist bereits die unterschiedliche rechtliche Behandlung von

---

[1138] Allgemein zu diesem Problemkreis: Leonard, Die Rechtsfolgen der Nichtumsetzung von EG-Richtlinien, S. 124 ff.; Bleckmann, Europarecht, Rn. 1038 ff.; speziell zur Nichtumsetzung der Vorgaben der Elektrizitätsbinnenmarktrichtlinie: Lukes, Richtlinienkonformität der Netzzugangsregelungen im Neuregelungsgesetz, et 1998, S. 80 ff. (86).
[1139] Vgl. dazu Teil A, III., 3.

Eigen- und Fremdversorgungsleitungen genannt worden. Ein denkbarer Weg zur Beseitigung dieses Zustandes könnte folgender sein:

a) Eigen- und Fremdversorgungsleitungen werden künftig weitgehend rechtlich gleichgestellt, um die bestehenden Transformationsdefizite zu beseitigen. Unabhängig von diesen Erfordernissen der Elektritätsbinnenmarktrichtlinie liegt eine Angleichung der diesbezüglich bestehenden Regelungen auch schon deswegen nahe, weil das Abgrenzungsmerkmal der beiden Versorgungsarten, die Versorgung anderer, dem Errichter einer Leitung in erheblichem Maße Umgehungsmöglichkeiten eröffnet: Genügt für die Charakterisierung einer Leitung als Fremdversorgungsleitung schon die Versorgung eines anderen Rechtssubjektes, kann ein industrieller Eigenerzeuger beispielsweise durch die Gründung einer „Energieversorgungs- GmbH" den energieerzeugenden Betriebsteil rechtlich ausgliedern, so daß eine Leitung, die zuvor als Eigenversorgungsleitung hätte eingestuft werden müssen, als Fremdversorgungsleitung charakterisiert werden müßte und damit auch in den Anwendungsbereich des § 13 Abs. 1 EnWG fallen könnte. Die Gleichstellung der Eigen- und Fremdversorgung bei der Errichtung von Elektrizitätsleitungen setzt entsprechende Änderungen sowohl der straßenrechtlichen als auch der energierechtlichen Vorschriften voraus.

b) Die ungleiche Behandlung der Eigen- und der Fremdversorgungsleitungen beruht vorrangig auf den straßenrechtlichen Regelungen, die gem. § 8 Abs. 10 BFStrG bzw. den entsprechenden landesrechtlichen Regelungen für Leitungen der öffentlichen Versorgung grundsätzlich die Geltung des Bürgerlichen Rechts anordnen, während Eigenversorgungsleitungen auf die Erteilung öffentlich- rechtlicher Sondernutzungserlaubnisse angewiesen bleiben. Auf dieser Differenzierung aufbauend gilt auch § 13 Abs. 1 EnWG, der einen privatrechtlichen Kontrahierungszwang anordnet, und § 12 EnWG, der ebenfalls nur eine zivilrechtlich erforderliche Zustimmung ersetzen kann, ausschließlich für Fremdversorgungsleitungen. Anzusetzen wäre damit bei einer Änderung des § 8 Abs. 10 BFStrG bzw. den entsprechenden landesrechtlichen Regelungen. Da sich insoweit weder eine rein privatrechtliche noch eine rein öffentlich- rechtliche Regelung verfassungsrechtlich verbietet, wären sowohl Regelungen vorstellbar, die die Verlegung von Elektrizitätsleitungen immer an eine straßenrechtliche Sondernutzungserlaubnis binden, als auch eine Einbeziehung der Eigenversorger in den Anwendungsbereich des § 8 Abs. 10 BFStrG bzw. der entsprechenden landesrechtlichen Regelungen. Letztlich spricht hier jedoch mehr für eine einheitlich privatrechtliche Regelung, die auch die Errichtung von Eigenversorgungsleitungen in den Anwendungsbereich des Bürgerlichen Rechts einbezieht, und zwar vor allem deswegen, weil sich die privatrechtliche Regelung der Leitungsverlegungsrechte auf öffentlichen Verkehrswegen bereits als ein praktikabler Weg erwiesen hat und zudem auch noch auch die Systematik der §§ 12, 13 Abs. 1 EnWG auf der privatrechtlichen Nutzungsgestattung beruht. Die Einbeziehung von Eigenversorgungsleitungen in den Anwendungsbereich des § 8 Abs. 10 BFStrG bzw. der entsprechenden landesrechtlichen Regelungen hätte zur Folge, daß auch die Errichtung einer Eigenversorgungsleitung auf öffentlichen Verkehrswegen auf Grundlage der §§ 12, 13 Abs. 1 EnWG möglich wäre. Auf diese Weise wäre die insoweit bestehende unterschiedliche Behandlung zwischen Eigen- und Fremdversorgungsleitungen weitgehend aufgehoben.

c) Zur diskriminierungsfreien Ermöglichung des Direktleitungsbaus wären allerdings noch weitere Schritte erforderlich: Um zu vermeiden, daß bei der Inanspruchnahme öffentlicher Verkehrswege Leitungsvorhaben teilweise auf Grundlage des § 13 Abs. 1 EnWG verwirklicht werden könnten, während die übrigen Vorhaben auf den erheblich aufwendigeren Weg des § 12 EnWG verwiesen wären, müßte der von § 13 Abs. 1 EnWG angeordnete Kontrahierungszwang sinnvollerweise auf die Verkehrswege aller öffentlichen Gebietskörperschaften ausgeweitet werden. Als Vorbild für die Neufassung des § 13 Abs. 1 EnWG könnte der oben vorgestellte § 8 Abs. 1 des Referentenentwurfes 1994[1140] dienen, der ebenfalls bereits sämtlichen Gebietskörperschaften einen entsprechenden Kontrahierungszwang aufzuerlegen beabsichtigte. Damit verlöre § 12 EnWG für die Leitungsverlegung auf öffentlichen Verkehrswegen weitgehend seine Bedeutung und bliebe lediglich für die Leitungsverlegung auf Privatgrundstücken anwendbar. Das hätte zugleich auch eine Stärkung des Wettbewerbsinstrumentes „Direktleitungsbau" zur Folge. Um aber auch bei der Inanspruchnahme von Privatgrundstücken die Eigen- und die Fremdversorgungsleitungen verfahrensrechtlich gleich zu behandeln, wäre eine Klarstellung zunächst dahingehend wünschenswert, daß § 12 EnWG auch auf Eigenversorgungsleitungen angewendet werden kann. Sinnvollerweise sollte im diesem Zusammenhang zugleich auch deutlich gemacht werden, daß die Enteignung auch zur Schaffung und Förderung des Wettbewerbs in der leitungsgebundenen Energieversorgung in Betracht kommt, um in jedem Fall den Anforderungen des Art. 14 Abs. 3 Satz 2 GG gerecht zu werden Daß zusätzlicher

Leitungsbau nur in den Fällen im Enteignungswege realisiert werden kann, in denen keine Durchleitungsmöglichkeiten bestehen, bedarf dagegen eigentlich keiner gesetzlichen Regelung, da sich dieser Vorrang unmittelbar aus dem Verhältnismäßigkeitsgrundsatz sowie dem grundgesetzlichen Eigentumsschutz ergibt. Der rechtlichen Klarheit wegen wäre aber auch insoweit eine entsprechende Verdeutlichung im Gesetzestext des § 12 EnWG angezeigt.

d) Aber auch damit wären die für die Umsetzung des Art. 21 RL- Elt. erforderlichen gesetzgeberischen Maßnahmen wohl noch nicht vollständig abgeschlossen. Denn über die wege- und grundstücksrechtlichen Vorschriften hinaus muß auch das gesamte übrige, hier nur kursorisch besprochene Anlagengenehmigungsrecht für Energieleitungen dahingehend überprüft werden, ob Leitungen für die öffentliche Elektrizitätsversorgung im Vergleich zu Eigenversorgungsleitungen zu Unrecht privilegiert werden. Ein Anhaltspunkt dafür könnten die in einigen Landesbauordnungen vorhandene Bereichsausnahmen für Energieanlagen, die der öffentlichen Versorgung dienen, sein.[1141] Die hier möglicherweise vorhandenen Privilegierungen müßten entweder auch auf Eigenversorgungsleitungen ausgeweitet oder ganz gestrichen werden, da erst dann, wenn auch das gesamte Anlagengenehmigungsrecht für die Errichtung von Eigen- und Fremdversorungsleitungen vergleichbare Regelungen enthält, Art. 21 RL- Elt. vollständig und ordnungsgemäß vom deutschen Gesetzgeber umgesetzt sein würde.

[1140] Siehe oben Teil C, II., 1., a).
[1141] Siehe dazu oben Teil A, IV., 1., c).

Literaturverzeichnis:

Arapostathis, Antonios	Das griechische Stromversorgungsmonopol und seine Vereinbarkeit mit europäischem Recht, VEnergR Bd. 93	Baden- Baden 1999
Arndt, Hans Wolfgang	„Common carrier" bei Strom und Gas	RIW Beilage 7/ 1989, S. 1 - 34
Axer, Peter	Die Widmung als Schlüsselbegriff des Rechts der öffentlichen Sachen	Berlin 1994
Bach, Albrecht	Direkte Wirkung von EG- Richtlinien	JZ 1990, S. 1108 - 1116
Baldus, Christian/ Becker, Rainer	Haustürgeschäfte und richtlinienkonforme Auslegung	ZEuP 1997, S. 874 – 889
Bartlsperger, Richard	Straßenhoheit und Energiewirtschaft	DVBl. 1980, S. 249 – 260
Bartlsperger, Richard	Straßenrecht zwischen Bewahrung und Technizität	DVBl. 1979, S. 1 – 14
Bartlsperger, Richard	Verkehrssicherungspflicht und öffentliche Sache	Hamburg 1970
Baumanns, Monika	Liberalisierung der Strommärkte aus der Sicht der Europäischen Kommission, in: Hoffmann- Riem, W./ Schneider, J.- P., Umweltpolitische Steuerung in einem liberalisierten Strommarkt	Baden- Baden 1995, S. 95 – 105
Baur, Jürgen- F.	Die politische Einigung über die Elektrizitätsbinnenmarkt- Richtlinie	et 1996, S. 474 – 476
Baur, Jürgen- F.	Energieversorgungsmonopole unter dem Recht des Vertrages über die Europäische Gemeinschaft (EGV), in: ders., Aktuelle Probleme des Energierechts, VEnergR Bd. 75	Baden- Baden 1995, S. 77 – 98
Baur, Jürgen- F.	Der Vertrag über die europäische Gemeinschaft und die ausschließliche Zuständigkeit von Unternehmen zur Versorgung mit Energie, in: Festschrift für Everling, Bd. I	Baden- Baden 1995, S. 69 – 81

Baur, Jürgen –F.	Die Elektrizitätsbinnenmarktrichtlinie: Gestaltungsmöglichkeiten von Mitgliedstaaten; Auswirkungen auf die Elektrizitätsunternehmen, in: Baur, J.-F./ Friauf, K.-H., Energierechtsreform zwischen Europarecht und kommunaler Selbstverwaltung, VEnergR Bd. 84	Baden- Baden 1997, S. 13 – 53
Baur, Jürgen –F./ Moraing, Markus	Rechtliche Probleme einer Deregulierung der Elektrizitätswirtschaft, VEnergR Bd. 72	Baden- Baden 1994
Bechtold, Rainer	GWB	2. A., München 1999
Becker, Peter	Reform der Reform: Zur Struktur des EnWG und zu den Anforderungen an eine Novelle	ZNER 1998, S. 51 - 63
Beckert, Zoltan	Abgeänderter Richtlinienvorschlag zum Binnenmarkt für Elektrizität: Inhalt, Kompetenz und rechtliche Folgen für das deutsche Energierecht	Frankfurt a.M. 1997
Bergmann, Bettina	Ein Netzzugang Dritter in der Elektrizität und Grundrechte der Versorgungsunternehmen	Sinzheim 1995
Bethge, Herbert	Die Grundrechtsberechtigung juristischer Personen nach Art. 19 Abs. 3 Grundgesetz	Passau 1985
Bettermann, Karl August	Juristische Personen des öffentlichen Rechts als Grundrechtsträger	NJW 1969, S. 1321 – 1328
Biedenkopf, Kurt Hans/ Kellmann, Christof	Die wege- und kartellrechtliche Problematik der Verlegung von Energieversorgungsleitungen für den Eigenbedarf	Essen 1970
Bleckmann, Albert	Europarecht	6. A., Köln u.a. 1997
Bleckmann, Albert	Teleologie und dynamische Auslegung des europäischen Gemeinschaftsrechts	EuR 1979, S. 239 – 260
Bleckmann, Albert	Zu den Auslegungsmethoden des Europäischen Gemeinschaftsrechts	NJW 1982, S. 1177 - 1182
Bleckmann, Albert	Probleme der Auslegung europäischer Richtlinien	ZGR 1992, S. 364 – 375

Böke, Ernst/ Heller, Wolfgang	Reform des Energiewirtschaftsgesetzes aus industrieller Sicht	ZfE 1991, S. 267 – 272
Börner, Achim- Rüdiger	Der Energiemarkt und die geschlossenen Versorgungsgebiete der Strom- und Gaswirtschaft im Übergang zum Wettbewerb, in: ZögU, Beiheft 20	Baden- Baden 1996
Böttcher, Peter	Zur Systematik der wegerechtlichen Sondernutzung	DÖV 1969, S. 491 – 495
Böwing, Andreas	Rechtsfragen bei Netzzugang, Netzbenutzung und Durchleitung, in: Baur, J.-F., Die Energiewirtschaft im Gemeinsamen Markt, VEnergR Bd. 85	Baden- Baden 1998, S. 19 – 34
Böwing, Andreas u.a.	Energiewirtschaftsgesetz 1998	Frankfurt a.M. 1999
Bräuer, Wolfgang/ Egeln, Jürgen/ Werner, Andreas	Wettbewerb in der Versorgungswirtschaft und seine Auswirkungen auf kommunale Querverbundunternehmen, Schriftenreihe des ZEW, Bd. 20	Baden- Baden 1997
Brechmann, Winfried	Die richtlinienkonforme Auslegung	München 1994
Britz, Gabriele	Öffnung der Europäischen Strommärkte durch die Elektrizitätsbinnenmarktrichtlinie?	RdE 1997, S. 85- 93
Britz, Gabriele	Örtliche Energieversorgung nach nationalem und europäischem Recht	Baden- Baden 1994
Broß, Siegfried	Zur Grundrechtsfähigkeit juristischer Personen des öffentlichen Rechts	VerwArch 77 (1986), S. 65 – 76
Büdenbender, Ulrich	Energierecht	Köln 1982
Büdenbender, Ulrich	Energierecht nach der Energierechtsreform	JZ 1999, S. 62 – 72
Büdenbender, Ulrich	Schwerpunkte der Energierechtsreform 1998	Köln 1999
Büdenbender, Ulrich	Möglichkeiten zur Durchsetzung des Netzzugangs in der Elektrizitäts- und Gaswirtschaft	ZIP 1999, S. 1469 – 1479
Büdenbender, Ulrich/ Heintschel von Heinegg, Wolff/ Rosin, Peter	Energierecht I, Das Recht der Energieanlagen	Berlin/ New York 1999

Bullinger, Martin	Ungeschriebene Kompetenzen im Bundesstaat	AöR 96 (1971), S. 237 – 285
Burchard, Friedrich von	Die Kompetenzen der EG- Kommission nach Art. 90 Abs. 3 EWGV	EuZW 1991, S. 339- 343
Burchard, Friedrich von	Third Party Access and European Law	EuZW 1992, S. 693- 697
Busche, Jan	Privatautonomie und Kontrahierungszwang	Tübingen 1999
Bydlinski, Franz	Zu den dogmatischen Grundfragen des Kontrahierungszwanges	AcP 180 (1980), S. 1 – 46
Callies, Christian/ Ruffert, Matthias	Kommentar zu EU- Vertrag und EG- Vertrag	Neuwied/ Kriftel 1999
Classen, Claus- Dieter	Zur Bedeutung von EWG- Richtlinien für Privatpersonen	EuZW 1993, S. 83 – 87
Cox, Helmut/ Jens, Uwe/ Markert, Kurt	Handbuch des Wettbewerbs	München 1981
Cronenberg, Martin	Veränderungen des Energierechtsrahmens- Elektrizitätsbinnenmarktrichtlinie und Energierechtsgesetz, in: Baur, J.-F., Energiewirtschaft zwischen Wettbewerb und öffentlichen Aufgaben, VEnergR Bd. 81	Baden- Baden 1997, S. 19- 30
Cronenberg, Martin	Notwendigkeit der Liberalisierung des Strommarktes aus der Sicht des Bundeswirtschaftsministeriums, in: Hoffmann- Riem, W./ Schneider, J.-P., Umweltpolitische Steuerung in einem liberalisierten Strommarkt	Baden- Baden 1995, S. 127 – 139
Daiber, Hermann	Die Enteignung für Zwecke der Energieversorgung (§ 11 Energiewirtschaftsgesetz)	DÖV 1990, S. 961 – 966
Dänzer- Vanotti, Wolfgang	Methodenstreit um die den EG- Richtlinien konforme Auslegung	DB 1994, S. 1052 – 1055
Degenhart, Christoph	Systemgerechtigkeit und Selbstbindung des Gesetzgebers als Verfassungspostulat	München 1976
Degenhart, Christoph	Staatsrecht I, Staatsorganisationsrecht	15. A., Heidelberg 1999

Dehmer, Rudolf	Energieversorgungskonzepte – Vorranggebiete – Kartellrecht, Schriftenreihe Recht/ Technik/ Wirtschaft, Bd. 52	Köln u.a. 1989
Dehner, Walter	Nachbarrecht	7. A., Neuwied u.a. 1996
Di Fabio, Udo	Richtlinienkonformität als ranghöchstes Auslegungsprinzip?	NJW 1990, S. 947 – 953
Dietze, Matthias	Europarecht und nationale Regulierung des deutschen Elektrizitätsmarktes	Frankfurt a.M. 1998
Dolzer, Rudolf/ Vogel, Klaus (Hrsg.)	Bonner Kommentar zum Grundgesetz	Heidelberg, 1999
Domke, Henning	Energieversorgungskonzepte und Kartellrecht	Frankfurt a.M. 1990
Drasdo, Peter	Konzentration und Wettbewerb in der deutschen Energiewirtschaft, Schriften des Energiewirtschaftlichen Instituts, Bd. 52	München 1998
Dreier, Horst	Grundgesetz	Tübingen 1996
Ebel, Rudolf	GWB und EG- Vertrag	Frankfurt a.M. 1999
Eckert, Lutz	Die Vorschläge der EG- Kommission zu „Third Party Access" in der Gaswirtschaft	RdE 1992, S. 56 –63
Ehlermann, Claus- Dieter	EG- Binnenmarkt für die Energiewirtschaft	EuZW 1992, S. 689 – 693
Ehlers, Dirk	Rechtsstaatliche und prozessuale Probleme des Verwaltungsprivatrechts	DVBl. 1983, S. 422 – 430
Ehrike, Ulrich	Die richtlinienkonforme und die gemeinschaftskonforme Auslegung nationalen Rechts	RabelsZ 59 (1995), S. 598 – 644
Eiser, Ernst/ Riederer, Johann/ Obernolte, Wolfgang	Energiewirtschaftsrecht	München 1996
Ellinghaus, Ulrich	Wegerechte für Telekommunikationsnetze gem. § 57 TKG	CR 1999, S. 420 – 425
Emmerich, Volker	Kartellrecht	7. A., München 1994; 8. A., München 1999

Emmerich, Volker	Die leitungsgebundene Energiewirtschaft als wettbewerbsrechtliches und wettbewerbspolitisches Problem	ZfE 1977, S. 47 – 53
Emmerich, Volker	Das Wirtschaftsrecht der öffentlichen Unternehmen	Bad Homburg 1969
Emmerich, Volker	Überlegungen zur Reform des Konzessionsabgabenwesens	BB 1973, S. 1269 – 1274
Emmerich, Volker/ Sonnenschein, Jürgen	Konzernrecht	6. A., München 1997
Erman, Walter	Bürgerliches Gesetzbuch	10. A., München u.a. 2000
Everling, Ulrich	Zur Auslegung des durch EG-Richtlinien angeglichenen Rechts	ZGR 1992, S. 377 – 395
Everling, Ulrich	Rechtsvereinheitlichung durch Richterrecht in der Europäischen Gemeinschaft	RabelsZ 50 (1986), S. 193 – 232
Evers, Hans- Ulrich	Das Recht der Energieversorgung	Baden- Baden 1983
Evers, Hans- Ulrich	Die „Wegekonzession" für die Verlegung von Versorgungsleitungen, in: Bartlsperger (Hrsg.), Ein Vierteljahrhundert Straßenrechtsgesetzgebung	Hamburg 1980, S. 181 – 186
Eyermann, Erich	Verwaltungsgerichtsordnung	10. A., München 1998
Faber, Heiko	Verwaltungsrecht	4. A., Tübingen 1995
Faross, Peter	Die Entwicklung eines europäischen Energierechts, in: Baur, J.-F., Aktuelle Probleme des Energierechts, VEnergR Bd. 75	Baden- Baden 1995, S. 51- 61
Feuerborn, Alfred	Der kartellrechtliche Freistellungsbereich für Elektrizitätsunternehmen und deren Kontrolle	Münster 1983
Fikentscher, Wolfgang	Methoden des Rechts in vergleichender Darstellung, Bd. III, Mitteleuropäischer Rechtskreis	Tübingen 1976
Fischer, Hans- Georg	Zur unmittelbaren Anwendung von EG- Richtlinien in der öffentlichen Verwaltung	NVwZ 1992, S. 635 – 638

Fischer, Reinhard/ Kießling, Friedrich	Freileitungen	4. A., Berlin u.a. 1993
Fischerhof, H.	Gesetz gegen Wettbewerbsbeschränkungen und Energiewirtschaft	BB 1958, S. 135 – 140
Fleischer, Holger/ Weyer, Hartmut	Neues zur „essential facilities"- Doktrin im Europäischen Wettbewerbsrecht	WuW 1999, S. 350 - 363
Fleischhauer, Hans August	Über die Enteignung von Grundbesitz der Gebietskörperschaften nach geltendem Recht	Gräfelfing- München 1968
Forsthoff, Ernst	Lehrbuch des Verwaltungsrechts, Band I, Allgemeiner Teil	10. A., München 1973
Friauf, Karl- Heinrich	Energierechtsreform und kommunale Energieversorgung, in: Baur, J.-F./ Friauf, K.-H., Energierechtsreform zwischen Europarecht und kommunaler Selbstverwaltung, VEnergR Bd. 84	Baden- Baden 1997, S. 55 – 118
Friauf, Karl- Heinrich	Kommunale Energieversorgung und Energierechtsreform	et 1997, S. 765 - 772
Fricke, K.-G.	Kabel und Freileitung im Versorgungsnetz, Möglichkeiten und Grenzen, in: Palic, M., Kabel und Freileitungen in überregionalen Versorgungsnetzen	Ehningen bei Böblingen 1992
Fritsch, Michael/ Wein, Thomas/ Ewers, Hans- Jürgen	Marktversagen und Wirtschaftspolitik	2. A., München 1996
Gartner, Andrea	Privateigentum und öffentliche Energieversorgung	Bochum 1990
Geiger, Rudolf	EG- Vertrag	München 1995
Gern, Alfons	Deutsches Kommunalrecht	2. A., Baden- Baden 1997
Glassen, Helmut (Hrsg.) u.a.	Frankfurter Kommentar zum Gesetz gegen Wettbewerbsbeschränkungen	3. A., Köln 2000
Grabitz, Eberhard/ Hilf, Meinhard	Das Recht der Europäischen Union	München 2000

Grundmann, Stefan	Richtlinienkonforme Auslegung im Bereich des Privatrechts – insbesondere: der Kanon der nationalen Auslegungsmethoden als Grenze?	ZEuP 1996, S. 399 – 424
Hackl, Karl	Vertragsfreiheit und Kontrahierungszwang im deutschen, im österreichischen und im italienischen Recht	Berlin 1980
Haidinger, Michael/ Rädler, Peter	Die Duldungspflicht des Grundstückseigentümers aus § 57 TKG	MMR 1999, S. 330 – 336
Hamann, Andreas	Enteignung von Grundstücken zu Gunsten größerer industrieller Vorhaben	BB 1957, S. 1258 - 1259
Haslinger, Stephanie	Zum Belieferungsanspruch aufgrund Art. 85 EGV i.V.m. §§ 823 II, 249 ff. BGB	WuW 1998, S. 456 – 460
Haupt, Günter	Über faktische Vertragsverhältnisse, in: Festschrift für Siber, Bd. II	Leipzig 1943, S. 1 – 37
Hergenröder, Curt Wolfgang	Richtlinienwidriges Gesetz und richterliche Rechtsfortbildung, in: Festschrift für Wolfgang Zöllner, Bd. II	Köln u.a. 1998, S. 1139 – 1159
Hermann, Hans Peter	Die Konzeption der EG- Kommission zur Ordnung des europäischen Strommarktes	RdE 1992, S. 96 – 104
Hermann, Hans Peter/ Recknagel, Henning/ Schmidt- Salzer, Joachim	Kommentar zu den allgemeinen Versorgungsbedingungen	Heidelberg 1981
Hermes, Georg	Staatliche Infrastrukturverantwortung	Tübingen 1998
Herrmann, Bodo J./ Dick, Claudia	Die Bündelung der Stromnachfrage als kartell- und energierechtliches Problem, VEnergR Bd. 94	Baden- Baden 2000
Hoffmann- Riem, Wolfgang/ Schneider, Jens- Peter	Wettbewerbs- und umweltorientierte Re- Regulierung im Großhandels- Strommarkt, in: dies., Umweltpolitische Steuerung in einem liberalisierten Strommarkt	Baden- Baden 1995, S. 13 – 93
Hoppe, Werner	Erdgasversorgung durch gemeindliche Unternehmen	DVBl. 1965, S. 581 – 583

Horstmann, Karl- Peter	Zulassungsverfahren und Wegerechte für Energieversorgungsleitungen sowie der Zugang zu Energieversorgungsnetzen nach dem neuen Energiewirtschaftsgesetz und Wettbewerbsrecht	Osnabrück 1999
Hoster, Frank	Auswirkungen des europäischen Binnenmarktes für Energie auf die deutsche Elektrizitätswirtschaft, Schriftenreihe des Energiewirtschaftlichen Instituts, Bd. 49	München 1996
Hüffer, Uwe/ Ipsen, Knut/ Tettinger, Peter	Die Transitrichtlinien für Gas und Elektrizität	Stuttgart/ München/ Hannover 1991
Hüffer, Uwe/ Tettinger, Peter J.	Rechtsfragen beim Versorgerwechsel nach Ablauf von Konzessionsverträgen	Stuttgart u.a. 1992
Immenga, Ulrich/ Mestmäcker, Ernst- Joachim	GWB, Kommentar zum Kartellgesetz	2. A., München 1992
Isensee, Josef/ Kirchhof, Paul	Handbuch des Staatsrechts, Handeln des Staates, Bd. III	2. A., Heidelberg 1996
Isensee, Josef/ Kirchhof, Paul	Handbuch des Staatsrechts, Allgemeine Grundrechtslehren, Bd. V	Heidelberg 1992
Isensee, Josef/ Kirchhof, Paul	Handbuch des Staatsrecht, Freiheitsrecht, Bd. VI	2. A., Heidelberg 1996
Jackisch, Axel	Die Zulässigkeit der Enteignung zugunsten Privater	Frankfurt a.M. 1996
Jarass, Hans D.	Europäisches Energierecht	Berlin 1996
Jarass, Hans D.	Richtlinienkonforme bzw. EG-rechtskonforme Auslegung nationalen Rechts	EuR 1991, S. 211 – 223
Jarass, Hans D.	Voraussetzungen der innerstaatlichen Wirkung des EG- Rechts	NJW 1990, S. 2420 – 2425
Jarass, Lorenz/ Apfelstedt, Carl/ Obermair, Gustav M.	Hochspannungsleitungen, in: Handbuch der Umweltverträglichkeitsprüfung	Berlin 1996
Junk, Herbert	Die Rolle von Versorgungskonzepten auf dem Wärmemarkt	München 1985

Kahlenberg, Harald	Novelliertes deutsches Kartellrecht	BB 1998, S. 1593 – 1599
Kilian, Wolfgang	Kontrahierungszwang und Zivilrechtssystem	AcP 180 (1980), S. 47 – 83
Kilian, Wolfgang	Diskriminierungsverbot und Kontrahierungszwang für Markenartikelhersteller	ZHR 142 (1978), S. 453 – 485
Kimminich, Otto	Die Pflicht zur Duldung von Energieversorgungsleitungen	ZRP 1978, S. 185 – 187
Klaue, Siegfried	Zur Rezeption der amerikanischen „essential-facility-doctrine" in das europäische und deutsche Kartellrecht	RdE 1996, S. 51 – 57
Klimisch, Annette/ Lange, Markus	Zugang zu Netzen und anderen wesentlichen Einrichtungen als Bestandteil der kartellrechtlichen Mißbrauchsaufsicht	WuW 1998, S. 15 – 26
Klinger, Heinz	Das Energiewirtschaftsgesetz vor einer Reform?	et 1991, S. 262 – 267
Klopfer, Thomas/ Schulz, Walter	Märkte für Strom, Schriftenreihe des Energiewirtschaftlichen Instituts, Bd. 42	München 1993
Knieps, Günter	Wettbewerb in Netzen	Tübingen 1996
Knieps, Günter	Netzökonomie- Ein dissaggregierter Ansatz, in: Zippel., Transeuropäische Netze, Schriftenreihe des Arbeitskreises Europäische Integration, Bd. 39	Baden- Baden 1996, S. 11- 27
Kodal, Kurt/ Krämer, Helmut	Straßenrecht	6. A., München 1999
Köhne, Rainer	Die richtlinienkonforme Auslegung im Umweltstrafrecht	Trier 1997
Kopp, Ferdinand/ Schenke, Wolf- Rüdiger	Verwaltungsgerichtsordnung	11. A., München 1998
Krebs, Andrea	Rechtliche Grundlagen und Grenzen kommunaler Elektrizitätsversorgung	Köln 1996
Kühne, Gunther	Regulierung, Kartellaufsicht, Subsidiaritätsprinzip, in: Baur, J.-F., Die Europäische Gemeinschaft und das Recht der leitungsgebundenen Energie, VEnergR Bd. 69	Baden- Baden 1993, S. 105 – 125

Kühne, Gunther/ Scholtka, Boris	Das neue Energiewirtschaftsrecht	NJW 1998, S. 1902 – 1909
Kuhnt, Dietmar	Die Versorgung Europas mit sicherer und preisgünstiger Elektrizität	RdE 1994, S. 41 – 47
Langen, Eugen/ Bunte, Hermann- Josef	Kommentar zum deutschen und europäischen Kartellrecht	8. A., Neuwied/ Kriftel 1998
Larenz, Karl	Methodenlehre der Rechtswissenschaft	3. A., Heidelberg u.a. 1975
Larenz, Karl	Lehrbuch des Schuldrechts, Bd. I, Allgemeiner Teil	14. A., München 1987
Lecheler, Helmut	Die Bedeutung des öffentlichen Rechts für das Energierecht	NVwZ 1995, S. 8 – 12
Lechner, Hans/ Zuck, Rüdiger	Bundesverfassungsgerichtsgesetz	4. A., München 1996
Leipertz, Pia	Die zweite Stufe des Energiebinnenmarktes und ihre Umsetzung auf bundesdeutscher Ebene	Köln 1997
Lenz, Carl Otto	EG- Vertrag Kommentar	2. A., Köln 1999
Leonard, Axel	Die Rechtsfolgen der Nichtumsetzung von EG- Richtlinien	Frankfurt a.M. u.a. 1997
Lindemann, Hans- Heinrich/ Köster, Kristina	Energiewirtschaft auf dem Weg zu mehr Wettbewerb	DVBl. 1997, S. 531 – 534
Löwer, Wolfgang	Wegerechte in einem liberalisierten Strommarkt	et 1997, S. 304 – 312
Löwer, Wolfgang	Energieversorgung zwischen Staat, Gemeinde und Wirtschaft	DVBl. 1991, S. 132 – 142
Löwer, Wolfgang	Energieversorgung zwischen Staat, Gemeinde und Wirtschaft	Köln u.a. 1989
Ludwig, Wolfgang/ Odenthal, Hans	Recht der Elektrizitäts-, Gas- und Wasserversorgung	Neuwied/ Kriftel 1999
Lukes, Rudolf	Richtlinienkonformität der Netzzugangsregelung im Neuregelungsgesetz	et 1999, S. 80 – 87
Lukes, Rudolf	Aktivitäten der EG auf dem Strom- und Gassektor	DB 1989, S. 2057 – 2061

Lukes, Rudolf	Die Benutzung öffentlicher Wege zur Fortleitung elektrischer Energie	Frankfurt/ Main 1973
Lutter, Marcus	Die Auslegung angeglichenen Rechts	JZ 1992, S. 593- 607
Lutter, Marcus	Zur Europäisierung des deutschen Aktienrechts, in: Konflikt und Ordnung, FS für Murad Ferid zum 70. Geburtstag	München 1978
Malzer, Georg	Das Recht der Leitungsverlegung auf fremden Grundstücken, V.I.K. Berichte, Nr. 127	Essen 1962
Malzer, Georg	Die Benutzung öffentlicher Wege zur Leitungsverlegung durch Versorgungsunternehmen und industrielle Eigenanlagen in kartellrechtlicher Sicht	WuW 1962, S. 252 – 259
Markert, Kurt	Die Anwendung des US-amerikanischen Monopolisierungsverbots auf Verweigerungen des Zugangs zu „wesentlichen Einrichtungen", in: Festschrift für Ernst- Joachim Mestmäcker	Baden- Baden 1996, S. 661 – 671
Marschall, Ernst A./ Schroeter, Wolfgang/ Kastner, Fritz	Bundesfernstraßengesetz (BFStrG)	5. A., Köln u.a. 1998
Maunz, Theodor/ Dürig, Günter	Grundgesetz	München 1999/ 2000
Maurer, Hartmut	Allgemeines Verwaltungsrecht	10.A., München 1995
Meilicke, Wienand	„Verschleierte" Sacheinlage und EWG- Vertrag	DB 1990, S. 1173 – 1179
Meyer, Peter	Die Grundsätze der Auslegung von Europäischem Gemeinschaftsrecht	Jura 1994, S. 455 – 458
Michaelis, Hans	Der Weg zu einem europäischen Binnenmarkt für Energie	et 1996, S. 214 – 217
Möhring, Phillip	Kontrahierungszwang nach dem neuen Kartellrecht	DB 1974, S. 223 - 227
Molitor, Erich	Zur Theorie des Vertragszwanges	Jherings Jahrbücher 73, S. 1 – 32

Möller, Stephanie	Grundstücksbenutzungsrechte für Energieversorgungsunternehmen nach § 57 Telekommunikationsgesetz	RdE 1999, S. 217 – 223
Morell, Klaus- Dieter	Handbuch der Leitungs- und Wegerechte	Berlin 1995
Möschel, Wernhard	Recht der Wettbewerbsbeschränkungen	Köln u.a. 1983
Müller- Graff, Peter- Christian	Europäisches Gemeinschaftsrecht und Privatrecht	NJW 1993, S. 13 – 23
Müller, Matthias	Die „Essential Facilities"- Doktrin im Europäischen Kartellrecht	EuZW 1998, S. 232 – 237
Rebmann (Hrsg.) u.a.	Münchener Kommentar zum Bürgerlichen Gesetzbuch	3. A., München 1997
Mußgnug, Reinhold	Die öffentliche Straße als Mehrzweckinstitut, in: Bartlsperger (Hrsg.), Ein Vierteljahrhundert Straßenrechtsgesetzgebung	Hamburg 1980, S. 81 – 96
Nedden, Gerhard	Straßenrecht und Versorgungsleitungen	DVBl. 1980, S. 1042 – 1044
Niederleithinger, Ernst	Strommarktpolitik nach deutschem und europäischen Wettbewerbsrecht, in: Lukes, Ein EWG- Binnenmarkt für Elektrizität- Realität oder Utopie, Schriftenreihe Recht/ Technik/ Wirtschaft, Bd. 47	Köln 1988, S. 63 – 85
Niederleithinger, Ernst	Die Stellung der Versorgungswirtschaft im Gesetz gegen Wettbewerbsbeschränkungen	Düsseldorf 1968
Nipperdey, Hans Carl	Kontrahierungszwang und diktierter Vertrag	Jena 1920
Notthoff, Martin	Novellierungsversuche des Energiewirtschaftsrechts vor dem Hintergrund grundrechtlicher Normen	Frankfurt/ Main 1994
Obernolte, Wolfgang/ Danner, Wolfgang	Energiewirtschaftsrecht	München 1999
Oldenbourg, Andreas	Die unmittelbare Wirkung von EG- Richtlinien im innerstaatlichen Bereich	München 1984
Oppermann, Thomas	Europarecht	2. A., München 1999

Ossenbühl, Fritz	Daseinsvorsorge und Verwaltungsprivatrecht	DÖV 1971, S. 513 – 524.
Ossenbühl, Fritz	Rechtliche Probleme der Investitionskontrolle gemäß § 4 Energiewirtschaftsgesetz	Köln u.a. 1988
Ossenbühl, Fritz	Energierechtsreform und kommunale Selbstverwaltung	Köln u.a. 1998
Ossenbühl, Fritz	Rechtliche Aspekte der Elektrizitätsversorgung in den neuen Ländern	DÖV 1992, S. 1 – 10
Palandt, Otto	Bürgerliches Gesetzbuch	59. A., München 2000
Papier, Hans Jürgen	Regelung von Durchleitungsrechten	Köln u.a. 1997
Papier, Hans- Jürgen	Recht der öffentlichen Sachen	3. A., Berlin/ New York 1998
Paulus, Melanie	Wettbewerb und Konzentration in der leitungsgebundenen Energiewirtschaft in der Europäischen Union, in: Zippel, W., Transeuropäische Netze, Schriftenreihe des Arbeitskreises Europäische Integration, Bd. 39	Baden- Baden 1996, S. 45 – 62
Peine, Franz- Jospeh	Systemgerechtigkeit	Baden- Baden 1985
Pfaffenberger, Wolfgang	Elektrizitätswirtschaft	München 1993
Pieroth, Bodo	Rückwirkung und Übergangsrecht	Berlin 1981
Pieroth, Bodo/ Schlink, Bernhard	Grundrecht, Staatsrecht II	12. A., Heidelberg 1996
Püttner, Günter	Gemeinden und Kreise in der Energieversorgung	DÖV 1990, S. 461 – 467
Püttner, Günter	Energieversorgung als kommunale Aufgabe	RdE 1992, S. 92 – 96
Rapp- Jung, Barbara	Zur Tragweite von Art. 90 Abs. 2 EGV für die Energiewirtschaft	RdE 1994, S. 165 – 170
Rapp, Angela	Die gemeinschaftliche Verwirklichung von Wettbewerb in der leitungsgebundenen Energiewirtschaft	Frankfurt a.M. 1992

Recknagel, Henning	Energierecht der Bundesrepublik Deutschland und der Europäischen Gemeinschaften- Zuständigkeiten zwischen Brüssel und Bonn, in: Baur, J.-F., Die Europäische Gemeinschaft und das Recht der leitungsgebundenen Energie, VEnergR Bd. 69	Baden- Baden 1993, S. 57 - 77
Reich, Norbert	Binnenmarkt als Rechtsbegriff	EuZW 1991, S. 203- 210
Renke, Ilona	EG- Richtlinien und verwaltungsgerichtlicher Rechtsschutz	Darmstadt 1998
Ress, Georg	Die richtlinienkonforme „Interpretation" innerstaatlichen Rechts	DÖV 1994, S. 489 – 496
Rieger, Franz	Der Bau von Hochspannungsfreileitungen im Planungsrecht	München 1993
Ronellenfitsch, Michael	Die Überleitung altrechtlicher Wege, in: Bartlsperger (Hrsg.), Ein Vierteljahrhundert Straßenrechtsgesetzgebung	Hamburg 1980, S. 591 – 597
Ronnellenfitsch, Michael	Straße und Energieversorgung im Konflikt	Berlin 1996
Sachs, Michael	Grundgesetz	2. A., München 1999
Säcker, Franz Jürgen/ Busche, Jan	Umsetzung der Elektrizitätsbinnenmarkt- Richtlinie	et 1998, S. 18 - 24
Salie, Peter	Stromeinspeisungsgesetz	Köln u.a. 1999
Salje, Peter	Energiewirtschaftsgesetz	Köln u.a. 2001 (im Erscheinen, zitiert wird die Entwurfsfassung)
Salje, Peter	Das Gesetz zur Neuregelung des Energiewirtschaftsgesetzes	NVwZ 1998, S. 916 – 922
Salzwedel, Jürgen	Straßen- und Wegerecht, in: Schmidt-Aßmann, E. (Hrsg.), Besonderes Verwaltungsrecht	10. A., Berlin/ New York 1995, S. 761 – 807
Schack, Friedrich	Das rechtliche Wesen der straßenrechtlichen Sondernutzung nach altem und neuen Recht	VerwArch 53 (1963), S. 42 – 68
Schaefer, Olaf	Energiewirtschaftliche Betätigung der Kommunen	Speyer 1999

Schäfer, Rolf	Deutsches und europäisches Energiewirtschaftsrecht	et 1999, S. 553 – 568
Scherzberg, Arno	Die innerstaatliche Wirkung von EG-Richtlinien	Jura 1993, S. 226 – 232
Schmidbauer, Wilhelm	Enteignung zugunsten Privater	Berlin 1989
Schmidt- Aßmann, Eberhard	Bemerkung zum Boxberg- Urteil des BVerfG	NJW 1987, S. 1587 - 1590
Schmidt- Aßmann, Eberhard	Kommunale Selbstverwaltung „nach Rastede", in: Bürger – Richter – Staat, FS für Horst Sendler	München 1991, S. 121 – 138
Schmidt- Bleibtreu, Bruno/ Klein, Franz	Kommentar zum Grundgesetz	9. A., Neuwied/ Kriftel 1999
Schmidt- Jortzig, Edzard	Kommunalrecht	Berlin u.a. 1982
Schmidt- Räntsch, Jürgen	Energieleitungsrechte in den neuen Bundesländern	RdE 1994, S. 214 – 217
Schmidt, Marek	Privatrechtsangleichende EU-Richtlinien und nationale Auslegungsmethoden	RabelsZ (59) 1995, S. 569 – 597
Schmidt, Reinhold	Die gemeindliche Versorgungskonzession im Kartellrecht	Nürnberg 1985
Schmidt, Walter	Der Ermessensrahmen bei der Versagung einer straßenrechtlichen Sondernutzungserlaubnis	NVwZ 1985, S. 167 – 170
Schneider, Hans	Werbesendungen der Rundfunkanstalten als Gegenstand eines Bundesgesetzes	NJW 1965, S. 937 – 942
Schneider, Jens- Peter	Liberalisierung der Stromwirtschaft durch regulative Marktorganisation	Baden- Baden 1999
Schneider, Jens- Peter	Landesenergierecht und Grundgesetz	Baden- Baden 1997
Scholtka, Boris	Die Entwicklung des Energierechts in den Jahren 1998 und 1999	NJW 2000, S. 548 – 553
Scholz, Rupert	Gemeindliche Gebietsreform und regionale Energieversorgung	Berlin 1977
Scholz, Rupert/ Langer, Stefan	Europäischer Binnenmarkt und Energiepolitik, in: Schriftenreihe zum Europäischen Recht, Bd. 13	Berlin 1992

Schröder, Meinhard	Kompetenz- und eigentumsrechtliche Fragen bei der Verwirklichung des Elektrizitätsbinnenmarktes, VEnergR Bd. 70	Baden- Baden 1993
Schulze, Gudrun	Die Rolle der Europäischen Union beim Aufbau transeuropäischer Netze, in: Zippel, W., Transeuropäische Netze, Schriftenreihe des Arbeitskreises Europäische Integration, Bd. 39	Baden- Baden 1996, S. 29 – 43
Schuppert, Gunnar Folke	Verfassungsrechtlicher Prüfungsmaßstab bei der verfassungsgerichtlichen Überprüfung von Steuergesetzen, in: Festschrift für Zeidler, Bd. I	Berlin/ New York 1987, S. 691 – 715
Schuster, Fabian	Wegerechte für Telekommunikationsnetze gem. § 57 TKG auf dem Prüfstand der Gerichte	MMR 1999, S. 137 – 143
Schütte, Matthias	Richtlinienvorschlag für Elektrizität im Rahmen des EWG- Vertrages	et 1992, S. 258 – 261
Schwintowski, Hans- Peter	Der Zugang zu wesentlichen Einrichtungen	WuW 1999, S. 842 – 853
Sethe, Rolf	Europarechtswidrige Kollusion von Gesetzgeber und Bankwirtschaft?	ZIP 1999, S. 1461 – 1469
Sieder, Frank/ Zeitler, Herbert	Bayerisches Straßen- und Wegegesetz	2. A., München 1972
Soergel, Hans Thomas	Bürgerliches Gesetzbuch	12. A., Stuttgart 2000
Spetzler, Eugen	Richtlinienkonforme Auslegung als vorrangige Methode steuerjuristischer Hermeneutik	RIW 1991, S. 579 – 582
Spetzler, Eugen	Wirkung und Einfluß des Rechts der Europäischen Gemeinschaft auf das nationale Steuerrecht	DB 1993, S. 553 – 558
Steckert, Uwe	Kommunale Energieversorgungsunternehmen, Daseinsvorsorge und Wettbewerb in Europa, in: Baur, J.-F., Energiewirtschaft zwischen Wettbewerb und öffentlichen Aufgaben, VEnergR Bd. 81	Baden- Baden 1997, S. 51 – 72

Steinberg, Rudolf/ Britz, Gabriele	Die Bedeutung des Rechts der Europäischen Gemeinschaft für eine umweltorientierte Energiepolitik und Energierechtssetzung	RdE 1996, S. 165 – 173
Steinberg, Rudolf/ Britz, Gabriele	Der Energieliefer- und – erzeugungsmarkt nach nationalem und europäischem Recht, Frankfurter Schriftenreihe zum Umweltrecht, Bd. 8	Baden- Baden 1995
Steiner, Udo	Straßen- und Wegerecht, in: ders. (Hrsg.), Besonderes Verwaltungsrecht	5. A., Heidelberg 1995
Stelkens, Paul/ Bonk, Heinz Joachim/ Sachs, Michael	Verwaltungsverfahrensgesetz	5. A., München 1998
Stern, Klaus	Die öffentliche Sache, in: Föderalismus als nationales und internationales Ordnungsprinzip, Veröffentlichung der Vereinigung der Deutschen Staatsrechtslehrer, Bd. 21	Berlin 1964, S. 183 – 223
Stern, Klaus	Zur Problematik des energiewirtschaftlichen Konzessionsvertrages	AöR 84, S. 273 – 330
Stern, Klaus	Die verfassungsrechtliche Position der kommunalen Gebietskörperschaften in der Elektrizitätsversorgung	Berlin/ Frankfurt/Main 1966
Stewing, Clemens	Die Richtlinienvorschläge der Kommission zur Einführung eines Third Party Access für Elektrizität und Gas	EuR 1993, S. 41 –64
Streinz, Rudolf	Europarecht	4. A., Heidelberg 1999
Studentkowski, Wolfgang	25 Jahre Rahmenvertrag zur Regelung der Mitbenutzung von Bundes- und Landstraßen durch Energieversorgungsleitungen	EW 1999, S. 28 – 29
Tegethoff, Wilm/ Büdenbender, Ulrich/ Klinger, Heinz	Das Recht der öffentlichen Energieversorgung	Düsseldorf 1987/ 1999
Tettinger, Peter J.	Kommunales Wegeeigentum und Energieversorgungsanlagen	RdE 1992, S. 2 – 10
Thiele, Robert	Niedersächsische Gemeindeordnung	5. A., Hannover 1999

Traugott, Rainer	Anspruch auf Belieferung aus Art. 85 Abs. 1 EGV in Verbindung mit § 823 Abs. 2 BGB und § 249 Satz 1 BGB?	WuW 1997, S. 486 – 495
Umbach, Dieter C./ Clemens, Thomas	Bundesverfassungsgerichtsgesetz	Heidelberg 1992
Ungemach, Manfred/ Weber, Thomas	Verfahrensfragen des Netzzugangs bei Elektrizität und Gas	RdE 1999, S. 11 - 17., 131 – 138
v. Bose, Herbert	Die Richtlinienvorschläge der Kommission betreffend gemeinsame Vorschriften für den Erdgas-Binnenmarkt bzw. für den Elektrizitäts- Binnenmarkt, in: Baur, J.-F., Die Europäische Gemeinschaft und das Recht der leitungsgebundenen Energie, VEnergR Bd. 69	Baden- Baden 1993, S. 41- 55
v. Gamm, Otto Friedrich Frhr.	Kartellrecht	2. A., Köln u.a. 1990
v. Mangoldt, Hermann/ Klein, Friedrich/ Starck, Christian	Das Bonner Grundgesetz	4. A., München 1999
v. Münch, Ingo/ Kunig, Philip	Grundgesetz- Kommentar	4. A., München 1992 5. A., München 2000
v. Wallenberg, Gabriela	Diskriminierungsfreier Zugang zu Netzen und anderen Infrastruktureinrichtungen	K&R 1999, S. 152 – 157
v. Weizsäcker, C. Christian	Wettbewerb in Netzen	WuW 1997, S. 572 – 579
v. Weizsäcker, C.. Christian	Energiewirtschaft und Wettbewerb, in:: Energiewirtschaftliches Institut an der Universität Köln (Hrsg.), Energiepolitik für den Wirtschaftsstandort Deutschland	München 1995, S. 9 – 23
Vogenauer, Stefan	Richtlinienkonforme Auslegung nationalen Rechts	ZEuP 1997, S. 158 – 171
Von der Groeben, Hans/ Thiesing, Jochen/ Ehlermann, Claus- Dieter	Kommentar zum EU-/ EG- Vertrag	5. A., Baden- Baden 1999
von Staudinger, J.	Kommentar zum Bürgerlichen Gesetzbuch mit Einführungsgesetz und Nebengesetzen	Berlin 1996
VWEV (Hrsg.)	Kabelhandbuch	5. A., Frankfurt/ Main 1997

263

Waechter, Kay	Kommunalrecht	3. A., Köln u.a. 1997
Wanser. Gerhard	Freileitungen und Kabel in Transport- und Verteilungsnetzen	IZR 1986, S. 437 – 461
Wendrich, Klaus	Niedersächsisches Straßengesetz	3. A., Hannover 1994
Wetzel, Uwe/ Weyand,Martin	Das Verfahren der Mitentscheidung nach dem Maastrichter Vertrag	RdE 1994, S. 56 – 61
Wiedemann, Gerhard	Handbuch des Kartellrechts	München 1999
Wieland, Joachim	Die Konzessionsabgaben	Berlin 1991
Wieland, Joachim	Die Zukunft der Konzessionsabgaben	ZNER 1999, S. 2 – 8
Wieland, Joachim	Das Normenkontrollverfahren der SPD- Bundestagsfraktion und der Bundesländer Hamburg, Hessen und des Saarlandes gegen die Energierechtsnovelle	ZNER 1998, S. 32 – 33
Wieland, Joachim/ Hellermann, Johannes	Das Verbot ausschließlicher Konzessionsverträge und kommunale Selbstverwaltung	DVBl. 1996, S. 401- 409
Wieland, Joachim/ Hellermann, Johannes	Der Schutz des Selbstverwaltungsrechts der Kommunen gegenüber Einschränkungen ihrer wirtschaftlichen Betätigung im nationalen und europäischen Recht	Köln 1995
Windisch, Rupert	Privatisierung natürlicher Monopole: Theoretische Grundlagen und Kriterien, in: ders., Privatisierung natürlicher Monopole im Bereich von Bahn, Post und Telekommunikation	Tübingen 1987, S. 1- 146
Witte, Hermann	Transeuropäische Verkehrsnetze: Integrationswirkungen von Verkehrssystemen, makroökonomische und regionalpolitische Implikationen der prioritären Verkehrsprojekte, in: Zippel, W., Transeuropäische Netze, Schriftenreihe des Arbeitskreises Europäische Integration, Bd. 39	Baden- Baden 1996, S. 63 – 72
Wolff, Hans J./ Bachof, Otto/ Stober, Rolf	Verwaltungsrecht I	11. A., München 1999

Wolfrum, Rüdiger	Indemnität im Kompetenzkonflikt zwischen Bund und Ländern	DÖV 1982, S. 674 – 680
Zeitler, Herbert	Die Bau- und Unterhaltungslast für die öffentlichen Straßen, in: Bartlsperger (Hrsg.), Ein Vierteljahrhundert Straßenrechtsgesetzgebung	Hamburg 1980, S. 475 – 505
Ziegler, Jürgen	Das Eigentum am „Straßenwerk" sowie zur Sondernutzung uns sonstigen Benutzung	DVBl. 1976, S. 89 – 93
Zippilius, Reinhold	Grundfragen des öffentlichen Sachenrechts und das Bayerische Straßen und Wegegesetz	DÖV 1958, S. 838 – 850
Zippilius, Reinhold	Sondernutzungen an Straßen, in: Bartlsperger (Hrsg.), Ein Vierteljahrhundert Straßenrechtsgesetzgebung	Hamburg 1980, S. 181 – 186
Zippilius, Reinhold	Juristische Methodenlehre	7. A., München 1999
Zuleeg, Manfred	Betrachtungen zum Gleichheitssatz im Europäischen Gemeinschaftsrecht, in: Europarecht·Energierecht· Wirtschaftsrecht, Festschrift für Bodo Börner	Köln u.a. 1992, S. 473 – 483
Zuleeg, Manfred	Die Auslegung des europäischen Gemeinschaftsrechts	EuR 1969, S. 97 – 108